意識はどこから
生まれてくるのか

The Hidden Spring / A Journey to the Source of Consciousness

マーク・ソームズ
岸本寛史・佐渡忠洋 訳

青土社

意識はどこから生まれてくるのか

目次

図の一覧

凡例

［ ］は原著による
〔 〕は訳者の補足
［／］は複数の訳語を併記した方が分かりやすいと思われる際に用いている

訳語について

感情に関連する語句の訳語は、feel「感じる」、feeling「感じ」、affect「感情」、emotion「情動」、sense「感覚（名詞）、感知する（動詞）」、perception「知覚」と訳し分けた。

sentient は ability to feel という本来の意味を汲んで、「感じることのできる」と訳し、センティエント、もしくはセンティエンスとルビを振った（発音記号ではセンシェント、センシェンスとなるが、ソームズはセンティエントと発音しているため、センティエントと表記した。feeling の「感じ」と区別するため、sentience, sentient にはすべてルビを振った）。

something it is like to be *A* は訳に難渋した。この表現が最初に出てくるのは原著一五頁で、この後に capacity to sense, feel and think things とあり、これを踏まえて「Aであると感じられるような何か」と訳すことにした。直訳すれば「Aであることに似ているような何か」だが、要はAの視点に立ったときに（一人称の視点から見たときに）、Aであると思われるような何か、感じられるような何か、ということだと思われる。ここで、どういう動詞を使うかが悩みどころで、「思われる」だと皮質の機能を想起させてしまう。思考より感情の方が原初的な意識の形態であるという本書の主張を考えると、「感じられる」という語を使うのが良いのではないかと判断した。少なくとも、本書でこの表現が用いられている箇所については「……と感じられるような何か」と訳すことで、ソームズの意図が伝わりやすくなるのではないかと考えてのことだが、原文の表現には「感じ」という語はないことに留意されたい。この類の表現が用いられているところは原語を併記した（一連の流れで容易に判別できる部分については煩雑になるのを避けるため、そのパートの初出部分に留めている）。同様の表現として what it is like to be A も、「Aであることがどのように感じられるか」と訳した。

salient も訳しづらい言葉だが、背景知識がなくても意味がとりやすいようにと考えて「目を引く」と訳し、サリエントとルビを振った。「顕著性」などの訳語が充てられることもあるが、salio（飛ぶ、跳ねる）に由来するこの言葉は「顕著」といっても、程度が著しいというよりは、他と比べて目立つ、突出している、という意味が内包されている。この点を考慮して「目を引く」という訳語にしたが、視覚に限定するわけではないのでその点は留意されたい。（こちらはソームズもセイリアントと発音しているが、「サリエンス・ネットワーク」などサリエンス、サリエントの表記が既にある程度人口に膾炙していることを考えてルビはサリエントとした）。ネットワーク名のところは「顕著性」としてルビを振るか、「サリエンス」とカタカナのままにするなどの表記とした。

inherent は「内在的」（ただし、inherently と副詞になっているところは「本来」としている）、intrinsic は「内来的」、extrinsic は「外来的」とした。intrinsic はそのものの内部に由来すること、extrinsic は外部環境に由来することを表す。

mind は「心」もしくは「精神」と訳し、後者には「マインド」とルビを振った。また、reflective は「反省的」、introspective は「内省的」と訳し分けた。

意識に関する言葉としては、原則的にarouseを「覚醒、覚醒する」、aware「気づき、気づいている」、awake, wakefulを「目覚め」と訳し分けた。

problem of other mindsは哲学では「他我問題」という訳が一般的に用いられているが、そのまま「他者の心という問題」と訳した方が分かりやすいと考え、本書では一貫してこの訳語を充てた。

このほかの用語としては、perform「遂行する」、implement「実行」、implementation「実装」、inference「推論」、expected「予期された」、prediction「予測」、accuracy「正確さ」、precision「精度」、action「動作」、behavior「行動」、agency「作用主」、substrate「基体」などと訳し分けた。principleは「原則」と「原理」の二種類の訳語を文脈に応じて使い分けた。

実験に参加した人は従来、subject（被験者）と呼ばれていたが、subjectには「隷属」という意味があり、主従関係を暗示するという理由から、最近はparticipantsと呼ぶことが多いという。これを受けて、日本心理学会では基本的には「研究対象者」と呼び、実験研究では「実験参加者」、フィールド研究では「研究協力者」という慣用表現を用いるとしている（日本心理学会「倫理規定」）。これらの動向を踏まえ「（研究）対象者」という訳語を充てることも考えたが、日本語の「被験者」には主従関係のニュアンスはなく、ソームズ自身、subjectという言葉を使っていることから、「被験者」という訳語を用いることにした。本文を読んで貰えばわかるとおり、ソームズは「ルビコン川を渡る」こと（二六九頁参照）、つまり、科学的な研究に主観を入れることを求めており、「研究対象者」を隷属させる姿勢からは最も遠いところにいることは了解いただけると考え、そのまま「被験者」と訳すことにした。

引用についても述べておく。フロイトからの引用はソームズが『スタンダード・エディション』（英語版全集）の改訂版を用意していることもあり、ソームズ自身の英訳が示されているため、訳者がソームズの英訳から直接訳した。参考までに岩波書店刊行の『フロイト全集』の頁数を明示した。

引用文で翻訳があるものも、まず訳者自身が訳を行った上で翻訳を参照させていただき、適宜改変を加えたことをお断りしておきたい。

「皮質」と「皮質下」の区別については、第1章の原注11にソームズの見解が述べられている。また第3章（九一―二頁）でも説明されているので、そちらを参照していただきたいが、ここでその要点を述べておくと、皮質下とは脳幹の構造に視床、視床下部、前脳基底部を加えた、拡大型網様体視床賦活系の構造が想定されている。これは、意識の「レベル」と「内容」という区別にほぼ対応すると従来考えられた構造を想定してのことである。そして本書では、大脳皮質の活動が精神的で、皮質下の構造の活動は反射的、自律的で、精神的なものはそこに含まれないと考えられていた従来の考え方に異を唱えている。ソームズが「皮質下」という言葉を使うとき、言外に「従来、意識の内容（すなわち心）を生み出すことはないとされていた構造」という意味があることを捉えておくと、ソームズの議論がさらに深く響くであろう。

意識はどこから生まれてくるのか

ヤーク・パンクセップ（一九四三―二〇一七）を追悼して
彼は古代からの謎を解いた賢人であった

日本語訳への序文

ここに『*The Hidden Spring*』をご紹介できることを嬉しく思います。この本は、私のライフワークの集大成です。それは三〇年以上前に研究者としてのキャリアを歩み始めたときに目指していた知的な目的地であります。この本は、私が幼い頃から悩まされてきた存在の本質に関する問いに対して、私が到達することのできた答えを提供しています。この疑問は、私に限った特別なものではありません。人間の子どもであれば誰もが何らかの形で抱く疑問です。また、これらは、何世紀にもわたって、いや、日本では何千年にもわたって、最も偉大な哲学者の頭を悩ませてきた問題でもあります。だからこそ、岸本寛史の努力によって、私の考え方が日本の読者の皆さんに伝わることを大変嬉しく思うのです。

岸本は、京都の医学者や科学者たちの小さなグループの一員です。私が彼と初めて出会ったのは二〇〇七年のモントリオールの学会の時でした。それに先立つ数年前、世紀の変わり目から、私は、神経科学者と精神分析家の間のコミュニケーションを促進することを目的として、世界のさまざまな都市で毎年国際学会を開催し始めていました。そこでは、脳という客体としての人間を研究する専門家と、心という主体としての人間を研究する専門家との間で、魅力的な対話が行われました。人間とはいったい何なのかを考える上で、こうした会議が新鮮な示唆を与えないはずがありません。岸本は二〇〇七年以降、そのほとんどの会議に参加していて、その中には、私の科学的思考の発展の転機となった二つが含まれていました。

最初の転機は、二〇一一年にベルリンで開催された第一二回国際神経精神分析会議でした。片や感情神経科学者のヤーク・パンクセップおよびアントニオ・ダマシオと、これに対するバッド・クレイグとの間で交わされた対話を聞いて、人間の主観性の源泉は、大脳皮質の洗練された情報処理チャンネルではなく、原始的な脳幹の中核部に埋め込まれたホメオスタシスに関わる核の覚醒状態にある、と私は確信しました。これこそが、私の〔原著の〕タイトルにある「隠された泉」であり、私たち、感じることのできる（センティエント）存在の源なのです。人間の主体は、文字通り、これらの覚醒状態の感じ（すなわち、ホメオスタシス的不確実性）で構成されているのです。

二つ目の転機は、二〇一七年にロンドンで開催された第一八回国際神経精神分析会議で、同僚と私が、著名な計算論的神経科学者であるカール・フリストンと対話したときに起こりました。この出会いにより、感じは機械的に理解できるものであり、自然の一部にすぎない、と確信しました。感じは、他のすべてのものと同じように、物理的な法則に還元することができるのです。生命が進化し、意識が夜明けを迎えるずっと前から存在していた、宇宙を構成する力やエネルギーから、感じることのできる（センティエント）存在がどのようにして生まれるのかを、私はその運命的な会議で初めて垣間見たのです。

この本で語られる物語は、私の物理主義的な意識の説明が人工知能の分野に与える影響を考察することで終わります。これが物語の流れです。それは、日本の偉大な精神的先達を悩ませたような永遠の謎から始まり、日本の技術者や科学者を、世界で最も賢い頭脳の一つと言われる日本の技術的な心を、今も悩ませている現実的な問題で終わります。

ケープタウン、二〇二一年七月　マーク・ソームズ

はじめに

子どもの頃、意識が進化する前に存在していた世界をどのように思い描けばいいのか、という奇妙な疑問が湧いてきました。もちろんそのような世界はありましたが、それをどうやって思い描けばよいのでしょうか？　ものを思い描くということが可能になる前の世界をどうやって思い描けばよいのでしょうか？

私が言いたいことの意味を理解していただくために、日の出が起こらないような世界を想像してみてください。〔地球の外から見れば〕地球は常に太陽の周りを回ってきたと言えますが、〔地上の〕観察者の視点からは、太陽は地平線からしか昇りません。それは本来、視点に依存した出来事なのです。日の出は永遠に経験の中に閉じ込められているのです。

この、視点を持つことを余儀なくされるということが、意識を理解することを非常に難しくしています。意識を理解しようと思えば、私たちは主観性から逃れる必要があります。つまり、それを外から見ること、自分にどのように見えるかではなく、実際にあるがままに物事を見ることが必要になります。しかし、どうすればいいのでしょうか？　どうすれば自分自身から逃れられるのでしょうか？

若い頃の私は、自分の意識が自分の周りにある泡のようなものだと素朴に思い描いていました。そして、その内容が映像や音などの体験現象なのだと。その泡の向こうには、無限の闇があると考えていました。私はこの闇の世界を、純粋な量の交響曲として、相互に作用する力やエネルギーの類として、想像しました。それが、「外にある」真の現実で、私の意識が、表象しなければならない質的な形で表象するものだと思ったのです。

そのような想像が不可能であること、つまり、表象を用いずに現実を表象することが不可能であることが、この本で取り組む問題の大きさを物語っています。あれから何年も経った今、私は再び意識のベールの裏を覗いて、そのメカニズムを垣間見ようとしています。

それゆえ、あなたが手にしているこの本は、視点に依存したものであることが避けられません。それどころか、今述べたパラドックスに求められること以上に視点に依存したものでさえあります。そこで、私の視点から物事を見ていただくために、私自身の経歴の一部をお話することにしました。意識に関する私の科学的な考えの進歩は、しばしば私の個人的な生活や臨床研究の進展から生まれてきました。私は自分の結論が孤立無援のものだとわかっていますが、私がどのようにしてその結論に至ったかを知ってもらえば、理解するのはより容易になります。私の発見の中には、例えば脳の夢見のメカニズムなど、ほとんど思わぬ偶然（セレンディピティ）によって起こったものもあります。また、私の職業上の選択の中には、例えば、神経科学者としてのキャリアから回り道をして、精神分析家としてのトレーニングを受けたことが、予想以上に大きな成果となって報われた部分もあります。いずれの場合も、どのようにしてそうなったのかを説明しようと思います。

しかし、意識を理解するという私の探求がこれまでうまくいってきたとすれば、私の最大の幸運は、共同研究者たちの素晴らしさにあります。特に、故ヤーク・パンクセップと一緒に仕事ができたことは、私にとって大きな幸運でした。彼は、感じ*feelings*の起源と力を誰よりも理解していた神経科学者でした。現在、私が脳について確信していることは、ほとんどすべて彼の洞察によって形作られたものです。最近では、カール・フリストンと仕事を共にすることができました。彼は多くの優れた資質を持っていますが、現存する神経科学者の中で、世界で最も影響力のある人物という栄誉に浴しています。私がこれから詳しく述べる理論のための最も深い基礎を掘り出したのがフリストンでした。彼は、（あらゆる種類の）脳の機能を、自由エネルギーと呼ばれるものを最小化する、基本物理的な必要性に還元したことで最もよく知られています。その概念は第7章で説明しますが、今のところ、フリストンと私が考え出した理論は、そのプロジェクトと結びついているとだけ言っておきましょう。それは、意識の自由エネルギー理論と呼んでもいいくらいです。まさにその通りなのですから。

感じることができること（センティエンス）の究極的な説明は、今日では「ハードプロブレム（難しい問題）」と称されるほど難しい謎です。謎が解けてしまうと、その問題も答えも面白くなくなってしまうことがあります。私がここで提示するアイデアが、ハードプロブレムに新たな光を当ててくれるかどうかは、皆さんの判断にお任せします。ただし、どう判断されても、私のアイデアは、あなたがあなた自身を見直すきっかけになると確信しています。そしてその分だけ、興味深いものであり続けるはずです。別の理論に置き換えられるまでの間だけかもしれませんが。結局のところ、深い意味で、あなたはあなたの意識なのです。したがって、意識の理論は、なぜあなたがそのように感じるのかという基本的なことを説明してくれると期待するのは、理にかなったことです。そしてそれは、あなたがなぜ今のような形で存在しているのかを説明するものでなければなりません。そして、おそらく、意識の理論はあなたがそれについてできることを明らかにしてくれるものでさえあるはずです。

この最後のテーマは確かに、本書の扱う問題の範囲を超えています。しかし、理論の範囲を超えているわけではありません。意識に関する私の説明は、生命に関する初歩的な物理学、計算論的神経科学と感情神経科学の両方の最新の進歩、そして精神分析によって伝統的に探求されてきた主観的経験の機微を一つの物語にまとめたものです。言い換えれば、この理論が照らす光は、あなたが使用できる光でもあるはずです。

それが私のライフワークでした。数十年経った今でも、私は、世界が誰かの目に入る前にどのように見えていたのかと自問しています。より多くの知識を得ることができたおかげで、私は水熱噴出孔の一つで生命が誕生したと想像しています。そこで誕生した単細胞生物は、きっと意識を持っていなかったでしょうが、その生物が生存できるかどうかの見通しは周囲の環境に影響を受けてきたでしょう。これらの単純な生物が、太陽のエネルギーがもたらす生物学的な「良さ」に反応していることは容易に想像できます。そこから小さく一歩踏み出せば、より複雑な生物が積極的にそのようなエネルギーの供給を求め、最終的にはその代わりとなる行動によって成功の可能性を測る能力を進化させると想像できます。

意識とは、そのような生物の経験から生まれたものだと私は考えています。それらの最初の生物の視点から、昼の暑さと夜の寒さを思い描いてみてください。それらの生物が日中の経験を登録する生理的な価値が、最初の日の出の前触れとなったのです。

哲学者や科学者の多くは、未だに、感じることができる（センティエンス）ということが物理的な目的には役に立たないと信じています。本書における私の課題は、その代わりとなる解釈がもっともであると皆さんに納得していただくことです。そのためには、感じが自然の一部であり、他の自然現象と根本的に異なるものではなく、物事の因果関係の母体（マトリックス）の中で何かをしている、ということを、皆さんに納得してもらわなければなりません(*)。意識とは、これから示していくように、感じについてのものであり、感じることとは、あなたがうまく生活をやっているのか否かについてのものです。意識はあなたがよりうまく行うことを助けるために存在しているのです。

意識のハードプロブレムは、すべての科学とは言わないまでも、現代の神経科学において最大にして未解決の謎だと言われています。本書で提唱する解決策は、従来のアプローチと根本的に決別しています。大脳皮質は知性の座であるため、ほとんどの人が意識の座でもあると考えています。私はそうは思いません。意識はそれよりもはるかに原始的なものです。意識は、人間が魚類と共通する脳の一部から発生します。これが〔原著の〕書名にある「隠された泉 hidden spring」なのです。

意識は知性と混同されてはなりません。痛みが何であるかについて内省することなく痛みを感じることとは完全に可能です。同様に、食べたいという衝動、空腹の感じは、生（せい）の困窮についての知的理解を意味するものではありません。意識は、その基本的な形、つまり生（なま）の感じにおいては、驚くほど単純な機能なのです。

＊　訳註：意識研究の主流の見解は、意識を脳の活動「随伴現象」と見做しており、脳の活動には何の影響も及ぼしていない（「何もしていない」）との立場をとっていることを踏まえての言葉。

他にも三人の著名な神経科学者がこのアプローチをとっています。ヤーク・パンクセップ、アントニオ・ダマシオ、ビョルン・メルケルです。パンクセップはその先頭に立っていました。彼は（メルケルと同様に）動物の研究者でしたが、ダマシオは（私と同様に）動物の研究者ではありません。多くの読者は、私がここで報告する動物実験の結果に恐怖を覚えることでしょう。それはまさに、他の動物が人間と同じように感じていることを示しているからです。すべての哺乳類は、痛み、恐怖、パニック、悲しみなどのような感じに従います。皮肉なことに、この点について疑いの余地がないことを明らかにしたのが、パンクセップの研究でした。唯一の慰めは、パンクセップの知見が、そのような研究の継続を不可能にさせたという点です。

私がパンクセップ、ダマシオ、メルケルに惹かれたのは、彼らには、私と同じように、現代の神経科学に欠けていることは、生きられた経験の具体的な性質に明確に焦点を当てることである、という信念があったからです。私たちを結びつけているのは、フロイトが認知よりも感じを優先する心の科学のために構想した、見捨てられた土台を、時には知らないうちに、生かしてきた点にあると言えるでしょう。（認知はたいてい無意識的なものです）。これが、本書の二つめの根本的な決別です。本書はフロイトの一八九五年の「プロジェクト」に立ち返り、その仕事を完成させようとしています。しかし、私はフロイトの多くの間違いを見過ごすことはしません。その一つは、他の誰もがそうであるように、フロイトも意識は皮質の機能だと考えていたことです。

この本の第三にして最後の大きな決別は、意識は工学的に作ることができる（エンジニアブル）という見解にたどり着いたことです。意識は人工的に生み出すことができるのです。この結論は、その深遠な形而上学的意味合いとともに、カール・フリストンとの研究から生まれました。パンクセップ、ダマシオ、メルケルとは異なり、フリストンは計算論的神経科学者です。したがって彼は、意識は究極的には物理学の法則に還元できると考えています（この信念は、驚くべきことに、フロイトも共有していました）。しかし、フリストンでさえ、私たちが共同研究を始める前は、精神機能を皮質の機能とほぼ同一のものと考えていました。本書では彼の統計力学的な枠組みを、より深く、脳幹の最も原始的な奥底へと導いていきます……

この三つの決別はハードプロブレムをハードではないものにします。その方法を説明していくことにしましょう。

マーク・ソームズ
チェイリー、イーストサセックス
二〇二〇年三月

第1章　夢の素材

私は、旧ドイツの植民地であった〔アフリカ大陸南部の国〕ナミビアのスケルトン・コーストで生まれました。父は、コンソリデイティッド・ダイヤモンド・マインズという南アフリカ系の小さな会社を経営していました。その親会社であるデビアスは、ナミビア国内に「禁止区域」と呼ばれた仮想国家を作っていました。その広大な漂砂鉱床(ひょうさこうしょう)(*)は、ナミブ砂漠の砂丘から大西洋の沖合数キロの海底にまで広がっていました。

これは、私の想像力を形作った独特な風景でした。小さい頃、兄のリーと私はよく、ダイヤモンド採掘ごっこをしていました。砂漠にある露天掘り鉱山へと父に連れられて見に行ったときの印象的な技術的偉業を、おもちゃの土木機械を使って庭で再現したのです。(もちろん、私たちはまだ幼かったので、父の産業のあまり印象的でない側面を知ることはできませんでしたが)。

一九六五年のある日、私が四歳のとき、いつものように両親はコーモラント・ヨットクラブでヨットをしていました。私は六歳のリーと一緒にクラブハウスで遊んでいました。早朝の霧は消えていました。私は三階建てのクラブハウスの涼しい室内から、水辺に向かってぶらぶら歩いていきました。暑い中、

＊　訳註：堆積の過程で、比重分離によって特定の鉱石から形成された貴重な鉱物の地層。

砂漠を歩いていると、私が水に足を入れるたびにキラキラと光る小さな魚たちが散っていくのが見えました。そのとき、リーと友人たちが建物の裏手から屋根に登っていきました。

次に覚えているのは、三つのシーンです。まず、スイカのようなものが割れる音。次に、リーが地面に横たわって、足が痛いと泣き叫んでいる姿。最後に、叔母と叔父が、両親がリーと一緒に病院に行っている間は妹と私の世話をしてくれると私に言っているところ。足が痛いという部分は私の作話に違いありません。カルテによれば、兄はコンクリートの敷石に激突して意識を失ったとのことでしたから。

リーは、地元の病院では対応できない専門的な治療が必要な状態でした。ヘリコプターで八〇〇キロ離れたケープタウンのグルート・シューア病院に運ばれました。そのときの脳神経外科は、ケープダッチ様式で建てられた印象的な建物の中にありましたが、この建物はまさに、現在、私が神経心理学者として働いている場所でもあります。リーの頭蓋骨は骨折しており、頭蓋内出血を起こしていました。このような血腫が拡大すると、生命を脅かす緊急事態となり、手術が必要となります。兄は幸運でした。数日後には回復し、最終的には退院して自宅に戻ることができましたので。

事故の後、骨折した頭蓋骨を守るためにヘルメットを被らなければならなかったことを除けば、リーは見た目には何も変わっていないようでした。しかし、人としての彼は大きく変わってしまいました。このことが私の中に呼び起こす感じを表すドイツ語があります。「Unheimlichkeit」という言葉なのですが、これに相当する適切な英語はありません。直訳すると、「un は否定を表す接頭辞、heimlich は家庭や家を意味する Heim の形容詞で」「打ち解けないこと unhomeliness」となりますが、「得体の知れないこと」とか「不気味さ」と訳す方がしっくりきます。

彼が変わった部分で一番はっきりしていたのは、発達の目安を失ったことでした。一時は、ちゃんとできていた便のコントロールさえ失いました。もっと気になったのは、彼が以前とは違った考え方をしているように見えたことです。まるでリーがそこにいて、同時にそこにいないかのように感じられました。一緒に遊んでいたゲームの多くも忘れてしまったようでした。今や、私たちのダイヤモンド採掘ごっこは、単に穴を掘るだけのものになってしまいました。その想像的で象徴的な側面は、もはや彼に訴えることはありませんでした。彼はもはやリーではありませんでした。

彼はその年、学校で落第しました。初めてのことでした。事故後の間もない時期で私が一番覚えていることは、戻ってきた兄は同じように見えても同じではないという二項対立を受け入れようとしていたことです。以前の兄はどこへ行ってしまったのだろうかと思いました。

それからの数年間、私は塞ぎこみました。事故から三年後の朝には、靴を履いて学校に行く気力がなくなったのを覚えています。学校に行くことに何の意味があるのかと思って、気力が失せたのです。私たちの存在そのものが脳の働きに依存しているのであれば、私の脳が死んで体の残りの部分も無くなったら、自分はどうなってしまうのだろうかと思いました。リーの心が何らかのやり方で身体の器官に還元できるのなら、きっと私の心も同じだろうと思いました。このことは、私が、つまり私という感じることのできる（センティエント）存在が、短い期間だけしか存在しないことを意味します。その後、私は消えてしまうのです。

私は科学者としての全キャリアを、この問題について考えることに費やしてきました。兄に何が起こったのか、やがて私たち全員に何が起こるのかを、理解したいと思いました。私は、生物学的に見ると、経験する主体としての私たちの存在はどうなっているのかを理解する必要がありました。要するに、意識を理解する、ということです。それが神経科学者になった理由です。

振り返ってみても、求めていた答えへ向かうこれ以上の本道があったとは、私には思えません。

意識の性質は、科学界の最も難しいテーマかもしれません。このテーマが重要なのは、あなたはあなたの意識であるからです。何世紀にもわたって思想家たちを悩ませてきた二つの謎のために、これはいまだに議論の的でもあります。その一つは、心と体がどのように関係しているかという問題です。あるいは、唯物論的な考え方をする人にとっては（ほとんどの神経科学者がそうですが）、脳が心をどのように生み出すのかという問題でもあります。これは「心身問題」と呼ばれています。物理的な脳はどのようにしてあなたの現象的な経験を生み出すのでしょうか？　同じように不思議なのは、意識と呼ばれる非物理的なものが、どのようにして物理的な身体を制御しているのかということです。

哲学者はこの問題を「形而上学」と呼ぶ分野に割り当ててきましたが、これは、科学的に解決できるとは考えていないということを含んだ言い方です。なぜでしょうか？　科学は経験的〔／実証的〕empirical な方法に依存しており、「経験的〔／実証的〕」とは「感覚的な証拠から得られる」ことを意味するからです。(*) 心は感覚的に観察することができません。見ることも触れることもできません。目に見えず、形はなく、主体であって対象ではないからです。

外から見て心について何を知ることができるのかという問題、心がいつ存在しているかをどうしたら見分けることができるのかという問題が、第二の謎です。それは「他者の心という問題 the problem of other minds」と呼ばれています。簡単に言えば、心が主観的であるなら、自分の心を観察することしかできません。では、他の人（または生き物や機械）がそもそも心を持っているかどうかを知るには、どうしたらいいのでしょうか？　まして心一般の働きを支配する客観的な法則を、どうしたら見極めることができるのでしょうか？

過去一世紀の間に、科学において、これらの問いは、三つの主要な反応を引き出しました。科学は実験に信頼をおきます。私たちにとって利点の一つは、実験的方法が究極の真理を目指すのではなく、むしろ最善の推測と記述されるようなものを目指しているということです。観察から出発して、観察された現象を妥当な形で説明するようなことについての推論を提示します。言い換えれば、仮説を立てるのです。そして、その仮説から予測を立てます。これらは、次のような形をとります。「仮説Xが正しければ、YをしたときにZが起こるはずだ」（ただし、他の仮説の下ではZが起こらないという合理的な可能性があるという条件がつきます）。これが実験です。もしZが起こらなければ、仮説Xは偽であると推論され、新しい観測に従って修正されます。そして、実験プロセスが再び開始され、反証可能な予測で、確証されるような予測がでてくるまで、実験が行われます。そのような予測が確証されると、私たちは、それに矛盾する観測がなされるまで、そしてなされない限り、その仮説を暫定的に真だとみなします。このようにして、科学においては、確実性を得ることを期待するのではなく、不確実性を減らすことだけを目指しているのです。[1]

＊　訳註：従って empirical の訳語として「経験的」という言葉が当てられる場合、単に経験に基づくという意味ではない。この点を明確にするために〔実証的〕という訳語も添えておく。

二〇世紀前半から、「行動主義」と呼ばれる心理学の一派が、実験的方法を心に対して体系的に適用し始めました。その出発点は、経験的〔／実証的〕に観察可能な出来事以外のすべてを無視することでした。行動主義者たちは、信念や考え、感じや欲望などの「精神論的」な話をすべて捨て、客観的な刺激に対して被験者が示す、目に見える具体的な反応に、研究の場を限定しました。行動主義者は内面で何が起こっているかについての主観的な報告には、狂信的に無関心でした。心を「ブラックボックス」として扱い、その入力と出力が心について知ることのできるすべてだとしていました。

なぜ行動主義者たちはこれほど極端な姿勢をとったのでしょうか？　もちろん部分的には、それは他者の心という問題を回避しようとする試みでした。そもそも心の話を認めないのであれば、自分たちの理論が、心理学に特有の哲学的な疑念に悩まされることがないのは当然です。事実上、行動主義者は心理学から心を除外したのです。

それは高い代償のように思えるかもしれません。しかし、行動主義は最初から革命的な教義でした。行動主義者たちは認識論的な純粋さそれ自体を追求していたわけではなく、当時の心理学の現行勢力を失墜させようとしていたのです。二〇世紀初頭からフロイトの精神分析が心の科学を支配していました。ジークムント・フロイトは、内省によって得られる証言の奇妙な特徴を綿密に調べることで、いわば内側から見た心のモデルを開発しようとしていました。その結果得られたアイデアは、半世紀にわたる治療と研究の指針を定め、教育機関を設立させ、認定された専門家や著名な知識人の支持を得た中核グループを輩出しました。しかし、行動主義者の判断では、フロイトの理論はすべて、主観性という虚しい土台の上に建てられた砂上の楼閣にすぎませんでした。フロイトは他者の心という問題にまっしぐらに突き進み、その流れに他の心理学を引きずり込みました。これを再び引きずり戻すことが行動主義者たちの役目でした。

　プログラムの厳粛さにもかかわらず、行動主義者は実際に、ある種の精神的刺激と反応との間の因果関係を推論することができました。それだけではありません。入力を操作することで出力に予測可能な変化をもたらすことができたのです。そうすることで、学習の基本的な法則のいくつかを発見しました。例えば、不随意的な行動の引き金が人工的な刺激と繰り返し対になると、人工的な刺激は生得的な刺激と同じ不随意の反応を引き起こすようになります。食べ物と鈴の音を組み合わせることを繰り返すと、(犬のように食べ物を見ると自然に唾液が出る動物では)鈴の音だけで唾液が出るようになります。これは「古典的条件付け」と呼ばれています。同様に、随意的な行動に繰り返し報酬が伴うようにすれば、その行動は増加し、同じ行動に罰が伴うようにすれば減少します。来客に飛びつく犬が、その時に抱っこされると飛びつくことが多くなり、叩かれると飛びつくことが少なくなります。これは「オペラント条件付け」と呼ばれ、効果の法則とも呼ばれています。

　このような発見は、決して小さな成果ではありませんでした。心が他のすべてのものと同じように自然の法則に従うことを示したからです。しかし、心には学習以外にも多くのことがあり、学習でさえ外部からの刺激以外の要因に影響されます。「このページを読んだら、自分でお茶を淹れよう」と心の中で思い浮かべているところを想像してみてください。このタイプの思考は常にあなたの行動に影響を与えています。しかし、行動主義者たちはこのような内省的な報告を科学的なデータとして認めることはしませんでした。思考は外部から観察することができないものだからです。その結果、行動主義者たちは、何が原因であなたがお茶を淹れたのかは知ることができなかったのです。

偉大な神経学者ジャン＝マルタン・シャルコーは、かつて次のように言いました。「理論は結構だが、それは物事が存在することを妨げるものではない」(2)。内的な精神的事象は明らかに存在し、因果的に行動に影響を与えるので、行動主義者のアプローチは二〇世紀の後半には別のアプローチによって徐々に失墜していきました。別のアプローチとは「認知」心理学と呼ばれるもので、いわば、内的な精神的プロセスを組み込むことができるものでした。

認知革命〔と呼ばれる一九五〇年代の認知科学の学際的な動き〕の原動力は、コンピュータの出現でした。行動主義者は、心の内部の働きを不可解な「ブラックボックス」だと考え、代わりにその入力と出力に焦点を当てました。しかし、コンピュータは理解できないものではありません。その内部の働きを徹底的に理解することなくしてはコンピュータの発明は不可能だったでしょう。心をコンピュータであるかのように扱うことで、心理学者は心の中で行われる情報処理のモデルを定式化する力を得たと感じました。この心理学者たちのモデルはその後、行動実験と組み合わせて、精神的プロセスの人工的なシミュレーションを使って検証されました。

情報処理とは何でしょうか？　それについては後ほど詳しくお話ししますが、現在の目的に照らして最も興味深いのは、それがまったく異なる物理的装備で実行できることです。このことは、心の物理的な性質に新たな光を当てます。これは、(情報処理として解釈される) 心が構造ではなく機能であることを示唆します。この見解によれば、心の「ソフトウェア」機能は、脳の「ハードウェア」構造によって実行されますが、同じ機能はコンピュータなどの他の基体(サブストレイト)でも同様に十分実行することができます。例えば、脳もコンピュータも (情報をコード化して保存する) 記憶機能と (入ってくる情報のパターンを保存された情報と比較して分類する）知覚機能、（そのような情報に応じて何をすべきかの実行を決定する）実行機能を果たしています。

このことは、「機能主義」アプローチと呼ばれるようになったものの強みでもありますが、弱みでもあります。感じることのできない（ノット・センティエント）存在であると想定されるコンピュータでも同じ機能を遂行することができるとしたら、心を単なる情報処理に還元することが本当に正当化されるのでしょうか？　あなたの携帯電話でさえ、記憶、知覚、実行といった機能を持っているのですから。

心身の形而上学に対する第三の主要な科学的反応は、認知心理学と並行して発展しましたが、二〇世紀末には認知心理学を凌駕するまでに成長しました。私が言っているのは、広く「認知神経科学」と呼ばれるアプローチです。これは心のハードウェアに焦点を当てたもので、脳の力学を生きたまま直接観察して測定することを可能にする多くの生理学的技術の開発によって生まれました。

行動主義者の時代には、神経生理学者は、脳波（ＥＥＧ）を用いて頭皮の外表面から脳の電気的活動を記録するという、たった一つの手法しか使えませんでした。今日では、機能的磁気共鳴画像（ｆＭＲＩ）を用いて、特定の精神的作業を遂行しているときの脳のさまざまな部分の血行動態を測定したり、陽電子放出断層撮影（ＰＥＴ）を用いて、単一の神経伝達物質系の代謝活動の違いを測定したりするなど、より多くのツールを利用できるようになりました。これにより、どの脳のプロセスが異なる精神状態を生み出しているのかを正確に特定することができます。また、拡散テンソルトラクトグラフィを用いて、これらの異なる脳領域間の詳細な機能的解剖学的接続性を可視化することもできます。さらに光遺伝学を用いれば、個々の記憶痕跡を構成するニューロンの回路が、認知作業中に光っているのを見たり、活性化させることができます。
これらの技術は心の器官の内部の働きをはっきりと可視化し、心理学の範囲を刺激と反応に限定することなく、行動主義者を最も夢中にさせた経験主義者〔／実証主義者〕の夢を実現するものです。

私がこの分野に足を踏み入れた一九八〇年代の神経心理学の状態は、なぜ行動主義者が学習理論から認知神経科学へとスムーズに移行したのかを説明してくれます。当時の神経心理学は、神経行動主義と呼んでもよかったかもしれません。意識の中に記憶を保持するための「緩衝装置（バッファ）」を提供すると言われていた短期記憶のような機能について教われば教わるほど、教官たちは私が〔聴きたいと思って〕申し込んだものとは別のことを話していることに気がつきました。教官たちが教えていたのは、心そのものではなく、心が使う機能的な道具的側面についてでした。私は落胆しました。
神経学者のオリバー・サックスは、彼の著書『左足をとりもどすまで』（一九八四年）の中で、私が置かれていた状況を的確に説明しています。

神経心理学は、古典的な神経学と同様に、完全に客観的であることを目指しており、その偉大な力、その進歩は、まさにここに由来している。しかし、生物、そして特に人間は、まず第一に能動的であり、客体ではなく主体である。排除されているのはまさにこの主体、生きている「わたし」である。神経心理学は立派なものだが、こころ（サイキ）を排除している。経験し、活動する、生きている「わたし」を排除しているのである。[3]

「神経心理学は立派なものだが、こころを排除している」という一節は、私の失望感を見事に表現していました。それを読んで、私はオリバー・サックスとの手紙のやり取りを始め、それは二〇一五年に彼が亡くなるまで続きました。私がサックスに惹かれたのは、彼が患者の主観的な報告を非常に真剣に受け止めていたからでした。このことは、すでに一九七〇年の著書『偏頭痛百科』で明らかでしたし、非凡なる著書『レナードの朝（目覚め）』（一九七三年）ではいっそう明らかでした。後者は、嗜眠性脳炎の患者たちの慢性的な「無動無言症」の臨床の旅路を、絶妙な詳細さで記録した本です。この病気は「眠り病」とも呼ばれていましたが、患者たちは文字通り眠っていたわけではなく、むしろ自発的な行動や意欲（ドライブ）を何ら示さなかったのです。サックスは、ドーパミンの利用を高める薬のレボドパを投与して患者を「目覚め」させました。しかし、能動的な作用主（ぬし）agency が戻ると、患者はすぐに過剰な欲動に駆られ、躁状態になり、実質的に精神病状態になりました。私が『左足をとりもどすまで』を読んだ直後に、サックスは『妻を帽子とまちがえた男』（一九八五年）を出版しました。これは、神経心理学的障害について、神経系の患者であるという〔一人称の〕視点から啓発的な洞察を与える一連の症例研究でした。これでサックスは不朽の名声を得ました。

　これらの本は、私の神経心理学の教科書とはまったく違いました。神経心理学の教科書は、精神機能を体の器官の機能と同じように解剖していました。例えば私は、言語は左前頭葉のブローカ野で生成され、言語理解はその数センチ奥の側頭葉にあるウェルニッケ野で行われ、言われたことを復唱する能力は、これら二つの領域をつなぐ弓状束という線維路が媒介していることを学びました。同じように、記憶は海馬でコード化され、大脳新皮質に貯蔵され、前頭―辺縁系のメカニズムによって取り出されることも学びました。

脳は本当に胃や肺と変わらないものなのでしょうか？　明らかに違うのは、脳である「と感じられるような何か something it is like」がある、ということでした。このことは、体の他のどの部分にも当てはまりませんでした。私たちが体の他の器官に位置づける感覚は、器官そのものでは感じられず、そこから生じる神経インパルスが脳に到達して初めて感じられるのです。このように、脳という組織がもつ非常に特徴的な性質には、つまり、物事を感知し、感じ、考える能力が存在することには、理由があったに違いありません。この性質は何かをしているように見えました。もしそうだとしたら、つまり、自発的にお茶を淹れようと決めたときのように、もし主観的な経験が行動に因果的効果を持つとしたら、それを科学的な説明から省いてしまうと、ひどく道を踏み外すことになるでしょう。しかし、それこそまさに一九八〇年代に起こっていたことなのです。私の教官たちは、言語を理解したり記憶を取り戻したりすることがどのように感じられるのか what it is like はもちろん、ましてそれがともかくも何かとして感じられるのはなぜなのかについて、何も語っていなかったのです。

主観的な視点を考慮に入れた人は、まともな神経科学者には相手にされませんでした。サックスの出版物が同僚たちから広く嘲笑されていたことをどれだけの人が知っているかはわかりませんが、あるコメンテーターは、サックスを「患者を文学とまちがえた男(*)」と呼んだほどです。このことは彼にかなりの苦痛を与えました。人間の物語を語らずして、人間の内面を描写することがどうしてできるのでしょうか？　フロイトがすでに一世紀前に自分の臨床報告について嘆いていたのと同じです。

私が書いた事例史が短編小説のように読まれ、ある人が言うように、科学の真面目な烙印を欠いているというのは、奇妙なことだと今でも思っている。しかし、これは私の好みというよりも、テーマの性質に起因するものだと考えて、自分を慰めねばならない。[4]

サックスは、私がこの引用文を送ると喜んでくれました。[5] 私自身、この文章を初めて読んだとき、脳がどのように主観性を生み出すのかを学ぶことができるのではないかと期待して神経心理学の世界に足を踏み入れたのは、私だけではないことを知りました。しかし、このような考えはすぐに捨て去られます。そんな手の負えない問題を追求してはいけない、「君のキャリアに悪影響をおよぼす」から、と警告されるのです。そうして、神経科学を学ぶ学生の多くが、自分がなぜこの分野に入ったのかを徐々に忘れ、脳が携帯電話と何ら変わらないかのようにアプローチする認知主義の教義に同一化するようになります。

一九八〇年代、科学的に立派なテーマであった意識の一つの側面とは、目覚め(ウェイクフルネス)と睡眠を対比させる脳のメカニズムでした。言い換えれば、意識の「レベル」は立派なテーマでしたが、意識の「内容」はそうではなかったのです。そこで私は、博士課程の研究テーマを睡眠のある側面に絞ることにしました。特に、睡眠の主観的な側面、すなわち、夢見の脳のメカニズムを研究することにしたのです。夢を見るということは、結局のところ、意識(「目覚め」)が睡眠の中に逆説的に入り込むことに他なりません。

＊ 訳註：サックスの著書『妻を帽子とまちがえた男』をもじって揶揄した表現。

驚くべきことに、このテーマに関する文献には巨大なギャップがありました。つまり、脳のさまざまな部分の損傷が夢を見ることにどのような影響を与えるのか、誰も体系的に述べていなかったのです。そこで、私はこの研究に着手しました。

　夢を研究する上で厄介なのは、まさにその主観的な性質です。精神現象は一般に、単一の観察者が内省的に目撃することができるだけで、他者には言葉で間接的に伝えることしかできません。しかし、夢にはさらに問題があります。夢が終わり、夢を見ている人が目を覚ましてから、事後的にしか報告できません。夢についての記憶がどれほど当てにならないかは、誰もが知っています。それらはいったい、どんな「データ」だというのでしょうか？[6] だからこそ、二〇世紀半ば以降、行動主義から後に認知神経科学となるものへの移行において、夢は重要な前線となったのです。

　脳波は、一九五〇年代初頭にユージーン・アゼリンスキーとナサニエル・クライトマンという二人の神経生理学者によって、初めて睡眠の研究に応用されました。彼らは、脳の活動レベルは眠りにつくと下降し、目を覚ますと上昇するという仮説を立て、それゆえ、眠りにつくと脳波の振幅（脳波計が測定する一つの項目）は増加するが周波数（脳波計が測定する別の項目）は低下し、目を覚ますと逆のことが起こると予測しました（一六九頁の図10を参照）。

　脳が、現在は「徐波」睡眠と呼ばれる状態に下降すると、アゼリンスキーとクライトマンが予測した通りの状態になります。二人の仮説は確証されました。驚かされたのはその後の展開です。眠りについてから約九〇分経つと（その後もほぼ九〇分ごとに、一定の周期で）脳波は再び早くなり、記録をとられている人が眠り続けているにもかかわらず、〔脳波の波形は〕ほとんど目覚めのレベルに達したのです。[7] アゼリンスキーとクライトマンは、これらの奇妙な脳の活性化状態を「逆説睡眠」と名付けました。逆説とは、しっかり眠っているにもかかわらず、生理的には脳が覚醒している状態にあることを指しています。

この奇妙な状態では、他にもさまざまなことが起こります。眼球が急速に動く（これが、逆説睡眠が後に「急速眼球運動」もしくはレム睡眠と呼ばれるようになった理由です）にもかかわらず、その間、首から下の体は一時的に麻痺しています。また、深部体温の制御が低下したり、男性の場合は性器が膨張して勃起するなど、自律神経にも劇的な変化が起こります。科学が一九五三年までこのことにまったく気づかなかったことには驚きます。

これらの観察に基づいて、アゼリンスキーとクライトマンはさらに、夢見と呼ばれている心理状態の生理学的基礎はレム睡眠であるという、無理のない仮説を立てました。したがって、彼らは、レム睡眠からの目覚めでは夢の報告が得られ、徐波睡眠（ノンレム睡眠）からの目覚めでは夢の報告が得られないと予測しました。ウィリアム・ディメントという不幸な名の人物とともに、(*)この予測を検証し、確認しました。レム睡眠からの目覚めでは約八〇％が夢の報告をするのに対し、ノンレム睡眠からの目覚めでは一〇％にも満たなかったのです。その瞬間から、レム睡眠は夢見と同義であると考えられるようになりました。[8]素晴らしいニュースです！　この分野ではもはや、夢見で悩む必要はなくなりました。なぜなら、今や夢を客観的に示す指標を持つことになったからです。これで神経科学者は、儚い主観的経験に関する、事後的で、目撃者が一人で、口頭の報告に頼るという、方法論の複雑さに悩まされるこ

＊　訳註：dement は「痴呆」を意味する言葉であることから。

となく、適切な科学を行うことができるようになりました。

夢を除外することに感謝すべき理由は、もう一つありました。それは、夢が精神分析の確立において果たした恥ずかしい役割があったからです。二〇世紀後半の精神科学を特徴づけていた心身の形而上学に対する主流の反応とは異なり、精神分析家は内省的な報告をデータとして扱うことに何の抵抗感も持っていませんでした。実際、「自由連想」（意識の流れからの非構造的なサンプリング）による報告が精神分析研究の主要なデータとなっていました。ジークムント・フロイトは、この方法を用いて、「顕在的」な夢の経験は無意味に見えるにもかかわらず、その「潜在的」な内容（夢を見た人の自由連想から推論される裏のストーリー）には、一貫した心理的機能がある、という結論に達しました。この機能が願望充足でした。

フロイトによると、夢を見ることは、目覚めているときに行動を生み出す生物学的欲求（ニーズ）が、睡眠中に抑制から解放されたときに起こるものです。夢は、眠っているときでさえ要求をし続けるそれらの欲求を満たそうとする試みです。しかし、夢は幻覚的なやり方でそれを行い、そのおかげで私たちは（本当に欲動を満たすために目を覚ますのではなく）眠ったままでいることができるのです。幻覚は精神疾患の中核的な特徴であることから、フロイトは代表的な著書『夢解釈』（一九〇〇年）の中でこの理論を用いて、健康の状態と病気の状態で、心が全体としてどのように働くのかについて大まかなモデルを描いています。

フロイトが言うように、「精神分析は夢の分析に基づいている」のです。[9] しかし、これまで見てきたように、夢は実証的に研究するのが非常に難しいので、行動主義者は夢を科学の対象から排除しました。

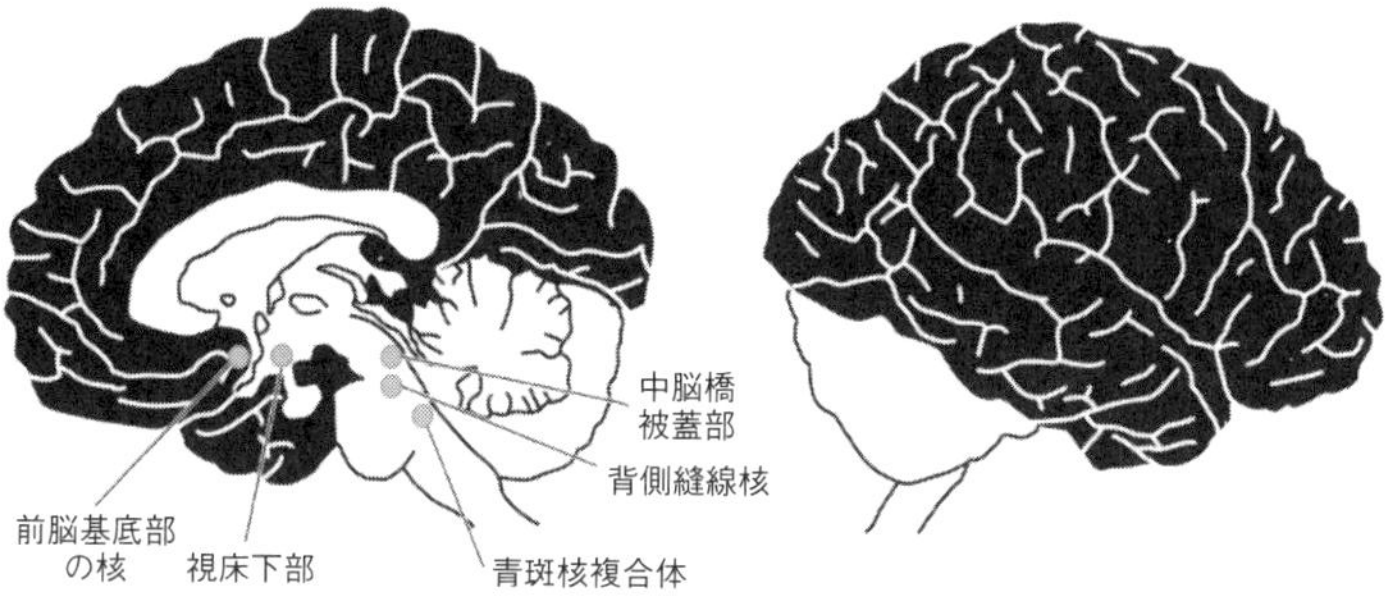

図１　左の画像は脳の内側から見た図（真ん中で切ったもの）で、右の画像は外側から見た図（横から見たもの）です。図は大脳皮質（黒）と脳幹（白）を示しています。レム睡眠の制御に重要と考えられている脳幹核、すなわち、中脳橋被蓋部、背側縫線核、青斑核複合体のみを示しています。また、前脳基底部の核（大脳皮質の下部）と視床下部の位置も示していますが、これらの関連性については後で明らかになります。

さらに、フロイトが夢の上に構築した理論的な殿堂は、その基盤以上のものではありませんでした。偉大な科学哲学者であるカール・ポパーは、精神分析理論は実験的に反証可能な予測を生まないため「似非科学的」である、と断言しました。[10] フロイトが推論した、夢が潜在的な欲望を表現しているという仮説を、どのように反証するのでしょうか？　その欲望が顕在化した（報告された）夢に現れなくてもよいのであれば、どんな夢でもその理論の要件に合わせて「解釈」することができます。したがって、レム睡眠の発見により、神経科学者が夢の報告という儚い素材から、その具体的な生理学的相関物に移行することが可能になったとき、夢自体が滑りやすい魚のように脱落したことは驚くべきことではありませんでした。

一九五〇年代にレム睡眠が発見されると、その神経学的基盤を明らかにしようとする競争が始まりました。レム睡眠の機能が明らかになれば、夢の客観的なメカニズムが明らかになり、その解明によって当時の精神医学がより立派な科学的基盤を持つことになるからでした。（レム睡眠がすべての哺乳類で発生するという事実のおかげで、こうした研究は容易なものになりました）。この競争を制したのは、一九六五年のミシェル・ジュヴェでした。猫を使った一連の外科手術の実験で、彼はレム睡眠が前脳（大脳皮質を含む部分で、脳の上部を指し、人間ではそれが非常に大きいというのがひとつの理由になって、心の器官と考えられています）ではなく、脳幹という、進化的に非常に古い起源を持つとされる、極小の構造によって生成されることを実証したのです。[11] ジュヴェは、脳の上部から順にスライスしていくと、橋と呼ばれる脳幹の下位構造のレベルに達したときに初めてレム睡眠が失われることを観察し、この結論に達したのです（図1参照）。[12]

その詳細は、ジュヴェの弟子であるアラン・ホブソンの手に委ねられました。ホブソンは、レム睡眠を発生させる、それゆえに夢も生み出すと考えられた、橋のニューロンの集合体を正確に特定しました。一九七〇年代半ばには、睡眠と目覚めのサイクル全体が、先に挙げたレム睡眠やノンレム睡眠の各段階の現象を含めて、相互に影響し合う少数の脳幹核によって指揮されていることが明らかになりました。[13]

レム睡眠を制御しているのは、単純なオンとオフのスイッチのようなものでした。レム睡眠のスイッチをオンにするニューロンは、中脳橋被蓋部にあります（図1参照）。これらのニューロンはアセチルコリンと呼ばれる神経化学物質を前脳全体に放出します。アセチルコリンは覚醒 arousal を引き起こし、意識の「レベル」を高めます（例えば、ニコチンはアセチルコリン受容体を刺激することで集中力を高めます）。レム睡眠のスイッチをオフにする脳幹ニューロンは、橋の奥深く、背側縫線核と青斑核複合体にあります（図1参照）。これらのニューロンはセロトニンとノルアドレナリンをそれぞれ放出します。

アセチルコリンと同じように、これらの神経化学物質は意識のレベルのさまざまな側面を調節します。

これらの発見と、レム睡眠が時計仕掛けのようにほぼ九〇分ごとに自動的に切り替わるという事実を組み合わせて、ホブソンはまもなく次のような結論を必然的に導き出しました。「夢見の主な原動力は心理的なものではなく、生理的なものである。なぜなら、夢を見ているとされる睡眠の発生時間と持続時間は極めて一定しており、それはあらかじめプログラムされた、神経的に決定された発生を示唆するからである」[14]。

レム睡眠はコリン作動性の脳幹から発生します。そこは人間の心理のあらゆる働きが生じるとされている壮大なる大脳皮質からは遠く離れた、古代から存在する低次の部位であるため、夢見は願望によって動機づけられることはない、夢は「動機的には中立」である、とホブソンは付け加えました[15]。したがって、ホブソンによれば、夢が潜在的な欲望によって駆動(ドリブン)されるというフロイトの見解は完全に間違っていることになります。フロイトが夢に見つけた意味は、〔ロールシャッハテストの〕インクのシミ〔が連想させること〕のようなもので、夢に内来するものではないということになります。それは夢に投影されたものであり、夢そのものの中にあるわけではない、ということです。科学的な観点から見ると、夢の解釈は茶葉を読む〔という占いの類〕と変わらないというわけです。

精神分析全体が、フロイトが夢を研究するために用いた方法に基づいていたので、フロイトがこの方法で導き出した理論の全体が退けられることになりました。ホブソンが夢には何か意味があるという考えを打ち砕いた後、精神医学はついに、歴史的に内省的な報告に頼ってきた状態から脱却し、代わりに客観的な神経科学的（特に神経化学的）方法に基づいた研究や治療を行うことができるようになったのです。その結果、一九五〇年代には、精神分析医でなければ、アメリカの一流大学の精神医学の終身教授になることはほぼ不可能でしたが、今日では逆に、精神分析医であると精神医学の教授になることはほぼ不可能だという状態になっています。

当時の私には、このようなことは特に印象に残りませんでした。私の博士課程の研究で中心となる問題はとても単純なもので、フロイト主義や行動主義の遺産をめぐる争いとはまったく関係がありませんでした。私が知りたかったのは、前脳や大脳皮質のさまざまな部分の損傷が、夢を見るという実際の体験にどのように影響するのか、ということだけでした。心理学的に見て、前脳が動作を起こす場所であるならば、夢の中でもきっと何かをしているはずだからです。

〔私が進学した南アフリカの〕ウィットウォーターズランド大学の脳神経外科は、バラグワナス病院とヨハネスブルグ総合病院という二つの教育病院に病棟を持っていました。バラグワナス病院は、広い敷地を持つ元軍人病院で、「非ヨーロッパ系」の非白人居住地域であるソウェトという場所にありました。アパルトヘイトが蔓延していた当時の南アフリカの状況を反映して、そこは人間の悲惨な状況で溢れていました。対照的にヨハネスブルグ総合病院は、「ヨーロッパ系」専用の最先端の学術的な病院であり、人種的不平等の記念碑のようなところでした。脳神経外科は、エデンヴェール総合病院の脳・脊椎リハビリテーション病棟にもベッドを置いていました。その病院は、ヨハネスブルグの郊外にある、古い植民地時代の建物を利用したものです。〔大学院に進む〕一九八五年から、私はこの三つの病院で働き、年間数百人の患者に検査を行いました。そのうち三六一名の患者を博士論文の研究に加えて、その後五年間にわたって研究を続けました。

脳波および関連技術の使用方法を学び、睡眠の各段階に関連する特徴的な脳波を認識できるようになると、夢を見ている可能性が最も高いレム睡眠中に患者を目覚めさせることができるようになりました。また、ベッドサイドで神経疾患の患者に夢の変化を尋ね、数日、数週間、数カ月にわたって追跡調査を行いました。このようにして私は、脳のさまざまな部位に局所的な損傷を受けた場合に、夢の内容が系統的に影響を受けるかどうかを調べていきました。夢の報告は信用できないという評判がありますが、私は、同じ脳領域に損傷を受けた患者が、夢の内容に同じ変化があると言うのであれば、信じるに足る理由があると考えました。この方法は「臨床解剖学的相関」と呼ばれ、患者の心理的能力を臨床的に探ることで、脳の一部分の損傷によって精神機能がどのように変化したかを観察し、その変化を損傷部位と相関させることで、損傷した脳構造の機能についての手がかりを見つけ、検証可能な仮説を導き出すというものです。この方法は、数十年前に知覚、記憶、言語などの主要な認知機能すべてに体系的に適用されていましたが、夢見にはまだ適用されていませんでした。

最初は、重病を患った人に対して夢の話をすることに、多少の心配がありました。患者の多くは命に関わる脳手術を受けていたり、受けたばかりだったりして、私の質問が軽薄なものだと思われるのではないかと恐れていたのです。しかし、患者たちは驚くほど喜んで、神経疾患がもたらした精神生活の変化について話してくれました。

私が研究を始めた頃には、実験動物で観察されたのと同じ効果が、人間でも起こることを示す症例報告がいくつか発表されていました。すなわち、中脳橋被蓋部の損傷によってレム睡眠が消失したというものです（図1参照）。しかし、驚くべきことに、この患者たちの夢の変化については誰も調べようとしていませんでした。このことは、神経科学での主観的なデータに対する偏見を示す明確な例といえます。[16]

私の研究では、視覚野に損傷があると視覚的な夢を見なくなる、言語野に損傷があると非言語的な夢を見る、体性感覚野や運動野に損傷があると片麻痺の夢を見る、といった当たり前のことを予期していました。これらは、脳と行動の相関関係のイロハです。これが私の埋めたかったギャップでした。そして幸いにも、それを行うことができました。[17]

しかし驚いたことに、私が観察したすべての当たり前のことに加えて、レム睡眠を発生させる脳の部分に損傷を持つ患者も夢をまだ経験していることがわかりました。さらに、夢を見なくなった患者は、脳のまったく別の部分に損傷を受けていました。したがって、夢見とレム睡眠は、私たちが「二重に解離可能な」現象と呼んでいるものでした。[18] 夢とレム睡眠は互いに相関している（つまり、たいてい同時に起こっている）が、同じものではなかったのです。[19]

睡眠科学の分野では、五〇年近くもの間、脳科学者たちは相関関係があることと同一であることを混同していたのです。夢見がレム睡眠を伴うことを立証するや否や、両者は同一のものだという結論に一足飛びに達し、相関関係の厄介な主観的な側面を捨ててしまったのです。その後、ごく少数の例外を除いて、主に内省的な報告ができない実験動物を使って、レム睡眠だけを研究してきました。この誤りに光が当たるようになったのは、私が神経疾患の患者を対象に夢の経験に神経科学的な関心を持ち始めてからでした。

一九九〇年代初頭、レム睡眠を生み出す脳の部位とは別の部位が損傷を受けると夢を見ることができなくなる、と私が初めて報告したとき、その重要な部位が脳幹にはないことを強調するのに苦労しまし

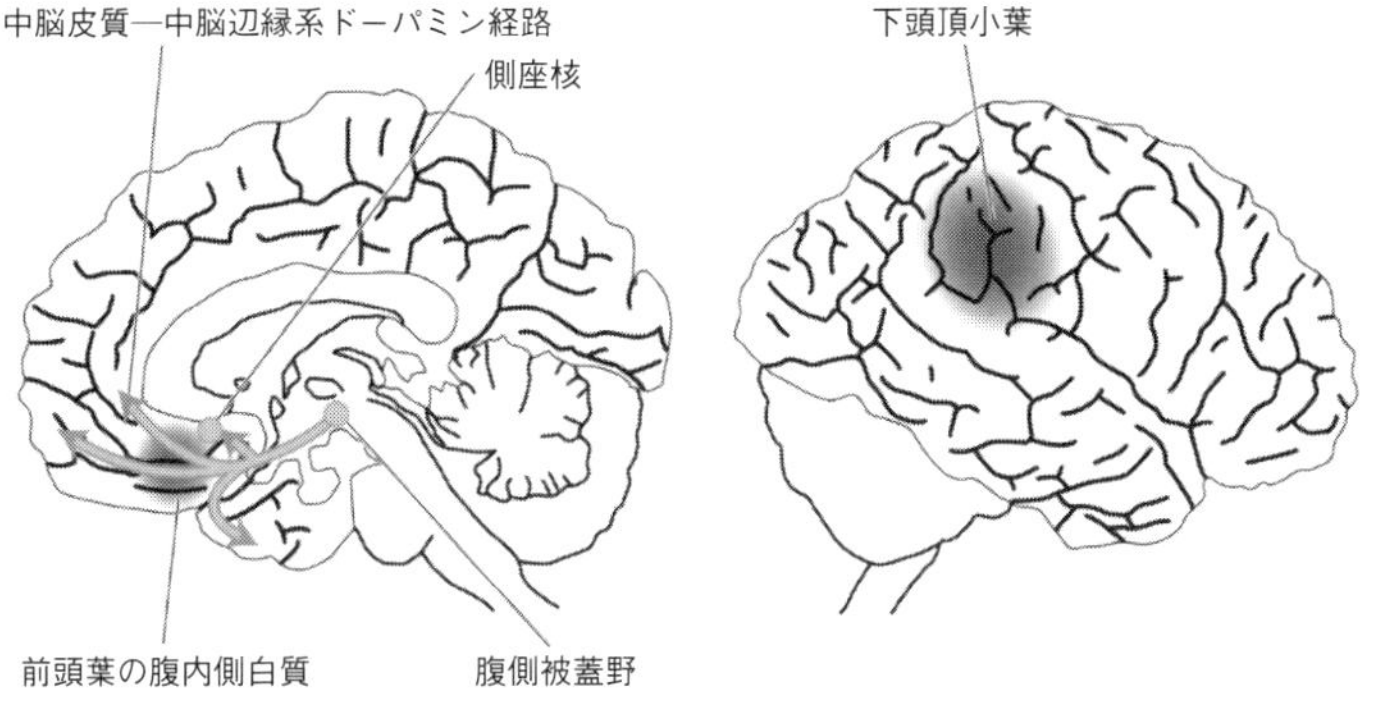

図２　この図では、夢見の停止につながる二つの損傷領域に陰影をつけて示しています。すなわち、前頭葉の腹内側白質（左）と大脳皮質の下頭頂小葉（右）です。また、脳幹の腹側被蓋野と、そこから発生する主要な線維経路である中脳皮質―中脳辺縁系ドーパミン経路も示しています。注目していただきたいのは、前頭葉の腹内側の病変部位には、これらの皮質下経路が存在するということです。この経路は大脳皮質内にあるのではなく、大脳皮質の下を通っています。これらの経路の主要な目的地は側坐核であり、これも図に示しています。

た[20]。これは、夢見の精神的な性質を強調したかったからなのですが、精神的な機能が大脳皮質にあることは周知の事実でした。

実際、レム睡眠を維持したまま夢見の喪失の原因となる損傷部位が二つあることを私は発見しました。一つ目は、大脳皮質の下頭頂小葉です（図2参照）。頭頂葉は短期記憶に重要な役割を果たしているので、この結果は驚くべきことではありません。もし患者が記憶の内容を意識のバッファに保持できないなら、どうして夢を経験できるのでしょうか？　もっと興味深かったのは二つ目の脳領域でした。すなわち、前頭葉の腹内側の四分の一の部分の白質で、前頭皮質とさまざまな皮質下構造をつないでいる部分です。これはまったく予想外の発見でした。脳のこの部分の機能は、夢見の体験の顕在的な部分とは明らかに何の関係もありません。しかし、そこが損傷を受けると確実に reliably 夢見が停止することから、この部分は夢を見るプロセスに何か重要な役割を果たしているに違いありません。

前頭葉型の患者で夢を見なくなった例は九例しか報告しませんでしたが（頭頂葉型の損傷は四四例）、それでも私は「確実に」と言いました。このような損傷は、通常の臨床現場では極めて稀なものです。にもかかわらず、この相関関係は信頼できるものです。二〇世紀前半に、修正型前頭前野白質切除術として知られる手法により、前頭葉の腹膜内側白質は何千もの症例において外科手術の標的とされていたところだからです。

当時の血気盛んな精神科医たちは、前頭葉を外科的に完全に破壊することで（専門的には前頭葉切除術として知られている手術です）、深刻な精神疾患が改善される例があることを発見しましたが、この過激な手術には、精神科医たちが婉曲的に「副作用」と呼ぶものが多くあることにも、気づいていました。そこで精神科医は、前頭葉の中で、他の部分から切り離しても望ましい結果が得られる最小の部分を特定するために、その病変の範囲を狭めていきました。ウォルター・フリーマンとジェームズ・ワッツの修正型手術が、その答えでした。この手術は、眼窩から小さな回転する刃を挿入し、前頭葉の腹内側白質の四分の一を切断するものです（前頭前野白質切除術）。その部位は、私の九人の患者の損傷箇所と正確に一致する部位でした。

そこで私は、自分の症例で観察したことを確認するために、古い精神外科の文献を調べてみました。[21] 私は、古典的な白質切断術を受けた患者を診察した医師たちが、手術後に夢について尋ねているだろうと期待していました。何といっても、当時の精神科医はまだ夢のことを真剣に受け止めていたからです。

私の考えは正しいことが明らかとなりました。当時の精神科医が見出していたことは、前頭前野白質切除術には主に三つの心理的効果があるということでした。第一に、陽性の精神病症状（幻覚や妄想）を減少させました。第二に、動機づけ（モチベーション）を低下させました。第三に、夢見の喪失を引き起こしました。実際、初期の精神外科研究者の一人は、手術後に夢を見続けることは予後が悪い兆候だと指摘したほどでした。[22]

この最後のポイントが、前頭葉の腹内側白質の四分の一にある多くの神経回路のうち、どれが夢見の喪失の責任病巣になるのかについて、私の推測の助けとなりました。また、なぜ脳のこの予期しない領域に原因となるものを見つけることになったのかについて、最初のヒントも与えてくれました。夢が幻覚や妄想でなければ、何なのでしょうか？　だからこそ、白質切断術後に夢が続くようであれば、予後が悪い兆候にもなるのでしょう。

実のところ、幻覚や妄想の神経外科的な治療は、倫理的な理由で放棄されたわけではありません。一九五〇年代に広く利用可能になった薬、すなわち「メジャートランキライザー」を使えば、より低い合併症と死亡率で同等の治療効果が得られることがわかったので、廃れていったのです。これらの薬は、現在の「抗精神病薬」もそうですが、中脳皮質─中脳辺縁系ドーパミンシステムと呼ばれる脳回路の末端で、神経化学物質であるドーパミンを遮断します（図2参照）。この回路は、自然に生じた損傷を被った私の九人の患者と同様に、前頭前野白質切断術で切断される部位であるため、私はこれが夢を生み出すシステムではないかという仮説を立てました。

更なる実験で、私の仮説は確証されました。この回路を薬理学的に刺激すると、夢の頻度、長さ、強さが増加し、レム睡眠には相応の影響がないことはすでに立証されていました。[23]　この薬はレボドパで、オリバー・サックスが脳炎後の患者を「目覚め」させるために使用したのとまったく同じ薬でした。パーキンソン病の治療にドーパミン刺激薬を使用する神経科医は、サックスのように患者を精神病に追い込まないよう注意しなければならないことは以前から知っていましたが、異常に鮮明な夢を見るようになるのは、この副作用の最初の兆候であることが多いのです[24]。その後の決定的な発見は、この回路を構成するニューロン（その細胞体は腹側被蓋野にあります）が、夢を見ている睡眠中に最大の割合で発火していること[25]、そして、同時に側坐核の標的に最大量のドーパミンを送り込むということでした（図2参照）[26]。したがって、夢を見ることはレム睡眠とは無関係に起こりうること、そして中脳皮質―中脳辺縁系ドーパミン回路が実際に夢を見る主要な駆動因であることが、今では広く受け入れられています[27]。

前頭葉の腹内側白質の四分の一にあるコリン作動性経路（前脳基底部の核から発生します。図1参照）が損傷すると、ドーパミン作動性経路が損傷した場合とは逆の効果、すなわち、夢を見る回数が減るどころか**増える**ということが起こります。ホブソンは、アセチルコリンが動機的には中立である夢の発生源になると主張していましたが、アセチルコリンを薬理学的に遮断しても、その経路が損傷した場合と同じことが起こります。現在では、アセチルコリンを遮断する抗コリン剤が**過剰**な夢見を引き起こすことは、広く知られています[28]。言い換えれば、ホブソンが主張するところの神経システムを遮断すると、ホブソンの理論が予測したこととは逆の効果が生じるのです。

神経科学がフロイトに謝罪する必要があることはすぐに明らかになりました。脳の中で「願望」を司る部分があるとすれば、それは中脳皮質―中脳辺縁系ドーパミン回路です。この回路は、まったく動機的に中立ではありません。エドモンド・ロールズ（他多数）は、この回路を脳の「報酬 reward」システムと呼んでいます[29]。ケント・ベリッジはこれを「渇望 wanting」系と呼んでいます。ヤーク・パンクセップはそれをSEEKINGシステムと呼び、食料探しの機能における役割を強調しています[30]。これは「動物が示すことのできる最も精力的な探索行動や検索(サーチ)行動」を司る脳回路です[31]。また、夢見を駆動する回路でもあります[32]。

ホブソンは面白くありませんでした。ホブソンは私に研究結果を発表するようにと、ハーバード大学の神経生理学部門にある自分の研究グループに招いてくれました。当初、彼は私の結果を受け入れ、一九九七年に私がこのテーマで書いた本に対して好意的な書評を発表し、私の臨床解剖学的所見がアレン・ブラウンの神経画像研究によって細部に至るまで確認されたことを指摘しました(図3、五五頁参照)[33]。その後、ホブソンは、これらの進展が、夢に関するフロイト派の基本的な考え方を裏付ける可能性があると気づき、私に手紙を書きました。フロイトを支持していると主張しなければ、私の発見を公に認めても構わない、と。神経心理学の客観性はこれで終わりました。

しかし、私の発見には、もう一つ非常に驚くべき点がありました。最初に発見したときは、この回路を駆動するニューロンが(レム睡眠を発生させる回路と同じように)脳幹に位置しているという事実に、私はあまり注意を払っていませんでした。やはり私は、夢見の精神的な性質を強調したかったのです。私の見落としを丁寧に指摘してくれたのは、先ほどの神経画像の専門家アレン・ブラウンでした。どちらの脳回路が夢のプロセスを駆動するか(ドーパミン系かコリン系か)という点についての、私とホブソンの間の科学的な意見の相違に関連して、ブラウンはこう書きました。

不思議なのは、前脳の構造が夢のシステムで重要な役割を果たしているはずだと主張した後、ソームズは最後に、「夢を生み出す」のは、これらの領域へのドーパミン系の求心性回路だと示唆し、夢の扇動者を脳幹に戻していることである。[34]

ブラウンはこう締めくくりました。「私には、この二人の紳士が共通の基盤に近づいているように聞こえる」[35]。一九九〇年代、私は他の神経心理学の研究者と同じように、心理的作用はすべて大脳皮質にあると考えていました。そのため、私が関心を持った白質路は前頭葉にあり、私の九つの症例ではそこに損傷があったという事実に着目していました。しかし、脳幹の中核にある核はすべて、長い軸索を上方向へ前脳へと送っています（図2参照）。これらのニューロンの細胞体は脳幹にありますが、その出力線維（軸索）は大脳皮質で終端します。このことが、網様体賦活系と総称されるこの脳幹核の主な覚醒機能を支えているのです。私の九人の患者や、それ以前に記録された白質切除術を受けて夢を見なくなった何百人もの患者が損傷を受けていたのは、これらの活性化経路でした。

一九九九年以降、私の発見が意味することに対するブラウンのコメントに促されたこともあって、私は脳幹の他の覚醒システムに注目しました。この分野で最も興味深い研究を行っていたのが、ヤーク・パンクセップでした。彼は、百科事典のような著書『感情神経科学』（一九九八年）の中で、意識の「レベル」を調整するだけで心を持たないと考えられていたシステムが、それ自体「内容」を生み出しているという彼の見解を裏付ける膨大な証拠を、詳細に説明しています。

このことが非常に大きな意味を持つことになるのです。

第2章　フロイト以前とフロイト以後

一九八七年に私はもう一つの決断をしましたが、私が専攻した分野の他の人たちには反対されました。精神分析家になるトレーニングをうけることにしたのです。[1] 夢研究の成果が出始めるにつれて、主観的な報告には神経心理学で果たすべき重要な役割があると、そして、フロイトに対するこの分野の反発のために、神経心理学は少なくない誤りを犯していると確信するようになりました。しかし、自分の研究結果がこの決断の決め手になったわけではありません。

心を決めたのは、一九八〇年代半ばにウィットウォーターズランド大学で、ジャン・ピエール・ド・ラ・ポルトという比較文学の教授が指導していたセミナーに参加したからでした。これは『夢解釈』についてのセミナーでしたが、博士課程の研究のこともあって、興味をそそられました。当時の他の誰もがそうであったように、私もフロイトに懐疑的でした。学部時代から、精神分析は「似非科学」だと学んでいたのですから。自然科学（ハードサイエンス）の分野ではもう誰も、フロイトのことなど真剣に考えてはいませんでした。ですから、そのセミナーも人文系の学科で行われていました。私が出席した理由は、自分の研究テーマである夢の内容について、フロイトが厭（いと）わずに論じていたからです。

ド・ラ・ポルトは、フロイトが初期に書いたある原稿をまず咀嚼吸収しなければフロイトが到達した理論的な結論を理解することなどできない、と説明しました。その原稿とは一八九五年に書かれ、フロイトの死後、一九五〇年代になってようやく出版されたものです。タイトルは「科学的心理学のためのプロジェクト」[2]。この中でフロイトは、心についての初期の洞察を、神経科学の足場の上に置こうとしていました。

フロイトはこれを行うにあたり、偉大な師である生理学者エルンスト・フォン・ブリュッケの衣鉢（いはつ）を継ぎました。ブリュッケは、ベルリン物理学会の創設者の一人で、この学会の使命は一八四二年に、エミール・デュ・ボワ＝レイモンドによって次のように定められていました。

> ブリュッケと私は、以下の真理を実行に移すと厳粛に誓った。「生物の内部では、一般的な物理的・化学的な力以外の力は作用しない。これらの力で目下説明できない場合は、物理的―数学的な方法でその具体的な作用の仕方や形を見出すか、あるいは物質に内在する化学的―物理的な力と同等の威厳をもつ新しい力を想定し、その引力と斥力（せきりょく）とに還元するほかない」[3]。

二人が敬愛する師ヨハネス・ミュラーは、有機的生命が無機的物質とどう違うのか、なぜ違うのかと問い、「生物と非生物とが根本的に異なる理由は、生物が非物理的な要素をいくらか含んでいるため、あるいは無生物とは異なる原理に支配されているためである」[4]と結論づけました。つまり、ミュラーは、生物には生理学的法則では説明できない「生命エネルギー（バイタル）」や「生命力（ライフ・フォース）」があるとしたのです。彼は、生き物はその構成要素の生理学的メカニズムに還元することはできない、という見解を持っていました。というのも、生き物は目的 *aims* と意図 *purpose* を持つ不可分の全体であり、それは生き物が魂を持つという事実に起因する、と考えていたからです。ドイツ語の「Seele（ゼーレ）」が「魂（ソウル）」とも「心（マインド）」とも訳されることを考えると、[5] ミュラーと弟子たちの間の意見の相違は、トーマス・ネーゲルとダニエル・デネットのような哲学者たちの間で繰り広げられている、意識は物理法則に還元できるかどうか、という現代の論争と非常によく似ています（ネーゲルはできないと主張し、デネットはできると主張しています）。

ド・ラ・ポルトのセミナーに参加して驚いたのは、人間の主観性の先駆的探究者であるフロイトが、ミュラーのバイタリズム（魂などを考えにいれる立場）ではなく、むしろブリュッケの物理主義に賛同していたと知ったことでした。一八九五年の「プロジェクト」の冒頭にはこう書かれています。「本論文の意図は、自然科学たる心理学を提供することであり、それは、心的プロセスを、特定可能な物質的諸部分の量的に決定された状態として表すことである」[6]。

　私は、フロイトが神経科学者だったとは知りませんでした。そのときに学んだのは、フロイトが、一八九五年から一九〇〇年の間のどこかで、心の生理学的基礎を明らかにするためには、当時利用可能な方法では不十分だと悟り、神経学的な研究方法をやむなく手放したにすぎないということでした。

　しかし、フロイトが考えを変えたことには十分な埋め合わせがありました。心理学的現象それ自体をより詳しく見て、その現象を支える機能的メカニズムを解明することを余儀なくされたからです。こうして生み出された心理学的な調査様式を、彼は「精神分析」と呼ぶようになりました。その基本的な前提は、顕在的（現在では「明示的（エクスプリシット）」あるいは「陳述的（ディクララティヴ）」とも呼ばれます）な主観的現象には潜在的（現在では「暗示的（インプリシット）」あるいは「非陳述的」とも呼ばれます）な原因がある、というものでした。つまり、フロイトは、私たちの意識的思考の気まぐれな連なりは、私たちが気づいていない暗黙のつながりを仮定することによってのみ説明できると主張したのです〔第一の主張〕。このことが、潜在的な精神機能という概念を生み出し、ひいては「無意識的」な意図性（インテンショナリティ）というフロイトの有名な推測を生み出しました。

一九世紀〔から二〇世紀へ〕の変わり目には、無意識の精神的事象の生理学的調査をする方法がなかったため、そのメカニズムは臨床観察から推論する以外にありませんでした。フロイトがこのようにして学んだことが、第二の基本的な主張を生み出しました。フロイトは、患者たちに推測される無意識の意図に対して、患者たちが無関心とはほど遠い態度をとったと観察しました。それは、無意識の意図に気づくことができないというよりも、むしろ気づきたくないという問題であるように見えました。彼はこの傾向に「抵抗」「検閲」「防衛」「抑圧」などさまざまな名前を与え、それが情動的な苦痛を防いでいるのだと観察するようになりました。次にこの観察は、感じが精神的生活の中で果たす重要な役割、つまり、感じがどのようにしてあらゆる種類の自己奉仕バイアス(*)を下支えしているかを明らかにしました。（今日では当たり前となった）これらの発見がフロイトに示したこととは、精神生活における主要な原動力のいくつかは、完全に主観的なものであると同時に、無意識的なものでもあるということでした。こうした力を体系的に調査した結果、フロイトは第三の基本的な主張にたどり着くことになりました。最終的に感じの根底にあるのは身体的欲求である、と結論づけたのです。つまり、人間の精神生活は、動物のそれに劣らず、生存と生殖という生物学的な要請（インペラティヴ）によって駆動されているというわけです。これらの要請は、フロイトにとって、感じる心と物質的な体との間につながりを提供するものでした。

　フロイトは、心と体の関係について、驚くほど巧妙なアプローチをとりました。彼は、自分が研究した心理学的現象は、生理学的現象にまっすぐ還元できるものではないと気づいていました。早くも一八九一年には、心理的症状を神経生理学的プロセスに帰着させるには、まず関連している心理学的現象と生理学的現象（という方程式の両側）を、それぞれの根底にある機能に還元しなければできない、と主張しました。前章で情報処理に触れつつ述べたように、機能はさまざまな基体の上で遂行することができます。[7] 心理学と生理学の両立を可能にさせるのは、機能という共通の基盤の上でしかない、というのがフロイトの主張でした。フロイトが目指したのは、「メタ心理学の」（「心理学を超えた」という意味の言葉）機能法則によって心理学的現象を説明することでした。[8] この機能レベルの分析を飛び越えて、心理学から生理学に直接ジャンプしようとすることは、現在では局在化論者の誤謬（ごびゅう） localisationist fallacy と呼ばれています。[9]

後継者たちにとってはそうではないかもしれませんが、フロイトにとって精神分析は明らかに暫定的な段階のものでした。フロイトが当初から求めていたのは、主観的経験という私たちの豊かな内面を支えている法則を見極めることでしたが、それにもかかわらず、精神生活はフロイトにとって生物学的な問題であり続けました。[10] 彼が一九一四年に書いたように、「心理学におけるわれわれの暫定的なアイデアはすべて、おそらくいつの日か、器質的な土台（オーガニック・ファンデーション）の上に置かれることであろう」というわけです。[11] それゆえ彼は、精神分析が神経科学と再び合流する日を熱望していました。

生物学は、まさに無限の可能性を秘めた土地（ランド）である。われわれは、生物学が最も驚くべき情報を与え

＊ 訳註：望ましい結果は自らの資質のおかげであり、望ましくない結果は他人や環境のせいであるとするバイアス。

てくれると期待するかもしれないが、数十年後にいかなる答えが返ってくるのか推測することはできない。［中略］それらは、われわれが人工的に作り上げた仮説構造の全体を吹き飛ばすような類のものかもしれない。[12]

これは、私が学部生のときに学んだような、ひどく思弁的なフロイトではありませんでした。「プロジェクト」は、フロイト自身にとってもそうであったように、私にとっても啓示でした。当時、フロイトは友人のヴィルヘルム・フリースに次のような手紙を書いています。

忙しい夜の間に［中略］、障壁は突如として除かれ、ベールは剥がれ落ち、神経症の細部から意識の決定因まで見通すことができました。すべてがつながって、歯車がかみ合い、その事態は、本当に機械であって、すぐにでも勝手に動き出しそうだ、という印象を与えました。[13]

しかし、この多幸感も束の間でした。一ヶ月後にフロイトはこう書いています。「私はもはや、『心理学』を思いついたときの心の状態を理解することができません。それをどうやって君に伝えようとしたのか、さっぱりなのです」。[14] 適切な神経科学的手法がなかったため、フロイトは「想像、置き換え、推測」を頼みとして、臨床的な推論をまず機能的な用語に、次いで生理学的・解剖学的な用語に翻訳していきました。[15] 最後となる修正を試みた後（一八九六年一月一日にフリースへ送った長い手紙に同封されていた）、その「プロジェクト」は、約五〇年後の再登場まで姿を消すこととなりました。しかしながら、そこに含まれていたアイデア（フロイトの翻訳者ジェームズ・ストレイチーの言葉を借りれば「隠された幽霊（ヒドン・ゴースト）」）は、彼の精神分析の理論化の全体にとり憑いて、将来の科学的進歩を待っていたのです。[16]

「プロジェクト」には、現代の知見に照らしても際立つ二つの考えが含まれていました。一つは、前脳は「交感神経節」であり、身体的欲求を監視して調整しているという考えで、もう一つは、これらの欲求は精神生活の駆動力であり、「心的メカニズムの主導力（メインスプリング）〔／主ぜんまい〕」だという考えです。[17]そのような身体的欲求が脳内でどのように制御されているかについての神経生物学的な理解はまだなかったので、まして、それらがどのようにして「物理—数学的な方法で」説明できるのかについての神経生物学的な理解はまだなかったので、ベルリン物理学会の理念に忠実であり続けようとするならば、フロイトは「物質に内在する化学的—物理的な力と同等の威厳をもつ新しい力を想定」するしかありませんでした。これらは彼が「メタ心理学的」な力と呼んでいるもので、心理現象の背後にある力です。彼は、「形而上学（メタフィジック）〔／メタ物理学〕」をメタ心理学に変え」たい、との立場を明らかにしていました。[18]言い換えれば、彼は哲学を科学に、主観性の科学に、置き換えたいと思っていたのです。フロイトは、潜在的な精神的プロセスに関する自分の思索的な推論をあまり厳しく判断しないようにと求めていました。

> これは単にわれわれが科学的な用語で、すなわち、心理学（もしくはより正確には、深層心理学）に特有の比喩的な言語で操作するように義務づけられているためである。でなければ、われわれは当のプロセスを記述することなどまったく不可能で、それどころかそのプロセスに気づくことさえできない。

もしすでに心理学的な用語を、生理学的な用語や化学的な用語に置き換えることが可能ということになれば、われわれの記述の欠陥はおそらく解消されるだろう。[19]

フロイトが推論せざるを得なかった新しい力の中でも特に重要なのが「欲動drive」という概念です。彼はこれを「身体とのつながりの結果として精神に求められる仕事の尺度として、生物体内から発生し、精神に到達する刺激の心理的な代理物」と定義しています。[20]

フロイトの「欲動」という概念は、すべての「心的エネルギー」の源だと考えられていましたが、ミュラーの「生命エネルギー」とは異なり、身体的欲求に根ざしたものでした。フロイトは、欲動が意図的な認知になる因果関係のメカニズムを「神経力の経済」と表現しています。[21]しかし、身体的欲求が精神エネルギーとなる方法については、「まったく思い浮かべることができない」と率直に認めていました。[22]

約一世紀後に私がこれらの言葉を読んだとき、「心理学的な用語を、生理学的な用語や化学的な用語に置き換える」時が今や到来したのだ、と実感しました。例えば、夢の背後にある駆動力は、フロイトの患者の主観的な報告の中では「潜在的」なもので、それゆえその存在は反証不可能なものとされていました。しかし、フロイトの時代には利用できなかった、生体内を調べられる現代の生理学的方法で得られた客観的な証拠の中では、これははっきりと「顕在的」なものになっています。例えば、陽電子断層撮影で得られた図3の画像を考えてみましょう。[23]「願望に満ちた(ウィッシュフル)」SEEKING回路が、夢を見ている睡眠中にクリスマスツリーのように点灯し、この間、抑制性の前頭前野が本質的にオフになってい

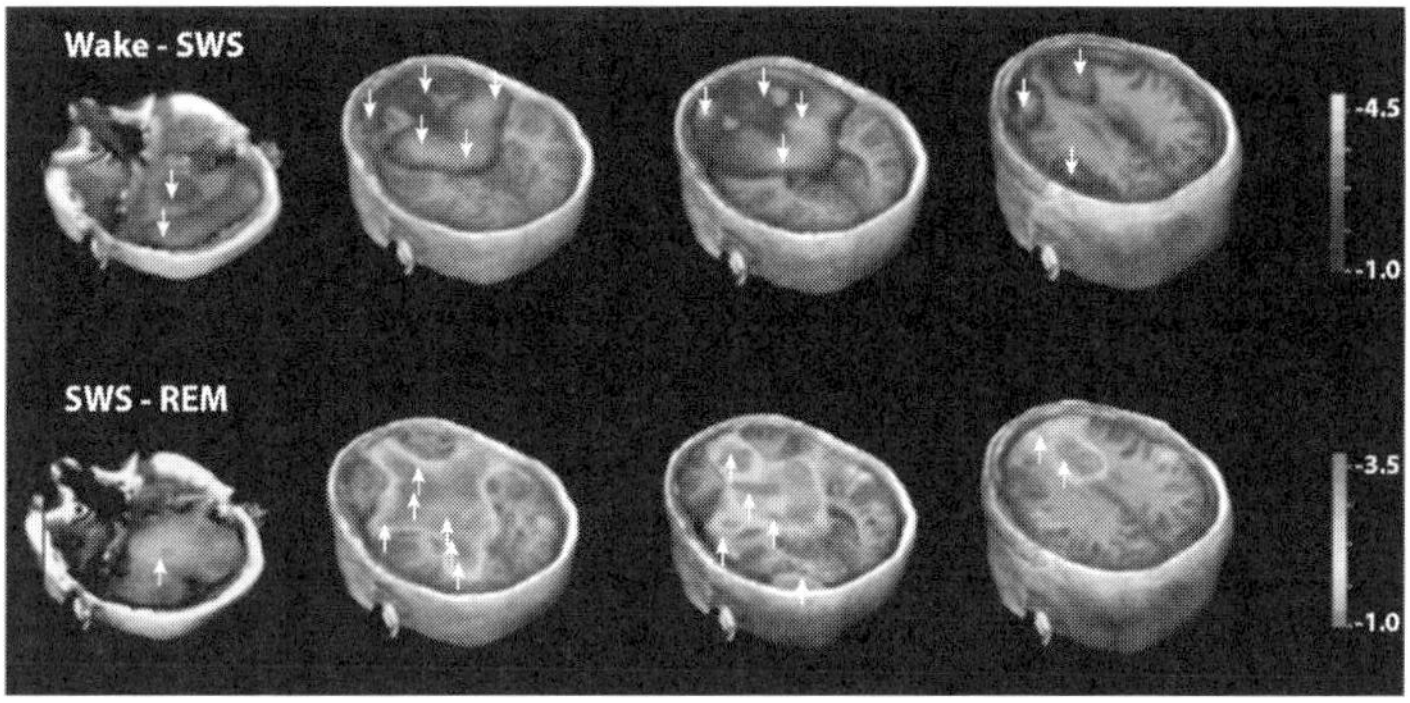

図３　横列は脳を徐々に上へとスライスしていく様子です（左から右へ）。上段は目覚めているときの脳と眠っているときの脳の違いを示していて、〔脳画像の中の〕暗い部分は入眠時に大脳皮質の活性化が減少したことを表しています。下段はレム睡眠とノンレム（徐派）睡眠の違いを示していて、明るい部分はレム睡眠開始時に大脳皮質下の活性化が増大したことを表しています。最も活性化している部分が SEEKING システムのある位置です。〔上段見出しの Wake-SWS は覚醒（wake）と徐波睡眠（SWS）の差を、下段見出しの SWS-REM は徐波睡眠と REM 睡眠の差を表す〕

ることがありありと示されています。これらの知見が基になり、ホブソンと私が「意識の科学会議二〇〇六」に招待されてフロイトの夢理論の科学的信憑性（クレディビリティ）を議論したとき、そこに集まった参加者たちによる投票では、フロイト理論が二対一の割合で支持されて、再び息を吹き返すことになったのです。(24)

　主観的な「わたし」は、いろいろな欠点があるものの、精神分析から排除されることは決してありませんでした。〔これを排除してきた〕他の科学からしたら、それがどれほど恥ずかしいことであろうと、精神分析は主観的な「わたし」を最上位に置いていたのです。多くの科学者の同僚たちは、その言葉が背負っている歴史的な重荷を考えて、私がやっていることを精神分析と関連づけるべきではない、と助言してくれました。天文学者が自分自身の研究を占星術と結びつけるようなものだ、と言うのです。しかし私は、フロイトに敬意を払わないのは知的に不誠実だと考えていました。彼が達成しようとした目標がどれほど不完全であったとしても、それは明らかに、心の科学としては正しい目標だったのです。そこで私は、自分のアプローチを「神経精神分析 neuropsychoanalysis」と名づけることにしました。私が教わった神経心理学は、主観性に対する態度からは、神経行動主義と呼んでもよいものではなかったかと〔第一章で〕述べました。私は、自分が発展させていた神経心理学が、生きた経験に軸足を置いていることをはっきりと示したかったのです。精神分析と神経科学の関係についての計画的な論文を書いた後、その気概で、私は仕事に取り掛かりました。[25]

一九八九年、精神分析のトレーニングを受けるために、ロンドンに移りました。研究と臨床の仕事を続けるために、同時に、王立ロンドン病院医学校で脳神経外科の無給講師の職に就きました。その偉大な神経学の伝統に連なることができたことは、大きな喜びでした。一九世紀半ばに、イギリスの神経学と神経心理学の父といわれるジョン・ヒューリングス・ジャクソンが、そこの医師だったからです。王立ロンドン病院は、〔ロンドン市街の〕ホワイトチャペルという場所にありました。そこは何世紀にもわたって移民を惹きつけた所であり、そのため常に、痛みを抱えたコミュニティに奉仕してきた地域です。私はソウェトのバラグワナス病院を思い出し、故郷から離れたところにある故郷のように感じました。

一九九〇年代のはじめ、南アフリカの脳神経外科の同僚が、私にS氏を紹介してくれました。S氏は脳の前頭葉の下で増大して視神経を偏位させていた腫瘍を除去する手術を一〇ヶ月前に受けた患者でした。S氏は手術中に小出血を起こし、前脳基底部への血液供給が途絶えてしまいました（図1参照）。

前脳基底部の核は、長期記憶の検索に関与するさまざまな皮質および皮質下の構造にアセチルコリンを伝達します。これらのコリン作動性経路はドーパミン作動性経路と相互作用すると考えられていますが（図2参照）、後者はいわゆる報酬系であり、外界における身体的な動作だけでなく、内的世界における表象にも、思考や夢の中で生じる想像上の動作にも関連していて、「検索」行動を活性化すると考えられています[26]。出血の結果、S氏は手術から目覚めると、コルサコフ精神病として知られる重大な健忘症候群の状態になっていました。その中核的な特徴は、作話と呼ばれる夢を見ているような状態になることです。S氏は、最近の出来事の記憶が、常に誤った記憶を検索するような形で著しく障害されていました。この検索の欠損は大きな能力障害となりますが、作話性健忘症（アムネジア）では、誤って引き出した記憶の信頼性を患者自身が適切にモニターしておらず、したがって、明らかに真実ではない記憶を真実であるかのように扱うという事実のために、検索の問題はさらに複雑なものになります。

例えば、S氏は自分がヨハネスブルグ（彼の故郷）にいると思っていましたが、実際には、私の診察を受けるためにロンドンに旅行して来たところでした。彼にはその旅の記憶がありませんでした。私がその点を訂正すると彼は、自分がロンドンにいるはずがない、と主張しました。そこで私は、窓の外を見てほしいとお願いしました。ヨハネスブルクでは決して降ることがない雪が降っていたからです。最初はショックを受けたようでしたが、気を落ち着かせてから、こう言い返してきました。「いえ、違います。ヨハネスブルクにいるのはわかっています。あなたがピザを食べているからといって、イタリアにいるとは限らないのと同じです」。

S氏は五六歳の電気技師でした。私は毎日、週に六回、外来で彼を診察し、記憶の脱落の仕方をいくらかでもわかってもらうために、方向付けをしようと試みました。私はどの日も、同じ時間・同じ場所で彼に会いましたが、私のことを担当のセラピストだと認識することは、次のセッションになるとできなくなっていました。彼はどうやら私の顔はわかったようですが、いつも、別の文脈で知っている誰かと間違えました――たいていは、電子機器の問題に一緒に取り組んだ同僚の技術者とか、彼に専門的な助力を求めたお客とかでした。言い換えれば、S氏は、私を、私が彼を助けるというよりは、私が彼の助けを必要としているかのように扱っていたのです。もう一つのよくあった誤解は、私たちは大学生で、スポーツ（ボート競技とかラグビーの試合）の後に一緒にお酒を飲んでいるというものでした。当時の私はまだ若かったので、これはもっともらしいことでしたが、S氏は学生時代から三〇年以上も経っていました。

　毎回の臨床セッションの後、私は彼の奥さんと相談をして、彼の記憶の誤りの文脈を確かめ、それが何を意味しているのかを知ろうとしました。この点が、私がとっていたアプローチと、同僚たちがとっていた「認知リハビリテーション」という伝統的アプローチとの主な違いでした。神経心理学者は慣例的に、記憶障害の程度に関心をもち、三人称的な視点から測定を行います。それに対して、私は、S氏の記憶の誤りの主観的な内容に関心をもち、一人称的な視点から理解しようとしました。私は、S氏が検索している標的記憶（ターゲット・メモリーズ）の代わりに、強迫的に頭に浮かんでくる出来事に含まれる個人的な意味が、こうした作話のメカニズムに光を当ててくれるのではないか――そうすれば、そこに良い影響を与えるような新たな道が拓けるのではないか――という前提から始めました。だから、例えば奥さんとの話し合いでは、S氏が学生時代に本当にボートやラグビーのチームに所属していたのかどうか、電子機器の問題で本当に専門的な援助をしていたのかが知りたかったのです。

このようにして学んだ二つの事実は、彼の作話の理解に関係するものでした。一つ目は、彼はかつて歯の慢性的な問題で悩んでいましたが、この問題は結局、歯のインプラント手術で治療された（成功した）ということ。二つ目は、彼は不整脈を患っていたが、今はペースメーカーでコントロールされているということでした。

ここで、私がS氏と行った一〇回目のセッションの最初の数分間の録音記録から、短い逐語録を選んでみます。この部分を選んだ理由は、その日、私が待合室へS氏を迎えに行ったとき、彼が（初めて）、私が誰で、なぜ私と話し合うのかを、少しだけ認識したように見えたからです。私が待合室に入ると、彼は頭頂部の開頭手術の傷跡に触れつつ、「こんにちは、先生」と言いました。

私は診察室で診察している間、この洞察の片鱗を、もしそれが洞察であるなら治療に活かしたい、と思っていました。

私　：待合室で会ったときに頭を触っておられましたね。

S氏：問題はカートリッジが足りないことだと思います。必要なのは…、スペックだけです。何だったかな？　C49か？　取り寄せた方がいいのかな？

私　：C49のカートリッジは何をするんですか？

S氏：メモリです。メモリカートリッジですよ、メモリ・インプラント。でも、私にはよくわかりませんでした。実際、もう五、六ヶ月は使っていないな。どうも本当は必要なものではないみたいです。医者が全部切り刻んじゃいました。彼の名前はなんだったっけ？　ソームズ先生、だったかな。でも、私にはもう必要ないようです。インプラントはうまく機能しています。

私：あなたは記憶に何か問題があることに、気づいておられるようですが…

S氏：はい、一〇〇％機能してはいないけど、本当に必要なものではありません——数拍欠けていただけでした。分析の結果、CかC09が欠けていることがわかりました。デニス［彼の最初の妻］が医者に診てもらうためにここに連れてきてくれました。名前は何だっけ？　ソームズ先生とか、そんな名前です。彼は心臓移植のようなものをしてくれたんですが、今は正常に機能していて、一拍も欠けてはいません。

私：何かが間違っていることには、気づいておられますね。いくつかの記憶が失われているんですよ。もちろん、それは心配なことです。あなたは、他の医者があなたの歯や心臓の問題を解決したように、私に解決してほしいと願っておられますね。でも、それを望むあまり、そんなにすぐには治らないということを受け入れにくくなっているんですよね。

S氏：ああ、なるほど。はい、一〇〇％うまくいってはいません。［頭を触る］。頭を打ったんですよ。数分間、会場（フィールド）を離れました。でも今は大丈夫。復帰すべきじゃなかったですが。でも、ご存じのように、負けたくなかった。だから、ティム・ノークス［南アフリカの有名なスポーツドクター］に聞いたのですが、——保険に入っていましたので、それを使えますし、最高のところに行ってもいいと思ったんです。そうしたら、彼は言ったんです。「大丈夫。プレーを続けて」。

このエピソードの話はこのくらいにします。先に述べた記憶検索とモニタリングの純粋な認知障害は、〔右記の会話の中に〕とても簡単に認められるはずです。一〇回目のセッションで、待合室に来た私を見たとき、私の姿が彼の中に一群の連想を呼び起こしました。医者たち、自分の頭、記憶が欠けていること、外科的処置などです。しかし、これらの例のいずれも、彼が探していた正確な標的記憶を取り出すには至らず、代わりに、ニアミスと特徴づけられるような記憶が出てきます。つまり、大まかには同じ意味カテゴリーにありますが、空間的にも時間的にも間違った位置に置かれている記憶を取り出したのです。こうして、「医者」という観念は標的である私の代わりに脳外科医や有名スポーツドクターに関する連想を喚起し、「頭」という観念は脳腫瘍の代わりに脳震盪の出来事を喚起し、「失われた記憶」は健忘症の代わりに電子カートリッジを喚起し、「外科的処置」は最近の脳手術の代わりに以前の歯科や心臓の処置を喚起したのです。モニタリングの欠陥も、同じように簡単に見つかります。S氏は自分の記憶に誤りがあるということが真実であることを、あまりにも容易に受け入れました。モニタリングの欠陥の明らかな例が、自分をラグビー場にいる二〇代の学生として経験しているという事実です（それに反するあらゆる証拠があるにもかかわらず）。自分がまだヨハネスブルグにいると信じていたことも同様です。

しかし、S氏の作話を主観的な視点から考えると、新たな事実が浮かび上がってきます。見たこともない医師が部屋に入ってきて、その医師が自分の治療を担当しているようだと突然わかったとき、どんなふうに感じるか想像してみてください。さらに、自分がいる部屋もわからず（あるいは、どこの街にいるのかさえわからず）、頭のてっぺんに大きな傷があり、どうしてそうなったのかもわからず、実際、数日前や数カ月前のことはおろか、たった二分前に起きたことも覚えていないとわかったとしたら、どうでしょうか。おそらく、パニックのようなものを感じ、この医者が自分の頭の手術をしたのではないか、そのせいで次の瞬間に移るともう何も覚えていないのではないか、と訝(いぶか)しむのではないでしょうか。このことは、失われた記憶の検索とモニタリングのメカニズムが、心という意図(インテンショナル)をもつ主体にとって、つまり、生きている私にとってどのように感じられるかを表しているのです。

さて、こういった感じを抱いた結果、S氏が何をしたかに注目してください（言い換えれば、これらの感じが原因となってS氏の認知にどのような作用を及ぼしたかに注目してください）。自分の「メモリカートリッジ」がなくなっていることに気づいたS氏は、新しいものを注文すればいいのだ、と（妄想的に）自分を安心させました。自分自身が与える安心に十分納得したわけではなく、彼は考えを改めることにします。実際に、カートリッジを本当に必要としているわけではなく、カートリッジがなくてもなんとかなるし、もう何カ月もそうやってきた、というわけです。それから彼は、行方不明のカートリッジと開頭手術の傷跡とを結びつけます。何かが医者によって切り取られたことは明らかです。これが目の前に座っている医師ではないことを願い、さらにその手術が失敗でなかったことを願います。この時点でS氏は、自分が受けた歯科手術と心臓手術が成功であったことを想起して、これらの以前の手術と今回の頭の手術を（妄想的に）混同してしまいます。つまり、それは成功していて、インプラントはうまく機能しているし、「一拍も欠けてはいません」。私がこの点でいくつかの疑問を差し挟むと、彼は方針を変えました。それが一〇〇％機能していないことに同意すると同時に、彼の頭に起こったことは結局のところ手術ではなく、単に脳震盪だったと判断します。自分は軽いスポーツ事故の一時的な影響で苦しんでいる、というわけです。したがって、彼は数分間、退場したのです。しかし、幸いなことに、お金で買える最高のスポーツドクターにつながることができたので、再び安心することができました。彼はプレーを続けてもよいのですから。万事うまくいくでしょう、と。

S氏の作話を一人称的な視点で考えてみると、明らかに新しいことがここで見えてきます。それは、彼の記憶間違いの内容が、一定の傾向をもって動機づけられているということです。これらはランダムな検索間違いとはまったく違います。明らかに自己奉仕バイアスが含まれています。不安でしかたがない状況を、安心感のある安全で身近なものに作り変えるという目的と意図があります。ですから、フロイトが夢の場合に推論したように、作話は動機づけられているのです。作話性健忘症の精神プロセスとは、願望に満ちたものです。しかし、この事実が明らかになるのは、精神分析家が行うように、歯のインプラント（「インプラントはうまく機能している」）や心臓ペースメーカー（「一拍も欠けてはいません」）の、情動的な文脈や（S氏だけが経験した）個人的な意味を考慮に入れたときだけです。これは、神経心理学者が完全に客観的であることを目指しているときに、サックス風に言えば、こころを排除しているときに、見落とすものなのです。

さきほど説明した一人称的な観察の視点から、作話のメカニズムについても新しいことが見えてきますが、それは三人称的な視点では見過ごされるようなことです。つまり、作話は戦略的検索と情報源のモニタリングの欠陥（すなわち「メモリカートリッジ」の喪失）だけが原因で起こるのではなく、子どもの記憶の働き方と同じように、より情動的に媒介された形の想起を抑制から解放することが原因でも起こる、ということを教えてくれています。この心理力動的メカニズムは、作話の治療にも、そしてもちろん、どの脳プロセスがそこに関与しているのかという問題にも、意味を持ちます。正確な記憶検索とモニタリング機能は、コリン作動性の前脳基底部の回路に一部依存していることが判明していますが、この回路は記憶の検索における中脳皮質―中脳辺縁系ドーパミン回路の「報酬」メカニズムを制約しています。偶然にも、同様のドーパミン作動性検索の制限解除は夢を見ているときにも起こっています。[27] こういうわけで、私が同僚たちにS氏の症例を報告したとき、「夢の中に生きた男性」というタイトルをつけました。

このことから私は、夢の場合と同じように、制約が解かれたドーパミン作動性の「報酬」もしくは「渇望」、「SEEKING」のメカニズムを、フロイトの「願望充足」[28]という概念と、つまり、フロイトの「欲動」という概念と密接につながっているメタ心理学的な概念と、暫定的につなげることができました。[29] 逆に、コリン作動性の前脳の神経核の機能は、いくつかの点で「現実検討」の抑制的な影響と結びつけることができます。[30] このようにして、私は主観性の機能的メカニズムに関するフロイトの推論を、生理学的に対応するものへと翻訳し始めたのでした。

これが私の最初の一歩でした。当然のことながら、このような大まかな一般化を、単一の症例における純粋に臨床的な証拠を根拠として行うことはできません。そこで、S氏に対する私の印象を定式化した後、私は「ブラインド方式の」評定者（私の仮説を知らない同僚）に依頼しました。そして、S氏の作話のうち一五五の任意に抽出した連続サンプルに対して、その快と不快の度合いを七段階のリッカート尺度で測定してもらいました。その結果は統計的に（非常に）有意でした。置き換えられた標的記憶と比べると、S氏の作話は情動的な観点からみて、自分の状況を大幅に改善するものであった〔ことが評価者にとっても明らかだった」のです。[31] 次に、共同研究者と私は、他の多数の作話をもつ患者を対象とした研究でも、同じように強い効果があることを実証しました。その後の実証研究では、私がＳ氏の症例で臨床的に推論していた作話の気分調節効果が、統計的に妥当なものであることが確認されました。[32] この研究プログラムは、作話の神経心理学に対する、[33] そして病態失認（アノソグノシア）（病気であることを認めることができない状態）などの関連疾患の神経心理学に対する、[34] まったく新しいアプローチの扉を開きました。また、依存症や大うつ病といった一般的な精神疾患に対する新しいアプローチの基礎も築いたのです。[35] 私はこの三〇年を、精神疾患に対するこうした「神経精神分析的」アプローチの開発に費やし、神経科学に主観性をとり戻そうとしてきました。[36]

　ロンドンで精神分析のトレーニングを受けている間に、私は今述べたような臨床経験を蓄積していくことになりました。そして、ニューヨークで、自分の発見を科学的な口頭発表の形で連続して報告するよう招かれました。この一連の科学的発表は、一九九二年、ニューヨーク医学アカデミーにおけるワン・デイ・シンポジウムで始まり、ニューヨーク精神分析学会と同研究所において、私に最も近い共同研究者たちとの月例セミナーの形で継続しました。[37] この仲間たちの会合をきっかけに、世界各地で同じような活動が徐々に生まれ、その結果、私たちの間のコミュニケーションの手段として、新しい学術雑誌を立ちあげることになりました（一九九九年）。雑誌には名前が必要ということで、タイトルに私が造った神経精神分析（ニューロサイコアナリシス）という言葉をそこで初めて使いました。

　この学際的な分野での私の研究は、一九九三年に初めてお会いしたエリック・カンデルから強い励ましを受けました。カンデルは基礎神経科学者の中では珍しくフロイトを高く評価しています。実際、彼ははじめ、精神分析家となるトレーニングを受けるつもりだったのですが、当時の〔アメリカの精神分析界の〕第一人者であったエルンスト・クリスが、それを思い止まらせたのです。クリスは、カンデルの当時のガールフレンドの父親でした。カンデルは、そのご老体〔エルンスト・クリス〕が自分の性格は精神医学の臨床には向いていないと考えていたことを隠さず述べています。そして、代わりにクリスが彼を脳の研究に導いてくれたことに感謝していると思います。

私が彼に初めて会ってから五年後（ノーベル賞受賞の二年前）、カンデルは「精神医学のための新しい知的枠組み」と題した論文を発表し、二一世紀の精神医学は神経科学と精神分析の統合に基づくべきだと主張しました。[38] それに続く論文で、彼はこう述べています。「精神分析は今でも、心に対する最も首尾一貫した、知的に満足のいく視点を代表するものである」。[39] この意見は、私自身の意見と一致しています。その欠点はともかく、現在、主観性の問題に科学的に取り組むうえで最良の概念的出発点を提供してくれるのは、精神分析なのです。

そのため、驚くことではありませんが、カンデルは私の招きに応じて、雑誌『ニューロサイコアナリシス』の創刊編集委員に参加してくれました。さらに、他の主要な神経科学者や精神分析家も、雑誌を刊行するのに十分な数が加わってくれました。この人たちは、これが私たちの学問分野を進めていくための正しい方法であると同意してくれたのです。[40] その一年後、新世紀の幕開けとともに、国際神経精神分析学会を設立し、私とヤーク・パンクセップが初代の共同学会長になりました。設立と同時に学会の発足大会を行いました。それ以来毎年、世界各地で開催されています。第一回大会のテーマは「情動」でした。この会議はイングランド王立外科医師会で開催され、基調講演を務めたのが、オリバー・サックス、ヤーク・パンクセップ、アントニオ・ダマシオ、そして私でした。

オリバー・サックスとの関係については既に述べました。また、ヤーク・パンクセップの著書『感情神経科学』についても述べましたが、そのタイトルは認知神経科学が「感情 affect」(感じ feelings に対する専門用語) に十分な注意を払っていないことを示唆するものです。この本を読んで、私はパンクセップとの緊密な科学的共同研究を確立し、その後二〇年間におよぶ私の研究の焦点を、大脳皮質から脳幹へと決定的に変えることになりました。この本の後で触れることになる洞察への道を示してくれたパンクセップに、私は深く感謝しています。彼を追悼する気持ちを込めて本書を書いたのはそのためです。

アントニオ・ダマシオと彼のパートナーであるハンナ・ダマシオの研究に私が初めて接したのは、神経心理学のトレーニングを受けていたときでした。二人は著名な認知神経科学者で、その教科書『神経心理学における病変分析』(一九八九年) は私の夢の研究には欠かせないものでした。しかし、ダマシオを世界的有名にしたのは、著書『デカルトの誤り』(一九九四年) であり、感情がもっと認知されるようになることを、認知神経科学に切実に訴えた著書でした。

パンクセップとダマシオは、二〇一一年に開催された第一二回国際神経精神分析会議でも大きな役割を果たし、この学会大会は、この分野の転換点となりました。ベルリンで開催されたその会議のテーマは「身体化された脳 the embodied brain」でした。他にもバド・クレイグとヴィットリオ・ガレーゼの二人が基調講演を行いました。いずれもこのテーマで世界をリードする専門家です。この会議では私が閉会の言葉を述べることが恒例となっています。そこで主要なテーマを総括し、何よりも重要なことは、発表された神経科学と精神分析の視点を統合することです。しかし、この学会では、その仕事は異常に難しいものとなりました。

それが難しかった第一の理由は、感じる「自己」が脳内でどのように生成されるのかについて、ダマシオが会議中にクレイグと激しく衝突したことにありました。二人の科学者は、自己の感覚は内臓の状態をモニターする脳の領域から発生するという点では一致していました。しかしながら、ダマシオは、パンクセップに倣って、当のメカニズムは少なくとも部分的には脳幹にあるという見解を示しました。これに対して、クレイグはそれらが大脳皮質に、正確には前島皮質に、独占的に配置されていると主張したのです。この意見の相違は、私の閉会の総括では比較的簡単に解決できました。というのも、ダマシオが、大脳皮質の島(とう)を完全に失った患者に焦点を当てた説得力のあるデータを提示していたからです。この患者については次章で述べることにします。

和解させるのがはるかに困難だったのは、会議中に浮上してきた、ある大きな矛盾でした。それはパンクセップやダマシオによる新しい見解とフロイトによる古い見解との間で見られた矛盾です。

島皮質を持たないダマシオの患者は、「空腹、喉の渇き、排泄の欲求などの感じを報告し、それに応じた行動をとった」といいます。[41] これらの感じは、パンクセップが「ホメオスタシス的感情」と呼んでいるものの一例で、身体の命(バイタル)に関わる欲求を調節する感情です。フロイトはそれを「欲動」と呼び、「心的エネルギー」の源であり、「心的メカニズムの主導力」であるとしました。そして、これら命に関わる機能を遂行する心の部分に対してフロイトが与えた広い意味をもつ用語が、「イド」でした。(*)イドは、外界から切り離されており、それ自身の知覚世界を有している。イドは、並外れた鋭さで、その内部の変化を、特に欲動的な欲求の緊張度の揺れの変化を探知する。そして、これらの変化が、快―不快の系列における感じfeelingとして意識される。これらの知覚が、どのような手段で、どのような感覚終末器官の助けを借りて、生じるのかを述べることは難しい。しかし、自己知覚が、すなわち、全身内部感覚の感じと快・不快の感じが、イドにおける出来事の経過を専制的な力で支配していることは確立された事実である。イドは有無を言わせぬ快原理に従うのである。[42]

私の科学的な目的は、このようなメタ心理学的な概念を解剖学や生理学の言語に翻訳し、フロイトのアプローチを〔現代の〕神経科学に統合できるようにすることだったということを覚えておられることでしょう。しかしここで、私はフロイトの古典的概念における大きな矛盾につまずいたのでした。フロイトが、「イド」は無意識であるという結論に達していたからです。これは、心がどのように機能するかに関するフロイトの最も基本的な概念の一つでした。そして、「身体とのつながりの結果として精神(マインド)に求められる仕事」を測定する脳の部分が、つまり、フロイトが「欲動」と呼び、パンクセップが〔願望に満ちたSEEKINGシステムの引き金を引く〕「ホメオスタシス的感情」と呼んだものを生み出す脳

＊　訳注：「イド」はラテン語で「それ」を意味し、フロイトのエス（それ）の英語訳に充てられた言葉。

の部分が、脳幹と視床下部に位置していることは、私には明らかでした（図1参照）。これは「快原理」に従う脳の部分です。しかし、快の感じがどうしたら無意識であることができるでしょう？　ダマシオの患者で見たように、飢えや渇き、排泄への欲求といった欲動は感じられるものです。もちろん、それらは感じられます。しかし、フロイトは、欲動の座であるイドは無意識だと述べました。フロイトはクレイグと同じく（そして私も少なくとも最初は同じように）古典的な教養を鵜呑みにしていたので、意識を大脳皮質に位置づけていたのです。このようにフロイトは、前に引用した一九二〇年のエッセイの中で、もしすでに心理学的な用語を、生理学的な用語や化学的な用語に置き換えることが可能だということになれば、私たちの記述の欠陥はおそらく消えてしまうだろう、と期待していました。

意識が生み出すものとは、本質的には、外界からやってくる興奮の知覚と、心的装置の内部からのみ生じる快・不快という感じから構成されている。それゆえ、Pcpt-Cs［知覚―意識］システムの空間的な位置づけを行うことが可能となる。すなわち、そのシステムは外と内の境界線上に存在し、外界へと向けられ、他の心的システムを覆うものでなければならない。ただし、こうした仮定には大胆な斬新さなどないことが分かるだろう。われわれは新たなことを企てているわけではなく、意識の「座」を脳皮質におく、つまり、中枢器官の最も外側をなす被覆層におく、という脳解剖学の局在説に準拠しているにすぎない。解剖学的にいって、意識がなぜ脳の最も奥の内部の安全な収容場所ではなく、脳の表面に宿るのかということに関して、大脳解剖学は考える必要などない。[43]

フロイトは（快・不快の感じを含めて）すべての意識は大脳皮質にあるという見解を抱いていたことに対して疑念を持たれるかもしれないので、フロイトからの引用をもう一つ紹介しておきましょう。

> あるものが意識的なものになるというプロセスは、何よりも、われわれの感覚器官が外界から受け取る知覚と結びついている。したがって、局所論的観点から言えば、それは自我の一番外側の皮質層で生じる現象である。もっとも、われわれは感じという、身体の内部から来る知らせをも受け取っており、それは実際に、外界の知覚よりもわれわれの精神生活に決定的な影響を及ぼす。さらに特定の状況では、感覚器官自体はその器官に特有の知覚以外に、感じや痛みの感覚を伝える。しかしながら、これらの感覚（意識的知覚とは区別してわれわれがそう呼ぶもの）もまた同様に終末器官から発せられているために、そしてわれわれがこれらのすべてを皮質層の延長や分岐とみなすがゆえに、先の主張をまだ維持することができる。唯一の違いは、感覚と感じの終末器官に関しては、身体そのものが外界の代わりになるということであろう。[44]

フロイトにとっては明らかに、意識的な感じは、知覚と同様に「自我」（彼が大脳皮質と同一視した心の部分）[45]で生成されるのであって、それは、今や私が脳幹と視床下部に位置づけざるをえない無意識の「イド」では生成されません。要するに、少なくとも感じに関係する限り、フロイトは「イド」（脳幹）と「自我」（皮質）の間の機能的な関係を、逆にした形で手にしてしまったようです。フロイトは、知覚する自我は意識的であり、感じるイドは無意識的だと考えていたわけです。彼は、心のモデルをひっく

り返してしまったのでしょうか？(46)

第3章　大脳皮質論の誤謬

二〇〇四年の後半、神経科学者のビョン・メルケルは神経学的に障害のある子どもを持つ五つの家族と一緒に、ディズニーワールドへ一週間の旅行に出かけました。子どもたちの年齢は一〇ヶ月から五歳でした。子どもたちは乗り物に向かいました。お気に入りは「イッツ・ア・スモール・ワールド」です。ミッキーマウスと一緒に写真を撮ったり、ポップコーンやコーンドッグやアイスクリームを食べたり、あまりいいこととは言えませんが、ソーダをいっぱい飲みます。時には〔アトラクションに〕圧倒されたようで、何度か涙を流すこともありました。これほどストレスがかかる場面なのに、子どもたちの何とも楽しそうな様子、ディズニーワールドが大好きだという様子が、メルケル博士の心を打ちました。というのも、神経学の最も基本的な前提の一つからすれば、この子たちは「植物状態」であったはずだからです。つまり、昏睡状態の一歩手前で、心拍と呼吸と消化管活動の調節という自律神経機能しか発揮できず、運動反応はまばたきや飲み込みといった単純な反射に限られているはずでした。

メルケルがこの家族たちと親しくなったのは、その前年に、ある自助グループに参加したことがきっかけでした。このグループは、「水無脳症 hydranencephaly」として知られる稀な脳の病気に苦しむ子どもたちを、介護する人たちのグループです。メルケルは二〇〇三年の初めから、グループのメンバーの間で交わされた二万六千通を超す電子メールを読むことにしました。理論的な根拠に基づいて、メルケルは、これらの子どもたちが「植物状態」であるという一般的な仮定が、予言の自己成就(*)になっているのではないか、この病状そのものが原因なのではなく、むしろ、その子どもたちが多くの小児科医や神経科医によって完全に無感覚であるかのように扱われているという事実がそれを引き起こしているのではないか、と懸念するようになりました。メルケルの報告内容は次のようなものでした。

> この子どもたちは、目覚めていて、しばしば意識がはっきり(アラート)しているだけでなく、環境的な出来事に対する情動的な反応や方向付けの反応という形で、周囲に反応性〔／応答性〕を示す。〔中略〕さらに子どもたちは、てんかんの欠神発作〔意識を失う発作〕を起こすことがある。親は、子どもとの疎通性がこの発作中に欠落することがわかっており、「あの子は〔今は〕天使とだけおしゃべりしている」といった言葉で解説してくれ、子どもがいつ「戻ってきた」かも難なく認識する。〔中略〕この子どもたちがそうしたエピソードを示すという事実は、その子たちの意識状態に関する重要な証拠の一つであるように思われる。[1]

メルケルの最も重大な観察は、患者が注意力を失ったり回復したりするという部分ではなく、患者が「環境的な出来事に対する情動的な反応や方向付けの反応という形で、周囲に反応性」を示すという部分です。これは植物状態の患者に欠けているとされるもの、すなわち意図性の決定的な特徴だからです。植物状態が「無反応性の目覚め」と定義される理由もこれによります。[2] 一般には、植物状態の患者は視覚的な刺激や、聴覚的な刺激、触覚的な刺激を無意識のうちに登録していると考えられていますが、メルケルは、子どもたちが笑顔になったり笑い声をあげたりして嬉しさを表現し、騒いだり背中を丸めたり泣いたりして嫌悪感を表現するのを目の当たりにして、「子どもたちの顔はこうした情動状態によって生き生きとしている」と語っています。彼は、慣れた大人が子どもたちの反応を見て遊びの続きを組み立てることも観察し、予想通りに、子どもたちは笑顔からクスクスと笑うようになって、さらに笑い声をあげたり大はしゃぎしたりと展開していきました。子どもたちは親や親しい人の声や行動に最も強く反応し、特定の状況を好む傾向も示しました。例えば、特定のおもちゃや曲やビデオを楽しむようになり、日常生活の中にそれらが定常的に存在することを期待するようにもなります。行動は子どもによってさまざまでしたが、例えば、専用の特殊なフレームから吊るされている音の鳴るものを蹴ったり、スイッチを使ってお気に入りのおもちゃを作動させたりして、(運動障害という制限の範囲内ですが)主導権を強く示した子もいました。このような行動を示す子どもには、喜びや興奮について、状況に応じた適切な兆候(サイン)が見られたのでした。

これらの子どもたちが植物状態であると言うことができないのは明らかです。このすべてについて大変驚かされるのは、水無脳症の子どもが大脳皮質を持たずに生まれてくるという点にあります。この病気は通常、胎内での広範な脳卒中を原因として生じ、その結果、前脳が再吸収されて、赤ちゃんの頭蓋骨が脳組織の代わりに脳脊髄液で満たされることになります。そのため、「水無脳症」と呼ばれますが、

＊ 訳註:誰かが何かを「予言」したり「期待」したりすると、その「予言」や「期待」が、単にその人がそうなると信じているだけで実現し、その結果、その人の行動がその信念を満たすようになるという社会心理学的な現象。

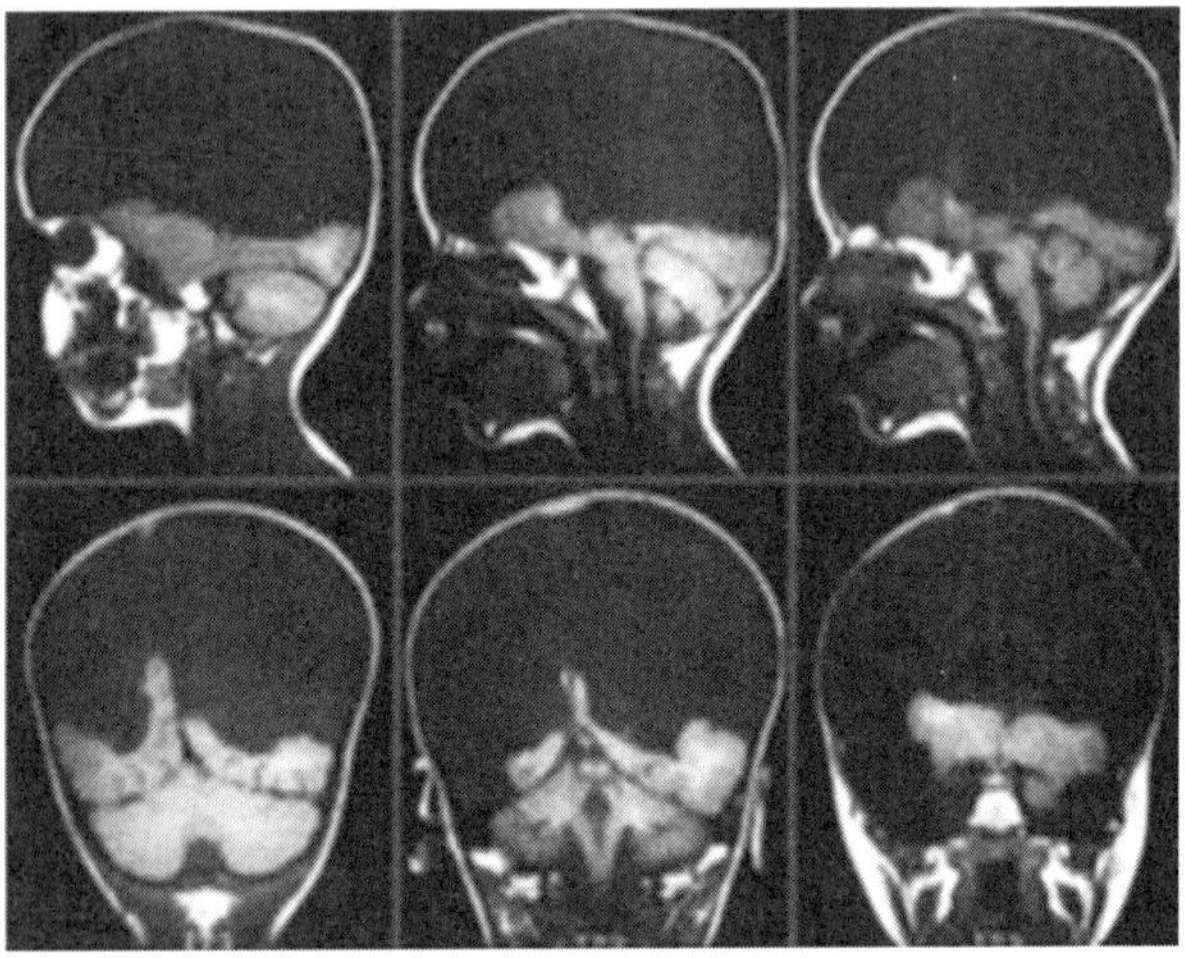

図４　大脳皮質を持たずに生まれた三歳女児の脳スキャン。頭蓋骨の内側の大きな暗い部分が、脳組織の欠損を示しています。

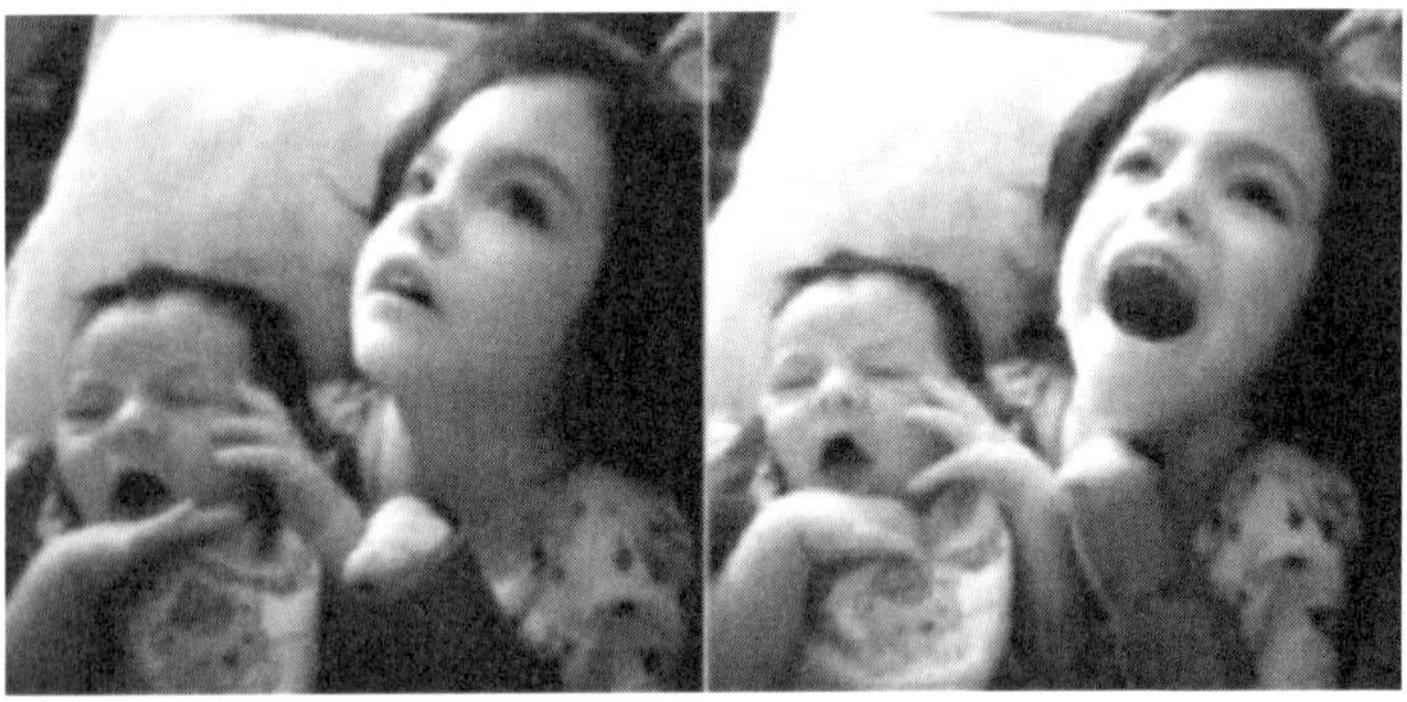

図５　赤ちゃんである弟を、水無脳症の女児が自分の膝にのせたときの反応。

これは「脳の代わりに水が満たしていること」を意味します。この病態の例を図4に示します。大脳皮質を持たずに生まれた三歳の女の子の脳のMRIスキャンです。図5はこのような子どもの写真で、赤ちゃんである弟を自分の膝の上にのせたときの情動的な反応を表しています。

意識は脳のどこで発生するのでしょうか。過去一五〇年もの間、この問いに対するほぼ普遍的な答えが「大脳皮質の中で」というものでした。これは、フロイトと二〇世紀の主流の精神科学が伝統的に同意できた、唯一の点です。とはいえ、もしこの答えが正しいとすれば、大脳皮質が存在しないと意識は消えるはずです。しかしながら、水無脳症の子どもでそのようなことは起こっていないように見えます。行動面でのすべての証拠がむしろ、その子どもたちに意識があることを示しています。昏睡状態でもなければ、植物状態でもありません。

それでは、意識の大脳皮質説は否定されるべきでしょうか。焦らないようにしましょう。一つの考えられる異論は、これらの子どもたちの大脳皮質は、文字通り、外科的に取り除かれているわけではないというものです。そうした処置を「除皮質」と言います。

除皮質が行われたら、どうなるのでしょうか。もちろん、そうした実験的処置を人間の子どもには行えません。しかし、犬や猫やラットなどの他の哺乳類の新生児では、よく行われてきました。結果は常に同じでした。つまり、通常私たちがその測定で使う客観的な行動基準では、意識は保たれているという結果だったのです。(*) こうした動物の術後の行動は、どう定義しても「昏睡状態」や「植物状態」と記述することはできません。メルケルは、水無脳症の子どもたちには「誰が見ても障害があるとわかるよ

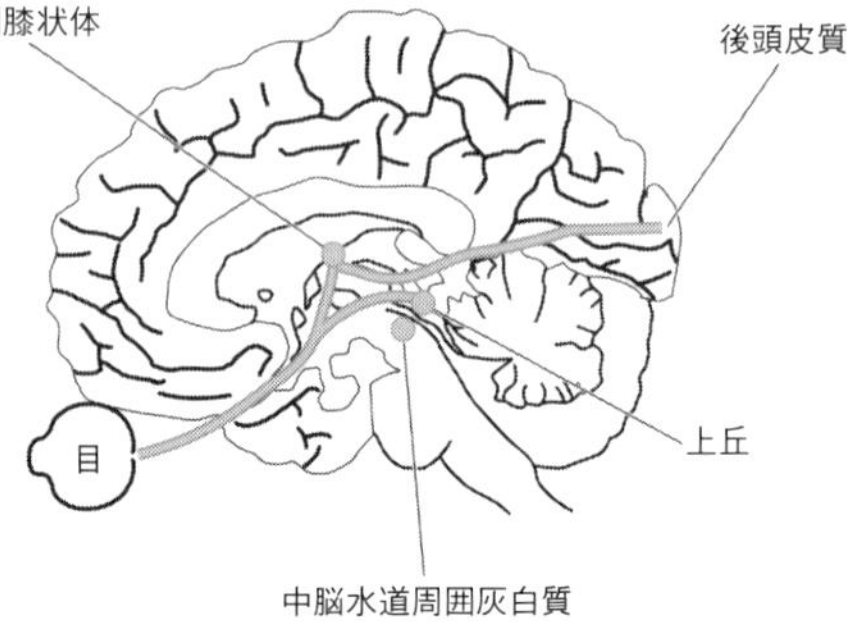

図６　この図は、上丘と後頭皮質の位置、そしてその二つの構造と眼球との接続を示しています。他の感覚モダリティにも似たような接続があります。これまでまだ取り上げていない中脳水道周囲灰白質（PAG）も示してありますが、その関連はすぐに〔第５章で〕明らかになります。

うな行動上の大きな異常は」ない、と書いています。アントニオ・ダマシオも同じ意見で、「除皮質された哺乳類には、感じや意識と言ってもいいような首尾一貫した、目標志向型の行動が驚くほど存続している」と述べています。[3] 新生児期に除皮質されたラットでは、例えば、四つ足で立ったり、後ろ足で立ったり、登ったり、バーにぶら下がったり、寝たりということが、正常な姿勢で行えます。毛繕いをしたり、遊んだり、泳いだり、食べたり、身を守ったりもします。メスでもオスでも、ゲージの中で普通の正常な相手とペアになれば、ちゃんと交尾をすることができます。成長すると、メスは、いくつか欠ける部分があるとはいえ、母性行動に必須の部分は示すので、子が成熟するまで育てることもできます。[4]

この状況は、最初に見たもの以上に奇妙なものでさえあります。除皮質された哺乳類は、多くの点で正常の哺乳類よりもむしろ活動的で、情動的で、反応が増すのです。パンクセップはかつて、自分の大学院生を対象に、二つのグループのラットの行動から、手術を受けた方のグループを選ばせるという実験をしています。院生たちはおおむね、正常なグループを見分けることができましたが、それはもう一方の（実際に除皮質を受けた）グループ「の方が活発」だと知っていたからでした。[5]

大脳皮質が意識の座であるという仮説を支持しようとするのであれば、この生き生きとした動物たちは、そしてディズニーワールドでメルケルが観察した表情豊かで情動的に反応する子どもたちは、ある意味では無意識でなければなりません。どうしたらそんなことが可能になるのでしょう？

この問いには、従来の立場からの答えがあります。要点は次のようなものです。いわば、脳は二つあり、それらの脳は特定の機能を共有していて、特定の場所では会話を交わすけれど、それ以外の場所では身分がまったく異なる［ので話さない］、というものです。そのうちの一つ（大脳皮質）は心理的で意識的、もう一つ（脳幹）は心理的でも意識的でもない、というわけです。感覚器官からの情報は、大脳皮質だけでなく皮質下の一連の接続を介して脳幹の上丘（じょうきゅう）にも送られます（図6参照）。これらの接続は感覚情報を処理しますが、無意識のうちにそれを行うのです。視覚野が破壊されたときに起こる有名な「盲視（ブラインドサイト）」という現象を考えてみましょう。[6] これらの患者は視覚刺激に反応することはできますが、「見ること」がどのようなものであるかについて説明を求められても、視覚イメージをまったく経験していないと報告します。代わりに、必要があれば、直感（ガット・フィーリング）［文字通りには「お腹の感じ」］を使って視覚刺激がどこにあるかを推測し、驚くべき正確さでそれを行います。神経科学者ローレンス・ワイスクラ

＊ 皮肉なことですが、そうした研究の倫理に対する私たちの態度を最終的に変えた少なくとも一つの要因が、このような実験の結果でした。

ンツが報告してよく知られることとなった症例TNを考えてみましょう。TNは完全に盲目(ブラインド)であるにもかかわらず、言い換えれば、意識的な視覚経験をまったく欠いているにもかかわらず、廊下で歩く先に置かれていた障害物を巧みに回避しました。その後で質問されると、TNは自分が何かを避けているという考えはなかった、と報告しています。[7] この驚くべき能力は、後頭皮質がないにもかかわらず、視神経から脳幹の上丘への経路がそのまま残っていたので可能になったものです。[8]

盲視の存在は、視覚的認知の意識が脳幹ではなく大脳皮質で生じているはずだ、ということと暗に示すものと受け取られてきました。脳幹では「家には誰もいない[*] nobody at home」ということが想定されていたのです。脳幹は、カメラと同じように非意識なやり方で視覚情報を処理する自律神経の機械だというわけです。この原理は他の感覚モダリティにも当てはまります。それぞれの感覚は、それ自身の特定の大脳皮質の意識領域に関わりますが、(嗅覚を除く)各感覚は、無意識である脳幹の上丘にも情報を伝達しています。

ところで、図5の写真の少女は、機能的な大脳皮質をまったく持っていません。先ほどの議論が正しいとすれば、彼女は自分の膝の上に赤ちゃんである弟が置かれていることを、その状況を、意識的には何ら気づいておらず、無意識に感知していて、実際には、彼女はどんな種類の意識的な経験をすることもできない、ということになります。そうすると、彼女は哲学者のデイヴィッド・チャーマーズが言うところの「ゾンビ」のようなものになってしまいます。表面上は普通に振る舞っていても、内部ではすべてが闇、というわけですから。[**]

神経学者のアダム・ゼマンは、私たちが「意識」と呼ぶものの多様性についての広範なレビューの中で、この用語の二つの主要な意味を区別しました。「目覚めている状態としての意識」と「経験としての意識」です。[9] 後にアントン・コーネンはこれを詳しく説明していて、「この観点からすると、第一の意味での意識（目覚めている状態としての意識）は、第二の意味での意識（経験としての意識、または現象的意識）のための必要条件である」と言っています。[10]

この二つの意味は、意識の量的な「レベル」と質的な「内容」という、神経学の従来の区別と一致します。したがって、除皮質された動物や水無脳症の子どもたちは、目覚めているが、その経験には内容がないということが起こりうることになります。その子たちには反応があり、行動の主導権を示すことは既に見てきた通りです。にもかかわらず、目を覚ましていて反応をするという行動的な意味において意識的であることは、現象学的な意味において意識を持つこと、すなわち、経験の主体であることとはまったく違うと仮定することで、大脳皮質が「経験としての意識」の座だ、との仮説を維持することができます。

ここにきて、私と同じように、かなり不安に感じる人がおられることでしょう。図5の女の子は、目を覚ましていて反応があり、彼女自身の目標指向型の動きを始められるという意味で、意識があります。同時に、「意識」が現象的な経験を持つことを意味するのなら、彼女はそうした種類のどんな意識も

＊　訳註：脳幹という家には、意識を生み出すようなメカニズムはない、という意味。

＊＊　このゾンビという哲学的な概念は、ハリウッド〔映画〕のゾンビとは違います。すべての点で意識があるかのように振る舞う想像上の人型生物のことです。そのため、見た目では普通の人間と区別がつきませんが、実際には主観的な経験という内面を欠いているというものです。

持っていないと考えられます。哲学者たちの間でよく使われる別の表現を使うなら、彼女には彼女である「と感じられるようなもの」*‘something it is like’ to be her* がない、ということになります。

少々ナイーブに聞こえるかもしれませんが、この推論の道筋についてとても心配していることを言わせてください。私自身の症例で判断すると、目を覚ましていて反応することと、意識的な経験を持つこととは、多かれ少なかれ同じことです。私の知る限り、私が目を覚ましていて反応するのに、現象的に無意識であるということはありえません。二つのことは同時に進みます。私が目を覚ますとすぐに、私は物事に気づくようになります。事実、私が座っているところから見ると、私の内側の意識は、少なくともある程度は、私の外側の反応性を引き起こすように感じます。それらに意図的に反応するのは、決まって私が物事に気づいたとき、私がそれらを意識したときです。皆さんも同じだと思います。

反応性に基づいて神経学的な患者の意識を評価するのも、こうした理由からです。他にこれを評価する術(すべ)があるでしょうか？　臨床現場では、昏睡状態、植物状態、完全に反応する目覚めの状態を、一五点の〔満点で評価する〕グラスゴー昏睡尺度で区別しています。この尺度は、患者の開眼反応、質問に対する発話反応、指示に対する運動反応、さらに〔必要に応じて〕痛みに対する反応をテストするものです。[11] 患者が十分反応する場合は意識があると考え、それに応じて治療を行います。実際にはゾンビといわれる状態であるのに意識があるかのように反応するかもしれない、と心配することはしませんが、その逆のことは心配します。神経科医は、患者が外見上は反応しない場合でも、内側では意識があるかもしれないという可能性に警戒しなければなりません。例えば、「閉じ込め症候群」のように完全な運動障害の場合にこのような事態が生じますから。

こうしたことは、私たちをどこに導くのでしょう？　嘘や演技が人の内面の状態について誤解を招くのと同じように、他者の心という哲学的な問題が、動物や他人の主観的な状態について、その行動から何を知ることができるのかについて疑問を投げかけていることは否定できないことです。しかし、他者の心という問題は、内的な経験と外的な反応が実際には互いに独立していることを立証するものではありません。私たち自身の個々の症例ではそこに強いつながりがあると感じるので、証明責任は、情動的な反応行動は現象的経験を暗示しないと主張したい人たちの方にあります。これは科学のルールが通常求めることです。どんな神経学的障害に苦しんでいようと、通常の何らかの方法で目覚めて行動していると考えられる人を相手にするときには特に当てはまります。ここで私が言っているのは、嘘をついたり、演技をしたり、あるいは空想上の哲学的ロボットに見られるような狡猾な仕掛けによってではなくて、その人たちの脳の損傷していない部分が正常に機能することで目覚めている場合のことですが。

医療倫理への影響は相当なものです。子どもが水無脳症だった精神科医の同僚が最近、彼女が母親になって間もない頃に直面した恐ろしいジレンマを私に話してくれました。その赤ちゃんを治療する神経外科医は、頭蓋骨の小泉門を閉じる手術は麻酔なしで行うことができるという考えでした。大脳皮質がないので、乳児は当然ながら痛みを感じる可能性はない、というのがその理由でした。その同僚は、どんな決断をしたのか口にしませんでしたし、その質問はあまりにも酷なものなので聞けませんでした。しかし、一見抽象的に見える理論的な考察が即座にとんでもない医療過誤につながる可能性があることは、このような事例を見ればわかります。そこで、私は力を込めて、こう主張しておきたい。意識があるように見える人が実際には意識がないことを認めるには、極めて説得力のある議論が必要である、と。

哲学的な疑念を持ち出すだけでは不十分です。そうした人たちの内側で二種類の意識が分離してしまったと考えるためには、余程の根拠が必要です。それが起こっているなど、私たちには決してありえないように見えるのですから。

　現在、これらの根拠を提供しているのが、意識の大脳皮質説です。つまり、意識は大脳皮質のみで発生しているという理論です。この考えは行動神経科学の中であまりにも当たり前のこととして受け入れられているので、アレン・ブラウンが私自身の夢の研究に基づいて、脳幹が果たす神秘的な役割へと注意を向けてくれるまで、私もこれを疑うなど思いもしませんでした。大脳皮質説に基づいて、医者は生きている患者を感じることのできる（センティエント）存在として扱うかどうか決定します。例えば、介護者の中には、水無脳症の子どもは「植物状態」であるとの前提で、そのような子どもをひどい情動的ネグレクトの状態で育てる人がいます。その理論が正しければ、まったく問題ないはずです。そのような子どもたちは哲学的ゾンビのようなものなので、真のネグレクトには当たらない、ということになります。そのような子どもたちは感じを持っているように見えますが、実際には持っていないということになるからです。そのような子どもたちが感じを持っているように見えるのは、他者の心という問題によって生み出された錯覚だというわけです[12]。

　では、意識の大脳皮質説とは何なのでしょう。どうしてこれほど説得力を持つのでしょうか。

　まず注意すべきは、これが非常に早くから発展し始めた理論だということです。私たちの意識は主に身の回りで起こっている出来事の知覚的なイメージから構成されているという日常的な観察は、意識が感覚を通して流れ込んでくることを示唆しています。こうした常識的な見方は、その問題を考え始めた当初からあったに違いありません。それが一七世紀と一八世紀には、ジョン・ロックとデイヴィッド・ヒュームの「経験主義」の哲学を生み出しました。彼らは、心は、白紙の状態から始まり、感覚的な振動[*]が残した印象から、すべての特異的な特性を獲得する、と理論化しました。その印象は、さまざまな種類の規則的な結合によって互いに連合され[13]、物体の記憶イメージを生成するようになると考えられており、それが後に、より抽象的な観念の基本的な構成要素となります。その後の感覚的な振動は、これらの組み立てられたイメージを刺激して意識の前面に送り出しますから、私たちが経験しているのは生の感覚ではなく、むしろ世界について私たちが学んできたことだ、となるわけです。

　観念が外部からの刺激に反応して意識的になる仕方は、統覚と呼ばれました（大まかには、過去の経験のレンズを通して現在を知覚することを意味します）[14]。思考に使われる精神的イメージのような認知プロセスには、ほぼ同じプロセスが逆向きに含まれると言われていました。つまり、内部で記憶イメージの活性化が生じて、（外部で生じたそれよりも淡く）適切に再配置されるというわけです。

　思弁的になってしまいましたが、心に関するこの哲学的な考えは、初期の神経学者が追随する地図となりました。現代神経心理学の一九世紀の先駆者たちが、これらのプロセスの神経相関物を確立しようとしたとき、先駆者たちは感覚器官が大脳皮質に接続されていることを観察し、感覚的な「振動」がこれらの接続する神経の中で生じていると推測しました。実際のところ、この先駆者たちは、感覚器官が

＊　訳註：経験主義では「感覚とは、神経を伝わって大脳に達する振動に対応する」と考えられた。

皮質下の核にも接続しているという事実を見落としてはいませんでしたが、あいにく、世界に関する知識を構成する記憶イメージの膨大な貯蔵は大脳皮質に位置づけられねばならない、と仮定しました。それは大脳皮質が数え切れないほどたくさんのニューロンを含んでいるからです。このようにして、精神活動それ自体を生成する「統覚」とそれを連合した「観念」は、大脳皮質の現象であると推定されました。当時の偉大な神経解剖学の権威であるテオドール・マイネルトは、こう述べています。

> 中心にある器官の主たる機能とは、存在の事実を我（エゴ）へと送り、脳の流れの中で徐々にその我を形作ることである。［中略］大脳皮質を、全体として機能する器官とみなすならば、それが心の諸過程を促進するという事実、これが語られうることとすべてである。［中略］大脳皮質についてそれ以上に考えることなど不可能で、不要である。[15]

大脳皮質は、もちろん、人間では驚くほどの大きさです。[16] 神経解剖学者であり神経学者でもあるアルフレッド・ウォルター・キャンベルは、一九〇四年にロンドンで開催された医学心理学会の年次総会で、この主流の見解を次のようにまとめています。

> 全体として見れば、人間の脳には二種類の中枢があり、それぞれ「第一次」機能と「高度に進化した」機能とでも呼べるような機能を制御している。前者は、すべての動物に共通する機能であり、生存に不可欠なもの、すなわち、運動、共通感覚、特殊な感覚のための中枢である。後者は、人間を他のす

べての存在よりも優れたものへと高めることに関わる複雑な精神機能である。[17]

この考え方では、心は、過去の外界の経験を反映した記憶イメージだけで構成されていることを認識することが重要です。入ってくる感覚はこれらのイメージとその連合を刺激して意識を作るにすぎません。そのため、感覚器官から流れ込む振動は、精神活動の引き金となる前段階の出来事であり、精神的な出来事そのものではないのです。同じことが、大脳皮質と体の残りの部分とをつないでいる、外向きの神経の機能にも当てはまります。これらの経路には「精神的」なものは何もありません。単に、精神活動の出力を放出するだけです。精神活動そのものは、記憶イメージが存在する大脳皮質でのみ起こりうることになります。

マイネルトは大脳皮質と外界との関係をこう説明しました。

> 外界に反応するというわれわれの意識の運動効果は、脳に生まれつき備わっている力の結果ではない。脳は、恒星のように、自ら熱を放射してはいない。すべての大脳現象の根底にあるエネルギーを、外の世界から得ているのである。[18]

ここで指摘しておくべきことは、フロイトはまだ登場していなかったので、すべての精神活動が意識的であると仮定されていたという点でしょう。「精神的（メンタル）」と「意識的（コンシャス）」という単語は、同じものを意味すると考えられていたのです。

現代の意識の概念につながった一九世紀の実験的作業は、もっぱらこの哲学的枠組みの中で行われました。一八〇〇年代の後半、生理学者ヘルマン・ムンクは、後頭皮質が視覚の精神的側面の場所であることを特定しています（図6参照）。彼は後頭皮質を実験的に損傷させた犬の行動に関心を持ちました。これらの不幸な動物は物が見えているようでしたが、見たものを正常に「理解」することは明らかにできませんでした。例えば、その犬はもはや主人を視覚的に認識することはできず、自分のエサ入れを識別することもできなくなりましたが、エサ入れを見つめたり、その周りをぐるぐると歩いたり、他の感覚を通じてエサ入れを認識することはできました。[19] ムンクはこの状態を「精神盲（マインドブラインドネス）」と呼び、[*] 眼球から大脳皮質へと続く（皮質下の）感覚経路の損傷によって引き起こされる一般的な失明（／盲目）と区別しました。[20] 経験主義の哲学に従って、彼は「精神的」視覚と呼ばれるものを、連合を通して視覚的な記憶イメージを活性化する能力とみなし、生（なま）の視覚感覚を受け取って運動反射を発動させるという機械的な仕事と区別しました。したがって、ムンクが説明した病態は、現在では、視覚「失認 agnosia」、つまり、視覚的な知識の欠如[**]と呼ばれています。

まったく同じ種類の臨床現象は、すぐに人間の症例でも報告されました。例えば、一八八七年に眼科医のヘルマン・ヴィルブラントは、両側後頭部に脳卒中を患ったG夫人という六三歳の女性症例を報告しています。[21]

> 彼女は周りから盲目とみなされていた。しかし、彼女は自分が完全な盲目ではないことに十分気づいていた。「というのも、人が私のベッドサイドに立って、私の盲目を哀れんで話していたとき、本当

に目が見えないわけではない、だって向こうの、病室のテーブルの上に広げてある、青い縁のテーブルクロスが見えるのだから、と心の中で思っていたのですから」。［中略］　他の点では非常に知的なこの女性は［脳卒中で初めて意識を失った後で］立ち上がったとき、見えないのに見えるという不思議な状態にあることに気づいていた。［中略］　脳卒中後に初めて旅行したときのことを思い出すと、彼女は今でも感動する。付き添いの案内で［ドイツの］ユングフェルンシュティークとノイアー・ウォールを越えて、初めてシュタットハウスへ行ったとき、どれほどその街が違って見えて、実に奇妙に見えたか、どれほど強い苦痛と震えを感じたか、さらに、その付き添いが、見慣れていたはずの建物や通りをどれほど改めて指し示すことになったかを、思い出すからである。その付き添い女性へと向けた自分の反応を、夫人は次のように報告する。「あれがユングフェルンシュティークで、あれがノイアー・ウォールで、これがシュタットハウスだと言われれば確かにそうだと思うのですが、私には認識できません」。［中略］　私は医師にこう語った。「私の病気から、人は目で見るというよりも脳で見るという結論が導き出されるかもしれません。目は視力のための道具にすぎないのです。というのも、何でも明瞭に完全にはっきりと見えるのですが、それを認識することができませんし、自分が見ているものが何なのかわからないことがよくあるからです」。

＊　訳註：相手の心が見えないことを意味する、バロン＝コーエンの造語「mindblindness」とは異なります。
＊＊　訳註：欠如を意味する接頭辞 a ＋ knowledge を意味する名詞 gnosia。

ヴィルブラントは、この患者は単純な盲目というよりも、視覚的記憶の喪失（すなわち、視覚的認識の障害、あるいは視覚的理解の障害、もしくは視覚的知識の障害）に苦しんでいると結論づけました。さらに彼は、盲目の患者は精神的イメージが保たれているので、夢の中ではまだ視覚的イメージを生成することができるにもかかわらず、Ｇ夫人のような精神盲の患者はそれができないことを観察しました。つまり、精神盲の患者は夢を見る能力を失ってしまうのです。視覚的記憶イメージがないのに、どうやって視覚的な幻覚を起こすことができるだろうか、と彼は問いかけました[22]。

視覚に関するこうした観察は、その後、知覚の他のモダリティにも一般化されました。このようにして、（再び犬で行われたのですが、）聴覚野を切除して「精神聾（マインド・デフネス）」を生じさせました。これは現在では聴覚失認と呼ばれていて、損傷を受けた動物は、あきらかに耳が聴こえないわけではないのに、もはや、獲得した意味をもつものとして音に反応できなくなるのです。つまり、生（なま）の騒音には反応しますが、自分の名前を呼ばれても、もはやそれと認識できません。一八七四年、神経科医のカール・ウェルニッケは、人間の患者で同じことを観察し、「失語症（アフェイジア）」と呼ばれる後天的言語障害の概念を作りました[23]。

運動モダリティでは、皮質病変によって、「心的麻痺（サイキック・パラリシス）」（または「失行症（アプラクシア）」）として知られる、運動の精神的側面の欠損が、同じように生じる、とフーゴー・リープマンは言いました。外向きの運動経路の病変は身体的麻痺を引き起こしますが、運動の記憶イメージに関わる皮質中枢の病変は後天的な運動技能の忘却を引き起こし（「四肢運動性」失行と呼ばれます）、運動連合に関わる超皮質経路の病変は、熟練した運動と抽象的概念、例えば、手振りの象徴的な意味との間に断絶を生じさせます（「観念運動性」失行と呼ばれます）[24]。

そのため、皮質下の盲と聾と麻痺は身体の障害として概念化されたのに対して、皮質病変による視覚と聴覚と運動への影響は精神の障害、失認や失語や失行という統覚面や連合面での障害と考えられたのです。後者の〔精神的な〕障害は、現在では「神経認知的」障害と呼ばれています。このように、障害の（皮質下と皮質という）二つの区分は、今でもそうであるように、神経学と神経心理学の間の学問的境界と一致していました。

ムンクと同じ時代の研究者たちが犬の大脳皮質全体を切除しても、個々の感覚運動モダリティに特化した部分とは対照的に、動物は昏睡状態や植物状態に陥ることはありませんでした。その代わりに、（経験主義者が理解するような意味で）精神がないかのように振る舞いました。そして健忘症にもなり、すべての記憶イメージを失ったので、「理解」も失いました。それゆえ、フリードリヒ・ゴルツは、その動物たちを「白痴のような（イディオティック）」と記述しました。昏睡状態に陥らなかったという事実は、初期の研究者たちを驚かせるものではありませんでした。というのも、当時の理論的前提で考えれば、除皮質された犬は獲得した知識をすべて失うだけであると予想されていたからです。この喪失は、皮質下にあると考えられていた身体の感覚や反射には何ら影響を与える必要がありません。精神生活が記憶イメージだけで構成されているという考えは、議論を呼ぶものではなかったのです。当時の論争は、もっと他のことに、それぞれの精神機能が大脳皮質の特定の領域にどれだけ狭く局在しているか、といったようなことに集中していました。そのような機能がすべて大脳皮質の機能であるということを疑った者はいませんでした。

そういうわけで、マイネルトが一八八四年に出版した有名な著書『精神医学』(25)において、出現しつつあった全体像をまとめるとき、彼は精神を、感覚—運動的な末梢が大脳皮質上に投射されて生成された対象の記憶イメージの総体、および、そのような記憶イメージと抽象的な観念を構成する記憶イメージとの間の超皮質的な連合である、と特定しました。当然のことですが、マイネルトはこれらのイメージと連合と観念のすべてを大脳皮質に位置づけました。先ほどの引用文の通りです。彼はこれを脳の「随意的」な部分と呼び、感覚神経や運動神経を介して体の末梢部分と直接つながっていると主張しました。要するに、大脳皮質は皮質下灰白質とは独立して体と接続している、と主張したのです。脳の皮質下の部分も、それ自身の別個の経路を介してという形で、大脳皮質や体の末梢部分と接続していることも認めていました。しかし、これらの経路は「反射的なもの」と記述されました。ここで、水無脳症の子どもたちの行動を説明するために、先に述べた、「二つの脳」を持つことになるのです。

こうして大脳皮質は精神の器官となり、ただし、ここで精神とは記憶イメージの意識という意味ですが、皮質下の脳は精神をもたないものとされました。この考えを突き詰めると、あなたの「精神」は完全に過去の経験から成り立っていて、その経験は相互に連合される痕跡を残して具体的なイメージや抽象的な観念を形作っているということになります。そして、あなたの残りの部分、つまり、末梢の感覚—運動的な部分と、先天的な皮質下の部分は、あなたの体の内部からの印象を伝達する部分も含めて、純粋に反射的であると考えられることになりました。そして、奇妙なことではありますが、あなたの精神とあなたの体の間の哲学的な区別は、皮質と皮質下の間の解剖学的な区別と一致するようになりました。

一九六〇年代には、アメリカにおける行動神経学の偉大な先駆者ノーマン・ゲシュヴィントが、これらの古典的な考えを熱狂的に復活させました。(26) 神経学における経験主義的連合主義の復興（ルネサンス）は、心理学における「認知革命」と同時に起こりました。認知科学者たちの情報のフローチャートは、古典的なドイツの神経学者たちがさまざまな種類の記憶イメージを含む皮質中枢間の機能的関係の説明に使ってきた図式と非常に似ていました。しかし、後で述べる予定ですが、現代の認知主義もまた、多くの精神機能は（知覚や記憶も含めて）結局のところ意識的なものではない、と認識することになり、この認識は一九九〇年代には確固たるものとなりました。

ゲシュヴィントが神経心理学を古典的な大脳皮質説に回帰させたのと同じ頃、後に感情神経科学と呼ばれるようになる分野の先駆者たち（ポール・マクリーンやジェームズ・オールズなど）は観察を積み重ね、脳と体の内部をつなぐ多くの皮質下核が精神機能をも遂行していることを明らかにしていきました。それは、動機づけとなる欲動や情動的な感じといった機能でした。

認知神経科学と感情神経科学がこのように並行して発展したにもかかわらず、これは後で詳しく説明しますが、今日の神経学者が水無脳症の子どもたちには精神がないと考えるのは、究極的には、こうした知的遺産に、つまり、一八世紀の哲学者の理論を確認しようとした一九世期の神経学者の試みに、基づいているからに他なりません。神経学者は、「精神（マインド）」を意識や大脳皮質と等しいものとみなす古い方程式がもはや有効ではないことを認めてさえいながら、そう仮定するのです。すべての精神活動が意識的ではありませんし、すべての意識が大脳皮質で生じるわけでもありません。言い換えれば、元の方程式がまだ有効であるという主張、「経験としての意識」は必然的に大脳皮質的なものであるという主張は、科学的根拠よりもむしろ、理論的な慣性に基づいてなされているのです。

お分かりかと思いますが、私は意識の大脳皮質説が有効だとは思っていません。むしろ、動物や人間は大脳皮質を全部失っても意識があると言っても過言ではない、と私は思っています。水無脳児である「と感じられるようなもの something it is like」があると思います。

もちろん、水無脳症の患者が何を経験しているのか、実際のところ、その患者が内的な体験を少しでも持っているのかどうかを知ることは難しいです。その理由の一つは、この人たちが話すことができないからです。言語はまさに皮質の機能ですので、大脳皮質がない人が言葉で内省的な報告をするとは期待できません。他者の心という問題はともかくとして、他者に意識があると普通は信じさせるような主観的な証拠を提供することができません。[27] 動物も同じです。しかし、大脳皮質のかなりの部分を失った人でも、話す能力を保持している人もいます。このような場合、その人たちにそれがどのようなものなのかを単純に尋ねることができます。

神経外科医のワイルダー・ペンフィールドとハーバート・ジャスパーは、主にてんかんの治療のために、七五〇名の人間の患者において、局所麻酔下で大脳皮質を広範囲にわたって切除しました（その切除範囲は大脳半球全体におよぶことさえありました）。そして、そのような手術が自己申告による意識に与える影響は、皮質が切除されている瞬間であっても、限定的であることを観察しています。（脳の手術は局所麻酔下で行われることが多く、患者は外科医が行っていることの影響を報告できるようになっています）。ペンフィールドとジャスパーは、大脳皮質の切除は感じる（センティエント）ことのできる存在を消してしまうことはなく、患者から「ある種の情報」を奪うだけである、と結論づけました。[28] 私自身、このような手術に多く立ち会ってきました。私の通常の役割は、外科医が皮質を切除する前に、皮質の記憶と言語に関する部分を電気的に刺激して、その影響を評価することでした。私は、ペンフィールドとジャスパーが報告したこととまったく同じことを目の当たりにしました。

しかし、すべての大脳皮質が同じというわけではありません。特定の感覚と関連した現象的な「クオリア」(視覚にとっての色、聴覚にとっての音色など)を生成するのは、これらのそれぞれの感覚からの入力を受け取る皮質の領域なのです。しかし、標準的な見解によれば、生の感覚は、感じることのできる「わたし」を構成する、包括的なタイプの意識によってアクセスされた後でなければ言い表すことができません。(29)

「現象的な」意識(例えば、単に見ることや聞くこと)と「反省的な」な意識(自分が見ていることや聞いていることを知ること)の関係を説明するために、さまざまな専門用語が使われています。しかし、これらの用語はすべて同じ基本的な考え方を伝えています。つまり、あなたは、あなたが処理するさまざまな形の感覚情報を超えた存在だということです。だからこそ、第一次視覚野を損傷して目が見えなくなっても、聴覚野を損傷して耳が聞こえなくなっても、自己の感覚はまだ残るのです。例えば、盲視で視覚的なクオリアを欠いているときに、自分が何を見ているのかを推測するのは、この感じることのできる自己なのです。これらの患者は「ある種の情報」だけを失っています。そこで急務の問題となるのが、自己性を司っていると言われているような大脳皮質の部分を失った患者から、私たちが何を学ぶのかということです。

この「自己性という」機能には三つの候補地があります。一つ目は島皮質で、内受容性の気づきに特化しており、感じることのできる（センティエント）「自己」を構成する感じ（フィーリングズ）を生成していると広く主張されています。(30) 二つ目は**背外側前頭前野**で、脳の他のすべての部分を覆う上部構造を形成しており、感じの気づきを含む「高次の思考」を可能にすると一般的には考えられています。(31) 三つ目は**前帯状皮質**で、ほぼすべての認知的な脳画像実験時には光っていて、「自己関連処理」や「意志」のようなものを媒介すると言われています。(32)

この三つの領域を一つずつ見ていきましょう。

以下は、単純ヘルペス脳炎と呼ばれるウイルス性の病気で島皮質が完全に破壊された患者に、アントニオ・ダマシオが行ったインタビューからの抜粋です。(33)

Q：自己の感覚はありますか？
A：はい、あります。
Q：あなたは今ここにいません、と私が言ったらどうしますか？
A：あなたは目が見えなくなって耳が聞こえなくなったのか、と言うでしょうね。
Q：他人があなたの考えを制御できると思いますか？
A：いいえ。
Q：では、それができないのは、どうしてだと思いますか？
A：あなたが制御しているのもあなた自身の心だと思うのですが。
Q：あなたの心が誰か他の人の心だ、と私が言ったとしたら？

A：移植はいつ行われたのだろう、と答えますね。脳の移植という意味ですが。
Q：もし、あなたが自分のことを知っているよりも、私の方があなたのことをよく知っている、と私が言ったらどうです？
A：あなたは間違っている、と思うでしょうね。
Q：もし、私が意識（アウェア）していることをあなたは意識している、と私が言ったらどうでしょう？
A：あなたは正しいです、と言うと思います。
Q：私が意識していることをあなたは意識している？
A：私が意識していることをあなたが意識しているということを、私は意識（アウェア）しているのです。

「B」として知られているこの患者は、ダマシオのチームによって二七年間にわたり研究されました（彼は四八歳で病気になり、七三歳で死亡しました）。発表された症例研究では、彼の感じる能力と情動的に反応する能力に関する神経心理学的なデータが、広範囲に報告されています。主な結論は次の通りです。

島皮質が完全に破壊された患者Bは、情動的な感じだけでなく身体的な感じも経験していた。痛み、喜び、かゆみ、くすぐり、幸福感、悲しみ、心配、苛立ち、思いやり、共感といった感じを報告しており、そうした感じを体験しているときには、それに相応しい行動をとった。また、空腹、渇き、排泄の欲求といった感じも報告しており、それに応じた行動をとった。例えば、チェッカー〔ボードゲームの一種〕をしたり、人と会ったり、散歩に行ったりという遊びの機会を切望し、そのような活動の最中には明らかに喜びの表情になるだけでなく、その機会が拒否されれば失望感や苛立ちさえも示した。〔中略〕 彼の想像力の貧弱さを考えると、患者Bの存在は、彼自身の身体の状態と周囲の世界によってもたらされるささやかな要求に対する、実質的に途切れのない「感情的」反応であり、高次の認知的コントロールによって弱められることはなかった。〔中略〕 クレイグ（Craig, 2011）によると、自己の気づきの一目瞭然の兆候とは鏡の中の自分自身を認識する能力である。クレイグの言葉を借りれば「機能的で情動的に有効な、自己の神経表象によってのみ提供することのできる」能力である。患者Bはこのテストに一貫して繰り返し合格した。要するに、これらの知見は、人間の自己の気づきは、感じる能力に加えて、島皮質に、特にその前部第三領域に完全に依存するとの主張に反している（Craig, 2009, 2011）。島皮質が存在しないのだから、Bの感じる（フィーリング）能力と感じることのできる（センティエンス）基盤を説明するためには、神経解剖学的な代替案を考慮する必要がある。(34)

バド・クレイグらは、自己を構成する感情的な感じは島皮質で生成される、と主張しています。にもかかわらず、ダマシオは、患者Bが、除皮質されたラットと同じように、実際には、皮質に病変が生じた後の方が、その前よりも情動的であったということを発見しました。そのような患者はその者の感じることのできる（センティエント）「存在感」を失うはずだ、という予測が明らかに反証されたのです。

同じことが、ここで検討されている第二の領域に損傷を受けた人間の患者でも起こります。前頭前皮質のことです。これは脳の他のすべての部分を覆う上部構造を形成している領域です。第二の領域とは前頭前野の患者の情動性は広く認識されており、「前頭葉症候群」の中核的特徴を形成しています。これは、すでに一八六八年に、仕事中の事故で鉄棒が頭蓋骨を通過した後に人が変わった、フィネアス・ゲージという有名な症例で観察されていました。

いわば、彼の知的能力と動物的傾向との間の、均衡やバランスが破壊されてしまったようだ。彼は不機嫌で不遜、時には（以前の習慣にはなかった）最も下品な冒涜におぼれ、仲間への敬意をほとんど示さず、自分の欲望と相反する場合は、自制もできなければアドバイスも入らないという状態であった。[35]

ジョセフ・ルドゥーのような情動の神経科学の第一人者の中には、感じは文字通り背外側前頭前野で存在するようになる、と考える人もいます。[36] この見解では、感じの皮質下の前駆体は、意識的なワーキングメモリ[*]の中で「ラベル付け」されるまではまったく無意識だとされます。[37] これらの理論家にとって、情動とはまさに認知の別の形態、実際には、認知のむしろ抽象的で、反省的な形態にすぎません。しかし、この理論家たちが正しいのであれば、なぜワーキングメモリが大きく消し去られた患者が、それほど多くの情動を示すのでしょうか？　フィネアス・ゲージは、多数ある文献の中で最も有名な症例にすぎません。感じの前反省的な形がこれらの患者の行動にありありと表出されるのであれば、反省的

＊　訳註：取り込んだ情報をその後で操作するために保持する容量のこと。

意識がその全体像に加えるものがあるでしょうか。

公正を期するために言えば、大脳皮質論に立つ理論家のほとんどは、感じには特に興味を持っていません。その代わりに、理論家たちが焦点を当てているのは、前頭前野が高次の思考に対してどのように寄与しているかという点です。これらのより広範な理論から生じる仮説は、前頭前野に損傷を受けた人間の症例でも容易に検証可能です。完全な前頭前野病変は非常に稀ですが、前例がないわけではありません。

私の患者Wは、最初に診察したときに四八歳でした。彼はグラスゴー昏睡尺度で満点を取り、完全に目覚めていて反応がありました。彼は一三歳のときに脳内で動脈瘤が破裂したので、手術が必要となり、前頭葉を陥没させて脆弱な血管を包み込みそれ以上の出血を防ぐ処置が行われました。その手術が運悪くも、慢性的な脳の感染症を引き起こし、複数の追加手術が必要となって、最終的には両側の前頭前野全体が破壊されることになりました（図7参照）。

幸いなことに、彼の言語皮質は損傷を受けずに済みました。ここに私たちの会話の一部を紹介します。

Q：あなたは自分の考えを、意識的に気づいていますか？
A：はい、もちろん。
Q：それを確認するために、心の中である状況を意識的に思い描いてもらうような問題を解いてもらいたいのです。
A：はい。

Q：犬が二匹とニワトリが一羽いる、と想像してください。
A：はい。
Q：あなたの心の目で、それらは見えていますか？
A：はい。
Q：では、全部で何本の足が見えるか教えてください。
A：八本。
Q：八本ですか？
A：はい、犬がニワトリを食べました。

彼はこのオチを、お茶目にニヤリとしながら教えてくれました。世界一のジョークではないかもしれ

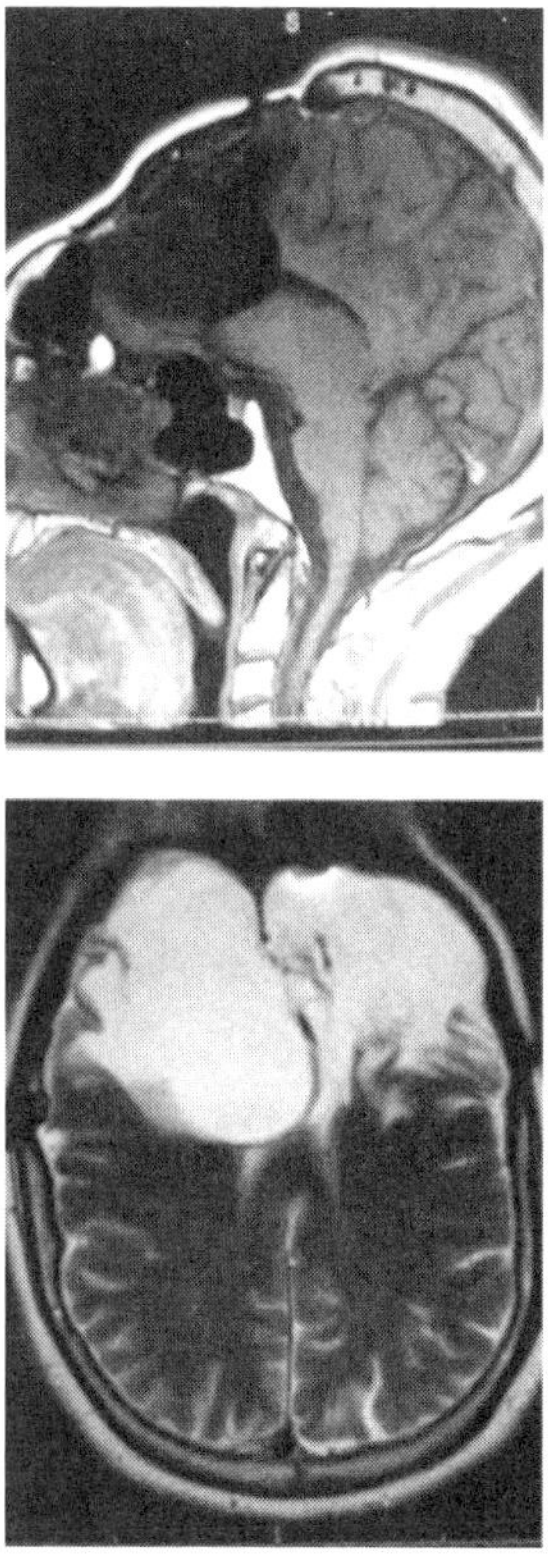

図7　患者Wの脳のＭＲＩスキャン、両側の前頭前野の完全な破壊を示しています。

ませんが、日常会話風にいうなら、「誰かが家にいるsomeone was home」ことを示す説得力のある証拠を与えてくれます。患者Wは意識があると言いましたし、ダマシオの患者Bも意識があると言いました。過激な哲学的懐疑以上に強力な理由がない限り、私は患者の言葉をそのまま受け取りたい気持ちになります。

三つ目にして最後の、感じることのできる（センティエント）「わたし」と特別な関係があると思われる大脳皮質の領域が、前帯状回です。この領域全体が両側性に侵される病変を持つ患者は、比較的容易に見つかります。その理由の一つは、大脳皮質のこの部分が強迫性障害のような精神医学的病態に対する手術の標準的な標的部位だったからです。（前帯状皮質は、まさしく「自己関連処理」との関連性のために、このように注目されてきました）。

術後の急性期には、これらの患者の中に、空想と現実の区別がつかなくなることを経験する人がいます。チャールズ・ウィッティとウォルポール・ルウィンは、印象的な例を述べています（両名の症例1）。

その日何をしていたのか、という質問に対して、患者はこう答えた。「私は妻とお茶をしていました」。質問者からのコメントはそれ以上なかったので、彼は次のように続けた。「ああ、本当はお茶をしてはいません。妻は今日ここに来てませんね。でも、私が目を閉じた途端、その光景が鮮明に浮かび上がってくるんですよ。私にはカップやお皿が見えて、彼女がお茶を注ぐ音が聞こえてきます。で、飲もうと私がカップを持ち上げた瞬間に私が目覚めると、そこには誰もいないのです」。

Q：では、長く眠っているのですか？

A：いいえ、私は眠っていたわけではないのです。覚めて見る夢のようなもので、［中略］目を開けているときでさえ見えることがあります。［中略］私の考えは抑えが効かなくて、勝手に暴走しているようです。すごく鮮明に。たいていは、ただ私が考えただけなのか、本当に起こったことなのか、私にははっきりしません。[38]

「私」への頻繁な言及に注目してください。ウィッティとルウィンは、その患者が［てんかんの］複雑発作を患っているのではないかと疑ったのですが、同様の経験は、前帯状回の両側の病変を持つ他の多くの症例で報告されています。ここでは例えば、私自身の患者の一例を紹介しましょう。[39] 彼女はくも膜下出血を起こした四四歳の女性でした。彼女はこう言いました。

まるで自分の考えが現実になるようで、何かについて考えていると、それが実際に目の前で起こっているのが見えてきて、とても混乱もしてきて、何が本当に起こったことなのか、自分がただ考えているだけなのか、よくわからなくなります。

彼女は次のような例を挙げてくれました。

患者：私はベッドに横になって考え事をしていましたが、そのとき、私の［亡くなった］夫がそこにいて私に話しかけてきました。そして、私は子どもたちをお風呂に入れに行ったのですが、不意に目を開けて、「ここはどこかしら?」と思い、気づくと一人でした!
私　：寝てしまっていたのですか?
患者：そうではないと思います。自分の考えがそのまま現実になったかのようです。

これらの症例では、意識は明らかに異常ですが、そこが問題なのではありません。大脳皮質が意識的な処理に関与していることに異論を唱える人はいません。支持できないのは、意識的な自己がそこで生成されている *generated* という見方なのです。

これまで、大脳皮質をまったく持たない人間や動物から、生き生きとした、意図的で、反応的で、情動的な行動がなされることを見てきました。私自身が観察したところによると、私たち自身の（正常と推定される）症例では、意識がこれらの行動に密接に関与していることが示唆されます。だから、他者の心という問題はともかくとして、これらの症例においても意識が関与していないと私たちが考えるためには、正当な理由が必要でしょう。しかし、こうした正当な理由を探しに行くと、見つかるのは、学術的な歴史の重圧であり、脳の初期の探究者たちが鋳型としてたまたま用いていた、精神（マインド）の神経学以前のモデルだけなのです。今日では、ヒューム版の経験主義やマイネルトの『精神医学』を支持する科学者はほとんどいません。実際、マイネルトの見解は広く「脳神話」と揶揄されています[40]。それなのに、大脳皮質は精神（マインド）の器官であるという教義は、医学の全分野の根底にある前提となっています。

大脳皮質はもちろん、言語を含む多くの認知機能に関与しています。したがって、皮質がまったくない人たちから反省的な言語報告を期待することはできません。しかし、私たちの手元には、包括的な自己の気づきをもたらすとされている大脳皮質の特定の部分が欠損している場合でさえ、その障害の程度によっては内省的な言葉で告白することができる場合があり、私たちの手元にはそのような患者たちの証言があります。何度も何度も、これらの患者は自分には意識があると主張し、自分たちが内省的な「存在」であると告白しています。患者たちは嘘をついているのでしょうか？　もしそうだとしても、なぜそんなことをする必要があるのでしょうか？　そして、自己を持たない人が自らの自己性について嘘をつくということは、一体何を意味するのでしょう？　認知神経科学はここで崩壊の瀬戸際に立っています。これは間違った方向に進んでいることを示す十分な兆候ではないでしょうか。

証拠を見る限り、私の見解では、大脳皮質説は支持できません。大脳皮質が、あなたや私が普通に経験するような意味で、感じることのできる（センティエント）実在を生み出すと信じるに足る正当な理由はありませんし、そうではないと結論づける正当な理由はたくさんあるからです。私たちの存在の源は、別の場所に探さなければなりません。

第4章　何が経験されるのか

知覚したり学習したりするためには、自分が知覚していることや学習していることを意識している必要があるのでしょうか？　常識的にはおそらく、イエスという答えになるでしょう。経験主義の哲学者たちはイエスと答えました。しかし、正解はノーです。

経験主義者たちの概念は、知覚（とそこから派生した記憶痕跡）が意識の基本的な要素であるという古典的な神経解剖学的見解を生み出しました。しかし、私たちが知覚して学習することのほとんどが意識されていないことを示す科学的証拠は、現在では圧倒的なものとなっています。知覚や記憶は本来、意識的な脳の機能ではありません。この点では、常識が間違っていました。あなたの精神（マインド）が行うすべてのことは（後で見るように一つのことを除けば）無意識のうちにかなりうまく行うことができるということが判明しています。

この洞察は、とても奇妙に思われるかもしれませんが、ジークムント・フロイトに帰することができます。

フロイトは意識の大脳皮質説を生涯支持していました。にもかかわらず、師のマイネルトによる区別、つまり、脳の「精神的（メンタル）」な部分と「非精神的」な部分の区別に対して疑問を呈した最初の神経科学者の一人でした。[1]　利用可能なデータを検討した後で、フロイトは一八九一年に「マイネルトを基礎に据えたムンクや他の研究者の見解は［中略］もはや支持できない」と結論づけました。[2] 具体的に言えば、マイネルトの「随意的」な経路と「反射的」な経路の間に、解剖学的には明確な区別がないことを見出しました。フロイトはさらに、（関与する神経線維の数を数えることで、）大脳皮質の記憶イメージが、皮質と感覚の末梢部分との間の一連の中間的な接続があって初めて生成されることを示しました。これらの接続は、おそらく脳の非精神的な部分に位置しており、各段階で伝達される情報量を減らしていたのです。フロイトは、これらの皮質下の接続が、処理をしている感覚情報に何かをしているに違いない、と推論しました。デジタル時代を迎える前に思い浮かべられた、彼の興味をそそる比喩に注目してください。

われわれが知っているのは、［皮質下の］灰白組織を通過した後に大脳皮質に到達する神経線維は、依然として身体の末梢部分との関係をいくらか維持しているが、それらは位相的に類似したイメージをもはや供給できない、ということだけである。神経線維が身体の末梢部分を含むやり方は、［中略］詩がアルファベットを全面的に再配置する形で含んでいるのと同じであり、個々の位相的要素の間の多様な接続によって、さまざまな意図を伝えるが、その際、何度も使われる文字があるかと思えば、一度も使われない文字もあるのと同じである。[3]

大脳皮質が身体の末梢部分と直接つながっているのではなく、むしろ皮質下の中間的な接続を介してつながっているのであれば、大脳皮質に堆積される記憶イメージは、外部の世界の文字通りの投影ではありえません。記憶イメージは多段階の情報処理の最終産物であるに違いないからです。この処理は大脳皮質の記憶イメージで終わるので、その処理を行う皮質下の部分は、ある意味、記憶イメージの暫定版を生み出しているはずです。したがって、皮質下の接続は、私たちが「統覚」と呼ぶ精神的な処理の一部を提供しているに違いありません。それゆえ、フロイトは、その処理を行う皮質下の部分と皮質の部分の間に人為的な線を引くことには意味がなく、そして最終的な産物だけが「精神的」であると主張することにも意味がない、と論じたのです。

その進路の全長にわたり生理的な構造物であって生理的な修飾を受けるだけの神経線維に、その末端を精神(マインド)の中に浸してこの末端に観念や記憶イメージを備えつけることが、正当なことなのであろうか。[4]

フロイトは、当時の他の誰もがそうであったように、皮質のプロセスだけが意識的であると仮定していましたので、このことから、知覚と学習に含まれているに違いない無意識的な暫定段階は、意識的なプロセスと同じようにまさしく「精神的」なプロセスであると考えるに至りました。つまり、無意識の(皮質下の)記憶痕跡は、皮質のものと同じようにまさしく精神的なものでなければならない、というわけです。フロイトは、ヴィルヘルム・フリースへの手紙の中で次のように結論づけました。「私の理論で本質的に新しいものとは、記憶が一度だけ存在するのではなく何度にもわたって存在し、その記憶は多種多様な表れ方をする、という主張です」。[5]

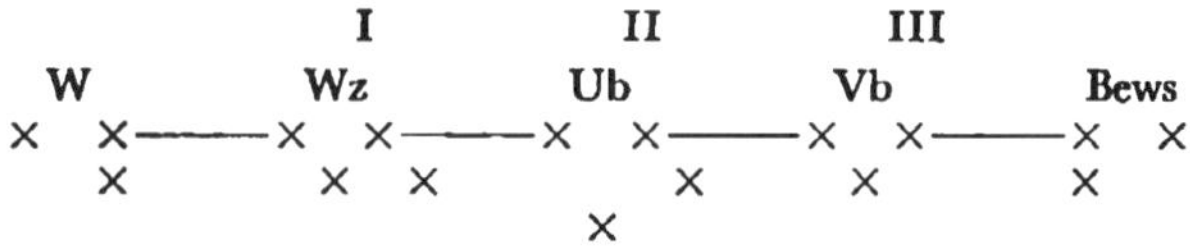

図8　記憶システムに関するフロイトの最初の図式。フロイトがヴィルヘルム・フリースへの手紙〔1896年12月6日付、邦訳『書簡』p. 212〕に同封したもの（W＝知覚、Wz＝知覚痕跡、Ub＝無意識、Vb＝前意識、Bews＝意識）。

フロイトは、情報の処理における五つの連続した段階を識別しました。「知覚」「知覚痕跡」「無意識」「前意識」「意識」の五つです（図8参照）。これらの段階の間の決定的な違いは、無意識的な段階が身体的で、前意識的な段階が精神的である、ということではありません。むしろ、前意識的な種類の記憶処理は意識の中で再生できるのに対し、無意識のそれはできないという点にあります[6]。言い換えれば、精神の一部だけが意識されるのです。

一八九五年にフロイトは、身体の内部から通じる神経経路についても同様の指摘をしました。ここでも彼は、内臓の身体的な情報が大脳皮質に到達して初めて「精神的」なものになると主張しても意味がないと論じました。（飢えや渇きなどの感じを伝える）この情報は、身体との接続の結果として、精神に仕事を要求しますので、私たちは、精神という図柄の中でもこれらの要求に順応しなければなりません。たとえ、自分の生物学的な「欲動」とフロイトが呼んだようなものにあなたが気づいていなくても、それらは確かにあなたの精神の一部を形成しているのです。第2章でフロイトが、身体の要求は「心的メカニズムの主導力」を提供しており、前脳（外界を表象する大脳皮質）は「交感神経節」にすぎない、と示唆するまでに至っていたことを思い出してください。つまり、意識的な記憶イメージも無意識的な記憶イメージも、身体の要求に「同調」して形成されるものであり、外の世界についてただ知覚的に表現したり学んだりするのは、外の世界で私たちの生物学的欲求を満たさなくてはならないからだと結論づけたのでした。

このような脳の見方に対して、現代科学はフロイトがまったく知らなかった詳細を多く加えており、私たちもいくつかの重要な点に関してフロイトを修正してきました。それでも、フロイトの基本的な結論、脳は意識にのぼらない精神的機能を幅広く遂行しているという考えは、今日の神経科学において一般的に受け入れられています。現代の認知科学者であるジョン・キールストロームによる関連文献の有名なレビューのタイトルが、そのすべてを物語っています。「知覚されるものを意識（アウェアネス）しない知覚、学習されるものを意識（アウェアネス）しない学習」は、確かに存在するのです。(7) また、ジョン・バーグとターニャ・チャートランドによる別の有名なレビューでは、より詩的に、「存在の耐えられない自動性(*)」というタイトルで、現行の理解を要約してくれています。

> 瞬間瞬間の心理的な生（ライフ）のほとんどは、僅かでも生じるのであれば、非意識的な手段によって生じているに違いない。〔中略〕自分の行動、評価、決定、情動状態を意識的かつ意志的に調整するには、相当の努力が必要であり、比較的時間もかかる。さらに、限られた資源を必要とし、それもすぐに使い果たしてしまうように見えるため、意識的な自己調整行為は最小限かつ短時間にしか生じえない。一方、非意識的ないしは自動的な〔心理的プロセス…〕は、意図せず、努力せず、非常に速く行われ、

＊ 訳註：ミラン・クンデラの小説『存在の耐えられない軽さ』に掛けてある。

その多くはいつでも作動が可能である。最も重要なのは、人が安全に一日を過ごせるように、そのプロセスが労力のいらないもので、常にギアが入った状態にあることである。[8]

しかし、私たちが今や無意識的な精神機能をあちこちで認識するようになったのは、フロイトの理論に基づいていたからではありません。新たな神経学的知見や実験的証拠に基づいて、まったく独自に到達したものでした。転機となったのは、一九五七年に発表された症例HMです。HMは海馬（陳述的記憶のコード化を担っている大脳皮質の部分で、HMがてんかん発作を患う原因となった部分）を外科的に切除した結果、彼は手術日以降に起こった出来事をまったく覚えることができなくなりました。しかし、一九五三年に手術を受けてから二〇〇八年に亡くなるまで、神経心理学者が彼を繰り返し調査し観察したところ、心理テストの成績が年々劇的に向上しており、明らかな練習効果が見られました。[9]

同じような観察を先にエドゥアール・クラパレードも行っていましたが、彼はその重要性を認識していませんでした。クラパレードは、記憶喪失の女性が毎日、初めて会ったかのように自分と握手をしたという症例を報告しています（私の患者のS氏のようです）。クラパレードは画鋲を手のひらに隠して、画鋲で刺された後でも彼女が握手をしてくるかどうか試しました。その経験をしてからというもの、彼女は痛みの出来事を意識的に覚えていないにもかかわらず、クラパレードとの握手を拒むようになりました。彼女に拒んだ理由を尋ねると、「女性には紳士から自分の手を引っ込める権利はないのでしょうか？」などと言い逃れをするだけでした。[10]

同じような無意識的な処理は、統覚そのものについても示されました。医学研究プロトコルの倫理性を審査する委員会がまだ各機関になかった時代のことですが、ロジャー・スペリーはある女性の症例を報告しました。彼女は、難治性てんかんを制御するために、大脳半球の皮質を外科的に分離する手術を受けました。分離した右半球にポルノ画像を瞬間的に流すと、彼女はクスっと笑って顔を赤らめたのですが、（言語的な）左半球は、その感じが何であるのかを意識的に「陳述」することはできませんでした。彼女は自分の恥ずかしさを説明するために、「スペリー先生の機械はすごいですね！」など、他愛もないことしか口にしませんでした。[11]

ここで注目すべき重要な点は、無意識の精神的な処理は皮質下の脳構造に限定されるものではないということです。例えばスペリーの症例では、患者は、右大脳皮質が受信し、処理し、認識した恥ずかしい知覚情報を、意識にもたらすことができなかったのです。

大脳皮質が意識せずにこのような機能を遂行できるという事実は、多くの実験的研究によって決定的に証明されました。その一つは、被検者にネガティヴな単語とポジティヴな単語を非常に短い時間、点滅して見せますが、常に短い時間なので何を見せられたのか、まったく気づかないようにするというものでした。参加者たちのその後の行動は明らかに、見ていないと主張した単語に影響されていました。例えば、顔Aの写真と一緒にネガティヴな形容詞を、顔Bの写真と一緒にポジティヴな形容詞を点滅させたところ、参加者は顔Bを好む、でもどうして顔Bを好むのかわからない、ということが示されました。[12] これは、無意識のうちにネガティヴな単語とポジティヴな単語が見られ、読まれ、理解されたに違いない、ということを示しています。理解しながら読むということはもっぱら皮質の機能であり、古典的な解剖学者が「精神的なもの」の典型と考えた、まさにその種類の機能であるため、皮質の機能は本来、意識的なものではないと結論づけることしかできません。

このように、記憶イメージ（現在では「表象」と呼ばれています）として解釈される「精神（マインド）」は、本来、意識的なものではないというのが、現在の認知科学で一般的に受け入れられている見解です。意識の「内容」（「経験としての意識」）を生み出す脳の部分である大脳皮質は、意識的な経験がなくてもまったく同じことができます。しかし、もしそうだとしたら、その無意識的な機能を精神的なものにしているのは何なのでしょうか？　精神（マインド）の器官とされる大脳皮質は、携帯電話のような他の情報処理装置と何が違うのでしょうか？　またしても、私たちは崩壊の瀬戸際に立つことになりました。

ここで、第3章の締めくくりとして書いた、大きな疑問へ戻ることになります。つまり、大脳皮質が私たちの意識の発生場所でないとしたら、意識はどこから来ているのでしょう？　さらに言えば、「瞬間瞬間の心理的な生（ライフ）」のほとんどが意識的な経験なしに行われているとしたら、なぜ普段は意識的な経験を伴うのでしょう？　これらの情報処理すべてが非意識的に行われないのは、なぜなのでしょう？

認知神経科学の歴史は、意識の機能の特定を試みた理論の墓場です。それらに共通しているのは、意識の機能とは、脳内に散在する多数の情報の流れを、私たちの意識的な経験を特徴づけている首尾一貫した全体像へと「結びつける」ことであるという仮定です。例えば、文字を読むこと、顔を認識すること、色を認識すること、動きを認識すること、物体を認識すること、空間を認識することなどはすべて、脳の広範囲に分散した部分で同時に行われます。それらの部分はどのようにして、私たちが普段知覚している統一された視覚イメージに、例えば顔の色や動きがまさに適切な場所で起こるように、なるのでしょうか？

マイネルトは、こうした結合機能は記憶イメージを互いに「連合させる」超皮質線維によって遂行されると主張しました。一〇〇年以上経った今でも、この仮説はさほど進展していません。ジェームズ・ニューマンとバーナード・バースは、統一された「グローバル・ワークスペース」を視床が大脳皮質に生み出させ、ばらばらの情報が包括的（グローバル）にアクセスできるようになれば経験になると提案しました。スタニラス・ドゥアンヌとライオネル・ナカーシュは、前頭前野と頭頂葉の連合皮質野が、一次感覚領域の活動を統合してこのワークスペースにすると補足しました。ジェラルド・エデルマンは、視床皮質の「再入力（リエントラント）ループ」を鍵となる機能として導入し、そのループ内で統合された情報が初期レベルの知覚処理へと送り返されるとしました。ジュリオ・トノーニは、結果として生じる「大規模に統合された」情報処理を強調し、最小情報単位（ビット）の間の統合の度合いこそが重要な構成要素であって、意識はどれほど多くの情報が統合されているかの関数であると主張しました。フランシス・クリックとクリストフ・コッホは、大脳皮質におけるガンマ振動の同期が経験を結合して貯蔵する、との仮説を立てました。つまり、統合は空間よりも、むしろ時間の中で起こるのではないかということです。ロドルフォ・リナスも同じように、40Hz（ヘルツ）以下の視床皮質活動の同期を示唆しました。他にもあります(13)。

これらの理論はいずれも、連合、振動、同期、再入力、大規模な統合などによる情報の結合が、なぜ、どのようにして必然的に経験を生み出すことになるのかを教えてくれません。正確に言えば、情報処理のための「グローバル・ワークスペース」の内容が意識的に経験されることになるのはどうしてでしょう？　結合、貯蔵、同期、大規模な統合などは、無意識的な情報処理では起こらないのでしょうか？

コンピュータは、インターネットでつながりあっていれば、常にグローバル・ワークスペースを生成していて、情報を大規模に統合しています。では、なぜインターネットは意識があることにならないのでしょうか？

憂慮すべきことは、これらの現代的な理論に直接起因して、（コッホやトノーニのような）立派な神経科学者の中に、そうかもしれないと示唆する人が増えていることです。その神経科学者たちの理論が、この奇妙な可能性を受け入れることを余儀なくさせているのです。そうすることで、トーマス・ネーゲルが始めた「汎心論者（パン・サイキスト）」の転回、つまり、すべてのものは（ほんの僅かながら）意識を持っているかもしれないとする考え方に従い始めているのです(14)。

私たちは、これらの理論を、先に報告した「大脳皮質がなくても意識が持続する」という観察結果に照らして評価しなければなりません。ニューマンとバースは「グローバル・ワークスペース」を大脳皮質に位置づけていますが、除皮質された動物や生まれつき皮質を持たない子どもにも意識があるように見えます。少なくとも、こうした動物や子どもが感じる（センティエント）ことのできる存在であるという証拠は、インターネットが感じる（センティエント）ことのできる存在であるという証拠よりも、ずっと説得力があります。さらに、大規模な統合情報処理を行うのに重要と考えられる基体が病気で破壊された成人の話を聞くと、その基体がなくても自己の感覚が持続していることがわかります。これは、前頭葉が完全に機能を失った私の患者Wにも当てはまります。

そのような臨床的観察と、先に述べた、大脳皮質が（読解や顔認識などの）情報処理のほとんどを無意識のうちに行っているという実験的証拠を合わせて考えれば、これらのことは驚くべきことではありません。

しかしながら、これまで提示してきた証拠の中には驚くべきことが埋もれていますので、今からそれを述べたいと思います。クラパレードの女性患者が握手を拒んだとき、彼女はその理由を知りませんでした。さらに、おそらく、彼女はその握手に嫌なものを感じていいいました。客観的な原因（画鋲の記憶）にアクセスできなくても、彼女にはクラパレードの握手を拒む主観的な根拠があったに違いありません。スペリーの女性患者にも同じことが当てはまります。彼女は恥ずかしいと感じていましたが、その理由はわかりませんでした。つまり、彼女は自分の感じの客観的な原因（ポルノ画像）には無意識でしたが、それに伴う主観的な感じ（恥ずかしさ）については無意識ではなかったのです。

これと同じことが単語点滅テストでもたぶん起きていたのではないでしょうか。被験者は、理由に気づくことはなくても、顔Bに好みを感じていたはずです。またこれは、図5に示した水無脳症の子どもにも、同じことが起こっていたように思われます。赤ちゃんである弟を膝の上に乗せると、その少女は主観的な喜びを示しましたが、皮質によるイメージがまったくないために、自分の感じの客観的な原因を知ることはおそらくできなかったのでしょう。

そのため、これらの例で、私が説明してきた患者や被験者たちが自分の行動の原因について「無意識」だと私が言ったのは、厳密さに欠けていました。この人たちは、特定の知覚や記憶に、つまり、表象に無意識ではありましたが、自分の感じは持続しています。自分であると「感じられるようなもの」'something it is like' to be them が依然としてあり、それが価値判断をしているのです。この人たちは自分の感じを意識していました。無意識だったのは、その感じがどこから来たのかについてだけでした。

このことは、感じることのできること（センティエンス）が根本的に何から成り立っているのかという点について、大きなヒントを与えてくれます。精神的機能の中で、感じだけは必ず意識されます。主観的な質を持たない感じというものを聞いたことがあるでしょうか？　もし感じを感じないというのであれば、感じに何の意味があるのでしょうか？　フロイトでさえ、感じは意識的でなければならないと認めていました。

> 情動の本質は、それに気づいているはずだということ、つまり、意識に知られるようになるはずだということである。したがって、無意識という属性の可能性は、情動、感じ、感情に関する限り、完全に排除されることになる。(15)

私は、（精神分析家も含めて）一部の人たちがこの声明に同意していないこと、無意識的情動は存在すると主張していることを承知しています。この問題についてはすぐ後で戻ることにします。今のところ、私が「感じ」という用語で何を意味しているのかを、きっぱりと明確にしておきましょう。「感じ（フィーリング）」とは、情動（エモーション）（またはあらゆる感情（アフェクト））の中で、あなたが感じている側面を意味しています。感じることそのものを意味しています。感じるものが何もなければ、それは感じではありません。

数段落前に私は、クラパレードの患者は「おそらく」嫌なものを感じた、スペリーの患者は恥ずかしさを感じているに「違いない」、単語点滅テストの参加者は「たぶん」好みを感じた、と述べました。私がそのように書いたのは、普通は神経科学者は主観的な経験について尋ねないからです。それが、これらの被験者が何を感じたのかがわからない唯一の理由です。対照的に、私は（フロイトやサックスのように）、患者の内省的な報告を非常に重要視しています。そうすることで、夢を見ることとレム睡眠を混同するような誤りを避けたいと思っているのです。

手をつねって一〇〇人中一〇〇人が痛みの感じを報告していれば、人の手をつねると痛みが生じると結論づけることは不合理ではありません。たとえその都度、内省的な報告に頼らなければならないとしてもです。このことは、自分の症例で、問題となっている現象に直接アクセスできる、再現可能な観察結果であれば、なおさら真実といえます。自分の手をつねって自分が痛みを感じるのであれば、他の人が「痛い」と言ったときに意味していることを、自分で体験していることになります。

感じは本来、主観的なものであるために調査が難しいのですが、だからといって、（行動主義者には失礼ながら）それを無視してよいというわけではありません。脳についての説明から感じを除外すれば、脳がどのように機能するのかを理解することはまったくできなくなります。S氏の作話で感じが果たした役割は、この点をとてもよく表しています。

私たち自身の意識の中に現れてくるものを見ると、その内容にはいくつかの一般的なカテゴリーがあることに気づきます。もちろん、外の世界の「表象」、つまり外の世界の知覚や記憶、それについての思考があります。哲学者はこれらの表象に大いに注目してきましたし、経験主義的な精神（マインド）のモデルはこれらを説明するために作られました。しかし、私たちが意識の中に見出せるものは、それだけではありません。

感じもまたそこにはあります。世界で起こっていることについての感じ、その世界に関する考えについての感じ、（とりわけ）自分自身についての感じなどがあり、自分の身体の状態についての報告のように思われる感じというものも含まれます。そのうえ漠然とした感じというものがあり、さらに、私たちが世界を経験する上で重要な役割を果たしていて、その世界の中で私たちの行動を形作る情動や気分(モード)もあります。それらは身体的な感覚として記録されることもありますが、多くの気分は、私たちの身体の状態にも、外の世界で私たちが指で触れることのできるものにも、帰することができないようです。意識はこのような感じというもので満ちているのではないでしょうか？　にもかかわらず、驚くべきことに、意識の説明を探究している神経科学者たちは、それらを無視してきたのです[16]。

経験主義の哲学者、そしてその科学的後継者である行動主義者と認知科学者が、感じをどれほど無視したかには驚かされます[17]。行動主義者たちは、すべての学習が「報酬」と「罰」に支配されていると主張しましたが、それらのものが何であるかは教えてくれませんでした。行動主義者は厳密な実験を行い、「効果の法則」を生み出しました。この法則は、ある行動に一貫して報酬が続く場合はその行動は増加し、一貫して罰が続く場合は減少するというものです。経験から学ぶこのプロセスは「条件付け」と呼ばれました。

効果の法則の提唱者であるエドワード・ソーンダイクは、動物は考えることで学ぶのではなく、試行錯誤して学ぶ、ということを証明したいと考えていました。しかし、ソーンダイクの法則は、実際には、感情の法則と等しいものです[18]。というのも、この法則は、人間（や他の動物）に良いと感じさせる行動は繰り返す行動であり、悪いと感じさせる行動は避ける行動である、ということを意味しているからです。そのため、効果の法則は、その本質においては、フロイトの「快原則」に他なりません。しかし、行動主義者は、感じというような主観的なものの存在を受け入れることができませんでした。例えばB・F・スキナーは、悪名が知れわたるほどに、こう宣言しました。「いわゆる情動は、一般には行動の原因とみなされているが、実際には架空の原因であるということの最たる例である」[19]。

ソーンダイクの法則の元々の言葉遣いが、その嘘を明らかにします。元々は、「ある特定の状況で満足な効果をもたらす反応は、その状況で再び生じる可能性が高くなり、不愉快な効果をもたらす反応は、その状況で再び生じる可能性が低くなる」と書かれていました[20]。「満足な」「不愉快な」という言葉は、その後、編集され、「強化する」「罰する」に置き換えられました。理由はこうです。

「強化」「処罰」という新しい心理学用語は、口語的に使われるものとは異なる。ある行動を強化するもの(サムシング)とは、その行動が再び起こる可能性を高くし、ある行動を罰するものとは、その行動が再び起こる可能性を低くする[21]。

肝心な単語が「もの(サムシング)」になっているため、この用語の定義は完全に空虚なものにならざるを得ません。同じことが行動主義者の「正」の強化と「負」の強化という用語にも当てはまります。強化を正にしたり負にしたりするのが、感じでなければ何だというのでしょうか?

「報酬」と「罰」に込められた意味は、価値が刺激の中に内在するということのようです。価値が刺激の受け手に宿るという意味ではありません。馬が私に近づいてきたときに砂糖の塊を与えると、その馬は（効果の法則によって）その後私にも近づいてくる可能性が高まりますが、逆にレモンを顔に吹きかけると、再び近づいてくる可能性は低くなります。ソーンダイクによると、砂糖の塊やレモンそれ自体が馬の行動の報酬や罰となり、砂糖の塊やレモンが引き起こす感じは、もしそのようなものが存在するとしても、考慮する必要はないということになります。これはもちろん、因果関係の力を見誤った、間違った推論であり、サックスが訴えていた、作用主（エイジェンシー）を剥ぎ取られた心という問題を引き起こします。方法論的な理由から脳をブラックボックスとして扱うことは、一つの立場でしょう。だからといって、実際に持っていない原因となる力をボックスの外のものに与えて、ボックスの中では何も起こっていないと結論づけることはできません。まったく別のことだからです。

感じが「架空」であるという考えは、科学に多くの悪影響を与えてきました。例えば、エネルギーバランスについての基本的な生理学的メカニズムが研究された二〇世紀のほとんどの期間で、行動学者は「空腹」や「満腹」という言葉を使うことを禁じていましたが、それは、そのようなものを見たり触れたりできないからです。行動科学者は、摂食行動に関連する「誘因」と「報酬」だけを語ったものでした。これは単なる言葉の意味上の問題ではありません。もし「空腹」のような言葉が使えないのであれば、食べることを調節する上で空腹が果たす役割を、どのように理解すればよいのでしょうか？　ひいては、空腹感を軽減するような肥満の治療法の開発を遅らせることにならないでしょうか？　実際、摂食行動は、エネルギー貯蔵量を調節する「ホメオスタシス」システムと、食欲を仲介する「ヘドニック〔／快楽〕hedonic」システムという、二つの相互作用する脳内メカニズムによって制御されています。[22]さらに、空腹のような身体的感情と同様に、「悲しみ」や「恐怖」などの情動的な言葉を禁止すると、抗うつ剤や抗不安剤による治療法の開発を遅らせることにならないでしょうか[23]？　感じが本当に存在するのであれば、生理的な相関物があるはずですが、考慮に入れられなければ見過ごされてしまうでしょう。

これから私は、行動主義者とは異なる方法で進めていくつもりです。人間でも他の動物でも、そのエネルギーバランスの調節を説明するために「空腹」という言葉を使うという大胆さを持った最初の神経科学者であるパンクセップに倣って、私は感じが本当に存在することを受け入れます[24]。私は、あなたが喉の渇きや悲しみ、眠気、面白さ、自信、不安を感じることがどのように感じられるのか what it is like to feel を知っているとの前提で進めます。この前提は、自然界の事物に関する他の科学的推論に劣らず正当なものです。そして、通常の方法で、反証可能な予測によって、検証することができます。

感じはリアルなものです。そして、私たちがそれについて知っているのは、それが私たちの意識に浸透しているからです。感じというものは、これから説明する理由から、実際に、感じることのできる（センティエント）存在の水源であり、私はほとんど比喩とは言えないような意味でそうだと思っています。脳の最古層に由来する感じは、無意識の表象の枯れた土壌を灌漑（かんがい）し、精神的な生命をもたらすものなのです。

兄のリーは、脳の損傷から順調に回復し、見事に適応していき、医師も私たちも皆喜びました。兄は自分を利用しようとする人たちに簡単に騙されてしまうこともありましたが、体が大きくて逞しいことをうまく活用して、以前と同じようにはいきませんでしたが、生活を続けていました。

一方、私は〔新しい生活に〕適応できませんでした。

私が五歳のとき、父は腕時計を買い、リーに時間が分かるようになったらあげる、と約束しました。その後、時計について簡単なレッスンが行われました。リーは、短針が9で長針が11はどういうことかという質問と格闘していました。それを横で見ていた私は、思わず答えを口にしてしまいました。父は私に、黙っていなさい、と言いました。その晩、リーはまだ時計を使いこなせていなかったのに、父はリーにその時計を与えました。「僕の時計はどこにあるの？」と私は思いました。

大人になるにつれ、そんな子どもじみた気持ち（フィーリング）は罪悪感に変わりました。私は学校でうまくやっていましたし、リーは幸運にも卒業できました。兄よりも私の方が、物事が簡単に運べるように思えてきました。私は、家族でこの問題を話し合いたい、兄を苦しめないようにする方法を見つけたいと思っていました。しかし、母は事故の話をすることに耐えられず、父はどんなことであれ本心から話ができるような人ではなく、ましてこれからの家族のあり方などについては話せませんでした。

今にして思えば明らかなことですが、私が神経心理学を学ぶ決意をしたときは、それがリーの事故と関係しているとは思いもしませんでした。子どもの頃、人生で行うに値する唯一のことは、「存在」とは何かを見つけ出すことだ、と考えていたことは今もよく覚えています。それでも、点と点がつながったのは、すでに神経心理学者として働いて数年が経ち、精神分析のトレーニングを受けている時のことでした。明らかに、私の職業選択は、一方では野心、他方では罪悪感の妥協の産物でした。神経心理学者になれば、学問的に成功できると同時に、困難な状況にある人たちを助けることもできる。そう考えれば、純粋に学術的な神経心理学に強い欲求不満を感じた理由も、臨床家になろうと決心した理由も、さらには、非常勤の神経リハビリテーションの治療者という、神経科学者からは見下されがちな専門職にさえなろうと決めた理由も、説明がつきます。

思い出話はこれくらいにしておきましょう。皆さんは、これが私の決断のもっともらしい説明だと思われるでしょうか？　ひっかけ問題ではありません。私は、これらの経験の底に沈んだ記憶が自分の職業選択の理由を説明していると思っています。しかし一般的には、このように、自分の気づかないところで、感じが自分を動かしていることは多いのではないでしょうか？　これは心理学の説明の決まり文句です。これはフロイト的な考え方の一例で、一般常識にすっかり溶け込んでもいるため、反対しようと思う人はほとんどいないでしょう。それなのに、感じは定義上、意識的なものである、感じはある意味で意識の本質である、と断言するのは何とも奇妙なことです。こんなことは、ありうるのでしょうか。

一九八五年のある日、学部を卒業した私は、神経心理学者としてインターン初日を迎えるために、バラグワナス病院に向かいました。私の心身面の背景として、担当教授であるマイケル・サリングがオーストラリアでの研究休暇（サバティカル）に出発したため、通常の指導が受けられなくなっていたことが心配でした。病院に向かう途中、ソウェトという、私のような白人男子にとって非常に危険な非白人居住地域で道に迷ってしまったことも、私のストレスに拍車をかけました。

無事に病院にたどり着いてほっとした私は、急いで第七病棟（脳神経外科）に行き、連絡を取るよう指示されていた脳神経外科専門医のパーシー・ミラー先生を呼んでもらいました。師長に案内されて病棟に入ります。体液と防腐剤、そしてキャベツのようなものが混ざった強烈な臭いがしました。

ミラーは鳥のように素早い人でした。患者のそばに立って下を向き、頭の開口部から脳脊髄液を取り出しながら、私に熱心に話しかけます。「君がマーク・ソームズですか？　会えてよかったよ。マイク〔サリング教授〕が、君が代役だと言っていたけど。来てくれてよかった。ちょっと待ってて。これが終わったら、病棟の回診に連れていくから」。

私は冷静な専門家に見えるように努めました。教授の代役？　その神経外科医は手を洗い、最初のベッドサイドに私を連れて行きます。何が起こっているのかをまだ理解していないのに、彼は患者の病歴を早口で話し始めました。「この男性は誰それで、四三歳。左側頭部の星細胞腫、グレード3。手術予定は水曜日です。言語機能の基準点を教えてください。記憶力も。私より君の方が詳しいでしょう」。

グレード3の星細胞腫とは何なのか、聞いてみようかと思いました。

隣のベッドに移ります。「こちらの男性は誰それで、五八歳。下垂体の巨大腺腫です。手術は明日だから、まず彼を評価しておいて。経蝶形骨洞アプローチをするから。マイクは、認知機能は思ったよりもいいと言っていたけど、それも納得だね」。

こうして、ベッドからベッドへと移動していきました。五人目、六人目となると、話の内容をほとんど理解していないと告白するには手遅れでした。最初の二、三人については、重要な点を思い出すことができませんでした。ほとんど何も覚えていなかったのです。後でカルテを見に戻ろうと自分に言い聞かせました。

私たちは、スイング式ドアを通って女性病棟に入りました。外科医は話し続けます。「この女性は誰それで、三六歳、嚢虫症です」。その病気が何かも、私は知りません。次の患者は真っ裸でした。男性の中にも裸の人はいましたが、それとは違いました。これを見てはいけない、と思いました。患者たちは私が医者ではないことを知っているのだろうか？　診察が進むにつれ、患者の表情が気になってきました。悲しげにしている人もいれば、呆然としている人、不安げにしている人もいましたが、多くの人は表情がまったくありませんでした。

完全にお手上げでした。この人たちは、私が専門家として仕事ができるという前提で私を見ていました。その前提に私も従っていたので、いずれ、誰かの死の責任を負うことになることは明白でした。

小児科病棟はさらにひどい状態でした。一人目の子どもは重度の水頭症で、映画のＥＴのように、頭が通常の二倍の大きさになっていました。私は気分が悪くなり、体が熱くなり、大量の汗をかきました。次の子は、首の後ろから柔らかい肉の風船がはみ出していました。彼女は壁を見つめていました。パーシー・ミラーは「脊髄髄膜瘤」について何か言いました。彼の声が遠のいていき、代わりに自分の心臓のゆっくりとした鼓動が聞こえてきました。視界は狭くなり、彼の話している口が見えなくなったとき、最後に一つ考えが浮んできました。このまま床に頭をぶつけて、自分の頭蓋骨をかち割って、このベッドの中に入ってしまおう。妙に安心した感じがして、私は気を失いました。

この私の出勤初日の例は、「感情」の本質的な特徴の多くを示しています。なぜ感じるのかを常にわかっているわけではないけれど、何を感じているのかは確実にわかっているという事実もそうです。この例では、差し迫った破滅を私は感じました。それは、知的には自分の職業上の無能さと結びついていて、その背後には、兄を助けなければならないという気持ち(フィーリングズ)や、兄との深い同一化を含めて、兄に対するあらゆる種類の複雑な感じがありました。しかし、私の失神の直接の原因は、私の情動が直接引き金を引いた原始的な身体的反射でした。

血管迷走神経性失神は、何か危険なもの、通常は血を見たり、身体的損傷の危険を感じたりするものに、脳が反応して失神するものです。この（扁桃体によって登録された）引き金は、脳幹の孤束核を活性化させ、心拍数と血圧の急激な低下をもたらします。その結果、脳の血流が減少して意識を失うのです。

なぜ私たちにはこのような反射が生まれつき備わっているのでしょうか？　答えは、怪我を想定して、血流を減らし、出血を食い止めるためです[1]。この反射が失神を引き起こすのは、人間だけです。というのも、直立した姿勢と大きな脳のために、より多くの心臓の働きを必要とするからです。（したがって、失神は「死んだふり」の一種であるという説は疑わしいです）。全体としてみると、血管迷走神経反射は、身体的損傷から生き延びる可能性を減少らすのではなく、むしろ高めます。いずれにしても、脳血流は地面に倒れるとすぐに回復します。

別の例を見てみましょう[2]。呼吸の制御は通常、自動的に行われています。血液中の酸素と二酸化炭素の濃度が生存可能な範囲内にある限り、呼吸をするのに呼吸を意識する〔／に気づく〕必要はありません。しかし、血中ガス濃度が正常の上限を超えると、「酸欠」と呼ばれる鋭い感じの形で、呼吸の制御が意識に介入してきます。予期せぬ血液ガスの値は、行動が必要であるというしるしです。気道閉塞を解除したり、二酸化炭素が充満した部屋から脱出したりすることが、すぐにでも必要です。この時点で、呼吸の制御が、アラームとして経験される内なる警告システムを介して、この場合は特に、窒息アラームとして、意識に入ってきます。

最も単純な形の感じ、つまり、空腹、喉の渇き、眠気、筋肉疲労、吐き気、寒気、尿意、排便の欲求などは、感情のようなものとは思えないかもしれませんが、これこそが感情なのです。感情状態を他の精神状態と区別するのは、感情が快楽として価値が与えられているということです。つまり、それらの感情は「良い」もしくは「悪い」と感じられるものです。これが、空腹や渇きといった感情的な感覚が、視覚や聴覚のような感覚と異なる点です。視野と音には、内来的な価値が備わっていませんが、感情には備わっています[3]。

感じの良し悪しは、その背後にある生物学的に必要な状態に関して、何かしらのことを伝えてくれます。だから、喉の渇きは悪いと感じられ、渇きを癒すことは良いと感じられます。というのも、生存に必要な範囲内で水分を補給することが必要だからです。また、空腹の不快な感じと、食べることで得られる快の安堵感との関係も同様です。つまり、快と不快は、あなたの生物学的欲求に対して自分がどのような状態にあるのかをあなたに教えてくれます。価値 valence とは、生存し生殖することが「良いこと」であり、そうしないことが「悪いこと」であるという、すべての生物学的生命を支える価値体系を反映するものです。

もちろん、一人ひとりを直接動かしているのは、こうした生物学的な価値ではなく、それがもたらす主観的な感じです。たとえ、底に潜んでいる生物学的な価値が何であるかを知らなくても、それらを知的に認めていなくても、そうなのです。例えば、私たちが甘いものを食べるのは良い味がする（／美味しい）taste good からであって、甘いものの方がエネルギー含有量が高い傾向にあるという、良い味がすることの生物学的な理由からではありません。感情には、私たちがまったく気づいていない長い進化の物語があります。血管迷走神経反射の場合のように、私たちは感じだけを意識するのです。

「痛み（ペイン）」ではなく「不快」という言葉を使うのは、脳には実にさまざまな種類の快と不快があるからです。空腹は嫌な感じがします feels bad が、食べてそれを解消すると気持ちがいい feels good。お腹が張ると嫌な感じがします feels bad が、排便してそれを解消すると気持ちがいい feels good ですし、痛みは嫌な感じがします feels bad が、その原因が除かれるといい感じがする feels good。これらは身体的感情ですが、情動的感情にも同じことが言えます。〔愛着のある対象からの〕分離の苦痛は悪いと感じ feels bad、私たちは再度繋がりを求めることでそれに反応します。恐怖は嫌な感じがして feels bad、危険から逃げることで（時には失神することで）それから逃れます。窒息アラームも空腹も眠気も恐怖もすべて、嫌な感じがします feels bad が、それぞれ異なる仕方で嫌だと感じられます。対照的に、それらを取り除くことは、これまたさまざまな方法で、気持ちよく感じられます feels good。

感じの違いは、生物学的に重要な異なる状況の信号を伝え、それぞれが異なる行動をするように仕向けています。排尿しても空腹は満たせず、食事をしても満杯の膀胱を解消することはできません。ダマシオが患者B〔第3章〕について言ったことを思い出してください。「彼は空腹、渇き、排泄の欲求といった感じも報告しており、それに応じた行動をとった」。そうしなければ、命に関わったことでしょう。

感じは、私たちのような生き物に必要なことをさせます。その意味では、仕事の要求の尺度でもあります。酸欠であれば、必要な仕事は血液ガスのバランスを元に戻すことでなければなりません。低体温症なら、仕事は生存可能な体温範囲に戻すことでなければなりません。分離の苦痛の場合は、養育者と再会することでなければなりません。以下同様です。制御理論の専門用語で言えば、血液ガスの不均衡、体温の低下、養育者の不在、天敵の接近は「誤差信号（エラー・シグナル）」であり、それらが生み出す行動はその誤差を正すことを意図しています。満足などによって感情が解消されることは、誤差がうまく正されたことを意味し、その後は感情は意識のレーダーから消えていくことになります。

私たちは再び、精神分析家には妙に馴染みのある領域へと足を踏み入れています。フロイトが「欲動」を「身体とのつながりの結果として精神（マインド）に求められる仕事の尺度」と定義したことを覚えているでしょうか。今や、感情がいかに欲動と密接に結びついているかがお分かりでしょう。感情とは欲動の主観的な現れなのです。感情は、私たちが自分の欲動に気づく方法であり、自分が測定した特定の欲求に関連して、物事がどれだけうまくいっているか、あるいはうまくいっていないかを教えてくれます。

これが感情の目的です。生物学的なものが私たちにとってどれほどうまくいっているのか、あるいはうまくいっていないのかを伝えること、それに対して何かをしようと駆り立てることがその目的です。この点で、感情的な感覚は知覚的な感覚とは異なります。哲学者は「逆転クオリア」と呼ばれる可能性によく悩まされます。私が見ている赤とあなたが見ている赤が同じであることを、どうやって知るのでしょうか？　私の赤があなたには青く見えることはないのでしょうか？　他者の心という問題は、それを知ることはできないと示唆します。というのも、私もあなたも世界の同じ物体を指して「赤」と呼んでいるからです。しかし、視覚的な知覚で正しいことが、感情的な経験で正しいとは限りません。赤さは青さとは別の何かを引き起こすわけではありませんから、物理的な影響を与えずに任意に入れ替えることが可能です。

尿意と空腹の関係、あるいは分離の苦痛と恐怖の関係では、同じようにはいきません。一方の感じ（恐怖）は何かから逃げようとさせますし、もう一方の感じ（分離の苦痛）は誰かを探そうとさせます。感じは、それを乗せる身体的状態と切り離すことができません。[4] もしこの二つを入れ替えたら、いなくなった養育者から無性に逃げ出したく感じたり、忍び寄る天敵を泣きながら探したりすることになるでしょう。主観的な赤さと青さを入れ替えても何の影響もありませんが、恐怖の感じを分離の苦痛の感じと（あるいは空腹感を尿意切迫感と）入れ替えれば、それだけで死んでしまいます。[5]

感じについての二つ目の注目点は、感じが常に意識されているということです。あなたが意識していない感じは、感じではありません。これは、先に述べたように、定義上そうなのですが、脳の生理学の特定の特徴によってもそうなります。なぜそうなるのかは、次章で「覚醒」の脳内メカニズムを説明するときにわかります。今のところは、感じは例外なく常に意識されているということを納得していただければと思います。脳内の欲求調整メカニズムのすべてが意識的である、と言っているわけではありません。私が言いたいのは、ある欲求が感じられるか否かが重要だ、ということです。体内の水分と塩分の比率は常に見えないところで変動しているかもしれませんが、それを感じれば、飲みたくなります。また、客観的に見て危険な状態にあっても、それに気づかずにいるということは起こり得ますが、それを感じると逃げ道を探すことになります。

異なるものには異なる名前が必要であり、感じる欲求と感じない欲求の違いから、用語の区別を導入する必要があります。「欲求（ニーズ）」は「感情（アフェクト）」とは異なります。身体的欲求は、循環器系や呼吸器系の制御、体温調節、糖代謝といった例のように、自律的に登録され、調節されます。これらは「植物的」機能と呼ばれていますが、それには正当な理由があります。それらには意識的なものは何もないからです。そのため、自律神経「反射」という言葉が使われるのです。意識が反射経路に入るのは、欲求が感じられるときだけです。感じられるのは、欲求があなたに仕事を要求するときなのです。（注意：欲動は、精神に求められる仕事の尺度です。欲求の中には、随意的な行動を決して起こさず、そのためにまったく意識されないものもあります。血圧は臨床的に有名な例です。血圧が度を越して高くなったり低くなったりしていることとは、手遅れになるまでわかりません）。

情動的欲求も、「本能」（フロイトが無意識的な心という概念の中心に据えた、生まれつき持っている生存と生殖の戦略）のようなステレオタイプな行動という意味で、自動的に管理することができます。しかし、情動的欲求は、理由は本章の後半で説明しますが、身体的欲求よりも満たすのが難しいのが普通です。このため、情動的欲求が呼び起こす感じは、たいていは身体的欲求による感じよりも長く残ります。感じは、それが知らせる欲求が満たされてくると、意識から消えるからです。

感じについての三つ目の注目点は、感じられている欲求は感じられていない欲求よりも優先されているということです。私たちは絶えず複数の欲求に悩まされています。エネルギーバランス、呼吸の制御、消化、体温調節などのような植物的機能は絶えず行われていますし、さまざまな種類のステレオタイプな行動もそうです。これらすべてのものを同時に感じることはたぶんできません。もっぱら、一度に実行できることは一つ（またはごくわずか）だけだからです。選択をしなければなりません。これは文脈に基づいて行われます。優先順位は、あなたの欲求の相対的な強さ（誤差信号の大きさ）と、あなたの現在の状況によって与えられる機会の範囲との関係によって、決定されます。簡単な例を挙げてみましょう。講演の最中に私の膀胱がだんだん膨張しても、講演が終わるまで、その圧力が増していることを感じません。講演が終わると、急に尿意をもよおします。文脈が変化したので、誤差信号に気づくようになるのです。そのとき、機会を感知して、体の欲求が感じとして意識されます[6]。

このように、欲求に優先順位をつけることは大きな結果をもたらします。最も重要なのは、欲求に気づいたとき、それが感じられたときに、その欲求があなたの随意的な行動を支配する、という点です。「随意的」とはどういう意味でしょうか？　それは「自動的」の反対を意味します。つまり、今ここでの選択に従うということです。選択は、「良いこと」と「悪いこと」を決定する価値の体系に基づかなければできません。さもなければ、見慣れない出来事に対するあなたの反応は、行き当たりばったりになってしまいます。こうして一回りして、感情の最も基本的な特徴である「価値」に戻ることになります。あなたは、自分の行動に感じられる結果に基づいて何をすべきか、何をすべきでないかを決定します。これが感情の法則です。感情に導かれた随意的な行動は、不随意な行動よりも、非常に大きな適応上の優位性を与えます。つまり、自動的な行動の束縛から解放され、予測してない状況でも生き残ることを可能にするのです。

随意的な行動が意識的でなければならないという事実は、感じの最も深い生物学的機能を明らかにします。不確実な状況で私たちの行動を導くことです。ある行動の行く末が他の行動と比べて良いか悪いかを、その場で判断することを可能にします。酸欠の例では、生理的に生存可能な範囲内に維持するためのでき合いの解決策をもたないときに、血液ガスの調節が意識されます。例えば、二酸化炭素が充満した部屋から急いで脱出しようとしたとき、どこに向かえばよいのかをどうやって判断するのでしょうか？　今まで一度も経験したことのない状況（燃えている建物の中、ましてこの特定の建物の中）では、何をしたらいいか、とても予測できるものではありません。すぐに、こっちに行くかあっちに行くか、上に行くか下に行くか、などの判断をしなければなりません。このような判断は、その問題を進んでいくやり方を感じることでなされます。つまり、息苦しさの感じは、正しい方向に進んでいるかどうか、酸素の供給量が増えているか減っているかに応じて、増したり減ったりするのです。

窒息アラームの意識的な感じは、無意識に呼吸制御を司る神経構造や化学物質とは異なるものであり、空腹の感じは、エネルギーバランスの自律的な調節を司る脳システムとは異なるシステムを動員します。もし科学が感じを無視し続けていたら、これらのことは決して発見できなかったでしょう。

感じについては、感じがいかに（感情の法則を通して）経験から学習することを可能にするのか、感じは思考とどのように関連しているのかなど、まだ言うべきことがたくさんありますが、今述べたことの要点は、一言で言えば、なぜ人は感情を持つのかということを説明しています。生き物が生き延び、繁殖するためのメカニズムのレパートリーに、感じが何を加えるのかを説明しました。これは、心理学が生物学に貢献する点でもあります。自然淘汰がこれらの生存メカニズムを決定したのですが、ひとたび感じが進化すると、つまり、複雑な生物である私たちが自分の状態を登録するという独自の能力を持つようになると、まったく新しいものが宇宙に出現しました。それが主観的な存在です。

どうしたら痛みを感じずに体が痛みの状態にあることが可能になるか、想像ができません。痛みの状態にあるということは、まさに痛みを感じているということだからです。しかし、情動とか気分と呼ばれる微妙な感情状態についてはどうでしょうか。幸せであるためには幸せであることを感じる必要があるでしょうか？　自分が不機嫌にとり付かれていると後で気づき、自分が落ち込んでいるに違いないという結論に達することなどは、よくあることではないでしょうか。

感情をその身体的な形から探るところから出発してきました。それが最も単純な例を提供してくれるからであり、間違いなくこれが進化の中で最初に現れたものでもあるからです。私は、「意識の夜明け」には、価値づけられた身体的な感覚以上に精巧なものは含まれていなかったと考えています。ここで示したいのは、人間の情動はこれと同型のものが複雑になったものであるということです。人間の情動も結局のところ「誤差」信号であり、生物学的に好ましい状態からの逸脱を登録するもので、講じている措置が自分を良くするのか悪くするのかを教えてくれます。

残念ながら現在の神経心理学には、一般に合意された感情の分類はありません。私は、身体的感情と情動的感情を区別していますが、自然界にはそのような明確な区分は存在しません。私のこの線引きは、ヤーク・パンクセップの分類法に従ったものです。彼の分類は広く受け入れられていますが、普遍的にというわけではありません。パンクセップはさらに、多種多様な身体的感情を、内受容的(インテロセプティヴ)（「ホメオスタシス的」）と外受容的(エクストロセプティヴ)（「感覚的」）というサブタイプに分けました。例えば、空腹や喉の渇きはホメオスタシス的感情であり、痛みや驚きや嫌悪感は感覚的感情です(*)。そのためパンクセップによれば、感情には三種類あることが明らかになります。ホメオスタシス的感情、感覚的感情（この二つはともに身体的感情）、そして情動的感情（身体も関わりますが、単純な意味で「身体的」とは言えないもの）の三種類です。例えば、兄がいなくて寂しいと思うのは情動的な状態であり、空腹や痛みと同じような形の身体的感情ではありません。

パンクセップの分類法は、彼と彼の学生が、そして先達たちが何千もの動物に対して行った脳深部刺激の研究に基づいています。私は彼の研究室を何度も訪れましたが、そこはまさに動物園で、ハト、ニワトリ、ビーグル、モルモット、ネズミ、プレーリーハタネズミなどがいました（パンクセップを死に至らしめた病気は、これらの動物たち、特に鳥に過度に曝されたことによるものだったのかもしれません）。ヤーク〔・パンクセップ〕が動物たちに同情し、愛情さえ感じていたことは間違いありません。しかし、そうした動物たちは、多くが、自分の運命を選ぶことなく、科学の犠牲にされたことも認めなければなりません。悲しい皮肉ですが、パンクセップの研究のおかげで、先に挙げた動物たちが感じる(センティエント)ことのできる生き物であること、本質的にはあなたや私が感じているのと変わらない激しい情動を持っていることが、ほぼ確実になったのです。これらの発見と、そこから派生する倫理的問題への関心の高まりから、パンクセップは亡くなるまでの数十年を、ポジティヴな情動に限定した研究に費やしました。

この後で、私が動物についての観察から人間についての観察に切り替えるのは、敢えてそうしています。パンクセップは、同僚から動物に対する擬人化（アンソロポモーフィズム）を非難されたときに、むしろ人間に対する擬動物化（ズーモーフィズム）への罪悪感の方を弁解したい、と言ったそうです。彼の実験の目的は、どのような脳の構造や回路が、個体だけでなく種も超えて、同じ感情反応を確実に呼び起こすかを明らかにすることでした。情動的感情に関しては、七つの情動的感情がすべての霊長類だけでなく、すべての哺乳類において、まったく同じ脳構造と化学物質を刺激することで、確実に再現できることが判明しました。（これらの情動的感情の多くは、鳥類でも呼び起こすことができますし、中にはすべての脊椎動物で呼び起こすことができる情動的感情もあります）。哺乳類が鳥類から分離したのが約二億年前ですから、〔哺乳類と鳥類とで共通の情動的感情は〕それだけ古い情動ということになります。それでも、人間は哺乳類ですから、ここでは、この七種類に絞って説明します。私たちが知る限り、この七つが人間の情動のレパートリー全体の基本的な構成要素です。私たちの無数の喜びや悲しみは全部、この七つのシステムがお互いに混ぜ合わされたり、高次の認知プロセスと融合したりして、出力されたもののように見えます。

おそらく、〔パンクセップの〕「基本情動」（と呼ばれるもの）に代わる分類法として最もよく知られているのは、ポール・エクマンの分類法でしょう。(7) 両分類法の間の不一致は主に、エクマンがパンク

＊ Panksepp（1998）。私はパンクセップの「ホメオスタシス」という用語を、身体的感情の内受容的なサブタイプに対しては使用しません。なぜなら、すぐわかるように、すべての感情がホメオスタシス的なものだからです。そのため、彼のように狭い範囲でこの用語を使うことは、混乱を招く可能性があります。

セップとは異なる方法を使ったという事実から、すなわち、顔の表情とそれに関連する行動を研究したという事実から生じるものです。昔、チャールズ・ダーウィンが『人間と動物における情動の表現』（一八七二年）で観察したように、顔の表情などは哺乳類の種を超えた顕著な共通性を示しています。しかしながら、パンクセップとエクマンは異なる仕方で感情を分類しているものの（例えば嫌悪感を、エクマンは「情動的」感情とみなし、パンクセップは「感覚的」感情と呼んでいます）、感情そのものについては幅広い合意があります。嫌悪感が存在することを本気で疑っている人はいないので、ある意味では、嫌悪感をどう分類するかはそれほど重要ではありません。

目立った反対意見には、リサ・フェルドマン・バレットのものがあります。ここでも意見の相違は、主に方法論の違いに起因しています。[8] 彼女は、人間の自己申告による感情に焦点を当て、驚くことではないのですが、さまざまな人たち（および文化）が感じをどのように特徴づけ説明するかには、非常に大きなばらつきがあることを発見しました。しかし、社会的に構築された表面の下に、自然な形の基本情動が潜んでいるという事実を反証するものではありません。このような多様性が生まれるメカニズムについてはこれから説明しますが、簡単に言うと次のようになります。私たちの反射や本能は、生存や生殖を成功させるための、間に合わせの道具ではありますが、それだけでは、私たちが置かれているさまざまな予測していない状況や環境に十分に対応することはできません。そこで、人間は経験から学ぶことで、生まれつきの反応を適応的に補う必要があります。それを人間は簡単に行っているという事実が、良くも悪くも、人間が今のように世界を支配するようになった大きな理由です。

人間の行動を支える本能的なプログラムは、通常、学習によって十分に条件付けられているので、もはや「本能的」とは認識できません。それでも、本能と反射は絶えず背後に存在しています。精神分析の理論全体は、この洞察に基づいています。それを見つけようとする労を厭わなければ、明示的な意図の背後に、暗黙の本能的傾向を常に見分けることができるのです。

ここでは、パンクセップの分類法における本能的な情動について簡単に紹介します。[9] 科学者によって感情の分類が異なるように、それぞれに対して使われる言葉も異なります。パンクセップは基本情動を表す用語を大文字にして、口語的な用法と区別しました。つまり、感じだけでなく脳の機能の全体について語ることを示すために大文字で表記しているのです。

（1）LUST（ラスト）。私たちはいつでも性的に興奮しているわけではありません。エロティックな感じが意識に入るのは、セックスが他の動機よりも優先されたときだけであり、それは欲求や機会が変動する文脈の中で起こります。性的欲望が喚起されると、あなたはそれを感じ、そしてエロティックな感じがあなたの行動を導きます。例えば、性的に興奮しているときは、恐怖を感じているときとは異なる細部に注意を払い、行動も異なります。このように、外受容的な意識や随意的な行動は、自分の内的な状態によって決定されます。自分が何を感じているかによって、世界を違った形で経験します。つまり、文字通り、異なった経験が頭にもたらされるのです。性的な魅力と恐怖による反発を同時に感じるのが難しいのも、そのためです。両方とも優先させることは無理です。安全への欲求が優先されると、性的な動機が頭から追い出されてしまいます。

LUSTを「身体的」感情と「情動的」感情のどちらに分類すべきかは不明です。性が欲求であることを疑う人さえいます。これは、（無意識的な）欲求と、それが生み出す（意識的な）感情の違いを示す良い例です。性行為をするとき、私たちは通常、生物学的な義務を果たそうとしているわけではありません。実際、生殖を望まない場合がとても多い。甘いものとエネルギー供給を比べたときと同じように、私たち主観的な存在を動かすのは、生殖の成功ではなく、エロティックな快楽の追求です。つまり、私たちは感じによって駆動されているのです。しかし、生物は少なくとも平均的には、生殖する必要があります。だからこそ、自然淘汰を通して、セックスがまず第一に、主観的に快楽をもたらすものとなったのです。

私が「平均的には」と言ったのは、すべての性行為が生殖に結びつくわけではなく、種の存続に必要なだけで十分だからです。このことは、もう一つの主要な原則を例示しています。つまり、人間の情動的欲求を満たすために生まれながらの行動を利用するには限界があるということです。セックスでの生まれつきの側面とは、性器の充血と潤滑、体位変換（背中を反らすことで膣に挿入しやすくする）、馬乗り、挿入、突き上げ、射精くらいしかありません。こうした反射とともに、クリトリスやペニス（これらは同等の器官です）を一定のリズムで撫でると快感が得られ、性的な緊張を解きほぐし、最終的にはオーガズムを経て満足感を得ることができます。しかし、このような不随意な仕組みでは、他人を、特に自分が惹かれている特定の人を説得して、セックスをしたいという欲望に応じてもらうという難しい課題には対応できません。「情動的」欲求が「身体的」欲求よりも満たすのが難しい主な理由は、情動的欲求は一般的に、感じる（センティエント）ことのできる他の行為者を伴うからで、この行為者もその人独自の欲求を持っていて、食べ物や水のような単なる物質ではないからです。したがって、性的欲求を満たすためには、生得的な知識に加えて、学習によって獲得した別のスキルを必要とします。この事実だけでも、私たちが、自然淘汰によって伝えられた「平均的」な形とは別に、多種多様な性行為を行うことが説明できます。

学習は反射や本能を消し去るものではないという点に注意してください。学習が精巧にし、補足し、覆してもなお、反射と本能は存在しています。街灯は夜の道を照らしますが、暗闇を完全に取り除くことはできません。長期記憶を更新するための通常のメカニズムである「再固定」（これについては第10章で説明します）は、反射や本能には適用されません。なぜなら、反射や本能は記憶ではなく、自然淘汰によってそれぞれの種に「固定配線された（ハード・ワイヤード）」基本的な性質だからです。

性行動の幅は、女性型LUSTと男性型LUSTの両方の脳回路がすべての哺乳類に存在するという事実によって、さらに広がっています。どちらの傾向が優勢になるかは、遺伝子や子宮内での出来事など、さまざまな要因によって決定されます。[10] ここでは、解剖学的・化学的な詳細については触れませんが、両方の回路が視床下部を起点として、中脳水道周囲灰白質（PAGと略す）で終わることだけは指摘しておきます（PAGの位置は図6に示してあります。これがなぜ重要なのかはすぐに分かるでしょう）。言い換えれば、両回路は完全に皮質下の構造なのです。[11]

（2）SEEKING（シーキング）。すべての身体的欲求（および性的欲求）は、主に内側視床下部にある「欲求検出器（ニード・デテクターズ）」によって登録されますが、この第二の情動的欲動〔であるSEEKINGシステム〕を活性化することは、第1章で紹介しました。これはフロイトの「リビドー」概念とほぼ同義ですが、LU

STはこのシステムを活性化するだけであることをフロイトは知りませんでした。LUSTとSEEKINGは同じものではありません。SEEKINGは、探索的な「漁り foraging」の行動を生み出しますし、期待、興味、好奇心、熱意、楽観などと特徴づけられる、意識的な感じの状態を伴うものです。広い野原にいる犬を思い浮かべてみてください。現在の身体的欲求が何であれ、漁る行動によって環境に積極的に関与するようになり、そこで欲求を満たすことができるようになります。私たち生き物が必要とするものは、ほぼすべて「外」にあります。私たちは漁りを通して、ほぼ偶然に、世界にあるものがそれぞれの欲求を満たすものであると学習します。このようにして、私たちはそれらの原因と結果の関係をコード化するのです。このことは、ステレオタイプ化された本能が個別の学習にどうつながっているかを説明してくれます。

SEEKINGは、基本情動の中では珍しく、不確実性に積極的に関与します。これが、新しさを求める行動、さらにはリスクを取る行動の起源です。漁ることで興味深いものを探索し、将来それらに遭遇したときに何を期待すべきかを知ることができるのです。例えば、犬が生け垣を探索して、そこにあるものに慣れてしまうと、次からは生け垣に興味を示さなくなります。このように、SEEKINGは私たちの「デフォルト」の情動です。他の（「課題と関連した」）感情に支配されていないとき、私たちの意識は世界に興味を持つという一般化した感覚に向かう傾向があるのです。

解剖学的には、SEEKING回路のニューロンは、脳幹の腹側被蓋野を起点として、そこから上方に向かい、外側視床下部を経て、側坐核、扁桃体、前頭葉皮質へと至るという経路をたどります（図2参照）。化学的な神経調節物質の司令塔は、ドーパミン、いわゆる「夢の素材」です（第1章参照）[12]。これは、SEEKINGに関して興味深い事実を明らかにします。つまり、睡眠中であっても、精神（マインド）に仕事を要求することでSEEKINGが喚起され、それが意識的な感じが導かねばならない問題解決活動につながることが起こりうるということです。だから私たちは夢を見るのです。

（3）RAGE（レイジ）。私たちはSEEKINGを通して世界と積極的に関わり、そこで自分の欲求が満たされるという楽観的な信念をもっていますが、物事がいつもうまくいくとは限りません。先史時代からの進化によって、身体的欲求を満たす方法を確実に予測する反射や本能が備わったのとまさに同じく、私たちはトラブルを回避する方法を予測する情動的な傾向を持って生まれてきます。普遍的な重要性のある困難な状況では、適切な感じが優先されて行動を支配します。その結果、祖先に生存と生殖を可能にした車輪を自分たちで再び発明しなければならないという、生物学的なコストを免（まぬが）れることができるのです。情動は貴重な遺産です。情動は、生まれながらの生存スキルを、つまり、暗黙的な無意識の知識を、感じという意識的な形で伝達し、自分の行動を明示的に導くことを可能にしています。

RAGEシステムの引き金が引かれるのは、自分と現在の欲求を満たすことができるものとの間に何かが立ちはだかったときで、その結果、私たちの意識は、苛立ちや欲求不満、そして盲目的な怒りといった幅広い感じに支配されます。そのときに発動される反射や本能には、毛が逆立つ、爪が出る、シューと声を立てる、うなる、歯をむき出すなどの行動があり、続いて「感情的攻撃」が行われます。つまり、怒りの標的に突進して、相手が諦めるまで、噛んだり蹴ったり殴ったりします。

そのような行動に伴う感情をなぜ感じるのでしょうか？　答えは先ほどと同じです。あなたが妨害物を取り除こうとするときに、同時に妨害物の方もしばしばあなたを取り除こうとするので、感じは、そうしながら、物事がうまくいっているのかいないのかを教えてくれます。そして、勝利の甘さや敗北の苦さを知覚します。これにより、次の行動が導かれます。痛み（感情的攻撃の間は抑制されていた感覚的感情）が優先され、それがＲＡＧＥと置き換わると、戦いに終止符が打たれ、ともすると、逃げることになるかもしれません。

　意識的な評価を継続的に行わずして、しかも自動的にこのようなことを行うことは、どうしたらできるというのでしょうか？（実際、このようなことを意識せずに自動的に行うことなどできません）。この問いは、思考における感情の役割にも当てはまります。今ならこのテーマは十分紹介できるでしょう。思考とは「仮想（ヴァーチャル）」の行動です。想像力を働かせて物事を試す能力であり、生物学的に明らかな理由から、命を救う能力でもあります。この能力は人間だけのものではありませんが、とりわけ人間で高度に発達しています。ですから、人間の話をしましょう。私自身の経験から話しますが、このような状況を思い描いてみてください。校長先生が校長室で私を叱っています。私はだんだん怒りを感じてきます。本能的な反応は感情的な攻撃です。この時点で起こりうる結果を考えます。そこで私は、校長に突進するよりも、本能的な行動傾向を抑制して、いろいろな代案を想像します。その中から自分の進む道を感じていき、最後に、納得のいく解決策を決めました。部屋を出てから、誰も見ていないところで校長の車のタイヤの空気を抜くのです。こうすることで、私は悲惨な結果を招くことなく、自分のＲＡＧＥを減らします。このように、繰り返しになりますが、生まれながらにして持っているステレオタイプな行動を、経験から学習することで補う必要があるのですが、ここで経験という場合、思考という想像上の経験も含まれます。現実の不満に直面すると、相反する欲求（この場合、ＲＡＧＥ対ＦＥＡＲ）にもしばしば直面することになり、本能的な解決策では足りません。しかし、繰り返しますが、学習によって本能的な反応を補うことはできても、本能的な反応を消し去ることはできない点に、注意してください。私は校長先生を攻撃しないことにしましたが、そうしたいという気持ちは残っていましたし、もう一度同じような状況になれば、その気持ちは生じるでしょう。（これは人間に限った話ではありません。犬はこのような解決策は思いつかなかったかもしれませんが、霊長類は巧妙なトリックをいろいろ使います[13]。）

ＲＡＧＥのような情動は、「単なる」感じではありません。情動は生存において基本的な役割を果たしています。もし、私たちが利用可能な資源を要求せず、他の人に自分の取り分を奪われるのを防ぎもしなければ、どんな結果になるか、想像してみてください。欲求不満になったり、イライラしたり、怒ったりすることができなければ、必要なもののために戦おうとはしないでしょう。その場合、遅かれ早かれ死んでしまうでしょう。私たちが生きている現在のような文明的な状況では、情動の生物学的機能は容易に見落とされてしまいます。しかし、私たちが（社会的行動を規制する人工的な法律がある定住地で）このような生活をするようになったのは、約一万二千年前からなのです。文明は哺乳類の存在の中ではごく最近の特徴であり、私たちの脳の設計にはまったく関係していません。

意識的な思考には大脳皮質が必要です。しかし、思考を導く感じには、大脳皮質は必要ありません。ＲＡＧＥを仲介する回路はほとんど皮質下にあり、他のすべての感情回路と同じように、その最終目的地は脳幹のＰＡＧです[14]。

（4）FEAR（フィア）。闘争か逃走かという二分法は、敵に対処するのに感情的な攻撃が必ずしも最善の方法ではないことを示しています。闘争と逃走を分ける文脈上の要因は、RAGEとFEARの両方を媒介する扁桃体にコード化されています[15]。

ほとんどの哺乳類は、いくつかのことが本来的に恐ろしいものであることを、生まれたその日から「知って」います。例えば、生まれたばかりのげっ歯類は、ネコに出会ったことがなく、ネコが自分たちに対してどんな行動を起こすかを知らなくても、ネコの毛一本にでも触れれば、凍りついてしまいます。理由は簡単で、もしそれぞれのネズミが経験から学ばなければならないとしたら、ネズミは絶滅してしまうでしょう。ここでも、情動の生物学的価値の大きさがわかります。

私たち人間は、高所や暗い場所、自分に向かってゾロゾロと這ってウジャウジャ動く生き物などのような危険を恐れ、他の哺乳類と同じ本能や反射である凍りつきや逃走行動によって危険を回避します。先に述べた血管迷走神経遮断反射とは異なり、これらの「逃避」行動は、速い呼吸、心拍数の増加、消化器から骨格筋への血液の再分配によって促進されます。（そのため、極度の恐怖を感じるとお腹の調子が悪くなるのです）。他の情動と同じように、恐怖という意識的な感じは、自分が安全に向かっているのか、それとも遠ざかっているのかを教えてくれます。

興味深い例として、患者SMがいます。症例が最初に発表されたとき、彼女は二〇代後半でした。彼女は両側の扁桃体が石灰化する珍しい遺伝性疾患であるウルバッハ・ビーテ病を患っていました。彼女は恐怖を感じませんでした。その結果、次のような状態となりました。

［彼女は］これまで数多くの犯罪行為の被害者となり、生きるか死ぬかのトラウマ的な経験をしてきた。刃物や銃を突きつけられたり、家庭内暴力で殺されそうになったり、露骨な殺害予告を何度も受けた。これらの状況の多くは生命を脅かすものであったにもかかわらず、SMは自暴自棄の兆候も、切迫さも、こうした事件で通常見られるような行動反応も示さなかった。SMの人生におけるトラウマ的な出来事の数の極端な多さは、周囲に迫る脅威を察知することと、潜在的に危険な状況から逃げることを学ぶ能力に、著しい障害［中略］があるためである。[16]

私は、このような患者を数多く研究してきました。というのも、南アフリカのナマクワランドという辺境の地では、ウルバッハ・ビーテ病の発生率が異常に高く、そこはたまたま私の生まれ故郷にも近かったからです。（遺伝子の欠陥が、ドイツ人入植者によって持ち込まれ、孤立したコミュニティに集中したのです）。この患者たちの夢は、実に興味深いものでした。短くて、単純で、明らかに希望に満ちていたからです。私が研究した一人は、夫が失業していましたが、「夫が仕事を見つけて、私はとても幸せだった」という夢を見ました。また、障害児の母親は「娘が歩けるようになって、私はとても幸せだった」という夢を、父を亡くした人は「父に再会した。すごく嬉しかった」という夢を見ました。これらの夢は典型的なウルバッハ・ビーテ病の患者の夢で、この患者たちの恐れしらずの想像力は、願望を実現するための危険をまったく予期していないのです。[17]

たいていの人は、FEARの特定の引き金を生まれながらにして持っているようです。崖から飛び降りたらどうなるか、毒蛇を捕まえたらどうなるかを、それぞれが経験から学ばなければならないとしたら、私たちがどうなるか想像できるでしょう。だからこそ、私たちは試すことに気が進まないと感じる祖先の子孫なのです。試した人は子孫を残さなかったので、私たちの祖先とはなりません。この遺産に感謝する理由が、私たちにはあるのです。

しかし、それから、恐れるべき他のものを学ばなければなりません。高所から落ちることや蛇に噛まれること以外にも、同じような被害をもたらすものがあることを、私たちは思考を含めた経験から学びます。例えば、電気コンセントとそれが生み出す電気ショックは、進化からは予測できませんでしたが、毒蛇と同じように危険なものです。また、怖くなったときには、本能的な反応を補うために、他に何をすべきかを学ばなければなりません。怖がらせるすべてのものの前で固まったり、逃げたりするのは適応的ではありませんし、欲求不満を与えるすべての人を攻撃するのも適応的ではありません。この学習プロセスにおいて、意識的な感じがどのような役割を果たすのかは、もう明らかでしょう。手遅れになる前に、何が有効で何が無効かを教えてくれ、生き延びる助けとなるのです。

恐怖の条件付けは、何が意識され、何が意識されないかについて、さらに他の重要な事実を明らかにします。恐怖の条件付けの特別な特徴の一つは、「単一暴露学習」です。電気コンセントに指を一度突っ込むだけで、二度とできなくなります。その理由は容易に理解できます。最初に生き残れたのは幸運だったのですから、なぜ同じ経験を繰り返す必要があるのでしょうか？　しかし、情動を支える他の生物学的メカニズムのすべてと同じように、あなたはこのことを「陳述的」な意味で知る必要はなく、条件付けはただ自動的に行われます。これは、ＦＥＡＲの条件付けには大脳皮質の関与を必要としないからです。ＦＥＡＲの条件付けは、海馬（陳述的な長期記憶の形成を司る皮質構造）が成熟する前の幼児期にも起こりえます。そのため、クラパレードの〔握手の〕症例と同じように、神経学的には健康な人でも、理由がわからずに怖がる人が多いのです。

認知科学者はこれを「無意識の」学習によるとしていますが、それは既に述べたように、感情を無視しているからに他なりません。確かに多くの人は物事を恐れる理由を意識していませんが、関連する感じについては十分に意識しています。感じはそれだけで随意的な行動を導くことができます。「殺人者」や「強姦魔」といった単語が顔Aに、「思いやり」や「寛大さ」が顔Bに意識下(サブリミナリィ)で関連づけられると、被験者はその後どちらかを選択するよう要求されたときに、理由は言えなくても〔Bへの〕好みを感じる。この選択を導くのは「直感」ですが、この感じは認識されにくいため、認知的には「推測」などの言葉で記述されるのです(18)。

このことは、認知科学における「無意識的情動」にまつわる困惑の多くを説明しています。無意識なのは情動ではなく、その情動についての認知的な事柄なのです。思考との関連で見たように、思考は自分の感じが何についてのものであるかを知ることには確かに役立ちますが、その洞察は必須ではありません。実際、行動する前に考えない方が良い場合もあります。なぜなら、思考には時間がかかるからです。

恐怖の条件付けについても同じことが言えます。いったん何かを恐れるように学習すると、特にその理由を意識的に知らなくても、その〔刺激と反応の〕関係はほとんど元に戻せません。ジョセフ・ルドゥーが印象的な言葉で述べているように、恐怖の記憶は「〔インクのシミのように〕消すことができない」のです(19)。このことは、無意識の記憶一般に関する重要な事実を明らかにしていますが、その概要は後で説明しましょう。今のところ、「非陳述的」な記憶（情動的な記憶や手続き記憶など）は、無意識であるのと同じ理由から、忘れるのが難しいということだけを述べておきます。それは、不確実性が少なく（つまり、より一般化しやすく）、文脈による修正を受けにくいからです。このようにして、後天的な行動がステレオタイプ化され、自動化されていくのです。認知の目的が世界で自分の欲求を満たす方法を学ぶことである限り、自動化は学習の理想ですから。

（5）ＰＡＮＩＣ／ＧＲＩＥＦ（パニック／グリーフ）。分離不安はＦＥＡＲとは異なります。分離不安は、最初は乳児期に現れ、母親（または主な養育者）に本能的に愛着するようになります。恐怖の条件付けとは異なりますが、恐怖の場合と同じように十分に生物学的な理由から、約六ヶ月を要します。永遠に信頼できる者であること示すには、一回の養育ケアでは不十分なのです。

哺乳類が愛着のある相手から離れると、「抗議」行動から始まり、「絶望」がそれに続くという、一連のステレオタイプな行動が展開します。抗議の段階はパニックという感じで特徴づけられており、苦痛の発声や探索行動も共に見られます。パニックはしばしば、「彼女はどこにいるんだ」という怒りと結びついて、今度はＰＡＮＩＣ／ＧＲＩＥＦとＲＡＧＥの間の別の対立を呼び起こします。一方の情動は、養育者をいつでもいつまでも自分の近くに置いておきたいと思わせ、同時に他方の情動は、養育者を破壊したいと思わせます。罪悪感は、ＲＡＧＥを抑制する二次的な情動であり、これが典型的な学習結果となります。これは、（罪悪感、羞恥心、妬み、嫉妬などの）二次感情が対立する状況からどのように生じるのかを示す良い例です。基本情動とは違って、これらは学習された構成物であり、（バレットの研究が示すように）情動と認知の混成物なのです。

絶望の段階は、文字通り「あきらめる」という失望の感じが特徴です。一般的な説明では、離ればなれになった子犬が泣いたり探したりしてもすぐに再会できないと、そうした弱った状態を天敵に知らせてしまうという潜在的な代価の方がメリットを上回り始めます。また、子犬が本拠地から遠く離れてしまうと、母犬が戻ってきたときに見つけられる機会が低くなります。このように、統計的に総合してみると、血管迷走神経遮断の場合と同様に、（どれほど辛くても）諦めることが受け継がれた生存戦略となっているのです。

以下は精神分析医ジョン・ボウルビィによる、人間の子どもの分離の連鎖反応についての古典的な記述です。

［抗議は…］ただちに始まることもあれば、遅れて始まることもある。数時間から一週間以上続く場合もある。その間、幼い子どもは母親を失ったことに強い苦痛を示し、自分の限られた能力を最大限に発揮して母親を取り戻そうとする。大声で泣いたり、ベッド柵を揺すったり、体を投げ出したり、いなくなった母親と思われる物や音をしきりに見たりする。このような行動はすべて、母親が戻ってくるだろうという強い期待を示している。一方で、自分のために何かをしてくれる人を拒絶しがちであるが、中には看護師に必死にしがみつく子もいる。

［絶望が…］抗議の後を引き継ぐと、いなくなった母親のことで頭がいっぱいなのはまだ明らかだが、その行動から失望が増えつつあることも示唆される。活発な身体運動は減少ないしは終息し、単調に

または断続的に泣く。閉じこもり、動かなくなり、周囲の人に何の要求もしなくなり、深い喪に服しているように見える。[20]

後者の状態はもちろん、うつ病に似ていて、しばしば罪悪感を伴います。そのため、パンクセップたち（私も含めて）は、PANIC／GRIEFの脳内メカニズムの解明を応用して、気分障害の新しい治療法を開発しました。[21] 化学的には、「抗議」から「絶望」への移行は、オピオイド(*)と呼ばれるペプチド(**)によって媒介され、ドーパミンが遮断されます（その効果については、後で述べる事例（一六四頁）を参照してください）。うつ病が、SEEKINGを特徴づける感じとは鏡のように正反対の感じで特徴づけられるのはこのためです。[22] このシステムのPANIC成分の解剖学的経路は、前帯状回から下降してPAGへと至りますが、PAGはすべての情動回路が終端する部位です。[23]（後で、すべての感情サイクルが脳幹PAGで終わり、かつ始まるということがどのように生じるかを説明します）。

興味深いことに、このオピオイドを介した回路は、脳の古い鎮痛システムから進化したものであり、喪失という精神的な苦悩は、感覚的な痛みの身体的メカニズムを精巧にしたものです。[24] これは、自然界に、生命維持のための感覚的感情と情動的な感じとの間に継ぎ目のない移行が存在することを示す良い例です。情動には「架空のもの」などありません。分離や喪失に伴う痛みの感じは、経験からの学習と相まって、養育者を必要とする哺乳類や鳥類に生存を確保させるという、原因となる役割を果たしています。このことは、子ども時代を過ぎてからも当てはまりますが、今しがた説明した脳回路は、生涯にわたる愛着の絆を媒介しており、悲しいことに、他の多くの形の依存症をも媒介しています。

（6）CARE（ケア）とは、愛着の反対の側面です。私たちは、自分自身をケアすることを大切にする必要があるだけでなく、小さな子どもを、特に我が子を世話する必要もあります。いわゆる母性本能は誰にでも備わっていますが、その度合いは同じではありません。なぜなら、この母性本能は、女性に多く見られる化学物質によって左右されるからです。この化学物質とは、エストロゲン、プロラクチン、プロゲステロン、オキシトシンで、すべて妊娠と出産の時期に劇的に増加します。[25] さらに注目すべきは、CARE、PANIC／GRIEF、女性型LUSTは、脳内の化学反応と回路に重なりが見られることです。[26] これらの事実だけでも、うつ病が男性よりも女性に多く（約三倍）見られる理由を説明できます。人間の女性の約八〇％は、赤ちゃんを体の正中線より左側に抱きしめるのが「良い」ということを、自分が子どもの頃から何となく知っているのですが、男性は父親になってから（本能的に）これを発見する傾向にあります。[27] 一方で、赤ちゃんが泣いたときにどうすればいいかは、まったく経験のない男の子でもだいたいわかっています。指で突ついたり足でつまんだりして、それが役に立つかどうかを確かめたりはしません。赤ちゃんを抱っこして、あやすような音を出しながら揺らしてあげるのが「良い」ことだ、と知っている（生まれながらにそう予測している）のです。

しかしながら、親なら誰もが知るところですが、それだけでは不十分です。乳幼児をしっかり育てる

＊　訳註：鎮痛剤であるモルヒネに類似した作用を示す物質の総称。
＊＊　訳註：アミノ酸が短く（50個以下）一本の鎖状に結合したもの。

には、本能以上の多くのことを必要とします。そのため、他の情動と同じように、生じる無数の予測していない状況への対処法を経験から学ばなければなりません。この点においても他の情動と同じように、物事がうまくいっているかどうかを教えてくれる（ケアや心配の）感じによって導かれます。養育の欲動だけでは不十分なもう一つの理由は、これも親なら誰でも知っているように、子どもに対して愛情だけを感じているわけではないからです。その結果として生じる葛藤は、認知と情動の混合プロセスを通して解決されなければなりません。

　さまざまな情動的欲求を柔軟に調和させる方法を学ぶことは、精神的な健康と成熟の基盤となります。例えば、恋愛関係を持続させることを考えてみてください。そのためには、LUSTを子どもっぽいPANIC／GRIEF型の愛着と、賢明に統合する必要があります（性的な感じと愛情的な感じをうまく調和させることができないことから生じる聖母・娼婦症候群を思い浮かべてください）。また、愛情の絆との調和が難しいのは、放浪型のSEEKINGシステム（目新しさのスリルということを思い浮かべてください）だけでなく、避けられない欲求不満でもそうです。この欲求不満はRAGEを引き起こし（そのため、家庭内の争いが頻発します）、それが今度は、養育的なCAREの関心事とも衝突する、といった具合です。長期的な人間関係を維持することは、すべての人の心情（ハート）が直面する多くの挑戦の一例にすぎません。人生の問題に対処するために、私たちは情動を羅針盤として使うのです。感じは、これまで概説してきたようなさまざまな形で、経験から学ぶことすべての指針となります。しかし、生物学的には、私たちの進むべき道を示すもう一つの欲動「／原動力」があります。

（7）PLAY。私たちは遊びを必要としています。遊びとは、縄張りを主張し防衛して、社会的階層を形作り、グループ内とグループ外の境界を作り出して維持する、媒体となるものです。

PLAYが生物学的な欲動だというと驚かれることが多いのですが、哺乳類の子どもはみんな活発に取っ組み合いの遊びをします。遊べない日があっても、次の日には、まるで反動としてノルマを達成するかのように遊びます。取っ組み合いの遊びというのは、哺乳類の種類によって多少の違いはあるものの、誰もが知っている遊びです。遊びの活動は「誘い」のポーズやジェスチャーで始まり、それが受け入れられればゲームが始まります。一方の動物や子どもが元気よく他方を追いかけ、それが止まると、お互いに格闘したりくすぐったりして、順番に上になります――その際、種によっては笑い声やそれに相当する声が聞こえます（ネズミでさえ「笑う」のです）[28]。その後で、二人は再び立ち上がって、反対方向へと追いかけっこをします。これに伴う感じの状態も同じく普遍的にみられ、楽しさと呼ばれます。

子どもは遊ぶのが大好きです。しかし経験的には、遊びのエピソードの大半は泣いて終わるものです。このことは、生物学的に言えば、遊びとはいったい何なのかを知る、重要な手がかりとなります。それは、社会的に我慢できることと許されることとの限界を見つけることです。遊び相手にとってゲームがもう楽しくなくなると、多くの場合、あなたは「公平」ではないと判断したために、それ以上遊ばなくなります。限界に達したのです。このような限界の印づけは、安定した社会集団の形成と維持に不可欠です。そして、私たちのような社会的な種では、集団の存続は、その集団の各メンバーの存続にとっても重要なことなのです。

この点で重要な基準となるのが優位です。どんな遊びの状況でも、参加者の一人が主役になり、もう一人が服従的になります。優位に立っている人がずっと主導権を握ることを主張しない限り、お互いに楽しいものです。形勢交替の比率は、60対40くらいが許容範囲のようです。互恵状態の「60対40ルール」とは、主役になる機会が十分に与えられている限り、服従する遊び相手は遊び続けるというものです。

このことから、PLAYの二つ目の機能、つまり、社会的階層の確立、すなわち「序列（ペキング・オーダー）」が明らかになります。そのため、取っ組み合いの遊びは、（発達するにつれて）より組織的であからさまに競争的なゲームへと道を譲ることになります。もちろん、遊びは取っ組み合いゲームに限ったものではありません。私たち人間はさまざまな社会的役割を演じるごっこ遊びをします（例えば、母親と赤ちゃん、先生と生徒、医者と患者、警察と泥棒、カウボーイとアメリカ先住民[29]、城の王様（キング・オブ・ザ・キャッスル）と誘惑の小悪魔（ダーティ・ラスカル）（*）など。地位や権力の階層が常に存在していることに注目してください）。他の哺乳類が遊んでいる最中に、その想像力がどうなっているのかはわかりませんが、その哺乳類たちもさまざまな社会的役割を「試して」おり、それによって何をしてよいのか、何をしてはいけないのかを学習しているということは、自信を持って推測できます。

これが、PLAYの三つ目の生物学的な機能を示しています。それは、他の子の感じに配慮することをあなたに求める（と同時に、条件付ける）、ということです。そうしないと、相手はあなたと遊ぶことを拒み、あなたは遊びで得られる大きな快（よろこび）を奪われることになります。いじめっ子はおもちゃ全部を手に入れられるかもしれませんが、楽しみも全部奪われることになるのです。これこそがPLAYが進化した理由であり（また、PLAYに大変多くの快が付随する理由でもあり）、存続可能な社会形成を促進するものなのです。一言で言えば、これは共感を育むための主要な媒介物です[30]。

遊びのエピソードは、「ごっこ」（アズ・イフ）という性質を失うと、突然終わりを迎えます。もしあなたが妹を閉じ込めて鍵を捨てたら、あなたは60対40ルールを破っただけでなく、もはや警察と泥棒のゲームをしていることにもなりません。代わりに、妹を監禁していることになります。言い換えれば、お互いの行動を支配しているのは今や、PLAYではなくFEARやRAGEになるということです。上に挙げてきた他のゲームも同じです。「医者と患者」（おいしゃさんごっこ）は実際のセックスになるまではゲームですが、そこまでいくとLUSTに支配されます。PLAYはいわば、他のすべての本能的な情動の間を、試したりその限界を学んだりしながら漂っているという事実が、PLAYの単一の脳回路を特定できなかった理由なのかもしれません。おそらく、すべての回路が使われているのでしょう[31]。遊ぶことは間違いなく基本的な本能である、ということを疑う人は、セルジオ・ペリスとヴィヴィアン・ペリスの素晴らしい本、『遊び好きの脳』を読んでみてください[32]。

私たちは、人間が他の哺乳類と同じように、自然と縄張りを主張し、明確なルールを持つ社会的階層を形作っていることを認識したくありません。（霊長類の行動を支配するルールは驚くほど複雑です）。家族、一族、軍隊、さらには国家など、ほぼすべての社会集団の構造は、紛れもなく階層的で、縄張り意識を持つものであり、これは歴史上ずっとそうでした。集団の中での個人の社会的地位が高ければ高いほど、その個人は集団が支配する領域内の資源へアクセスできる大きさは増えます。この観察は、個人

＊ 訳註：主役の王様役の子が高い場所に位置して、別の小悪魔役の子たちが王様を引き下ろそうとする遊び。

的な好みの問題ではなく、事実です。このような事実を直視しなければ、それに対処することなどできません。情動的な欲動が存在するという事実は、それを制御できないということを意味するものではなく、「弱肉強食（ジャングル）の法則」の前に屈するしかないということを意味するものでもありません。危険なのは、これらの欲動を無視することなのです。

ＰＬＡＹが特に社会的なルールをどのように生み出すのかは容易に想像がつきます。ルールは集団の行動を規制し、それによって私たちは個人の過剰な欲求から守られるのです。社会的ルールがどのように複雑なコミュニケーションを促進し、象徴的な思考の出現に貢献するかも容易に理解できます。ＰＬＡＹの「ごっこ」という性質は、それが思考一般の（つまり、既に述べましたが、仮想の行動と現実の行動を対比させるという）生物学的な前駆体である可能性を示唆しています。また、科学者の中には、夢を見ることは夜間のＰＬＡＹであり、「ごっこ」の世界で本能的な情動を試しているのだと考える人もいます。興味深いことに、レム睡眠行動障害では、脳幹の損傷のために、正常なら夢を見ているときに生じる運動麻痺が起こらず、患者（および実験動物）はさまざまに本能的なステレオタイプ（例えば、逃避、凍りつき、天敵の急襲、感情的攻撃）を実際の行動へ移すのです。

身体的感情は確かな鮮やかさと即時性を持っていて、それによってある意味で見逃せないものになるのですが、情動的感情も意識的な感じを通して作用することがお分かりいただけたかと思います。私たちは情動的感情を常にその意味に照らして評価しているわけではありませんが、それらは、さまざまな内的な奮起や噴出を通して、ほぼすべての随意的な行動を調整しています。随意的な行動とは、本質的には今ここでの選択をすることです。どちらの選択肢が良いか悪いかを知らせる評価システムに基づくことなく、どうやって選択することができるのでしょうか？　感じが行動に貢献するのは、これらの価値なのです。

しかし、私たちの背景にある情動状態は、認知的な脳によって常に認識されているわけではなく、したがって、常に自己反省的に陳述されているわけではないので、振り返って点と点をつなぎ合わせるまで、私たちにはより大きなパターンが見えません。ここで言う「私たち」とは、実験的事実を知らないのが当然の一般の人たちのことだけを指しているのではありません。確かに私たちは、感じが日常生活で重要な役割を果たしていることを見落としがちですが、私は実際には、現代の認知科学の主流を指して「私たち」と述べています。認知科学者は日常的に感じを見落としているからです。

しかし、次の章で神経学的な観点から示すように、意識の科学的説明において感じの基本的な役割を無視するなら、一番大切なことを見逃すことになります。

第6章　源

臨床解剖学的手法に基づいた神経心理学の基本的な前提は、ある精神機能が特定の脳領域によって遂行されるのであれば、その領域を完全に損傷させると、その機能は完全に失われることになる、というものです。これまで述べてきたように、意識に関しては、大脳皮質はこのテストに合格しませんでした。しかし、意識の大脳皮質説にとってはさらに分が悪いことに、脳の他の場所の損傷によって意識が完全に失われてしまうのです。それも非常に小さな損傷によってです。

生理学者のジュゼッペ・モルッツィとホレス・マグーンは、七〇年以上も前に、ネコの意識は、大脳皮質と脳幹の「網様(レティキュレイト)」の核との間を切り離す小切開手術で失われることを明らかにしました[1]。この核は、魚類から人間まですべての脊椎動物に共通していることから、およそ五億二五〇〇万年前のものであると考えられています。モルッツィとマグーンがこの核を発見して以来、研究者たちは、専門的には網様体賦活系と呼ばれるこの核の比較的小さな損傷が昏睡を引き起こすことを、あらゆる生物で確認してきました。例えば、デイヴィッド・フィッシャーらは最近、人間の脳幹卒中の患者において、中脳橋被蓋部の上部に二立方ミリメートルの、「昏睡に特有の」小さな領域を発見しました（図1参照）[2]。

二つの説明が可能です。一つ目は、脳幹と密に結びついた核が意識を生み出す場所であり、心の隠れた源泉であり、心の本質の源である、というものです。私もヤーク・パンクセップも、この見解をとっています。二つ目の説明は、その部位はテレビの電源ケーブルのようなものだというものです。つまり、必要ではあるが十分ではなく、テレビがどのように機能するかを理解したいと思っても、ほとんど何も教えてくれない。これが主流の考え方です。

仮に二番目の選択肢が正しいとします。脳幹を刺激することで、意識をオンまたはオフにすることができるかもしれません。せいぜい、電源を落とすとテレビの画面が消えていくように、ある種の減衰を生じさせる程度でしょう。そこで現在の放送を書き換えるようなことは期待できません。とはいえ、六五歳のある女性が(パーキンソン病の治療のために)脳幹網様体の中核部に埋め込んだ電極は、次のような驚くべき反応を確かに引き起こしたのです。

患者の顔は五秒以内に深い悲しみを表した。[中略] まだ恐る恐るだが、患者は右に傾いて泣き始め、悲しみ、罪悪感、無力感、失望感の感じを言葉で伝えた。「私は頭の中がぐちゃぐちゃで、もう生きていたくない、何も見たくない、何も聞きたくない、何も感じたくない…」と語ったのである。なぜ泣いているのか、痛みを感じているのかという質問には、「いや、人生にうんざりしています。もう十分です…、人生に嫌気がさしています。すべてが無駄で、いつも無価値な感じがして、この世界は恐い」と答えた。なぜ悲しいのかという質問には、「疲れました。隅に隠れたいです…。もちろん、自分のことで泣いています。どうしようもない、私はどうしてあなたを困らせているんでしょうか」と答えた。抑うつ状態は、刺激を止めてから九〇秒もしないうちに消失した。それからの五分間、患者はやや軽躁状態になり、検査者と笑いあったり、冗談を言ったり、検査者のネクタイを引っ張って遊んだりした。彼女はこのエピソードをすべて覚えていた。［電極の実際の標的であった別の脳部位への］刺激では、こうした精神医学的反応は得られなかった。[3]

この患者には、過去にいかなる種類の精神医学的な既往歴もありませんでした。

これらの脳幹核の中核部を化学的に刺激したり遮断したりする場合も同様のことがいえます。抗うつ剤の多くはセロトニンを増強しますが、網様体賦活系の中でも、縫線核と呼ばれる部位に細胞体を持つ神経細胞に作用します（図1参照）。セロトニンをそこで、いわば「仕入れて」いるのです。抗精神病薬はドーパミン遮断薬ですが、網様体賦活系のもう一つの部位である腹側被蓋野を源とするニューロンに作用します（図2参照）。同じことが抗不安薬にも当てはまります。抗不安薬の多くはノルアドレナリンという化学物質を遮断しますが、このノルアドレナリンは網様体賦活系のさらにもう一つの部分である、青斑核複合体（図1参照）を源とするニューロンによって産生されます。これらのニューロンはすべて、脳幹の網様核にまとまっています。単に意識のオンとオフを切り替えるだけなら、精神科医が脳のこの領域をいじることもないでしょう。そこがオンとオフの切り替えだけを行っているのであれば、麻酔医の興味しか引かないでしょう。それゆえ、第二の見解は間違っているに違いありません。

情動的な状態における脳の機能的神経画像検査（ニューロ・イメージング）も、同じ結論を示しています。例えば、GRIEF、SEEKING、RAGE、FEARの状態で撮影した陽電子放出断層撮影（ポジトロン・エミッション・トモグラフィー）（PET）では、脳幹の中核部（およびその他の皮質下領域。図9参照）で最も高い代謝活動が起こり、大脳皮質は不活性化していることがわかります。オーガズム時の機能的磁気画像からも同じことがわかります。この強烈な情動状

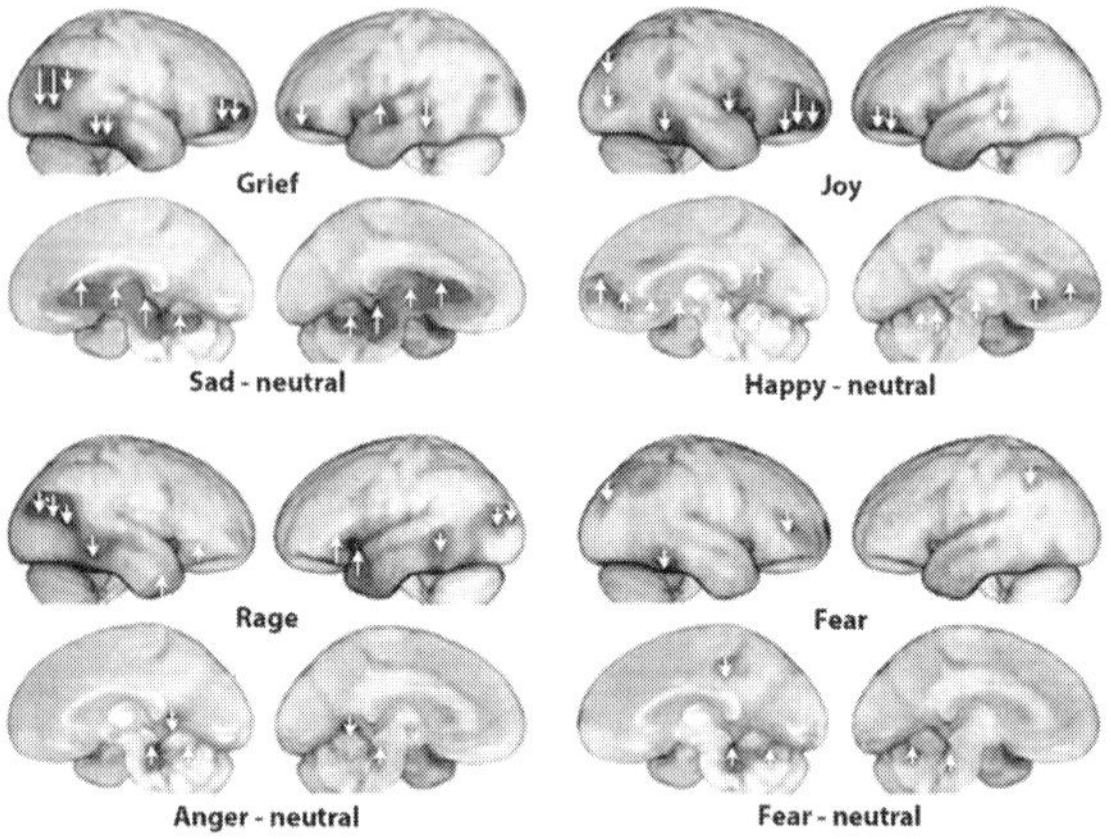

図９　４つの情動状態の陽電子放出断層撮影画像（提供：アントニオ・ダマシオ）。上向きの矢印は活性化が増加した領域を、下向きの矢印は活性化が減少した領域を示している。「嬉しさ」の画像で強調されている部分は、SEEKING システムの活性化を示しているように見える。

態に相関する血行動態の活動は、ほとんど中脳にしかありません[4]。

損傷研究、脳深部刺激、薬理学的操作、機能的神経画像解析のすべてが、同じ結論を示しています。その結論とは、脳幹の網様の中核部が感情を生み出すというものです。それゆえ、脳の中で唯一、意識を覚醒するのに必要だとわかっている部分が、もう一つの精神機能である感じにも同じように強い影響を与えていることになります。前章では、感じが意識的な経験にどのように浸透しているかを示しました。（自分の中から生まれ、生物学的欲求を調整する）感じを持ちながら何かを行ったり、持ったり、扱ったりするということがどのようなことを意味するにしても、それは意識の中心的な仕事の一つであるように見えます。しかし今や、感情の神経学的な源と意識の神経学的な源は、少なくとも互いに深く絡み合っており、実際にはまったく同じ機械装置であるかのように見えます。意識は感覚を通して入ってくるという古典的な経験主義の考え方や、既に引用した、その観点に基づくマイネルトの発言とは反対に、脳は「自ら熱を放射する」ように思われます。

私たちの中に湧き上がってくるようにみえる、この不思議な心の物質（マインド・スタッフ）、その基本的な媒体を、何と呼べばいいのでしょうか。ゼマンのように、これを「目覚めの状態 waking state」と呼ぶことはできません。もしその立場を取れば、夢見を目が覚めている状態の一種であると説明しなければならなくなるからです。それは馬鹿げたことです。また、モルッツィやマグーンのように、量的な「レベル」と呼ぶこともできません。今しがた述べた事実から、それには極めて質的な特徴が含まれていることがわかるからです。

そこで、文献で使われている第三の用語「覚醒（アラウザル）」を使うことにしましょう。これは私には中立的な良い言葉だと思えます。目を覚ましているときも夢を見ているときも覚醒を伴います。そして、「レベル」という用語のように、質を排除するものではありません。実際、「覚醒」は感じを間違いなく示唆していますから。(*)

しかし、覚醒とは何であるのでしょう？　私たちはこれまで、わかりやすい行動学的な用語で語ってきました。例えば、昏睡状態、植物状態、完全に反応する目覚めの状態という区別です。目覚めの程度は通常、グラスゴー昏睡尺度（患者の開眼反応、質問に対する発話反応、指示や痛みに対する運動反応のテ

＊　訳註：arousalには、「刺激、（性的）興奮、喚起」などの意味もあることから。

スト）で測定されます。しかし、覚醒を生理学的に定義することも可能です。

脳波（ＥＥＧ）は、大脳皮質の電気的な活動を波形として示します。大脳皮質は、単独で活動している場合（つまり、感覚入力を処理しているときであっても、網様体賦活系から切り離されると）、デルタ波のパターンを生み出します。これは、およそ毎秒二回（２Hz）の割合で生じる一連の高振幅の波のことです。感覚入力がない状態で網様体賦活系を刺激すると、大脳皮質は通常、シータリズム（４〜７Hz）[5]、またはアルファリズム（８〜13Hzの非同期の波で、「非同期」とは不規則という意味です）を生み出します。外部からの情報を積極的に処理しているときは、大脳皮質は通常、ベータパターン（非同期で周波数14〜24Hzの非常に低い振幅の波）を、もしくはガンマパターン（25〜100Hzという非常に高い周波数の低い振幅の波）を示します。ガンマが最も一般的に意識と関連するリズムです。

最近では、機能的神経画像検査を用いて生理的覚醒を測定することもできます。機能的神経画像検査とは、領域ごとの代謝率の変化のパターンをマッピングすることで、文字通り、脳の活動を画像化するものです。図３は、この手法を睡眠段階別に図示しています。図の下段はレム睡眠の覚醒（アラウザル）〔／喚起〕を示しています。レム睡眠の覚醒は、典型的には夢の意識と関連しており（ただし、私が〔第１章で〕示したように、独占的にではありません）、脳幹の上部を源としています。前に述べた、意識の基本情動の状態の一部（図９参照）やオーガズムの神経画像も同じことを、つまり、脳幹の覚醒を示しています。

大脳皮質は、脳幹によって覚醒された分だけ意識的になります。両者の関係は階層的です。つまり、大脳皮質の意識は脳幹の覚醒に依存しているのです。意識的な行動とは関連していない、図10の一番上のデルタ波パターンが、大脳皮質に内来する活動によって生み出されるのはこのためであり、意識と強

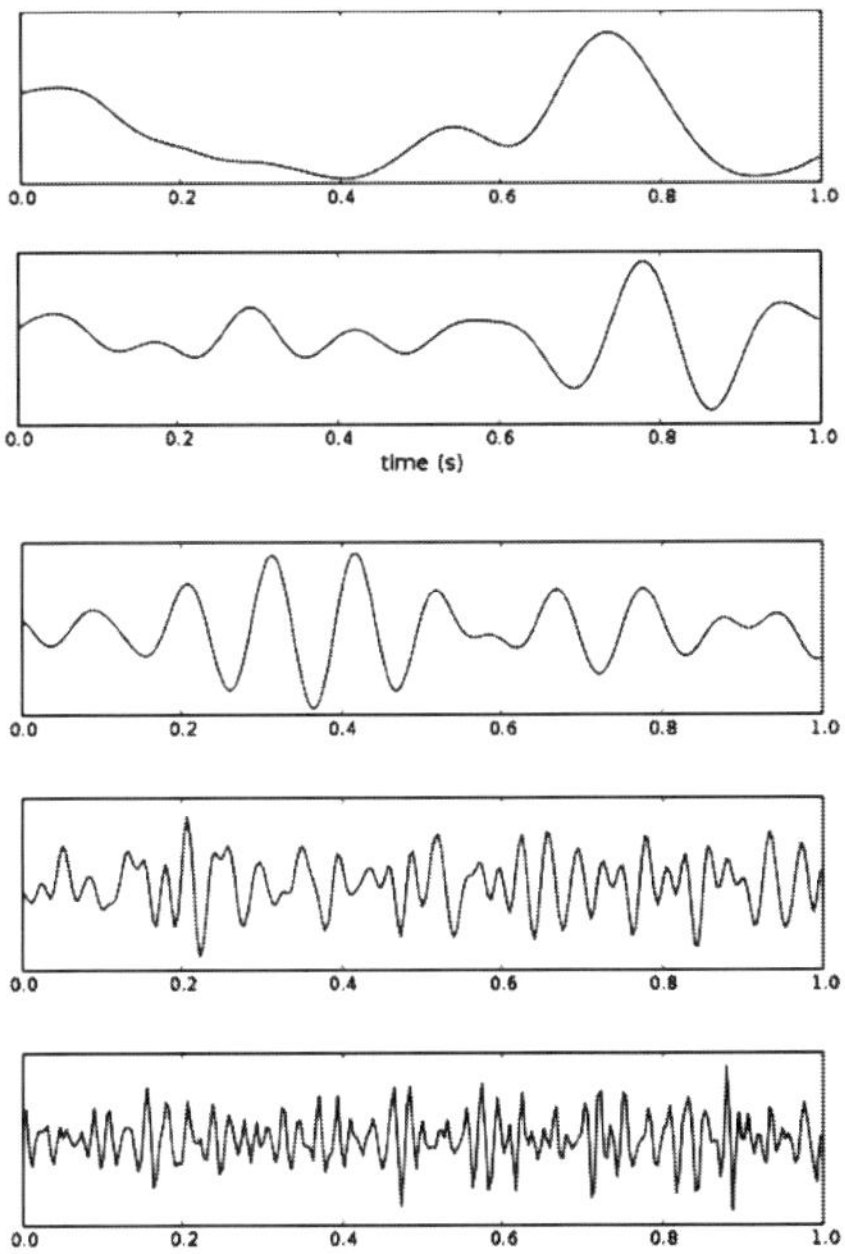

図10　大脳皮質の脳波活動の典型的ないくつかのパターン。最も覚醒していないパターン（デルタ）を上に、最も覚醒しているパターン（ガンマ）を下に示している。中間のパターンは、上から順にシータ、アルファ、ベータである。

く関連している図10の一番下のガンマリズムが、網様体賦活系だけで駆動できるのはこのためです。[6] また、図3の上段〔Wake-SWS〕の生理的覚醒の低下が意識の減退と入眠に一致し、下段〔SWS-REM〕の覚醒の増加が夢の中での意識の再出現に一致するのもそのためです。これらの事実に議論の余地はありません。

　では、実際に関与している脳のメカニズムについて、もっと深く見ていきましょう。これをするためには、ニューロンが互いにコミュニケーションする二つの方法の基本的な区別を見ておく必要があります。この区別は、意識にとって重要であることがわかっています。

脳に少しでも興味がある人なら、ニューロンが入り組んだネットワークに沿ってメッセージを伝達していることを知っているでしょう。このプロセスは、シナプスを跨いでメッセージを送ることから、シナプス伝達と呼ばれます。シナプスとは、あるニューロンが別のニューロンに信号を伝えるための構造です（「シナプス」という言葉は、ギリシャ語の「一つにつなげる join together」に由来します）。シナプス伝達には神経伝達物質と呼ばれる分子が使われます。この分子はあるニューロンから次のニューロンに渡され、当の分子に応じて、シナプス後のニューロンを興奮させたり抑制させたりします（グルタミン酸とアスパラギン酸は興奮性の、ガンマーアミノ酪酸（GABA）は抑制性の神経伝達物質です）。下流のニューロンが神経伝達物質のシャワーによって興奮すれば、ネットワークの次のニューロンにそれ自身の分子を渡します。興奮しなければ、渡されません。その後、伝達物質の分子はすぐに分解されるか、シナプス前のニューロンに回収され、効果の持続時間を制限します。これが「再取り込み」と呼ばれるプロセスです。

シナプス伝達は標的が定められていて、二項（イエスかノーか）で伝わり、しかも高速です。シナプス伝達は、脳機能の中で「0と1の二進法で計算する」デジタルな計算を最も想起させるものであり、これが計算論的神経科学者が非常に注目してきた理由でもあります。シナプス伝達は大脳皮質をはじめとする神経系の至るところで発生しています。しかし、内来的に意識的なものではありません。言い換えれば、この種の神経伝達は意識するしないにかかわらず、大脳皮質で生じています。そして、覚醒とはほとんど関係がありません。

しかし、シナプス伝達が、まったく別の生理学的プロセスの持続的な影響下で行われていることは、あまり知られていません。この別のタイプのニューロン活動は、シナプス後調節と呼ばれます。シナプス伝達とは異なり、雑多なもので、化学的であることを免れず、一般的なコンピュータの中で起こっていることとはまったく異なります。これは、網様体賦活系から（および他の皮質下の構造、さらに神経学的ではない身体構造からでさえ）内因性に発生し、あらゆる点で覚醒と関係しています。

このプロセスの中心プレーヤーが、神経調節物質と呼ばれる一群の分子です。神経伝達物質とは異なり、これらの分子は脳内に拡散して広がっていきます。つまり、個々のシナプスではなく、近辺のニューロンの集団全体に放出されます。(*) 特定の「チャンネル」にだけメッセージを送るのではなく、ネットワークに広く行き渡ることで、大脳皮質の全体的な「状態」を調整します。(**) 例えば、図3の上段と下段の画像（徐波睡眠とレム睡眠）と、図9の四つの情動状態（GRIEF vs SEEKING vs RAGE vs FEAR）では、大脳皮質の状態が異なります。これらのそれぞれの状態で、情報の処理の仕方が異なるのです。そのため、眠っているときに誰かに名前を呼ばれると、完全に目覚めている時とはまっ

＊　神経調節分子の中には神経伝達物質としても作用するものがあることに注意してください。

＊＊　訳註：ソームズはMesulam（1998）に拠りながら、情報伝達を特定の経路によって伝達される「チャンネル」型機能と状態の変化を反映するような広範囲にわたる全体的効果による「状態」型機能にわけ、主に外界からの情報は前者の様式で、内界（身体）からの情報は後者の様式で伝わるとしています。（ソームズ『脳と心的世界』邦訳四六―四九頁参照）。Mesulam, M-M. (1998). From sensation to cognition. Brain, 121:1013-1052.

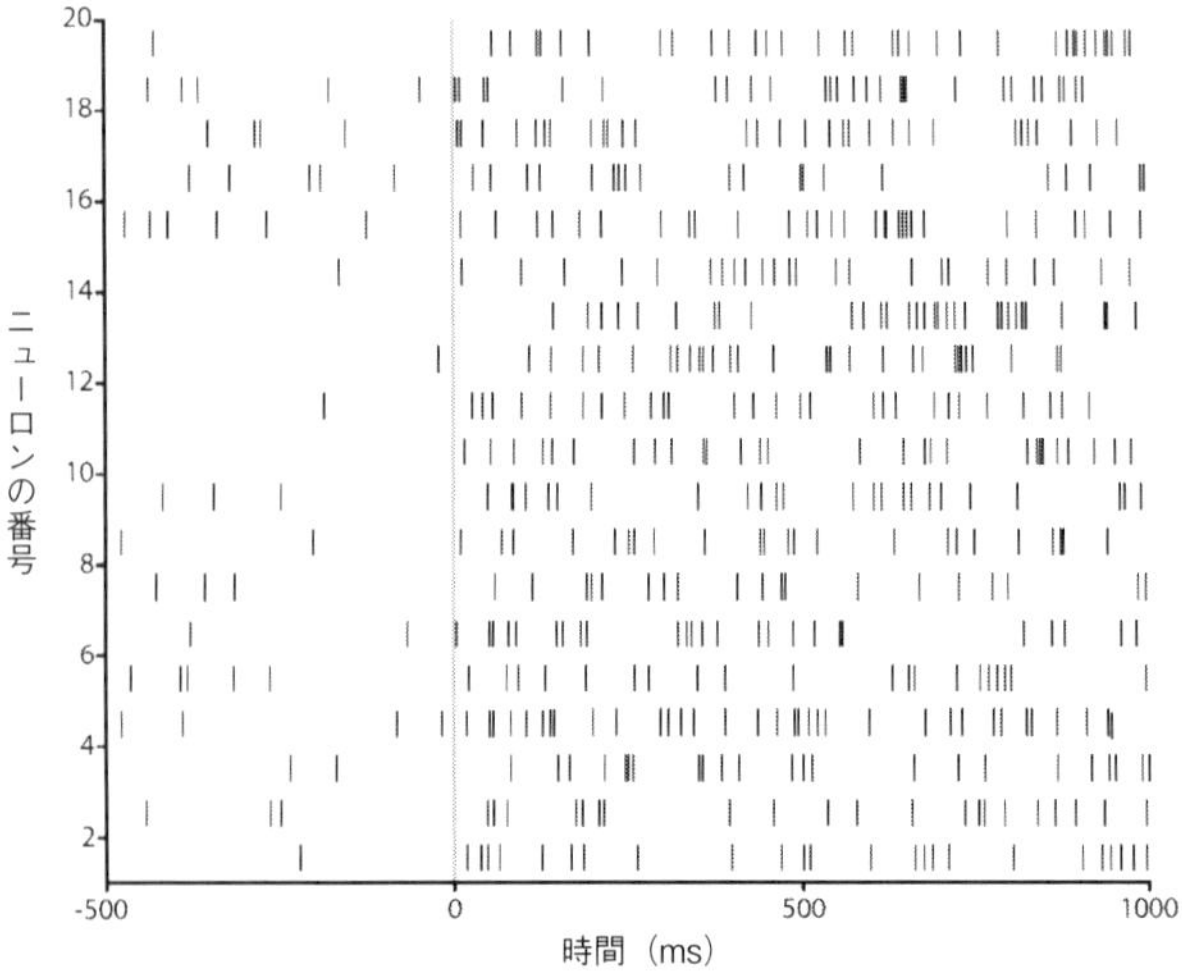

図 11　上の図は、20 個のニューロン（縦の Y 軸で表しています）のスパイク列を、視覚刺激の提示中の 1.5 秒間（横の X 軸で表しています）、プロットしたものです。刺激の提示は、X 軸上の時間 0（2 本目の垂直線で表される）に行われます。この時点で、（刺激がないときの平均で）6Hz の基準発火率をもつニューロンは、30Hz の平均発火率まで上昇します。スパイク列とは、ニューロンが発火（＝スパイク）したり発火しなかったり（＝サイレンス）する配列のことです。これは、デジタル情報の並びで表すことができます。スパイクを「1」、サイレンスを「0」とすれば、例えば、コード化されたスパイク列を「001111101101」と読むことができます。ここでの最初の二つの 0 は、刺激の提示と最初のスパイクの間の潜時を表しています。注目すべき重要な点は、発火率は刺激だけで決まるのではないということです。刺激と、ニューロンの長期増強や長期抑制（つまり、刺激が慣れ親しんだものか慣れ親しんでいないものか）と、現在の調節レベルの間での相互作用から生じるのです。シナプス後調節の修正は、ニューロンに対する覚醒の効果です。このため、ここで描写した刺激が、覚醒を下方に調節すると、同じニューロンから何の反応も呼び起こさないということも起こりうるのです。

たく異なる様式で反応をすることになります。[7] 同じように、SEEKINGの状態とFEARの状態のそれぞれで、見知らぬ人が近づいてきた時の反応を考えてみましょう。前者の状態ではその見知らぬ人に挨拶をしたり、一緒に会話をしたりするかもしれませんが、後者の状態では、目をそらして自分に気づかれないようにしたいと思うかもしれません。

この「チャンネル」と「状態」の区別は、ニューロンが相互にコミュニケーションをとる二つの方法を表す便利な略語です。[8] 大脳皮質の状態は、そのチャンネル内で行われるメッセージ伝達の強さの違いに影響を与えます。言ってみれば、状態によって、異なるチャンネルのコミュニケーションの「声の大きさ」が調整されるのです（図11参照）。同じ声（例えば、自分の名前を呼ぶ声など）が十分に目覚めているときは大脳皮質に広く伝わるのに、眠っているときには聴覚野に隔離されるのはこのためであり、FEARの状態のときに見知らぬ人が覚醒させる脳のネットワークと、SEEKINGの状態のときに覚醒させる脳のネットワークが異なるのもそのためです。

これが、私たちが覚醒と呼ぶものの核心です。しかし、大脳皮質の覚醒は、上向きにも下向きにも調節することができ、毎晩眠りにつくときに起こっているように、伝達を完全に抑制することもできることに注意してください（そのため、生理学者の中には「覚醒」ではなく「調節」という用語を好む人もいます）。したがって、覚醒状態は、どのシナプスインパルスがどの程度強く伝達されるかを決定します。例えば、名前を呼ばれたときのシナプスインパルスの伝わり方は、眠っているか起きているかで異なるのです。

シナプス伝達は二項的（オンかオフか、イエスかノーか、1か0か）ですが、シナプス後の神経調節物質は、特定のニューロン群が発火する尤度（ゆうど）を変えます。ニューロンで出来事が起こる確率を統計的に変化させるということです。この確率的でアナログ的な発火率の調整は、ニューロンの全長にわたって数カ所に配置された受容体を介して行われます。神経伝達物質とは違って、神経調節物質は比較的遅効性で効果が長続きします。これは化学物質自体が長く残るだけでなく、発火頻度の高いチャンネルが時間の経過とともにより発火しやすくなるためです。ネットワークの一部を強化すると、その部分が下方に調節されるときまで、ある程度強化された状態が続きます。これは神経可塑性に影響し、学習の仕組みの大きな部分を占めています。覚醒状態は、さまざまな学習内容を脳のチャンネルにより深く刻み込みます。そのため例えば、あなたが習慣的に自動操縦のように同じ場所へ向かっているときよりも、よく知らない目的地を見つけようと不安になっているときの方が、旅の記憶が残りやすいということです。

　神経調節物質はどこから来るのでしょうか？　下垂体、副腎、甲状腺、性腺（これらはさまざまなホルモンを分泌します）、そして視床下部（無数のペプチドを分泌します）など、体のあちこちからやってきます。しかし、脳から見て「覚醒」の中心となる源は、網様体賦活系です。網様体の脳幹が覚醒すると神経調節物質が放出されますが、最もよく知られているのは次の五つです。ドーパミン（その源は主に腹側被蓋野（ふくそくひがいや）と黒質）、ノルアドレナリン（その源は主に青斑核（せいはんかく）複合体）、アセチルコリン（その源は主に中脳橋被蓋部（ちゅうのうきょうひがいぶ）と前脳基底部の核）、セロトニン（その源は主に縫線核（ほうせんかく））、ヒスタミン（その源は主に視床下部結節乳頭核）。これらの化学物質のいくつかが、これまでの章で何度も登場してきたのは、偶然ではありません。この分子それぞれと、それに関連していて多くのサブタイプを持つ受容体は、それぞれ異なる側面で覚醒の調節を担っています。これら五つの化学物質以外にも、主に遅効性のホルモンやペプチ

ド など、神経系を非常に特異的に調節する物質が無数に存在しています（脳内には一〇〇種類以上あります）。

これらすべての調節物質の効果は、関連する受容体と受容体サブタイプの有無で決まります。言い換えれば、神経調節物質は脳内に広く行きわたるにもかかわらず、関連する受容体を持つ細胞にのみ影響を与えるということです。覚醒を粗雑で鈍いプロセスと考えてはいけません。覚醒は非常に多面的なもので、空間的にも時間的にも多くの次元で展開されています。神経調節物質が伝える潜在的なメッセージは、脳の多くのネットワークを漂っていますが、（鎮痛剤のように）必要な場所でのみ利用されます。例えば、あなたがこの本を読んでいる間、背景のさまざまな刺激は、注意を向けられることなく感覚システムに登録されています。しかし、あなたが母親で、生まれたばかりの赤ちゃんが泣き始めたら、本へ向けられていた集中は無視され、ただちに赤ちゃんに気づくことになります。これは、エストロゲン、プロゲステロン、プロラクチン、オキシトシンなど、出産したときに脳内を漂っている特定のホルモンやペプチドの量が増え、その状態を変化させる（つまり、脳のＣＡＲＥシステムを活性化させる）ことによるものです。

神経調節物質は、実際に存在している信号、すなわち現在活性化しているチャンネルだけを（上向きまたは下向きに）調節することができます。拡散して放出されますが、（1）関連する受容体を持つニューロン、（2）現在活性化しているニューロン、にのみ影響を与えます。同じ調節物質でも、受容体の種類や部位の違いで効果は変わってきます。脳幹（および内分泌系）によってだけでなく、神経回路自体からも放出される調整物質によって、更なる特異性が得られます。先に挙げた五つのよく知られた覚醒調節物質は、主に脳幹網様体にその源があります。ホルモンは体の別の場所に源があり、主に血流を介して脳に到達します。より特殊なものとしてはペプチドがあり、その多くは視床下部に源があります。それぞれのペプチドも、受容体の種類と部位に応じて異なる働きをします。基本情動を高度に焦点づけた形で調節するペプチドの多くは、第5章の註に挙げておきました。

この章ではこれまで、二つの問いを扱いました。覚醒は解剖学的にどこに由来するのか、覚醒は生理学的にはどのように生じるのか、という二つです。その答えはこうです。覚醒は主に、ただし独占的にではありませんが、脳幹と視床下部で生み出され、神経伝達物質を調節することで前脳を覚醒させる。第5章の復習になりますが、なぜ覚醒が起こるかというと、精神に仕事を遂行するよう求める内因性の要求に反応するからです。これらの要求は、脳の中核部に集中する多数の「誤差」信号の形をとります。このような信号のほとんどは、自動的かつ無意識に対処され、自動的な反応では不十分な状況でのみ意識的な反応を求めるのです。ここで、この章の本題が浮かび上がってきました。すなわち、自動反射から意志作用の感じ volitional feeling への一見魔法のような変化は、どこで起こるのかということです。

これから説明することは、決定的なものではありません。事実そのものがまだ完全には明らかになっていないからです。とはいえ、現在の神経科学の知識は十分に進んでおり、全体像の大枠は見えてきています。この研究の先駆者がヤーク・パンクセップであり、アントニオ・ダマシオが続きます。ダマシオには全体像を見通す才能がありますが、脳が自律神経反射から随意的な行動へと神秘的な飛躍を遂げる仕組みに関して、私が最大の恩義を感じている神経科学者はビョン・メルケルです。彼は、鳥類、げっ歯類、ネコ、霊長類などの幅広い脊椎動物を扱い、脳幹の覚醒と方向付けのメカニズムを研究しています。

植物的な目覚めの状態から感情的な覚醒状態への変化は、中脳の中心管を取り囲むようにニューロンが密集している小結節、つまり、中脳水道周囲灰白質（PAG）に依存しているように思われます。ここに脳のすべての感情回路が集中しています（この構造の位置は図6を参照）。そのため、PAGに限局した損傷をもつ患者は、「空虚な精神感情空間を見つめる」ことになります。[9]

> 広範囲にわたるPAGの損傷は、すべての意識活動の著しい悪化［を引き起こす］。［中略］例えば、病変を起こすための電極を、第四脳室から中脳水道を通って間脳の尾側端まで挿入した初期の研究では、ネコやサルの意識に顕著な欠損をもたらし、明らかな意図的行動の表出の減退、および情動的な刺激に対する反応性の全般的欠如が示された。[10] 脳の他の高次領域の損傷様式は、［認知的な］「意識の道具」を損傷させることはあっても、通常、意図性の基盤そのものを損なわせることはない。PAGの病変は、脳組織の絶対的な破壊を最小限に抑えながら、これを実現させる。[11]

今説明した状態が「植物状態」です。昏睡状態との大きな違いは、目覚めの状態が保たれている点です。しかし、睡眠と目覚めの概日サイクルは、自律神経機能の一つにすぎません。[12] 植物状態が「無反応性の目覚め」とも呼ばれるのは、このためです。この一見矛盾した言葉は、（植物性の）目覚めと（感情的）覚醒（先の引用文の中でパンクセップが「意図性」と呼んだもの）との決定的な違いを明らかにします[13]。これが、私が「目覚め」や意識の「レベル」ではなく「覚醒」という用語を好むもう一つの理由です。「覚醒」は情動的な反応性と意図性に応える（積極的に示唆さえする）ものであり、ここでもう一度見るように、意識的な行動の中心に位置しています[14]。感情の覚醒は意志作用を可能にします。意志作用（ヴォリション）は、PAGが自律性の植物的機能に加えたものなのです。

PAGはどのようにしてこれを行っているのでしょうか？　PAGは、網様体賦活系の一部ではありませんが、そのすぐ傍にあって、それと密に相互に連絡しています[15]。これらの核とPAGの大きな違いは、前脳との間で流れる情報の方向にあります。網様体賦活系が主に大脳皮質に向けて上向きに影響を及ぼすのに対し、大脳皮質はPAGに下向きに信号を送り返すだけです(*)。

PAGは脳のすべての感情回路の最終集合場所です。つまり、前脳は網様体賦活系によって覚醒させられるのに対して、PAGは（いわば）前脳によって覚醒させられます。つまり、網様体賦活系とPAGは、それぞれ、前脳の覚醒の起点と終点であると考えることができます。

したがって、脳幹の身体をモニターする神経核と網様体賦活系の「上行性」および「調節性」の感情ネットワークとは対照的に、PAGは感情の「下行性」ネットワークの終着点として概念化されます[16]。つまり、PAGはすべての感情回路の主要な出力センターであり、情報を筋骨格系や内臓系の効果器に送信して、「情動そのもの」を生み出しています[17]（ここで私は、これらの機能に関する最新の理解を正確に表現するために、権威ある雑誌のレビュー論文から直接引用しています）。情動の下行性ネットワークは、「情動で引き起こされる特定の運動行動に加えて、心拍数、呼吸、発声、交尾行動の制御にも関与する」[18]。このネットワークにおけるPAGの役割は、「目を引く（サリエント）刺激に関して、前脳とそれよりも低いところにある脳幹の間の境界面」として働くことです[19]。この点で、ＰＡＧは「生存の重要性に関連する情報のバランスをとる、あるいは分離する」ためのセンターとして概念化されます[20]。別の言い方をすれば、ＰＡＧは「外部からのストレス要因に曝された時にさまざまな対処戦略を指揮することで」機能します[21]。「情動性を生み出す神経系の大規模な集合点となる」[22]のです。このように、ＰＡＧは「末梢からの求心性情報と高次中枢からの情報を統合し、個体の反応をホメオスタシス的に防御する」という中心的な役割を果たしています[23]。

誤解を恐れずに言えば、あらゆる感情回路はＰＡＧに集結しており、ＰＡＧは感じと情動行動の主要な出力センターなのです。これが、「この脳の部位を低強度で電気的に刺激することが、他の脳の場所を刺激するよりも、多種多様な協調的情動行動を動物に呼び起こす」理由です[24]。

外見的には、ＰＡＧを構成する未分化な柱が、脳幹の中心管を14㎜の長さで取り囲んでいます。その中心管には無色の液体（脳脊髄液）が流れていて、これを最初に記述した一七世紀の解剖学者にちなんで「シルヴィウスの水道管」と呼ばれています。中脳の中央部に位置することから、ＰＡＧという名前

＊　本書を通して、「上（アバヴ）」「下（ビロー）」「高い（ハイア）」「低い（ロウア）」「上行性（アセンディング）」「下行性（デセンディング）」などの言葉を、私は価値判断ではなく、解剖学的な位置を示す言葉として使っています。脳は他の身体器官とは異なり、構造的に階層化しています。遺跡のように層になっていて、古い層が新しい層に覆われています。だから、原書のタイトルは『隠された泉 The *Hidden* Spring』なのです。進化論的には、脳幹の最も深い中核部には最も古い構造があり、大脳皮質の最も高い水準には最も新しい構造があります。このことは、低い（古い）構造が高い（新しい）構造よりも重要性が低いという意味ではありません。それどころか、機能的に言えば、最も高いところにある前脳の構造は、最も低いところにある脳幹の構造を改良したものにすぎないのです。

がつけられました。「中脳水道周囲灰白」（PAG）とは、単に「水道管〔中脳水道〕を取り囲む灰白質」という意味です[25]。脳のこの原始的な中核部はまさに、フロイトが「脳の最も奥の内部」と表現した部位です。PAGは二つの機能的な柱のグループに分かれています[26]。そのうちの一つである後方のPAGは、闘争逃走反応、血圧の上昇、非オピオイド性鎮痛など、積極的な「対処戦略」や防衛行動のためのものです[27]。ここはFEAR回路、RAGE回路、PANIC／GRIEF回路が終端する場所です。前方の柱は、低反応性のすくみ（フリージング）、長期的な「疾病行動」、血圧低下、オピオイド性鎮痛など、受動的な対処防衛戦略のためのものです[28]。LUST回路、CARE回路、SEEKING回路は、この前方の柱に終端します。

　PAGは感情出力の最終的な共通経路です。それゆえ、さまざまな感情回路とそれに関連する条件付けされた行動が作動状態に入った後では、一言で言えば、PAGは次に何をすべきかを「選択」しなければなりません[29]。感情システムから送られてくる残留した誤差信号を評価することで、これらの選択を行わなければなりません。それぞれの誤差信号がその要素の必要性を伝えてくる中で、PAGは、生存と繁殖という究極の生物学的要請によって、それらの競合する付け値を判断しなければなりません。要するに、PAGは次の動作配列（シークエンス）の優先順位を決めなければならないのです。

　しかし、動作の優先順位は欲求だけで決められるものではありません。いくつかの欲求は、互いに文脈化しあっているだけでなく、そこに浸透しているさまざまな機会によっても文脈化されています。

　先ほど述べた呼吸制御の例を取り上げます。まず内的な文脈を考えてみましょう。窒息アラームと喉の渇きを同時に感じた場合、窒息アラームは喉の渇きよりも優先されなければなりませんが、喉の渇きは、例えば悲しみと比べた場合には、おそらく優先されるでしょう。次に、外的な文脈を考えてみましょう。もし私が窒息アラームを感じたら、文脈は例えば、気道閉塞を解除する必要があるのかどうか、二酸化炭素が充満した部屋から出る必要があるのかどうかを私に教えてくれます。行動する私が置かれている外部の文脈は、出来事の展開に常に関連しているので、私は次になすべきことを繰り返し決めることになります。

第5章で私が行った感情の定義を思い出してください。そこには、人が通常は感情的とは考えない多くのものが含まれています。例えば、窒息アラームや喉の渇きは単なる体の感覚ではなく、分離不安などと同様に、内来的な価値を、つまり、生物学的な良さと悪さを伝えるものです。痛みは、感情の内来的な価値とその外受容的な文脈を区別するための有用な例となります。痛みの不快な感じが、痛みを感情的なものにするのであり、外受容的な体性感覚は、「左手から来る痛み」というように、痛み刺激の場所を伝えます。これは哲学的な区別ではありません。例えば、PAGと頭頂葉皮質をそれぞれ刺激することで、二つの側面を別々に操作することができます。そのため、臨床的な病態には、痛みをまったく感じることなく左手がピンで刺されたことを知覚する、といったことも起こりうるのです。[30]

このことを背景として、ビヨン・メルケルは深い指摘をしています。[31] PAGは、解剖学的には大脳皮質の下に位置していますが、機能的には最重要だということです。大脳皮質をはじめとする前脳の構造が認知的な仕事を遂行した後、つまり、動作への貢献をした後、「次に何をすべきか」という最終決定は中脳のレベルでなされるということです。このような決定は、PAGによって生成される感情的な感じという形で行われ、以前の動作配列で形成された認知戦略を上書きすることができます。PAGは絶えず感情を選択していて、それが次の配列を決めたり調整したりします。例えば、神経心理学者としての仕事の初日、私は認知的には患者のベッドに戻ってファイルを読もうと決心しましたが、実際に感情的に生じたのは気絶でした。

もちろん、人生は果てしなく続く緊急事態で成り立っているわけではなく、多くの場合、デフォルトのSEEKING活動（背景にある興味や関心）が優勢になっています。しかし緊急事態では、さまざまな欲求を伝える誤差信号が中脳に届いて、ガアガア騒ぐような状態で、そのすべてを一度に感じることはできません。すべてのことを一度に行うことはできないからです。そこで、PAGの優先付け機能が大切になってくるわけです。現在の状況下でどの誤差信号が最も目を引く（サリエント）かを決めるのです。自分の問題のうち、どれが先送りできるか（あるいは自動的に処理できるか）、どの道を自分で感じなければならないのか。

現在の状況を考慮に入れなければならないという要求には、当然ながら、更なる装置が必要になります。PAGは、上丘と呼ばれる隣接する中脳の構造の助けを借りて、その判断を下します（図6参照）。上丘はPAGのすぐ後ろにあり、いくつかの層に分かれていて、それぞれが体の感覚から駆動される単純なマッピングを供給します。深い層は身体の運動マップを提供し、表層は空間感覚マップを司っています。これらの層が一緒になって組み立てる外界の表象は、大脳皮質からだけでなく、視神経などの皮質下の感覚運動領域からも送られてくる情報を大規模に圧縮し統合したものです（図6参照）。このように、PAGがその主観的な（欲求の）状態をモニターするのとまったく同じように、上丘は客観的な（感覚的・運動的な）身体の一瞬一瞬の状態を凝縮した形で表しています。メルケルはPAG、上丘、中脳運動領域〔／歩行誘発野〕midbrain locomotor region の間の、この感情と感覚と運動の境界面を、脳の「決断トライアングル」と呼びました。[32] パンクセップはこれを「原初的ＳＥＬＦ」[*] と呼び、私たちの感じることのできる存在のまさに源であるとしたのです。[33]

次に何をすべきかという中脳の判断は、それゆえ、脳の感情回路と感覚運動マップからのフィードバックに基づいており、それぞれが「現在の状況」の異なる側面を更新します。例えば、二時間の講義が終わった後、急に排尿したいという欲求に気づくという私が挙げた例を思い出してください。そのとき、機会を感知して、身体的欲求が感じられ、それが意志作用の原動力になったのです。つまり、中脳の決断トライアングルは、内的条件と外的条件の両方を考慮に入れているため、現在の欲求だけでなく、現在の機会にも基づいて行動の選択肢の優先付けをします。

上丘の最深層には、眼球運動を制御するマップがあります。このマップは、その上にある他の感覚マップよりも内来的に安定しています。なぜなら、他のマップはこのマップと比較しながら調整されるからです。こうして、主観的な知覚体験の特徴である統一された「視点」が確立されます。だからこそ、私たちは、毎秒約三回、目がどれほど動き回っても、安定した視覚シーンの中で問題なく自分自身を経験することができるのです。この安定した光景はまた、私たちが知覚するものはあくまでも光景であり、現実において構築された視点であって、現実そのものではない、という事実をほのめかすものです。こ

＊　訳註：パンクセップは Simple Ego-like Life Form（自我のように機能する単純生命形態）の頭文字からＳＥＬＦと呼んだ（Panksepp, 1998）。

れが、私たちが自分自身を頭の中で生きているように経験する理由でもあります。[34] 知覚の仮想的性質については、第10章でさらに詳しく説明します。

盲視との関連で見たように、メルケルの言葉では、感覚運動的な世界についての上丘の「二次元スクリーンのようなマップ」は、人間では無意識のものです。[35] そのマップには「目標偏差（ターゲット・ディヴィエイション）」の方向の表象以上のものはほとんど含まれていません。ここで目標とは、各動作サイクルの焦点であり、それが視線、注意、動作志向を生み出すのです。ブライアン・ホワイトはこれを「顕著性（サリエンシー）」マップまたは「優先順位（プライオリティ）」マップと呼んでいます。パンクセップは、このようにして「安静状態からの逸脱（ディヴィエイション）が動作の準備状態として表象されるようになる」と説明しています。[36] 私自身、これ以上よい説明を思いつきません。

身の周りの世界を知覚的に意識することは、適切に覚醒された大脳皮質の助けを借りて可能になりますが、これは（感情的な意識とは違って）水無脳症の子どもや除皮質された動物で欠けているものです。上丘は、目標となる可能性のあるものや動作の今ここでの凝縮したマップを作ってくれますが、大脳皮質は、それぞれの動作配列をそれが展開するように導くのに用いる詳細な「表象」を提供してくれます。これらの高度に分化したイメージに加えて、皮質下の前脳には、イメージではなく、「手順」や「反応」と呼ばれる無意識の動作プログラムが数多く存在します。（例えば、自転車に乗るときや、慣れ親しんだ場所へ運転しているときに頼りにする自動化された種類の記憶を考えてみてください）。これらのプログラムは、主に皮質下の大脳基底核、扁桃体、小脳でコード化されています。記憶は単なる過去の記録ではありません。生物学的に言えば、記憶は過去についてのものですが、未来のためのものでもあります。記憶はすべて、突き詰めると、私たちの欲求を満たすことを目的とした予測なのです。この重要なポイントは、次章で取り上げていきます。

中脳の感情の選択によって活性化された運動傾向は、単純な反射や本能を解放するもので、赤ちゃん、水無脳症の子ども、多くの動物で行われるのはそれがすべてです。しかし、ご存じのように、このような自動行動は、経験からの学習を通じて、発達の過程で個々に制御されるようになります。それゆえ、ステレオタイプな反応は、より柔軟な選択肢のレパートリーによって補完されるのです。新しい動作サイクルごとに発生する行動配列は、上方へ展開し、前脳の制御レベルが、手続き的な「反応」から表象的な「記憶イメージ」まで、徐々に拡大していきます。これにより、メルケルが言うところの「形のある固体で構成された、完全に統合された、概観的で、三次元的な世界、つまり、私たちに身近な現象的経験の世界」が生成されるのです[37]。

長期記憶が未来に役立つことを思い出してください。中脳の決断トライアングルが、それまでの各動作から流れてくる圧縮されたフィードバックを評価した後、逆向きに展開する拡大フィードフォワード・プロセスが活性化され、前脳の記憶システムを介して、選択された運動配列に対して予期された文脈を生成します。これが、私たちの学習全体の成果です。言い換えれば、欲求が私たちを世界へと押し出すとき、私たちは新しいサイクルごとにその世界を新たに発見するわけではありません。欲求は、私たちの動作が感覚的にどのような結果をもたらすかについての一連の予測を活性化し、その際、現在の状況下で選択された欲求をどのように満たすかについて、過去の経験に基づいて予測を行うのです。

そうすると、随意的な行動は、自分の予期動作を実際の動作の結果に対して吟味するプロセスを伴うことになります。この〔予期と結果の〕比較によって誤差信号が生み出され、これを利用して、動作を行いながら自分の予期を再評価し、それに応じて動作計画を調整します。これが「随意的な」行動の正体です。つまり、不確実性の状況において、それぞれの動作の結果を媒介として、何をすべきかを決めることです。これには、感情的に感じられる結果と、知覚的に感知される結果の両方が関係しており、だからこそ、感情的な残留誤差信号と感覚運動的な残留誤差信号の両方が中脳の決断トライアングルに収束するのです。随意的な行動を制御する精神的なプロセスを表す用語に関して、私が好むのは、ヤコブ・ホーヴィの「現在を予測すること」という用語です[38]。

私がお話ししていることを臨床的にイメージするために、第2章で説明した症例、コルサコフ精神病の電気技師であるS氏に起こったことを考えてみましょう。彼は、私の部屋の窓からヨハネスブルクが見えると予期していました。これは彼の記憶障害によるもので、最近の出来事に合わせて予測モデルを更新していませんでした。実際に見たロンドンの雪景色が予期したものと合っていなくても、彼は考えを変えませんでした。入ってくる誤差信号を無視して、当初の予測に固執し、こう言いました。「ヨハネスブルクにいるのはわかっています。あなたがピザを食べているからといって、イタリアにいるとは限らないのと同じです」。言い換えれば、彼の脳は誤差信号を下方調整したのです。そのため、彼は、涙を流すこととなる動作プログラムに適応することはしませんでした。経験から学べなかったからです。もし、家族や医者が彼のすべての欲求に対して世話をしてくれていなかったら、彼はきっと死んでいたことでしょう[39]。

ほとんどの人は、私たちの今ここでの知覚が、主に長期記憶から生成された予測によって絶えず導かれていることを認識していません。しかし、そうなのです。だからこそ、外部の感覚器官から内部の記憶システムに信号を伝達するニューロンの数は、その逆の場合よりもはるかに少ないのです[40]。例えば、外側膝状体（目からの情報を視覚皮質に伝えると同時に、逆向きにも伝える。図6参照）では、入力の接続と出力の接続の比率は、約一対一〇です。このように、重い荷物を持ち上げるときには、末梢から届く感覚的な信号に見合っ、て、い、る予測信号が働いています。これにより、膨大な量の情報処理が省け、その結果、代謝作業も減ります。脳が人間の全エネルギー供給量の約二〇％を消費していることを考えると、これは貴重な効率です。世の中にあるすべてのものを、どうして、今まで一度も出会ったことがないかのように扱う必要があるでしょうか。その代わりに、脳は入ってきた情報のうち、脳の予期と合わない部分だけを内側へ伝搬させています。これが今日、知覚を「ファンタジー（／空想）」や「制御された幻覚」と記述することがある理由です。知覚は、予期さ、れ、た、シナリオから始まり、そのシナリオは入ってくる信号に合わせて調整されます[41]。この意味で、古典的な解剖学者は正しかったわけです。大脳皮質の処理とは主に、「記憶イメージ」の活性化で成り立っていて、それが次のサイクルの知覚と動作を予測するために適切に再配置されるからです。

ここで私が言っていることは、人間に限らず、すべての脊椎動物に当てはまることです。また、脳や神経系を持つすべての生物にも当てはまるかもしれません。（例えば、昆虫は人間の網様体賦活系によく似た機能を持つ脳構造を持っています）[42]。ここまでくれば、意識の基本的な形は感情であり、感情によって、予測していない状況を進んでいく道を「感じる」ことも可能になることがお分かりいただけるでしょう。

しかし、内因性の感情がどのようにして意識的な外受容へと変わるのでしょうか？

パンクセップは、（痛み、嫌悪、驚きなどの）「感覚的感情」が、経験のこれら二つの側面の間の進化的な橋渡しをしたのではないかと考えています。感覚的感情は、内的な感じであると同時に外的な知覚でもあります。本来的に、特定の感じによって質を与えられた価値づけられた知覚です。そのため例えば、痛みと嫌悪は異なるものと感じられ、どちらの感じをもつかによって、引きこもったり、吐いたりと異なる反応をします。パンクセップの見解では、この進化的な橋渡しの末に、意識は知覚一般の上に拡大されたのです。というのも、知覚は感情に文脈を与えるからです。結局のところ、外界が私たちにとって価値を持つのは、私たちがそこで欲求を満たさなければならないからなのであり、外界は感情との関係で価値を獲得するからなのです。

そういうわけで、なぜ知覚、動作、認知がともかくも感じられるのか、という問いに対する私の答えは、それらが感情に文脈を与えるから感じられるのだ、ということになります。あたかも、私たちの知覚的な経験が、「私はこれについてこのように感じる」と言っているようなものです。[43] 知覚はいわば、応用された不確実性なのです。このことから、メルケルが言うように、感情的意識と知覚的意識は「共通の通貨」を利用している、と言うことが可能となります。これらは異なる種類の感じですが、それでもなお、感じなのです。[44] ここでは、意識的な知覚についてのみ述べています。ここから少し踏み出せば、知覚的意識の五つのモダリティ（視覚、聴覚、触覚、味覚、嗅覚）[45]は、感覚器官によって登録される外部情報の異なるカテゴリーを特定する（クオリファイ）「／に質を与える」ために進化した、[46]と推論できます。前章で説明した七種類の感情的意識が哺乳類の情動的欲求の異なるカテゴリーを特定する「／に質を与える」

のとまったく同じです。

しかし、大脳皮質の知覚が統覚であるという重要な点も忘れてはなりません。意識に現れるのは、末梢から伝達された生の感覚信号ではなく、むしろそのような信号とそれがもたらす結果に関する記憶痕跡から導き出された予測的推論です。感じが、いわば安定した大脳皮質の推論の上に広がって、私が「精神的固体 mental solids」と呼ぶもの[47]、つまり、知覚に現れるような外界を作り出すという事実によって、感情と意識的な知覚との現象的な質の違いを、その一部ではありますが、説明できます。これらのテーマは第10章で再び取り上げるつもりです。

脳の内部モデルは、私たちが世界を航行するために使う地図であり、実際は予期される世界を作り出すために使われます。しかし、私たちの予測をすべて鵜呑みにすることはできません。実際、内部モデルが生成する「予期された文脈」には、二つの側面があります。一方では、予測の実際の内容があり、もう一方では、その正確さに対する信頼度があります。すべての予測は確率的なものであるため、その予測に付随する予期された不確実性の度合いもコード化されなければなりません。予測自体は、前脳の長期記憶ネットワークが提供しており、過去のレンズを通して現在をフィルタリングします。しかし、二つ目の次元、つまり信頼度の調整こそが、調節性覚醒が遂行する仕事の本質なのです。

S氏の場合にうまくいかなかったのは、このことです。自分の予測に信頼を置きすぎていたわけです。別の言い方をすれば、病気のために、自分の誤差信号に十分な比重をかけることができなかった（誤差信号にほとんど注意を向けることができなかった）のです[48]。それはどうしてでしょうか？　ある意味では、すでにこの問題を私たちは反対側から見てきています。ニューロンの信号を調整するということは、それらの信号の強さを上下させることです。これは、中脳の決断トライアングルが、どの信号を増大させるべきかを選択する際に行っていることで、網様体賦活系を介して信号強度を調節しています。基準となる信号の強さは、予期された文脈を表象しています。しかし、(経験した) 実際の文脈が展開するにつれ、信号の強さは調整されなければなりません。つまり、誤差信号に対する信頼性が高まると、必然的に、その誤差を導いた予測に対する信頼性が低下するということです。煙探知機が鳴っているのに、何も燃えていないように見える場合、探知機か見えているもののどちらかに問題があるはずで、その不一致に何らかの評決を下さなければなりません。これが中脳の決断トライアングルで生じていることです。競合する主張が評価され、勝者が宣言されるのです。このプロセスの結果は、網様体賦活系によって前脳に伝えられます。網様体賦活系は、あなたの予期に基づいて作動し、選択された動作が展開されると、神経調節物質の分子の雲を放出して、長期記憶ネットワークの信号を微調整し、いくつかの予測が保存されている前脳チャンネルの活動が増すように調節し、別のチャンネルの活動を減じるように調節します。これが、経験からの学習につながります。このようにして、私たちは試行錯誤しながら、世界の生成モデルを改善し続けているのです。

不確実性の領域で私たちが行うことはすべて、これらの変動する信頼度によって導かれます。ある方法で行動すれば何が起こるかはわかっている、と私たちは考えていますが、本当にそうでしょうか? 確信がある閾値を下回れば、私たちは行動しないか、あるいは方針を変更するでしょう。外受容的な領域では、予期通りの結果が得られれば物事はうまくいき、不確実性が高まれば事態は悪化します。物事は良いと感じられるか悪いと感じられるかのどちらかです。（予測に対する）信頼が高まると良い感じになり、信頼が減ると悪い感じになります。そのため、私たちは予期の不確実性を最小限に抑えようとするのです。

先に述べたように、知覚や動作は、脳が常に誤差信号を抑制し、仮説を確認しようとする、仮説検証の継続的なプロセスです。（実験科学自体は、第1章で見たように、「仮説Xが正しければ、YをするとZが起こるはずだ」という、この日常的なプロセスを体系化したものです）。仮説が確認されればされるほど、より信頼するようになり、必要とされる覚醒度が、そして意識が、減ります。自分の動作配列を自動化し、デフォルトモードに移行することができます。しかし、予期せぬ状況に陥った場合、つまり、自分の予測モデルが頼もしい光を放たないように見えたなら、自分の動作の結果が非常に目を引く（サリエント）ものになります。自動操縦をやめて、覚醒度が増します。決断トライアングルは、あなたが自分の動作の結果を通じて自分の進むべき道を感じながら慎重に予測を調整し、新たな選択をするのです。

感じは、このように、すべての意識に、感情的意識と認知的意識の両方に、共通する要素です。その機能とは、自分の行動プログラムとそれに関連する文脈の成否を評価することです。しかし、すべての失敗が等しく重要というわけではありません。最も強い感じは、比較的小さな出来事に付随するものではなく、生存価値のある不確実性に関連します。「前の車が今、左に曲がるだろう」というような誤審は、予測階層の周辺レベルで処理され、そこではより大きな誤差も許容されます。それによって生じるのは、私たちが注意と呼んでいるもののシフトであって、感情のシフトではありません（ただし、注意も同じように脳幹網様体で調整されています）。とはいえ、もし前を行く車が突然、あなたを事故に巻き込みそうになったら、あなたの誤差が感情的な反応を引き起こす〔／覚醒させる〕可能性は高くなります。注意には、〔自分の意思で〕向けることができる場合もあれば、〔自分の意思とは無関係に〕捉えられる場合もあります。後者の場合、驚愕や恐怖の感じを伴い、失敗した予測を急いで書き換えて、世界のモデルを、再び同じような厄介な驚きを与えないものにするのです。

生理的なレベルで、意識が脳の中でどのように作用しているかは、以上の通りです。〔皆さんは〕まったく満足していないかもしれません。一つには、心身問題についての哲学的なアプローチにあまり触れてこなかったことがあるでしょう。哲学者が「二面性」と呼ぶものの関係についても、触れてきませんでした。つまり、意識の客観的な生理学になぜ主観的で現象的な感じが伴うのか、という問題です。科学者たちは、二組のデータの間にこのような規則的な相関関係を観察すると、その根底にある単一の原因を探します。つまり、なぜこのような現象が共に起こるのかを説明したいのです。そのため、意識の生理学的側面と心理学的側面の間の規則的な結合を理解するためには、より深く掘り下げる必要があります。心理学や生理学という学問分野の制約を超えなければなりません。私たち科学者は一般に、形而上学ではなく物理学に目を向けることで、それを行ないます。[49] この場合、私たちが求める答えは、エントロピーの物理学の中に見出すことになります。(*)

＊ 註を見ていない読者の方は、ここで、三八七頁の付録に目を通しておくとよいでしょう。やや専門的ではありますが、次章への橋渡しとなりますので。

第7章　自由エネルギー原理

　ある研究室で、科学者たちの集団が大きなコンピュータのモニターを見ています。画面には点や斑点が渦巻いています。青、赤、紫など、さまざまな色が見えます。点の大きさもいろいろあるようですが、その群れの動きにパターンを見つけることができません。ガスの雲のようにうねり、入り乱れ、その仮想空間を無造作に満たしています。それでも、デジタル時計は秒単位で時間を刻み、画面の下と左にある二つの軸からそれぞれの点の空間的な位置を特定することができます。このことは、何か測定可能なことが起きていることを示しています。しかし、この混沌とした動きをどうやって定量化すればよいのでしょうか。

　部屋にいた物理学者の一人に何を見ているのかと尋ねると、彼女はにべもなく「確率論的」なプロセスだと言いました。確率論的とはランダムという意味です。徐々に、小さな点の方が大きな点よりも動きが鈍く見えることに気がつきます。踊っている曲が少し違うように見えます。部屋にいた神経科学者の指示で、コンピュータ技術者がキーボードに何かを入力すると、渦巻いている画面が急に停止します。技術者は慎重にデータを保存します。それから再び神経科学者の指示で、数字を次々と入力していき、見ていた大きなスクリーン脇の小さなスクリーンの方に表示されている、一連の方程式の値を変えていきます。技術者は、「サブシステム間の局所的な相互作用」を調整しているのだと説明します。

再び雲のような粒子が画面の左下の隅に入り、渦を巻き始めます。次いで、混沌とした状態がしばらく続き、その後は、パターンを見分けるのが容易になりました。色のついた点は、最初は主に外側へ広がっていきますが、次第にまとまっていき、自然に画面の中心に向かっていき、塊のような集まりを形作ります。少し想像力を働かせれば、鳥（ひょっとするとムクドリ）の群れが旋回している形にも見えます。次第に粒子の動きが制限されていきます。まるでパレード場で兵士が決められた位置につくように、互いにせめぎ合いながら、四つの同心円状の層という明確な構造が現れ始めます。中心にあるのは紺色の点。その周りを赤の点が囲み、さらにその周りを紫の点が囲んでいます。水色の点は、外側の境界線のようです。その背景には小さな黒い点があり、それらが目的もなく漂い続けているように見えます。神経科学者は嬉しそうです。彼は技術者に画面を止めるように頼みました。時計を見ると、1、278秒が経っています。

ここはロンドンのクイーンスクエアにある、ウエルカム・センター・フォー・ヒューマン・ニューロイメージングで、カール・フリストンがこの科学責任者です。彼は親切にも、この面白い実験の観察に招いてくれました。異なる物理的サブシステムがさまざまな力を受けたときに、そのサブシステム間に生じる近距離相互作用のシミュレーションの実験でした。

これらの仮想粒子を支配する規則は、現実の原子や分子の行動を支配する規則と同じ広い性質を持っています。つまり、互いに引き寄せたり反発したりする無心（マインドレス）（無差別ではありません）の性向です。そのような相互作用は明らかに、混沌から秩序を生み出します。こうした類の自然発生的な秩序化は、原始スープから生命が誕生したときに起こったことだと考えられています。しかし、この実験が行われているのは、国立神経学神経外科病院〔イギリスで最初の神経系疾患専門病院〕から芝生を隔てた認知神経科学センターですから、この仮想粒子が脳と何の関係があるのかと疑問に思われても仕方がありません。

フリストンは、細胞のような生物学的システムは、液体から結晶ができるような単純な「自己組織化」システムを形成したのと同じプロセスの複雑なヴァージョンを経て出現したに違いない、と説明します。そこには共通したメカニズムがあるからです。このメカニズムは、「自由エネルギーの最小化」である、と彼は言います（これについてはすぐに説明します）。あなたや私も含むすべての自己組織化システムには、存在し続けるという基本的な課題を共通して持っています。[1] フリストンは、自由エネルギーを最小化することでこの課題は達成されると考えています。結晶、細胞、脳は、この基本的な自己保存のメカニズムがこの順で複雑さを増したものだと彼は言います。実際、私たちが精神生活と考えているものの多くの側面は、生物学的な組織化の黎明期に現れており、実際の脳がなした〔進化上の〕貢献はむしろ微妙に見えてきます。しかし、自由エネルギーの概念をしっかりと持っていれば、すべてが、本当にすべてが明らかになるのです。

カール・フリストンは、私のライフワークを形作ってきた偉大な科学者のなかの最新の一人です。私見ですが、彼は天才であり、（客観的に見ても）今日の世界で最も影響力のある神経科学者です。影響力は、論文のインパクトを測る「h指数」で測定されます。[2] 経験則では、h指数が博士号取得後の年数よりも大きい場合は、うまくいっていると言えます。フリストンのh指数は235で、神経科学者の中では最も高い値です。[3] 彼の元々の名声は「統計的パラメトリックマッピング」によるもので、これによって今日広く見られるような機能的神経画像検査の分析が可能になりました。そして、「予測コード化」と自由エネルギー原理に関する彼の研究が、より多くの名声をもたらしました。

フリストンの高い名声にもかかわらず、私は何年もの間、彼の研究を遠まきに見ているだけでした。そして二〇一〇年、フリストンはロビン・カーハート＝ハリスという若手精神薬理学者と共同で論文を発表しました。カーハート＝ハリスについては、彼が神経精神分析に興味を持っていたので私も少しは知っていました。彼はフリストンとの論文で、フロイトの欲動エネルギー（すなわち「心的エネルギー」）の概念が自由エネルギー原理と一致すると論じていました。[4] 前に説明したように、フロイトは、身体的な欲求が精神的なエネルギーになる方法については、「まったく思い浮かべることができない」と率直に認めていました。フロイトはまた、このエネルギーは増加、減少、置換、放出が可能であり、したがって、「われわれはそれを測定する手段を持っていないが」、量のすべての特性を持っている、と書きました。[5] フロイトの当初の（放棄された）意図が「心的プロセスを、特定可能な物質的諸部分の量的に決定された状態として表わす」点にあったことを考えると、カーハート＝ハリスとフリストンの論文を読んで、私は雷に打たれる思いがしました。精神エネルギーが本当に熱力学的な自由エネルギーの変化と同型であるならば、それは測定可能であり、物理法則に還元できるに違いない、と私は考えました。

そこで、私はフリストンの初期の論文に没頭し、最後まで読みました。それから数年のあいだに、私たちはロンドンとフランクフルトで何度か会いました。私たちの会話のテーマは主に、精神生活における感情の役割についてでした。当時のフリストンの研究は、ほとんどの人がそうであったように、まだ大脳皮質中心のものであったため、彼が発見した予測メカニズムは、ほとんど認知だけにしか関心が向いていませんでした。例えば、予測コード化によってニューロンが相互にコミュニケーションをする方法を説明することを示した、彼の有名な論文の題名が「皮質反応の理論」[6]となっているのもそのためです。しかし、正直に言えば、彼のより専門的な論文の多くを、私はじっくりと読んだことがありませんでした。

二〇一七年、私たちが毎年開催している神経精神分析会議（その年はロンドンの旧ユニバーシティ・カレッジ・ホスピタルで開催され、予測コード化をテーマにしていました）に、フリストンを基調講演者として招きました。私が恥をかかずにいつもの閉会の挨拶をするためには、物理学を習得する必要がありました。それで、フリストンの他の多くの出版物の中で、私は英国王立協会の雑誌の一つに掲載された彼の高度に専門的な論文を、注意深く読み直しました。それは「私たちが知っているような生命 Life as we know it」[7]というタイトルでした。相当な努力をして、私は初めてそれをきちんと理解しました。この論文は、意図性を支配する基本的な法則を数学的な方程式に還元することをまさにその目的としていました。

その意味するところは衝撃的でした。これらの方程式は私が探し求めていた突破口をもたらしてくれるかもしれないと思えたのです。そのため、二〇一七年の会議で科学的な交流をした直後に、私はフリストンに手紙を書き、私たちの洞察を結集して、自由エネルギー原理の下に意識を組み込むことを試みようと提案しました。嬉しいことにフリストンは同意してくれ、私たちは共通の見解となったものに着手した論文を協同して書き始めました。[8]

フリストンの仕事と私の仕事をつなぐのは、ホメオスタシス〔／恒常性維持〕です。先ほど、私たちは生理的に生存可能な範囲内にいなければならないと説明しました。ここではモデル例として体温調節を挙げてみましょう。体温は何度でもいいわけではありません。三六・五〜三七・五℃という限られた範囲内でなければなりません。これ以上高ければ死んでしまいますし、これ以下でも死んでしまいます。体の芯の温度は、周囲の温度と同じにすることはできません。冷たい水風呂にお湯を入れたときのようにはいかないのです。その水風呂に入れたお湯が、蛇口の下で大きな球体になって、冷たい水と分離したまま残るということはありません。しかし、あなたはそのようなことをしていますし、生きていくためにはそのようなことをしなければなりません。それには仕事が必要です。昏睡状態の患者はそのような仕事を行えないので、異常高熱（ハイパーサーミア）のような病態で亡くなってしまいます。文字通りオーバーヒートしてしまうのです[9]。血液ガスの調整、体液量とエネルギーのバランス、その他多くの身体的プロセスにも同じことが言えます。情動的欲求にも同じことが言えますが、第5章で見たように、それはこの欲求が身体的欲求に劣らず「生物学的」なものだからです。情動を生存可能な範囲内に保つためには仕事が要求されます。養育者が近くにずっといてくれたり、天敵から逃れたり、欲求不満を生じるような障害物を取り除いたりすることなどがその仕事です。予測可能な一定のレベルを超えると、これらのことを行うために必要な仕事は、感じによって調節されるのです。

先ほど述べたメカニズムは、ホメオスタシスの延長線上にあるもので、複雑なものではありません（図12参照）。

すべてのホメオスタット〔／恒常系〕は、三つの要素だけで構成されています。レセプター（私のモ

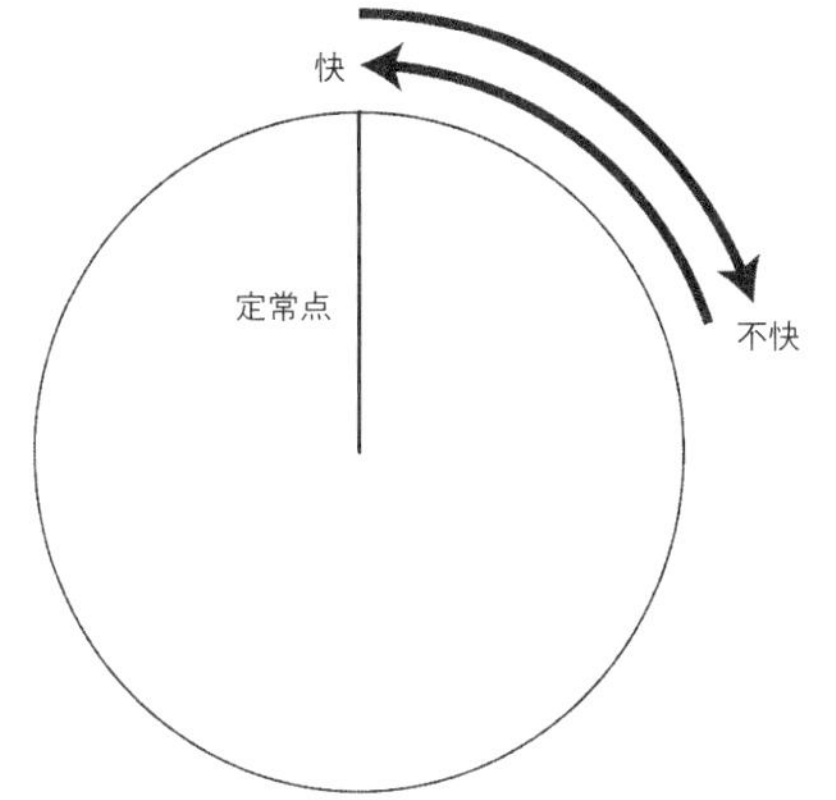

図12　感じのホメオスタシス。定常点はシステムの生存可能な範囲を示している。

デル例では、温度を測定するもの）、コントロールセンター（私の例では、体温を三六・五〜三七・五℃という生存可能な範囲内で維持する方法を決定するもの）、そしてエフェクター（体温が範囲を超えたときに、その範囲内に戻すために必要な仕事を遂行するもの）です。ホメオスタシスのメカニズムはとても単純なので、物理法則に還元することができます。それがフリストンの論文の内容であり、「私たちが知っているような生命」を支配する基本的な法則なのです。

私が興奮したのは、これらの法則を適切に拡張して、感情の根底にある、より予測が難しい形のホメオスタシスに対応させれば、意識も説明できるのではないかと認識したからでした。また、意識的な行動の外的な観察項目（中脳の決断トライアングルと網様体賦活系の客観的な生理学）だけでなく、内的に観察されるものも説明できると考えました。これは決断を導く主観的な感じを説明することを約束するものでした。

これが、ダマシオと私が考えを異にした場所でした。ダマシオはおそらく他の神経科学者の誰よりも、感情（ひいては意識）はつまるところホメオスタシスの一形態である、という事実に注目していました。しかし、ダマシオは私が導き出した更なる推論を受け付けませんでした。その推論とは、意識がホメオスタシス的であるならば、そして、ホメオスタシスが物理法則に還元できるものであるならば、意識の現象も物理法則に還元できる、というものです[10]。意識のメカニズムは、天体の運動や自然界のあらゆるものと同じように、法則的に説明可能であり、そのため、確率的にではあっても、何らかの形で予測可能であるに違いありません。私がフリストンと一緒に書いた論文の草稿をダマシオが読んだとき、私たちは彼のオフィスで苦悩に満ちた会話を交わしました。ダマシオは、なぜ私が意識をフリストンのいう「アルゴリズム」に還元しようとしているのかが理解できませんでした。これは、自分が世界に与えた洞察の意味するところに気がついて反発する科学者の典型的なケースでした。量子力学に対するアインシュタインの反応、「神は宇宙のことを決めるのにサイコロを振らない」と同じようなものです[11]。

これから皆さんに説明していく議論を、私はダマシオに簡単に説明しました[12]。しかし、この議論をきちんと行うためには、私が自由エネルギー原理を理解するために習得する必要があった物理学を、まず紹介しなければなりません。深呼吸をしてください。

ホメオスタシスの本質とは、生物は限られた範囲の物理的な状態を占めなければならないということです。ここで物理的な状態とは、生存可能な状態、価値づけられた状態、好まれた状態、あるいは、フリストンが（ここに書いたすべてを指して）「予期された expected」状態と呼んでいるもののことです。可能性のあるすべての状態に自分自身を分散させることはできません。この生物学的な要請は、物理学における最も基本的な説明概念の一つ、すなわち、エントロピーと深い関係があることがわかりました。「エントロピー」とは何かを、多くの人は直感的に理解しています。エントロピーとは、無秩序、散逸、溶解などの自然な傾向のことだと考えています。氷が溶けるのも、バッテリーが充電できなくなるのも、ビリヤードのボールが止まるのも、お湯が冷たくなるのも、エントロピーの法則によるものです。

　ホメオスタシスは、その逆の方向に作用します。エントロピーに抵抗するのです。あなたが限られた範囲の状態を占めるようにします。これが、必要な温度を維持する方法であり、生きていることを維持する方法であり、消滅からあなたを防ぐ方法です。生き物は、物理学の基本原理のひとつである熱力学の第二法則に抵抗しなければならないのです。

　熱力学の第一法則は、エネルギーの保存に関するものです。[13] エネルギーは創造することも破壊することもできず、ある種類から別の種類に変換したり、ある場所から別の場所に流したりすることができるだけです。（アインシュタインのおかげで、エネルギーは物質に変えることができることもわかっています）。

　第二法則とは、自然のプロセスは常に不可逆的であることを定めたものです。[14] それゆえ、お風呂のお湯が冷たい水と混ざっても、再び分離した状態になることはありません。同様に、熱のエネルギーは、それを生み出した燃焼する石炭に戻すことはできませんし、その過程で無駄になったエネルギーを石炭に戻すこともできません。これはエントロピーによるもので、大局的に見れば常に増大するからです。[15] エントロピーは、実は、時間そのものに方向性や流れがあるように見えるという事実の物理的根拠になっているのかもしれません。

　熱力学では、エネルギーには有用と無用という二つの状態があります。エネルギーの「有用性」とは、仕事を遂行するその能力によって定義されます。例えば、石炭の塊に含まれるエネルギーは、燃やして熱を作ることができ、その熱で水を沸騰させて蒸気を作ることができ、その蒸気でエンジンを動かすことができますが、[16]このプロセスの各段階で、いくらかのエネルギーが失われます。つまり、仕事ですべてのエネルギーを有用に利用することは決してできないのです。

これらの事実を組み合わせると、システムの有用なエネルギーが減ると、エントロピーが増えるということがわかります。このことは、システムが仕事を遂行する能力は絶えず低下していくということを意味します。それゆえ、エントロピーは有用なエネルギーが失われることと関連します。仕事を遂行するためにもはやエネルギーを利用できなくなるからです。第二法則は、自然のプロセスにおいて、有用な仕事をするためにエネルギーがいくらか失われるという、避けられない事実を述べたものなのです。[17]

少し前に、「エントロピー」に対する直感的な理解について述べましたが、物理学でエントロピーが定義される正式で専門的なやり方は、システムが占めることのできる識別可能な状態の数を問題にします。[18]エントロピーを決めるのは、取りうる微視的な状態の数で、それが同じ巨視的な状態を生み出します。簡単に言えば、取りうる状態の数が少ないほど、エントロピーは小さくなります。

ホメオスタシスは、私とかあなたのようなシステムが占めることのできる巨視的な状態の範囲に制限を加えるものです。ホメオスタシスは有効な仕事を遂行することで私たちを生かしていることを思い出してください。それゆえ、エントロピーが仕事をする能力の喪失を必然的に伴うのであれば、それは私たち生物学的システムの観点からは「悪い」ことなのです。生物の最も基本的な機能はエントロピーに抵抗することとなります。

物理学者がこれらの概念を説明するために従来用いてきた例では、圧縮した気体を小さな開口部を通じて大きな空(から)の部屋に入れているところが使われます。〔気体の〕分子はランダムに移動しながら室内を探索し、利用可能なスペースを占めるように広がっていきます。時間が経てば経つほど、それぞれの分子が存在する場所が増えていきます。このプロセスを逆にするには、つまり、気体を元の容器に戻すには、仕事をするしかありません。

エントロピーは、各分子がある時点で存在する可能性のある場所の数で考えますから、これは確率の話であることがわかります。各分子が特定の位置を占める統計的な**確率**は、エントロピーが大きくなるにつれて減少します。つまり、気体が膨張すると、各分子の位置が予測しにくくなるのです。エントロピーの増加は、**予測可能性の減少**を意味します。

これが重要な点です。なぜなら、熱力学の他の法則とは違って、確率の法則は物質だけでなく、すべてのものに適用されるからです。室内の気体のエントロピーが確率論的に定義できるように、心理的な意思決定プロセスに関連するエントロピーも確率論的に定義できます。どちらの場合も、起こりうる結果がランダムであればあるほど、エントロピーは増大します。気体の膨張に伴う「エントロピー」と選択肢の拡大に伴う「エントロピー」は**同じもの**です。自然界に存在するすべてのものが目に見える具体的なものというわけではありませんが、確率の法則に従うことに変わりはありません。だからこそ確率は、物質がもはや基本的な概念ではなくなり、古典的な粒子が消滅した現代物理学の核心を突くのです[19]。

エントロピーの物理的な例では、最初に気体を容器に圧縮して分子を詰めたとき、各分子の実際の位置を記述するのに必要な情報のビット数は、気体が放出されて大きな部屋の中の利用可能なスペースをすべて満たすのに必要な情報のビット数よりも少なくて済みます。情報科学の分野では、「二進数（バイナリーディジット）」が情報の基本単位です。この用語は便宜上、「ビット」と縮めて用いられます。ビットは、イエスとノー、オンとオフ、正と負など、相反する二つの値のいずれかをとります。これらの状態は通常、1と0で表されます。[20]

最初は気体を記述するのに必要な情報のビット数は少なくても、気体が膨張するにつれて、各分子が占めることの可能な状態の数が増えていきます。そのため、エントロピー（これは通常、物理的には、熱量変化と温度を合わせた形で測定されます）もビットで測定することができます。システムのミクロ状態（すなわち、一つ一つの分子の状態）を記述するために必要な情報が多ければ多いほど、熱力学的エントロピーは大きくなります。もっと単純に言えば、あるシステムを説明するために必要なイエスかノーで答えられる質問が多ければ多いほど、そのエントロピーは大きくなるということです。したがって、システムのミクロ状態の確率が低い場合、システムの各測定値は、確率が高い場合よりも多くの情報を含んでいることになります。というのも、システムの全体的な状態を説明するためには、より多くの二項的質問に答えなければならないからです。

エントロピーが最小になるのは、すべてのイエスかノーの質問に対する答えが完全に予測可能な場合、つまり、何も学ぶことがなく、何も情報を得られない場合です。公平なコイン投げの情報量は一ビットです。なぜなら、コインが表になる見込みは五〇%だからです。一方、両面が表のコインを投げるときには、表になる見込みは一〇〇%ですから、情報はゼロです。答えが完全に予測できるので、情報は得られません。エントロピーは、あるシステムで複数回測定したときに得られる情報の平均的な量を測定します。そのため、一連の測定のエントロピーは、その平均情報量、その平均的な不確実性です。

このことが意識の神経科学的理解にとって重要であることを一瞥するために、脳波の同期した徐波パターンは、同期していない（不規則な）速波パターンよりも整然としている（予測可能である）ことを思い出してください。それゆえ、「覚醒度の低い」パターンは、「覚醒度の高い」パターンよりも情報量が少なくなります（図10参照）。覚醒度の高いパターンは、より多くの不確実性を含んでいるということです。[21] したがって、脳波のエントロピー値は、植物状態の患者よりも最小意識状態の患者の方が高いのです。[22] これは理にかなっています。脳の皮質活動は意識のある場合、深い睡眠中よりも多くの情報をコミュニケーションするからです。しかし、ここからが不思議なところです。情報が多いということは不確実性が高いということを意味し、それゆえ、エントロピーが大きいということを意味するのであれば、生物はエントロピーに抵抗しなければならないので、生物学的に言えば、覚醒時の活動は深い睡眠時よりも望ましくないということになります。[23] 直感に反することだと思いますが、進めていくうちに理解できるようになるでしょう。[24]

エントロピーと情報の関係は、電気技師であり数学者でもあったクロード・シャノンによって、有名な方程式として公式化されました。この画期的な発見により、シャノンは「情報」を物理学に単独で取り入れ、それ以来、特に量子力学において、情報は基本的な概念となりました。[25] 物理学者のエドウィン・トンプソン・ジェインズは、シャノンの研究を基に、熱力学的エントロピーは情報エントロピーの応用と見るべきだと主張しました[26]。それゆえ、シャノンの定義は熱力学的な定義よりも基本的なものです。情報力学の観点からエントロピーを抽象的に定義する方が、熱力学の観点から具体的に定義するよりも一般に適用できるものになるということです。したがって、熱力学の法則は、より深くにある確率の法則の特別なケースであると考えられます。熱力学の法則が脳のような物質的な（触れることができ、目に見える）システムにのみ適用されるのに対し、情報の法則は心のような非物質的な（触れることができず、目に見えない）システムにも適用されることになりますので、この点は重要です。

しかし、確率と情報とはまったく別物です。シャノンの意味での情報には、コミュニケーションという要素が加わっています。情報科学を確立したシャノンの代表的な論文のタイトルが「コミュニケーションの数学的理論」となっているのはそのためです[27]。それ自体が存在する確率とは異なり、コミュニケーションには情報の源とレシーバーの両方が必要です。（それを伝達する側が人である必要はありません。例えば、本であったり、いいレシーバーが学ぶことのできる情報を持つシステムであったりします）。

このことは、意識は情報にすぎないという理論的仮定に大きな問題を提起します[28]。情報の源とは何なのか、レシーバーとは何なのか、情報は統合されているのか、そうでないのか、という問題です。これが、認知科学者が用いる情報フローモデルに私が不満を抱く理由です。主体はどこにいるのか、レシーバーはどこにいるのかという問いを曖昧にしてしまうからです。こうして、オリバー・サックスの言葉を借りれば、認知科学からこころが排除されるのです。

しかし、経験する主体を省いてしまうことは、それ以上に大きな問題を提起します。おそらくそれは、今日の認知科学が直面している最大の問題でしょう。観察者がいなければ、そもそも情報処理は（つまり、質問や回答は）どのようにして、なぜ、行われるのでしょうか？

シャノンのエントロピーとしての情報の発見をきっかけに、物理学者ジョン・ホイーラーは「参加型」の宇宙解釈を提唱しました。[29] ホイーラーによれば、物事はただ、人間の問いかけに応じて、今あるような形（観測可能な現象）で存在するようになるだけだというのです。現象は、それ自体、見る人の目、参加する観察者の目、質問を行う者の目の中にしか存在しないのです。ホイーラーの有名な言葉を借りれば、「イッツはビッツから生じるIts arise from bits」（「イッツ」とは観察可能なもののことです[*]）。[30] それゆえ、情報が「物理的」であるのは、物理法則に関与しているからだけではなく、観察可能な現象すべての基礎となっているからです。こうして、抽象的な力やエネルギーが観察可能になり、測定可能となるのです。「われわれが現実と呼ぶものは、最終的には、イエスかノーの問いを投げかけ、装備に誘発された応答を登録することから生じる。つまり、［中略］物理的なものはすべて、情報理論的な起源がある」。[31]

神経系の感覚モダリティは、私たちが宇宙に問いかける質問に対する「装備に誘発された応答」を生み出します。感覚的な反応は、私たちが経験する現象、つまり「もの」を生み出します。したがって、経験そのものは、情報のレシーバー（参加する観察者）と情報の源との間のコミュニケーションから、

＊　訳註：ビッツはイエスかノーの二項のことなので、イッツは現象的世界の最小粒子をビットは情報の最小単位を象徴しており、「世界は情報から生まれる」というような内容を意味しています。原註30も参照。

つまり、質問者と質問者が登録した答えとの間のコミュニケーションから生じます。しかし、質問者はどこから来るのかという疑問がまだ残ります。

これは頭の痛い問題です。先に進む前に、一旦整理しておきましょう。私は重要なポイントを三点お伝えしました。一つ目は、システムの平均情報量がそのシステムのエントロピーであるということです（つまり、システムのエントロピーは、その物理的状態を記述するのに必要な情報量の尺度です）。二つ目は、生命システムはエントロピーに抵抗しなければならないということです。この二つの事実を合わせると、私たちは処理をする情報を最小にしなければならないということになります。（ここでいう情報とは、もちろんシャノンの意味での情報であり、言い換えれば、不確実性を最小にしなければならないということです）。本章と次章で述べることのすべては、この単純だが驚くべき結論からの当然の帰結なのです。

このことが、これまでに学んできた、三つ目の重要なことにつながります。それは、私たち生命システムはホメオスタシスのメカニズムによってエントロピーに抵抗するということです。つまり、私たちは、展開していく出来事に関連して自分の生物学的な状態について質問を投げかける（つまり、測定する）ことで、生存の可能性に関する情報を受け取っているのです。答えが不確かであればあるほど（つまり、含まれる情報が多ければ多いほど）、私たちにとっては悪いことです。それは、限られた状態（予期された状態）を占めるというホメオスタシスの義務を果たせていないことを意味します。

私たちの問いかけの性質は、私たちの種によって決定される部分があります。サメは水中で呼吸ができますが、人間はできません。つまり、人間には異なる欲求があり、異なる状態を占めることが予期されているのです。このような要求は、自然淘汰によって決定されます。進化のニッチ〔生物的地位〕にとどまることが、広く捉えれば、ホメオスタシスのすべてです。だからこそ、それぞれの種は「私はここで息ができるか？」というような疑問を持つ必要があるのです。私たちの生存は、私たちが受け取る答えにかかっているのです。

ところで、なぜ生物学的な要求を予期と考える必要があるのでしょうか。このような言い回しは、一見奇妙に見えますが、あとで重要になってくる深い連続性がここには示されています。そのためには、個々の生物の視点ではなく、進化そのものの視点で考えてみましょう。自然淘汰は、それぞれの種をその生態系のニッチに適合させます。つまり、それぞれの生物の生存は、その自然の生息地で実際に確実に見つかるものだけに依存します。すなわち、私たちが空気を必要とするのは、そのことを予期できるからなのです。

ここで、参加する観察者はどこから来るのか、という先ほどの重大な問いに戻ることができます。言い換えれば、物理学的に見て、どのようにして、なぜ、質問をすることが生じてくるのかという問いです。[32]

ここで、自己組織化という考え方のごく簡単な歴史を紹介します。この用語を最初に使ったのは、イマニュエル・カントで、一七九〇年の『判断力批判』においてでした。カントは、生物には内来的な「目的」と「意図」があると主張しましたが、それは彼によれば、生物を構成するメカニズムが結末〔／目的〕と手段の両方を同時に持っている場合にのみ真となります。このような「目的論的」実体（すなわち、内来的な目的と意図を持つ実体）は意図的に行動するに違いない、とカントは述べています。

「このような条件の下で、このような事柄に基づいてのみ、そのような産物は、組織化され、自己組織化された存在となり、そのようなものとして物理的な結末と呼ばれうる」〔邦訳三八二頁〕。そのような存在がどのようにして生まれるかを科学の力では説明できない、とカントは信じていました。「草の葉のニュートン」などありえない、というわけです(*)。

次いで、ダーウィンが自然淘汰を発見しました。ご存じのように、自然淘汰は、生存と生殖という内来的な目的と意図を生み出します。生存と生殖はどちらも自己組織化の現れであることがわかりました[33]。そして、ダーウィンの洞察により、目的を持った（テレオロジカル）存在の起源と構成に関する問題は、科学にとって扱いやすいものとなりました[34]。あとは細部を詰めていくだけとなったのです。

二〇世紀半ば、「サイバネティックス」という学問を確立した数学者のノーバート・ウィーナーが、シャノンの情報の理解にフィードバックという概念を加えたことで、さらに重要な一歩を踏み出しました。ウィーナーによれば、システムは自分の行動の結果についてフィードバックを受け取ることで、その目標（その「基準状態」）を達成することができます。フィードバックには、誤差信号が含まれます。誤差信号とは基準状態からの逸脱を測定するもので、これを利用してシステムの行動を調整し、軌道を維持することができます。このように、ホメオスタシスは、より一般的なサイバネティック原理の特定のケースであることがわかりました。つまり、ホメオスタシスは一種のネガティヴ・フィードバックなのです。

ウィリアム・ロス・アシュビーは、このフィードバックの概念を、先に紹介した統計物理学と組み合わせることで、どのように自己組織化が自然のうちに展開するのかを明らかにしました[35]。アシュビーは、多くの複雑な力学的システムが、ある定点に向かって自動的に進化することを示し、この定常点を、周辺を取り囲んでいるさまざまな状態からなる「盆地」の中の「アトラクター」と記述しました。そのようなシステムがさらに進化すると、限定された状態を占めるようになります。

限定された状態におかれるというこの傾向は、あなたにも聞き覚えがあればよいのですが。これはエントロピーに抵抗する傾向に他ならないからです。フリストンによれば、この傾向こそが、自己組織化のより精巧な形態の引き金となります。フリストンがシミュレートした原始スープ（この章の最初に述べました）の中で、サブシステムの間にその可能性〔限定された状態を占める傾向〕を作った後、彼はそれらの行動が三つの段階で発展するのを観察しました。

（1）近距離のパラメータを設定すると、たくさんの点はあちこちに飛び散った。
（2）他のパラメータを設定すると、たくさんの点は安定した結晶のような構造に合体した。
（3）さらに他のパラメータを設定すると、たくさんの点はより複雑な挙動を示した。合体した後、落ち着きなく互いにせめぎあい、ダイナミックな構造の中で特定の位置をとった。

フリストンが自身の言葉で、その様子をこう説明しています（専門用語は気にせずに読んでください。

＊　訳註：物理学でニュートンは存在したが、草の葉（生命現象）の中にニュートンは存在しないという意味で、ニュートンの考えの限界を示したカントの言葉。邦訳四一九頁。

彼が見たものを視覚的に印象づけたいだけですから)。

これらの挙動は、ガスのような挙動(サブシステムが時折相互作用するほどに接近する)から、サブシステムがポテンシャルの井戸の底に強制的に集められる大鍋のような挙動まで、さまざまである。この領域では、サブシステムが十分に接近し、逆二乗則によってサブシステムが吹き飛ばされる。これは核物理学における素粒子の衝突を彷彿とさせる。特定のパラメータ値では、このような散発的かつ臨界的な事象により、力学が非エルゴード的になり、予測不可能な高振幅の揺らぎが発生し、落ち着かなくなる。他の領域では、相互作用が弱く、構造的(構成的)エントロピーの低い、より結晶性の高い構造が現れる。しかしながら、大半のパラメータ値において、アンサンブルがランダムなグローバルアトラクターに近づくと(通常は約一〇〇〇秒後)、エルゴード的な振る舞いが現れる。一般的に、サブシステムは(ビッグバンのイラストの如く)最初は互いに反発し合い、その後、中心に向かって落ちついていき、合体しながら互いを見つけていく。その後、局所的な相互作用によって再組織化がなされ、サブシステムは、近くのサブシステム同士が静かにぶつかるまで、あちこちに(時には周辺部まで)移動する。力学の観点から見ると、過渡的な同期は、力学的な爆発の波として見ることができる。[中略] 端的に言えば、運動と電気化学の力学は、(太陽の表面上の太陽フレアとは違って)まるで落ち着きのないスープのように見える。これ以上の自己組織化があるだろうか?[36]

この最後の質問に対する答えは、イエスであることがわかりました。そこでは、高密度のサブシステ

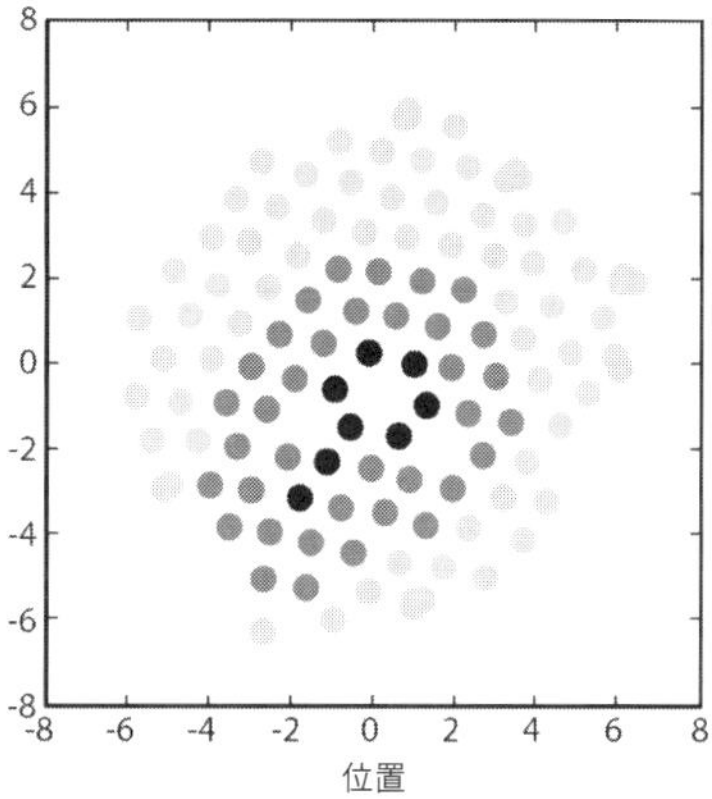

図13　自己組織化システムとそのマルコフブランケット。この図では、黒い点でシステムの内側のコアを、濃い灰色の点で周囲の層（ブランケット）を描いています。薄い灰色の点はシステムの外部にあります。（フリストンのオリジナルの図では、ブランケットのサブレイヤーが〔二つに〕区別されています。本文で彼の色に言及するので書いておくと、外部の点は水色、内部の点は紺、感覚的な点は紫、能動的な点は赤です）。

ムが周囲の環境から分離した後、同心円状の層構造を形成し、それぞれが内側のコアと外側の表面を持ち、さらに二つのサブレイヤーに分割されるという複雑な力学的構造が現れます（図13参照）。分割された表面の方のサブレイヤーは、内側のコアと周囲の環境との間で、それぞれ、非常に興味深いパターンの相互作用を示します。外側のサブレイヤーの状態は、外部環境の状態に左右され、それが今度は内部サブシステムの状態にも影響を与えますが、この影響は相反的なものではありません（言い換えれば、コアの内部構成要素は外側のサブレイヤーには何の影響も与えないのです）。同様に、内側のサブレイヤーの状態は、内側のコアの状態から因果的に影響を受け、それが今度は外部環境の状態にも影響を与えますが、その影響のラインはまたしても相反的なものではありません。このような因果的依存関係の配置が、マルコフブランケットとして知られるものの特性を定義しま

す。(37)

「マルコフブランケット」とは、二組の状態を互いに分離する統計学的な概念です。そのような編成が生じると、状態は内部と外部に、すなわちシステムとシステム以外（ノット・システム）〔／非システム〕に分割されるようになります。その際、内部状態がシステムの外部状態から遮断されるようになります。言い換えれば、内部状態は、外部状態を、ブランケットの状態として、代理的に「感知」することしかできません。さらに、マルコフブランケットは、それ自体が、外部セットの状態に因果的に依存するサブセットとそうでないサブセットに分割されます。これらのブランケットの状態は、それぞれ「感覚」状態と「能動」状態と呼ばれます。

マルコフブランケットの形成により、システムの状態は、内部、能動、感覚、外部の四つのタイプに分けられます。外部状態は自己組織化する実体の一部ではありません。重要なのは、これら四種類の状態間の依存関係が、循環的な因果関係を生み出していることです。外部状態は、ブランケットの感覚状態を介して内部状態に影響を与えていて、内部状態は、能動状態を通って外部状態に戻って連結します。このようにして、内部状態と外部状態は、循環的なやり方でお互いを引き起こします。別の言い方をすれば、感覚状態は、能動状態が外部状態へ及ぼす影響の結果をフィードバックし、それによってシステムのその後の行動を調整するのです。

これが生物の知覚と行動のサイクルに似ているとすれば、そして、前章で述べた、網様体賦活系、前脳、中脳の決断トライアングルの間の循環的な因果関係を思い起こさせるとしたら、それは偶然ではありません。これがまさに、このような抽象的なモデルの価値です。深い規則性をもった形式論が明らかになることで、幅広い基体を認識することができ、生物の構造を新たな方法で理解することができるのです。

マルコフブランケットは探し始めれば至るところで見つかります。細胞膜はマルコフブランケットの特性を持っていますし、それ自体が細胞で構成されている全身の皮膚や筋骨格系もそうです。また、すべての細胞小器官、器官、生理系も同じです。したがって、体の他のシステムを制御している脳（実際には神経系全体）もマルコフブランケットを持っています。実際には、他のブランケットすべてを取り囲んでいるので、脳はメタブランケットと言うべきでしょう。自己組織化システムは、常により小さな自己組織化システムから構成されていて、すべてではありませんが、確かに気が遠くなるほど長い道のりです。これが生命の基本的な構造であり、何十億もの小さなホメオスタシスがマルコフブランケットに包まれているのです。

私たちは、先ほどの問いの答えに近づきつつあります。つまり、物理学的に見て、なぜ、どのようにして、質問をすることが生じてくるのかという問いです。まだそこまでは至っていませんが、これまで述べてきたことから、複雑な力学的システムの自己性そのものがそのブランケットによって構成されていると結論づけるのが妥当でしょう。このような自己組織化システムは、自分自身を他のすべてのものから切り離すことによって存在するのです。切り離した後は、自己組織化システムは自身の状態を登録することしかできません。システム以外の世界［／システムの外部の世界］は、システムのブランケットの感覚状態を介して、代理的に「知る」ことができるだけなのです。私は、このような自己組織化の特性が、実は主観性の本質的な前提条件であると提案します。

ここで区別をしておきましょう。自己性の根本的な基盤を提供するのは、そのようなシステムの自己保存的な性質、つまり、環境から分離してそれ自身の存在を能動的に維持する傾向です。そして、主観性の根本的な基盤、隔離された自己の「観点」を構成するのは、そのようなシステムの隔離された性質、つまり、自分のブランケットの感覚状態を介してのみ非自己の世界を登録することができるという事実なのです。

もちろん、すべての自己組織化システムが感じることのできるsentient主観性を持っているというわけではありません。自己組織化システムが意識的になる前に示さなければならない特性を同定するまでには、まだ道のりがあります。しかし、たとえ意識を構図の中にいれなくても、他者の心という問題に対する物理学的な原型には行き着いたように思われます。マルコフブランケットの本質とはまさに、システム以外の状態がシステムの内部から隠されると同時に、その逆も同じように成立するような形で、状態を「システム」と「システム以外」とに分割することにあります[38]。

フリストンの原始スープに戻ってみると、事態はさらに奇妙になります。フリストンは、複雑な力学的自己組織化システムを自発的に生成して、このアンサンブル〔／全体的効果〕がシステムの内部状態から外部状態を予測できるかどうか検証しました。もしそれが可能であれば、システムの内部状態が時間をかけてその外部状態をモデル化していることを示唆することになり、内部状態自身の中にその外部事象を表象していると言うこともできる、とフリストンは主張しました。魔法のように聞こえるかもしれませんが、これは単純に、システムが外部の出来事のパターンに適応しているということを意味します。外部の出来事にシステム自らが順応したということです。（とても単純化して言うと、風が吹いていないときに、ある地域の木の傾きからその地域の典型的な風向きを予測できるのはそのためだ、ということです。木の傾きが風向きを「表象している」のは、風向きに合わせてその角度で成長してきたからなのです）。

フリストンは、シミュレーションした生物の内部サブシステムの機能状態を調べました。そして、この予測能力がまさに、彼が発見したものなのです。

内部事象が外部事象をモデル化している場合に予想されるように、「外部事象」を予測する内部ダイナミクスは、事象そのものよりも前に、その揺らぎの中に現れているようである。興味深いことに、最良に予測されたサブシステムは、内部状態から最も遠いところにあった。この例は、内部状態が遠くの事象を推論したり登録したりする様子を示しているが、これは音波を通して聴覚的事象を知覚したり、魚が自らの環境の中で動きを感知するのと同じである。動きを確実に予測できるサブシステムは、アンサンブルの周辺部で最も重要であり、そこは、アンサンブルが最も自由に動けるところでもある。これらの動きは、マルコフブランケットを介して、全般化された同期によって、内部状態に連結される。[39]

システムの内部状態が物理的に離れた出来事をモデル化するという同期性を観察したフリストンは、内部状態が「推論」を行うと結論づけました。

これが、そのようなシステムの最も重要な特性であることがわかります。マルコフブランケットは自己組織化システムの内部状態に、隠された外部状態を確率的に表象する能力を与え、そのシステムが自、らの感覚状態の隠された原因を推論できるようにします。これは、知覚の機能と同族のものと言えます。次にこの能力により、自己組織化システムは、その内部状態に基づいて、外部環境に対して目的を持って動作することができるようになります。その動作は運動活動と同族です。

このようにして、システムは外部からの摂動〔主たる力の運動が他の力で乱される現象〕に直面しても、自らを維持し更新していくのです。[40] 自己組織化したシステムであるというだけで、システムとその各部分に目的を与えるには十分であり、それがブランケットの能動状態の機能です。それらの状態はシステムの統合性を維持するために環境を操作します。つまり、閉ざされた自己、主観的な視点、目標、感知し行動する能力とともに、マルコフブランケットという単なる事実が、作用主と同族のものをもたらすということです。[41] フリストンのシミュレーションに出現してくる形では、〔マルコフブランケットがそのシステムの中で〕特に命令するものには見えないかもしれません——水色（外部）の点は、紫（感覚）の点を介して紺（内部）の点に影響を与え、紺の点は、赤（能動）の点を介して水色の点に戻って連結するということだけですから。とはいえ、生物学的な自己組織化システムが、その感覚状態の隠れた原因を、今のところ非意識的にではありますが、推論しなければならない理由は、お分かりいただけたかと思います。そうしなければ、自己組織化システムは存在しなくなってしまうからです。そのようなシステムは世界の因果的依存関係をモデル化することを余儀なくされますが、それによってその世界での動作が自分たちの生存を確かなものにしてくれるのです。

これが、「予期された状態」という概念の由来であり、生物学的な自己組織化システムがホメオスタシス的である理由です。ホメオスタシスは、自己組織化とともに発生してきたように思われます。マル

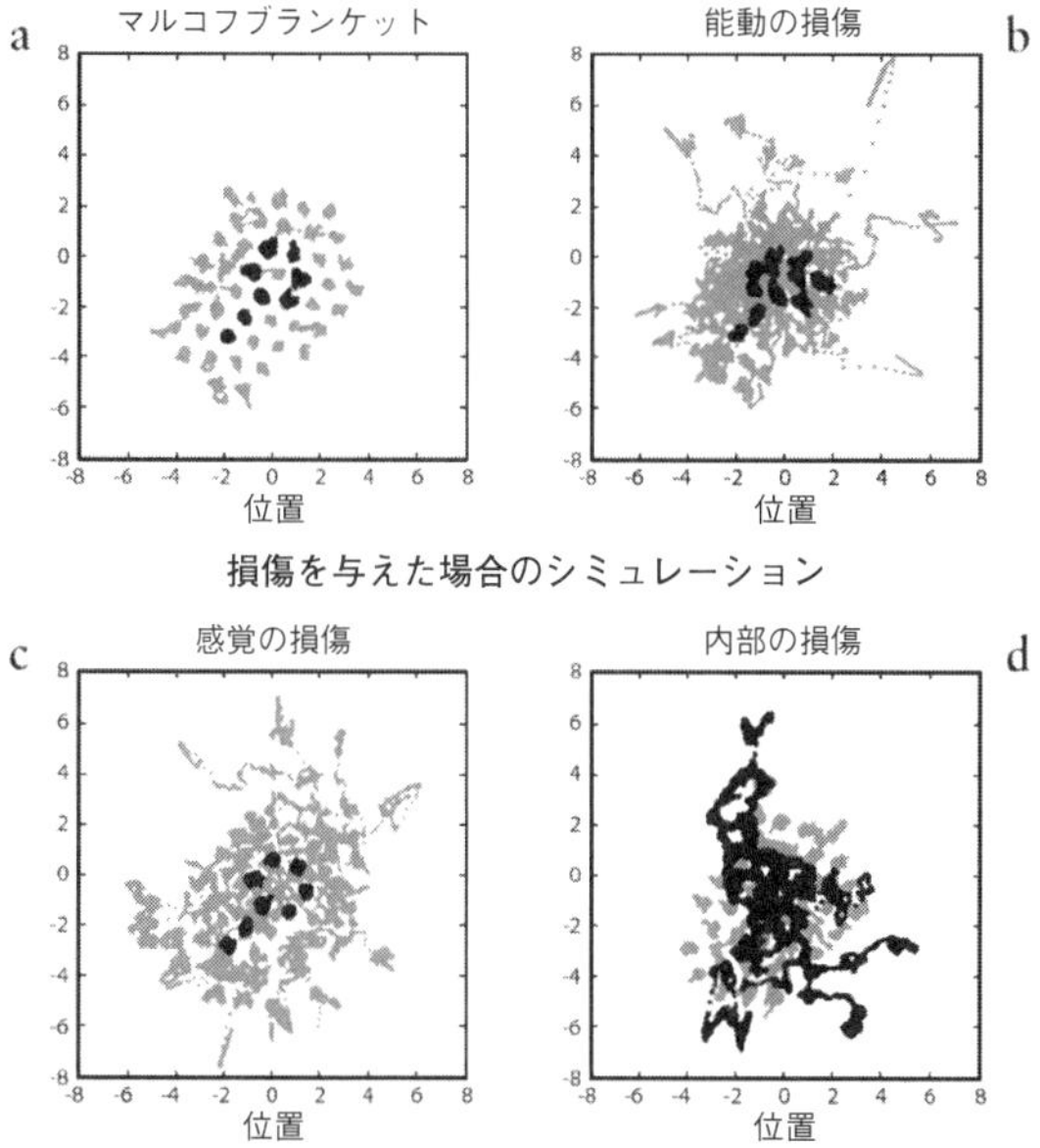

図14　自己組織化システムのマルコフブランケットにわずかな損傷を与えた場合のエントロピー効果。

コフブランケットの感覚状態と能動状態は、自己組織化システムのレセプターとエフェクターに他ならず、それが生成する外部状態のモデルはそのコントロールセンターなのです。

生物学的な自己組織化システムは、世界のモデルを検証しなければなりません。世界が予期した答えを返さなければ、急いで違うことをしなければなりません。さもなければ死んでしまいますから。予期された状態からの逸脱は、したがって、ホイーラーの「装備に誘発された応答」の根本的な形だといえます。このようにして、質問が生じてくるのです。つまり、自己組織化によって、参加する観察者が存在するようになるのです。自己組織化システムがいつも自身に問いかけている質問は、簡単に言えば、こうなります。

「もしそれをしたら、私は生き残れるだろうか？」。その答えが不確かであればあるほど、システムにとっては悪いことなのです。

マルコフブランケットの能動状態と、ホメオスタシスによる自己保存との関係は、フリストンが実験的なシミュレーションで自己組織化システムのブランケットを損傷させたときに何が起こったかを示すことで、最もよく説明されます。彼は、この実験で、ブランケットの感覚状態がその能動状態に影響を与えるのを選択的に妨げました（図14のパネルb、c、dを参照）。マルコフブランケットの通常の能動状態がない状態では、エントロピー的な混沌が発生し、システムは急速に消滅しました。すなわち、システムは存在しなくなったのです。

今、私が形式的な用語で（統計物理学の概念を用いて）説明したことは、力学的な自己組織化システムの基本構造です。フリストンはその法則的な関係を、次のように要約しています。「マルコフブランケットを持つエルゴード・ランダム・ダイナミック・システムは、その構造的・力学的統合性を能動的に維持しているように見える」。[42]（「エルゴード」システムとは、限定された状態を占めるシステムです）。この種の活動は、先に述べたカントの基準を満たしています。マルコフブランケットは、自己組織化システムが長期にわたって持続するための目的と手段の両方であり、これは自然に起こることです。したがって、そのようなシステムは、非常に原始的な（そして非意識的な）ものではありますが、それ自体が心を持っているように見えるのです。

この議論が正しければ、近距離相互作用を持つ連結したサブシステムの任意のアンサンブルにおいて、自己組織化の出現を特定することができるはずです。これがまさにフリストンの原始スープの実験が示したことです。そこで彼は、この実験から、すべての生物学的自己組織化システムの四つの基本的特性を抽出しました。

（1）エルゴード的であること。
（2）マルコフブランケットを備えていること。
（3）能動的な推論を示すこと。
（4）自己保存的であること。

この章のタイトルにもなっている自由エネルギー原理とは、正確には何なのでしょうか？　まず最初に言っておきますが、これは説明が難しいことで有名です。これはフリストンの方程式によるところが大きいのですが、私が「私たちが知っているような生命」を理解したときに見出したように、フリストンの方程式は難解で不透明なものです。そこで、私は皆さんに、この原理をすべて言葉で説明しようと思います。数式は、関係性の記述に他ならないので、必ず言葉に置き換えることができます。とはいえ、この基本的な方程式は、あなたの人生の中心的な目的や意図を説明するものであり、これまで生きてきたすべての人の目的や意図を説明するものでもあるので、一度は正規の表記法で見ておくべきでしょう。それは次のようなものです。

$$A = U - TS$$

ここで、Aは自由エネルギー、Uは全内部エネルギー、Tは温度、Sはエントロピーを表します。

それは何を意味するのでしょうか？　熱力学では、システムの自由エネルギーは、システムに含まれるエネルギーの総量から、そのエネルギーのうちすでに有効な仕事に使われていて自由ではない部分を差し引いたものに等しいとされています。[43] したがって、この方程式は「自由エネルギーは、内部エネルギーの総量からすでに使われているエネルギーを差し引いたものに等しい」というだけのものです。これ以上に簡単なことがあるでしょうか？　自由エネルギーとは、自由ではないエネルギーを取り除いたときに（つまり「束縛エネルギー」を取り除いたときに）残るものなのです。[44]

今しがた説明した方程式は、基本的な熱力学の文脈では自由エネルギーを正確に定量化することができますが、化学的な文脈では、さまざまな温度や圧力の下での何らかのプロセスによって生成される追加の分子の分だけ差し引く必要があります。そのため、化学者はこの式の少し異なるヴァージョンを使います。[45] 両者を区別するために、古典的な熱力学型の自由エネルギーを（ベルリン物理学会の主要メンバーであったヘルマン・フォン・ヘルムホルツにちなんで）「ヘルムホルツの自由エネルギー」と呼び、化学的アンサンブル型の自由エネルギーを「ギブスの自由エネルギー」と呼びます。

フリストンは、情報の文脈で自由エネルギーを定量化するために、同じ方程式の第三ヴァージョンを使用しています。この型の自由エネルギーを「フリストンの自由エネルギー」と私は呼んでいます。[46] 関連する方程式では、「フリストンの自由エネルギーは、平均エネルギーからエントロピーを引いたものに等しい」としています。ここでの「平均エネルギー」とは、あるモデルの下で起こる出来事の予期された確率を意味し、「エントロピー」とは、実際に起こる出来事の発生率を意味しています。つまり、フリストンの自由エネルギーとは、データサンプルから、つまり、ある一連の事象から得られると予期された情報量と、実際にそこから得られる情報量との差のことです。（予測システムのエントロピーは、その平均情報量であり、その情報量の増加は確率の減少を意味することを思い出してください）[47]。したがって、「フリストンの自由エネルギーは平均エネルギーからエントロピーを引いたものに等しい」という方程式は、「ヘルムホルツの自由エネルギーは総内部エネルギーから仕事を遂行するのに利用できないエネルギーを引いたものに等しい」という方程式と、基本的に同じことを言っています[48]。これは、フリストンの自由エネルギーがヘルムホルツの自由エネルギーと類似しているとはいえ、フリストンの自由エネルギーではシステムとその環境との間の熱力学的な交換ではなく、情報の交換がなされるためです[49]。

生物システムがエントロピーを最小化しなければならず、エントロピーが平均情報量であるとすれば、システムは処理する情報の流れを最小にしなければなりません。予期せぬ出来事を最小限に抑えなければならないのです。これは専門的には「サプライザル」（／驚き）として知られるものです。エントロピーと同様に、サプライザルは確率の減少関数であり、確率が下がるとサプライザルは上がります[50]。サプライザルは、ある出来事がどれだけ起こりそうにないことかを測定し、エントロピーは、その出来事がどれだけ（平均的に）起こりそうにないかを測定します[51]。つまり、（呼吸する場所の）モデルのエントロピーと同じように、サプライザルは生物にとっては悪いものなのです。専門的な話になってしまうのは避けたいので[52]、次のことだけ述べさせてください。最もわかりやすい基本的なレベルで言えば、生物学的に期待される設定状態の外に出ると（例えば、三六・五〜三七・五℃の範囲外とか、水中で呼吸するなどになると）、まさにその状態に存在する確率が低いために、あなたはサプライズの状態になるということです。

自己組織化システムでは、情報の流れを最小限にしなければなりません。なぜなら、情報の需要が増えることは、予測モデルにおける不確実性が増すことを意味するからです。不確実性はサプライズをもたらしますが、これは私たち生物学的システムにとっては悪いことです。危険となりうるからです。しかし、どのようにすれば、情報の流れを最小限にすることで、サプライズを最小にすることができるでしょうか？　それは、ただ現実から逃避すればよいということでしょうか？　答えはノーです。フリストンの自由エネルギーは、あるシステムによってモデル化された世界のあり方と、世界の実際の振る舞い方との違いを量的に示す尺度です。したがって、この差を最小にしなければなりません。システムの世界モデルは、可能な限り現実の世界と一致していなければなりません。つまり、世界からサンプリングした感覚データと、そのモデルによって予測された感覚データとの間の差を最小にしなければならないのです。これにより、世界とモデルの間の「相互情報量」が最大化され、不確実性が最小化されるのです。

これを行う一つの方法が、世界のシステムモデルを改善することです。予測誤差を生成モデルにフィードバックすることで、次回はより良い予測を生成できるようになります。誤差が少ないということは、モデルにフィードバックされる誤差が少ないということであり、情報の流れが少ないということでもあります。つまり、「相互情報量」とは、質問をすることとそれに応えることとのコミュニケーションの産物です。世界は私が予測した通りに動いているのか、イエスかノーか、というわけです。

さて、あなたや私のような生物学的システムは、自分のマルコフブランケットによって世界から隔離されているので、私たちは自分のモデルを世界の実際の姿と直接比較することはできません。それゆえ、サプライザルを最小に抑えるためのプロセス全体を頭の中に取り込み、質問をすることから流れてくる情報の「源」と「レシーバー」の両方にならなければなりません。

私たちは、相対的なエントロピーを測定することで、これを行います。つまり、ある行為によって予測された感覚状態と、その行為から実際に流れてくる感覚状態との間のギャップを定量化することによってこれを行います。これにより、フリストンの自由エネルギーと呼ばれる量が得られ、それは実際のサプライザルよりも常に大きい正の値となります。

感覚的な証拠は（頭の中で生み出されるスパイク列として、実際には、何十億もの1と0として受け取られるものですが）、私たちが得られる唯一のデータです。そのデータから世界の因果構造を推論しなければなりません。マルコフブランケットを持つ私たちは、絶対的な真理ではなく、確率分布のようなものに頼らざるを得ないのです。だからこそ、フリストンの自由エネルギーは常にサプライザルよりも大きい、ということを知っていると役に立ちます。それは、私たちの脳が統計的な計算を使って、知ることのできない真実に近似することを可能にしているからです。

フリストンのスープの実験で見たように、生成モデルは、自己組織化システムによって生まれます。この理由から、「自己証明」システムと呼ばれることもあります。自分の生存能力に関連して世界をモデル化し、そのモデルの証拠を求めるからです。これは、「デカルトが言ったように」「我思う、故に我あり」ではなく、「我あり、故に我がモデルは実現可能となる」と言っているようなものです[53]。それぞれの生物学的システムの自己モデルは、すでに説明したように、その種によって部分的に決定されます。人間であるあなたは、サメが普通に住んでいる状態とは大きく異なる状態にあることが予期されます。あなたが海面下数百メートルの水の中で呼吸していることは非常に起こりそうにないことですが、サメにとっては起こり得ないことではまったくありません。つまり、ある一連の感覚状態は、どの生物種がその状態にあるかによって、よりサプライズに満ちたものに、つまり、より起こり得ないものになったりするのです。

世界内自己の優れたモデルの検証は、自己システムが、実行可能な範囲内に収まるような方法で、世界に関与することをどれだけ可能にするかでなされます。これらの関与が優れていればいるほど、自由エネルギーは低くなります。その自由エネルギーが低ければ低いほど、システムのエネルギーの多くが自己保存の仕事へ効果的に使われていることになります。[54] 自由エネルギー原理は、私やあなたのような生命システムがどのように熱力学の第二法則に抵抗して、ホメオスタシスを維持しているかを数学的に説明しています。

自由エネルギー原理はまた、自己組織化システムが自己証明的（ほとんど内省的と言いたくなるほどです）であるもう一つの方法についても説明します。つまり、自己組織化システムは、自身の状態について自分自身に質問することを余儀なくされます。具体的には、「こうしたら私の自由エネルギーはどうなるだろうか？」という質問を延々としなければならないのです。この質問に対する答えによって、システムが次にすることが、常時、適切な時間枠で決定されるのです。[55] これが、すべての随意的行動の背後にある因果関係のメカニズムです。[56]

驚くべきことに、フリストンの原初のスープに示されている、注目すべき精神の力はこれで終わりではありません。私たちは、最も基本的な自己組織化システムでさえ、非意識的な自己と主観性、作用主、そして意図（すなわち、生き残ること）を持っていることを見てきました。それらは認識し、必要に応じて行動するものです。この印象的なリストに、さらにもう一つの成果を加えることができます。そのような自己組織化システムは、ある種の合理性を示すということがわかったのです。それらはかなりの程度、ベイズ的な振る舞いをします。

トーマス・ベイズ牧師はイギリスの聖職者で神学者でした。彼の名前が残っているのは、確率に関する彼の洞察によりますが、彼はそれを出版することはありませんでした。世界についての最良の推測をして修正を行うためには、現在の証拠を背景知識と結びつけて使うべきであると（一七六三年に死後発表された論文で）教えてくれたのがベイズです。言い換えれば、フリストンの今ではおなじみの用語を使えば、私たちは感覚的なサンプルを取り上げ、それを私たちの生成モデルから得られる予測と比較し、それに応じて私たちの信念を更新しなければならない、ということです。

標準的な表現は次のとおりです[57]。

$$P(A|B) = \frac{P(B|A)\,P(A)}{P(B)}$$

この定理を言葉に翻訳すると、「あるデータ群を条件とする二つの仮説の確率の比は、その条件付き確率の比に、データの予測として第一の仮説が第二の仮説を上回る度合いを掛けたものに等しい」ということになります。

もっと簡単に言えば、ある仮説とそれに続く証拠が与えられた場合、仮説の尤度を事前確率とつなげて考慮することによってその仮説の確率を修正しなければならないということです。仮説の「尤度」とは、その仮説が予測する内容と実際に得られた証拠との間の適合度のことであり、「事前確率」とは、その仮説に関するあなたの背景知識（つまり、新しい証拠を考慮する前のその確率）のことです。その結果が、仮説の事後確率です。競合する二つの信念があった場合、事後確率が最も高い方が最良の推測となります（二五五頁の図16を参照）。

例えば、ケープタウン空港で、ヨハネスブルグ便から降りてきた人たちの中に、友達のテレサに似た人を見たとします。あなたの仮説は、この人がテレサだというものです。その「尤度」とは、彼女がテレサであることを前提に、自分がテレサに似た人を見ているという確率です。その後、テレサがロンドンに住んでいることを思い出すと、その事実はこの人がテレサであるという「事前確率」を下げます。あなたの結論（「事後確率」）は、あなたが見ているのは単にテレサに似た誰かだ、ということになります。[58]

ベイズの定理が神経科学の目的に照らして最も重要なことは、無意識のプロセスである知覚的推論が現実生活の中でどのように実際に機能しているのかを、さらに、現実の感覚・運動処理において信号伝達がどのように実際に機能しているかを説明している点です。脳の回路は文字通り、事前確率の分布をまさに計算し、入力信号を減衰させるための絶え間ない努力の中で、感覚ニューロンに予測メッセージを送ります。そして、知覚は文字通り、予測された分布と実際の分布の比較をまさに行い、事後確率を計算します。その結果として生じる推論が、知覚の正体です。[59] 知覚とは、入ってくる感覚信号を自己生成し、それによってその信号を説明しようとする試みなのです。最近、多くの神経科学者が「ベイズ脳（ベイジアン・ブレイン）」と言っているのはそのためです。

先ほど、「情報」と物質世界の関係についてお話ししたことを思い出してください。情報は目に見えないし、触れることもできませんが、本当に存在しているかどうかという点については疑問の余地はありません。物理システムの挙動は、情報の流れによって決定されます。したがって、フリストンの自由エネルギーを最小化することは、同時にギブスの自由エネルギーとヘルムホルツの自由エネルギーを最小化します。これは、予測誤差を最小にすることで、情報の流れを最小にし、情報の流れを減らすことで、脳とからだ全体における代謝の支出を減らすことができるからです。[60] これは、脳の活動が非常に多くのエネルギー（総供給量の二〇％）を消費するからだけではありません。脳内の統計的な自由エネルギーを最小化することが、体と世界の間の生理的なエネルギー交換を調節するからでもあります。[61] これらの交換にもまた、代謝の支出が伴います。このように、予測脳は（長期的には）「怠惰」であることが明らかになりました。つまり、より少ない労力でより多くの成果を得るために、あらゆる機会に目を光らせているのです。[62]

これは、脳が行っていることについての最小限の説明です。しかし、生物が生き続けるためには、脳はエネルギー資源をより節約しなければならないだけではなく、第5章で説明した（エネルギーバランス以外の）多数の生物学的欲求を考慮しなければなりません。これらの欲求のほとんどは、私たちが外の世界で仕事を遂行することを余儀なくさせます。私たちのような複雑な生物を特徴づける多様な欲求は、すべて意識と関係しているのだとおわかりいただけるでしょう。

予測誤差の抑制がホメオスタシスの本質的なメカニズムであることを学びました。したがって、自由エネルギーを最小にすることが、すべてのホメオスタシス的なシステムの基本的課題となります。フリストンの自由エネルギーの方程式は、フロイトが「欲動」と定義した「身体とのつながりの結果として精神（マインド）に求められる仕事の尺度」を定量化可能な用語で再構成したものであることが明らかとなりました。これはフロイトが定量化できないと考えていた尺度でした。今や、私たちはそれを定量化することができます。すべての生命体の随意的な行動の基本的な原動力は、ホメオスタシス的なシステムが、自身の自由エネルギーを最小化することを余儀なくされているということです。この原則は、すべての生命体の行動を支配しています。

フリストンが的確に定式化したように、自由エネルギー原理は、変化しうるすべての量、すなわち、システムの一部である量は、自由エネルギーを最小にするように変化するものである、と命じます[63]。実際には、これは的確な定式化以上のものであり、法則なのです。これをフリストンの法則と呼ぶことにしましょう。自己組織化システムの中で変化しうるすべての量は、自由エネルギーを最小にするように変化します。まさにその通りだと思います。この知識があれば、私たちが精神生活と呼んでいるものはすべて、数学的に扱いやすくなります。

意識とは何かを、形式的で機械的な用語で学ぶ準備がほとんど整いました。しかし、その前に寓話を[64]。

第8章　予測階層

構造エンジニアのイヴ・ペリアクアダクト(*)は、自治体のダムの水漏れを防いだり修理するために雇われています。彼女は、自分の仕事の本当の目的が、近くの村の水と電力を確保し、洪水で村が流されないようにすることだとは知りません。しかし、彼女が知る必要はありません。彼女のただ一つの仕事は、ダムの漏れを最小限に抑えることです。（彼女は大学で学んだことから、ダムのエントロピーを最小化することを覚えているかもしれません。しかし、そんなことを覚えている必要はありません。彼女の仕事はとても実際的なものだからです）。

雇い主は、彼女に必要な装置を提供し、少人数の作業員を雇います。また、彼女は前任者が作ったダムの弱点が記されている指示書も引き継ぎます。そこには、いつ何をすべきかが書いてあります。彼女とそのチームは、先を見越してダムの弱点に目を向けながら、突発的な水漏れ発生も塞ぐなど、ダムの維持と補修を熱心に行います。何年もかけて、予期してなかった水漏れの中にも規則的なパターンがあることを学びます。そのおかげで、彼女は引き継いだ指示書を更新して、水漏れを予測すること（そして予防すること）に長けていきます。このことがコスト削減につながるのです。

＊　訳註：中脳水道周囲灰白質 periaqueductal grey からの命名。

進取の気性に富むイヴは、記録してきた長期的な漏水パターンが気候条件と相関していることに気づきます。記録は知らず知らずのうちに、その地域の気候をモデル化していたのです（つまり、記録と天候は「相互情報量」を持っているのです）。図らずも、彼女はダムを超えた世界の、ある側面に関するモデルを生み出しました。天候にはパターンがあり、そのパターンは水漏れのパターンにも対応しているのです。

この洞察を足場に、イヴはスタッフを増員して気象学部門を設立し、「気候感知」部門と命名します。このことで、彼女のチームの階層に新たな層が加わり、それは別の場所に設置されました。より良い天気予報を得ることが長期的には修理費用の節約になると期待してのことでした。

この新しい層によって、彼女の予測モデルは、予期された文脈に対してさらに繊細なものになりました。気候感知スタッフは、自分たちの仕事が水漏れ防止に関係していることなど知る必要はなく、天候の変化を予測する仕事だけに集中します。イヴは最初に引き継いだ指示書を更新し、それを元に予期された条件のチャートを作成して、スタッフに渡します。この指示書は、予期された水漏れパターンについてのものではなく、予期された気象条件についてのものであることに注意してください。

イヴは、メッセージのチェックにあまり時間をとられなくないので、新しい部門には、予期された条件から逸脱したときだけフィードバックレポートを送るように求めました。彼女はこのレポートを「誤差（エラー）」と呼び、それを元に予期された気象条件のチャートをさらに更新し、それを気候観測所に送り返します。彼女はこのチャートがチームの仕事量を減らし、ひいては自分の負担を減らすと知っているのです。

チャートのおかげで、気象学部門は彼女から与えられた仕事に効率的に集中することができます。業務遂行のために、気象学部門は一連の気候データをサンプリングする機器をさまざまな場所に取りつけ、いくつかはダムから遠く離れた場所にも設置しました。気圧計、気温計、降水量計などは、サンプリングしたパラメータ（気圧、気温、湿度など）が予期された範囲を逸脱した場合にのみ、気候観測所に信号を送信するという方法にチームが調整しました。この範囲は、予測された気象条件に応じて設定されます。これもまた、コスト削減につながります。メーターを読むために雇われた従業員は（階層にさらに層が増えます）、気候観測所に「誤差」信号を送信する機器だけを訪問すればよいからです。これらの信号を注意深く記録し続けることで、観測所は各機器の予期される範囲を定期的に調整することができ、それによって手続きの自動化が一層進みます（つまり、検針員や調整員を派遣しなければならない信号の頻度を減らすことができます）。

その結果として生じるアルゴリズムの中には微妙なものも出てきて、チームは、測定対象となるパラメータの変動は必ずしも固定的で規則的なものではないこと、文脈に応じて変化することを学びます。例えば、「気圧が下がったら予想降水量は増えるが、それは冬に限る」などです。とはいえ、検針員や調整員は、気象学部門の大きな仕事について何も知る必要はありません。この作業員の仕事はただ、気象学部門のオフィスから送られてくる最新の指示に従って、メーターを読んで機器を調整するだけです。作業員の仕事にはあまり関係ありませんが、予期された気象条件からの逸脱に関する気象学部門のレポートにより、イヴは水漏れのパターンをより確実に予測でき、そのことで、さらに効率的なダムのメンテナンス作業ができるようになります。

ところで、近隣の村人たちもこの天気予報を利用しますが、それは村人自身の目的のためであって、ダムとは何の関係ありません。このことが、この部門の本当の目的について間違った印象を与えます。村人たちは、屋外での社会活動のスケジュールを立てるための天気予報なのだと思っています。

イヴ・ペリアクアダクトは時が経つにつれて、ダムの水漏れのパターンが気象条件とだけでなく、地震の発生とも相関していることに気がつきました。そこで彼女は、二つ目の専門チームを立ち上げ、「地震感知」部門と名付けました。地震学部門は、地殻変動などのモデル化や予測に特化しているため、この第二部門は独自の専門的「感知」装備を設置し、継続的に調整し、監視して、調整することになります。また、複雑な記録も作成します。それによって、気象学部門やイヴ自身がそうしたように、新しいチームは仕事の一部を自動化し、予測できない短期的な変動にのみ焦点を当てることができるようになります。（もちろん、村人たちもこの予報をうまく利用していますが、それは決して本来の目的ではありません）。

このようにして、複雑な予測階層が徐々に形成されていきます。複数の部門があり、それぞれがサブレイヤーを持っていて、ダムの向こう側の世界のさまざまなパラメータをサンプリングします。階層の各レベルは、上のレベルから受け取った最新の予測指示にだけ従い、そのレベルでモニターしている下位パラメータの予期された状態からの逸脱のみを報告します。イヴの視点では、感覚部門から受け取る複合的なレポートが相互に文脈を与えるものだと映ります。彼女はその時々で、どのレポートを優先するかを決断しなければなりません。結局、彼女には限られた資源しかなく、起こりうるすべての出来事をカバーすることはできません。

さらに、イヴは長期的なスケジュールに基づいてダムを維持していますが、〔気象と地震の〕感覚部門から送られてくる複合的な予報と合わないときだけ、そのスケジュールから外れます。そして、これらの部門は、収集したデータサンプルが自分たちの長年の予測から外れた場合にのみ、イヴにフィードバックレポートを送ります。このようにして、検針員や調整員に至るまで、すべての人が同じことを繰り返すのです。

ちなみに、イヴが設立した組織の層の間では、メッセージのやりとりやスケジュールの更新が繰り返し行われていますが、これはすべて、ベイズの法則に則っています。つまり、現在の証拠（感覚的なサンプル）と背景知識（事前仮説）を組み合わせて、世界についての最良の推測（事後仮説）を立てたり修正したりするのです。

時間が経つにつれ、イヴの仕事は繰り返しばかりでつまらなくなり、退職を心待ちにするようになります。「辞める前に、まったく新しい、より良いダムを作ってみたい」と考えます。そこで彼女は自治体に電話をかけて、こう尋ねるのです。もしかして「生産」部門はありますか？

最も基本的な自己組織化システムでも、多くの精神機能に類似した機能が現れてきます。しかし、実際の脳の働きを説明するためには、これらのシステムが、どのように組み合わされて、包括的で相互に利益をもたらす構造になるのかを調べる必要があります。フリストンの研究のおかげで、神経系が反復予測階層の条件を満たしていて、それは、イヴ・ペリアクアダクトが時間をかけて確立したものとよく似た働きをしていることが明らかとなりました。脳の多くの複雑な機能は、究極的には、このようないくつかの単純なメカニズムに還元することが実際にできるのです。ヤコブ・ホーヴィはこう書いています。

> 脳は、環境的原因が生体に及ぼす長期的な影響と短期的な影響を、いくぶん必死に、しかし巧みに封じ込めて、生体の統合性を維持しようとしている。そうすることで、世界の豊かで重層的な表象が暗黙のうちに浮かび上がる。これは、心と、われわれの自然における位置についての、美しくも謙虚な絵なのである。[1]

なお、認知科学の「暗黙のうちに」という言葉は、無意識のうちにという意味であることに注意してください。

脳の世界内自己というモデルの中核には、自己の生存可能な範囲に関する種に特異的な予測が生成されます（図15の左側）[2]。この予測は、自律神経反射という形で具体化されます。例えば、「それをすれば、体温は約三七℃になる」というような形です。この中核を取り巻く次のレベル（右側）では、脳が本能的な行動を生み出します（これは、基本情動の再吟味のところで説明した、生得的な予測という形をとります）。その次のレベルでは、（非陳述的な長期記憶システムから）後天的な不随意行動を生成します。次の段階では、（陳述的な長期記憶システムから）随意的行動を生み出します。そして最後の一番外側のレベルでは、（短期記憶システムから）「現在を予測する」最も暫定的な、今ここでの行動を生み出します。

もちろん単純化しています。脳の予測階層には五つ以上のレベルがあり、それらは複数の並列処理の

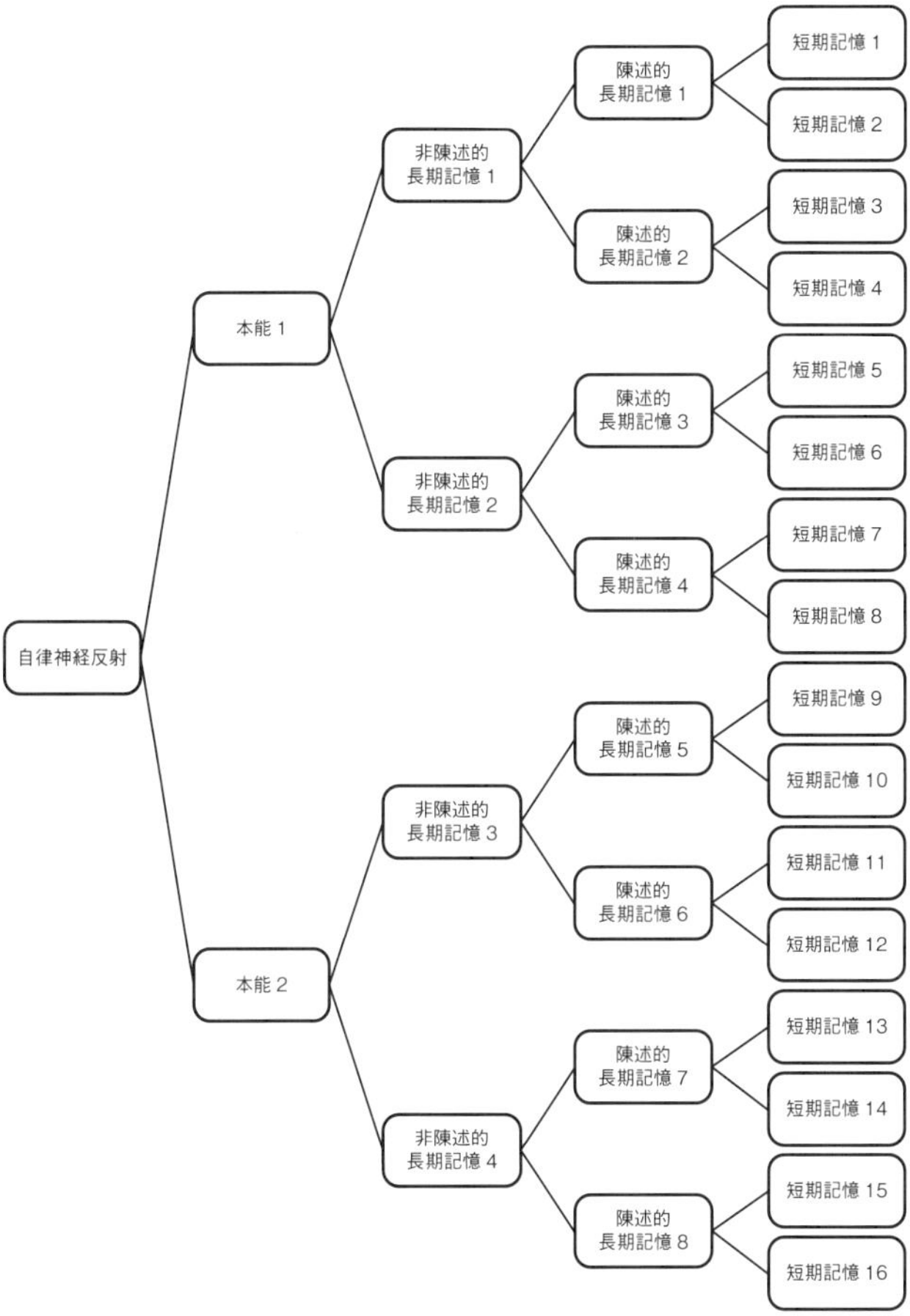

図 15　単純化した予測階層。持続的に緊張状態にある自律神経の中核部から位相依存的な感覚運動の末梢部分に至るまで。予測は中核から末梢に向かって（この図では左から右に向かって）流れ、予測誤差はその反対方向に流れます。

流れで配置されています。それでも、いくつかの一般的な原則は現れています。

第一は、脳が世界の出来事を先読みして、それについての「説明を免れる」ようにしているという点です。脳は、予測可能で情報量の少ない入力信号を抑制し、無意味な処理をしなくて済むようにします。つまり、脳の階層の各水準は、すぐ上の水準から送られてくる、伝える価値があり予期されていない情報だけを受け取ります。これらのフィードバックレポートが予測誤差です。

第二の一般原則は、この階層構造が時間的・空間的な規模を徐々に小さくしながら展開していくという点です。中核の予測があらゆる状況で適用されるのに対して、より末梢部分の予測は一瞬のもの、焦点を絞ったものとなります。一連の予測配列は、脳幹と間脳に位置する身体をモニタリングする核から[3]、大脳基底核や大脳辺縁系を経て、新皮質を通り、受容野が非常に狭い末端器官（網膜の桿体細胞や錐体細胞など）に位置するモダリティ特異的な感覚受容器へと展開します。周辺部では短期的な正確さと複雑さが優先され、長期的な一般化可能性が犠牲になりますが、これはより深い予測によって享受されます。

第三の原則は密接に関連しています。つまり、可塑性にも階層が存在するのです。中核の予測は変更できませんが、末梢の予測は変更することができ、実際に変更されるからです。これらは瞬時に更新され、中間レベルでは中間的な程度で可塑性が得られます。このことは、脳のホメオスタット（脳の自己モデル）の「コントロールセンター」は常に自らを更新しているということを意味しますが、連続的に伝達される誤差はその中核に近づくにつれて、変更への抵抗は大きくなります。より末梢レベルでの可塑性が高まることは、階層的な予測モデルの大きな利点の一つです。

第四の原則は、これまで明らかにしてこなかったものですが、知覚が（学習とは対照的に）情報処理の方向を反転させるという点です。最初に予測モデルを形作っていた因果的依存関係を反転させることで、脳は私たちの知覚的推論を生み出します。メルケルはこの推論を「形のある固体で構成された、完全に統合された、概観的で、三次元的な世界、つまり、私たちに身近な現象的経験の世界」と記述しました。[4]（これらの推論は、図15では左から右への流れです）。「予測モデルの逆転」とは、簡単に言えば、学習から、学習したことに基づく予測への移行です。これは、イヴ・ペリアクアダクトが行ったことです。受信した気象学的データと地震学的データから、ダムを超えた世界の状態を推論（「知覚」）したのです。

知覚は内側から外側に向かって、常に主体の視点から「外側に向かって」進みます。それはまさに統覚であり、推論のプロセスであり、ベイズ理論の仮説検証の問題なのです。[5] この本質を最初に把握したヘルマン・フォン・ヘルムホルツは、これを「無意識的な推論」と呼びました（ここでもその形容詞に注意してください）。あなたが見ているものは、実際にそこに何があるかについてのあなたの「最良の推測」であり、それはあなたが現在世界に投げかけている質問に対してあなたが出した答えなのです。

脳は、そのブランケットの向こう側の知ることができない世界に直接アクセスすることなく、入力された信号の最も可能性の高い原因を推論しなければなりません。脳が頼りにするのは、自分自身の感覚状態（スパイク列：図11）がどのように流れ、どのように変わるか、ということだけです。脳の仕事は、これらの信号を使って、現実の世界（というよりも、自分と世界の間）に存在する規則性の確率的モデルを作ることです。そして、このモデルを使って、自分の動作、その世界で生き残ることを確実にするような動作の指針となる推論を行います。その動作が今度は新たな感覚サンプルを生み出し、そのサンプルを使ってモデルをさらに更新します。モデルは不完全なものなので、更新しなければなりません。これが新たな動作を導きます。こんな具合に進んでいくのです。

したがって、動作は、生成モデルから生じる仮説を検証する実験とみなされるべきです。ある実験において予測された感覚データが得られなかった場合、システムは、(1)データをより良く説明するために予測を変更するか、または、元の予測に自信があるのなら、(2)より良いデータを得る、つまり、感覚入力を変化させる動作を遂行しなければなりません。

予測を変えるか、入力を変えるか、この二つの選択肢が、それぞれ知覚と動作の基本的なメカニズムなのです。

先の三つの段落は、本章と前章を特徴づけているバイアスを正すきっかけを私に与えてくれました。これまで私は、皮質機能を脳の働きのモデル例とする多くの科学者と同じように、ベイズ型の知覚的推論にほぼ独占的に焦点を当ててきました。しかし、能動的推論もあります。実際、能動的推論は(少なくとも生物学では)主要な形式です。なぜなら、知覚の肝心な点は、動作を導くことにあるからです。

今しがた述べたように、ベイズ脳には予測誤差に対応する二つの方法があります。「事後」確率が低下している仮説に直面したとき、「事前」予測か入力のいずれかを変更することで、仮説とデータの間の適合性を高めます。この二者択一の間にある違いは、統計的な適合度の方向性にあります。つまり、予測が感覚入力に合うように変更されると誤差は減少し、感覚入力が予測に合うように変更されても誤差は減少します。もちろん現実には、生物は四六時中、この二つの選択肢を交互に繰り返しています。（野ネズミが低木の中を飛び出し、止まって周囲を見回し、また飛び出し、もう一度止まって周囲を見回す、というような場面を考えてみてください）。いくつかの点で、知覚と動作は見かけ以上に似ているのです。

身体そのものは、中枢神経系のマルコフブランケットの「外部」にある隠れた世界です。図15の予測カスケードには、内臓を操作する内臓神経終末のレセプターとエフェクターに行き着くような、同等の同心円状の層も含まれるでしょう。ですから、脳の世界モデルには、あなたが関心を持つ他のすべての隠れた原因と同じように、あなたの身体的自己とその経路についてのモデルも含まれていなければなりません。（前に挙げた例では、体がどのように動き、そして血液ガスのバランスをどのようにとるかという暗黙のモデルがなければ、煙の充満した部屋から脱出することはできないでしょう）。

さらに動作は、脳が全身の筋肉や器官に壮大な計画を広めることで起こるわけではありません。そうではなく、階層を通して伝達される予測誤差が消えるまで、筋肉は収縮し、腺は分泌するのです。このように、体の筋骨格系の「動作」器官と内臓系の「動作」器官は、予測モデルが予期する遂行の内容と実際に遂行することとの違いによって発生する誤差信号のなすがままになります。予測誤差を抑制することは、知覚と同じように、動作を制御することなのです。[6]

フリストンの法則を思い出してください。自己組織化システムの中で変化しうる量のすべては、自由エネルギーを最小にするために変化します。中脳のメタホメオスタットによって調整され指揮される複数の身体ホメオスタットは、私たちが生き続けるためのメカニズムの要です。理由は単純で、ホメオスタシスの調整は、私たちの身体を生存可能な範囲内に維持するからです。この範囲は変えることはできません。このことは、フリストンの法則に従って、システム内の他の何かが変化しなければならないことを意味しています。これが、欲動と動作の間に存在する必須のつながりの形式的・機械的な説明であり、事前予測の階層が、変更可能なものも変更不可能なものも含めて、存在しなければならない理由です。[7]

しかし、やみくもな動作はほとんど役に立ちません。世界内自己のモデルによって生成される知覚に導かれる必要があります。ベイズの法則は、これを遂行する予測モデルがどのように履行されるのか、それによってどのように絶えず更新されているのか、さらになぜ更新されなければならないのかを説明します。これが学習の形式的な基礎となり、入力される誤差信号から予測が獲得され、時間とともに微調整されていきます。これらのシステムの力動は、同じようなメカニズムの根拠に基づき、動作が知覚よりも優先されることも裏付けています。事前予測の確率を高めることができるのは動作のみであり、その中には前述のように単純に変更できないものもあります。

ベイズの法則は、「背景知識」と呼ばれるものを仮定することから始まります。そうでなければ、この法則は機能しません。[8] ここで疑問が生じます。システムが世界について何らかの証拠を集める前の最初の段階で、背景知識はどこから来るのだろうか、という疑問です。その答えは、私たちの中核にある「予期された状態」は、私たちの種が持って生まれたホメオスタシスの定常点としてコード化されているということになります。その定常点の値は、進化上の祖先に対して効果的に仕事をしたものによって決定されました。私たちは、過去の世代の生物学的成功の恩恵を受けており、それが私たちの存在の最も基本的な前提を定めているのです。

そして、私たちは祖先の功績に甘んじることはできません。感情と動作のつながりは、最初はうまくいかなくても、何度も何度も繰り返し挑戦しなければならないと命じてきます。あなたの心の奥底にある生物学的な欲動の要求は、容赦のないものです。満たされるか死ぬかのどちらかでしか静まりません。後者でなければ、あなたは生まれながらにして持っている反射や本能を補い、自分の欲求を満たす別の方法を開発しなければなりません。他に方法はないのです。要するに、あなたは経験から学ばなければならないのです。私たちにとっては幸いなことに、人間の脳はそれを行う能力を、尋常でないほど十分に備えています。

以上のすべてのことから示唆される興味深い点は、もし感情が、私がこれまで述べてきたようなホメオスタシスのメカニズムによって、つまり「身体とのつながりの結果として精神（マインド）に求められる仕事の尺度」として、実際に作用しているのであれば、感情は自由エネルギーの最小化というその基本的な手段でなければならない、ということです。したがって、感情は意志作用の主要な媒体であり、すべての精神生活の泉なのです。

先ほど、経験からの学習によって階層的な世界モデルが作られ、それを反転させると、同じ世界についての予測が生まれると言いました。しかし、そのプロセスはそこで終わりというわけではありません。予測を検証する必要があります。これが予測誤差を発生させ、この誤差を用いてモデルを更新します。これが「経験から」学ぶということなのです。予測誤差とは、現在の仮説では予測されなかった感覚信号のこと、つまり、自己生成されなかった仮説のことです。これが、データの目を引く（サリエント）部分なのです。

この点で多くの認知科学者が犯してしまう間違いは、入ってくるデータが外受容的なものだけだと思い込んでしまうことです。私たちにとって最も重要な予測誤差（感覚的な入力）は内側からやってくるということを忘れています。例えば、予期された体幹温度から逸脱することは、予期されていない外部の出来事に劣らず、「感覚的な」フィードバックをもたらします。そして、窒息アラームを引き起こすホメオスタシスの誤差信号も同様です。これらの信号は、知覚ではなく感情を生み出します。フロイトが言ったように、前脳は「交感神経節」なのです。この点での混乱は、私の同僚たちが大脳皮質論の誤謬を取り入れてきたことによる長年の代償です。(9) 意識は内因性に生成されるのであり、これがすべてです。意識はその源においては感情です。そして、知覚的推論を評価するために、知覚の上を外に向かって拡張されるのですが、その方法はこれから説明することにしましょう。

最後に、この章で説明した自然な自己保存機能はなぜ、どのようにして意識的となるのか、という疑問に目を向けましょう。意識は感情に基づいていること、感じに基づいていることはわかっています。しかし、感じを生み出し、それによって意識を生み出す、形式的・機械的な法則とは、何なのでしょうか？

第9章　意識はなぜ・どのように立ち上がるのか

生き物が常に自問しなければならない基本的な問いは、「これをしたら、私の自由エネルギーはどうなるのか？」というものです。でも、何をするか？　その時々の動作の考えられる進路は、恣意的なものでも無限のものでもなく、現在の欲求に規定されます。もちろん、欲求と動作の間には密接なつながりがあり、それぞれの欲求に応じた適切な動作が求められます。お腹が空いていれば食べなければなりません。疲れていれば休まなければならない。しかし、そこには実行上のボトルネックがあります。つまり、一度にできることは一つか二つだけです。ですから、次の動作を選択するためには、現在の欲求を緊急度でランク付けしなければなりません。

このランク付けの作業は、二つの点で見た目以上に複雑です。第一に、私たちのような複雑な生物の欲求は、いつも決まった順序で満たされる必要はありません。食べることと寝ること、どちらが大切でしょうか？　それは、あらゆる種類の考慮すべき事柄で決まります。第二に、複雑な生物の欲求の多くは、常に同じ動作で満たすことができるわけではありません。例えば、スープを飲むのと、トウモロコシを食べるのとでは、必要なスキルが違います（それらを準備するのに必要なスキルや資源のことは考えすらしないでしょう）。いずれの点でも、「次に何をすべきか」は絶えず文脈に左右されます。だからこそ、そこに広がっているいる外的な状況との関係で内的な欲求を優先しなければならないのです。

空腹、渇き、恐怖、怒りなどの状態で何をすべきかについては、種に特異的な予測を持って生まれてきます。これらの生まれつきの予測は「反射」とか「本能」と呼ばれ、私たちが感謝すべき、遺伝によって受け継がれる生存手段となっています。しかし、私たちが実際に直面する多様で複雑な状況に対応するには、これらの予測は柔軟性に欠けているため、補完する必要があります。それが経験から学ぶということの役割です。

経験からの学習が感情の法則と結びついていることは、すでに見てきました。感情価値、つまり、私たちにとって生物学的に「良い」「悪い」とされるものに対する感じが、予測していない状況で私たちを導きます。人生の思いがけない問題を、随意的な行動を使いながら、進んでいく道を感じるこのようなやり方が、意識の生物学的機能であると私たちは結論づけました。暗闇の中にいるとわかったときに、感じが私たちの選択を導くのです。しかしもちろん、意識がそれを行うのを可能にするためには、私たちの（欲求に根差した）内的な感情を外界の表象と結びつけなければなりません。

このことが、なぜ覚醒には、感じと物事に対する意識的な知覚が伴うのかを説明しています。私は第6章の終わりに、この結合という大きな謎、主観的な経験が物理的な宇宙という織物の中にどのように編み込まれているのかという謎は、生理学的な現象と心理学的な現象の両方を、その根底にある機械的な原因に還元しなければ解決できないと認めました。これらの原因は、物理学にしか提供できない深い抽象的な次元で明らかにされるべきものでした。前の二つの章で、私はそれらの統一的なメカニズムの形式的な説明に着手しました。

今が、その説明を完成させる時です。自己組織化とホメオスタシスだけでは、意識がなぜ、どのようにして生まれるのかを説明できないとしたら、どうすれば説明できるでしょうか。私が先ほど要約した生物学的欲求の優先付けのプロセスは、形式的にも機械的にも、自由エネルギーの最小化とどのように関連しているのでしょうか？　さらに、このプロセスの結果がある種の自己組織化システムにとって何かのように感じられるということが、どのように起こるのでしょうか？

私の答えの出発点は、まさに先ほど強調した事実にあります。私たち脊椎動物のような複雑な生物は、複数の欲求を持っています。つまり、人間には複数の内部サブシステムがあり、それぞれの内部サブシステムがそれぞれのホメオスタシス機構によって制御されており、そのすべてが自由エネルギーの全体的な計算に誤差値（エラー・バリューズ）を与えています。私たちの生物学的欲求とは、これらの誤差値です。欲求が感情として感じられるとき、私たちは感情をポジティヴまたはネガティヴに「価値づけられたもの」と表現します。これは、主観的な価値を持っているということです。それらの価値は私たちには良いものもしくは悪いものと感じられます。行動主義者は、快と不快の感じを報酬と罰の刺激として再定義することで、価値を客観化しようとしましたが、この問題についてはすでに扱いました。価値は刺激に内在するものではなく、本来的に主観的で質的なものです。ある人にとってはわくわくさせるものが、隣の人にとっては恐ろしいものになるからです。

しかし、価値を定量化することは不可能なのでしょうか？　図12をみると、矢印が右にずれるほど不快が大きくなることがわかります。そのため、ある瞬間、空腹の値は3／10（1／10よりも悪い）だとか、喉の渇きの値は2／10（5／10よりも良い）などということはできるでしょう。感情科学者はこのような測定を常に行っています。被験者にリッカート尺度と呼ばれる尺度で快・不快を評価してもらっています。これらの尺度は主観的なものですが、価値は原理的には定量化可能だという事実は、なぜ感情は質を持つのか、という疑問を残します。自己組織化システムが、原則的に「装備に誘発された応答」（つまり自分自身の状態）を量として登録できるのであれば、その質はそこに何を加えるのでしょうか？　この疑問は、哲学者が「クオリア」と呼ぶもの、つまり、物理主義的な宇宙の概念には収まりきらないとされる、捉えどころのない心の素材に関係しています。

　その答えは、欲求は単純に組み合わせたり合計したりできない、という事実から始まります。私たちの複数の欲求は、共通の分母に還元することはできませんし、それぞれが別々の、ほぼ等しい尺度で評価されなければなりません。それによって、その一つひとつに正当性が与えられます。「3／10の空腹と1／10の喉の渇きで合計4／20の欲求」があって、その合計を最小にしよう、と単純に言うことはできません。それぞれの欲求がそれぞれのやり方で満たされなければならないからです。エネルギー代謝と水分補給は同じではなく、体温調節とも違うなど、それぞれが必要不可欠なものなのです。行動神経科学者のエドモンド・ロールズはこう言っています。「食べ物の報酬が常に他の報酬よりはるかに強いとしたら、その動物の遺伝子は生き残ることができないだろう、水を飲むことがないのだから」と。[1]

　これらの要因を総合すると、生物学的な自己組織化システムが、その欲求（その誤差値）をカテゴリー的に区別することは理にかなっています。カテゴリー化された変数の区別は質的なものです。タイプAの8／10の誤差は、タイプBの同じ値の誤差と等しいものとはみなせないので、先ほど説明した理由から、それらの誤差はカテゴリー変数として扱われなければなりません。これにより、システムは長期的にそれぞれの誤差に相応の価値を与え、かつ文脈に応じてそれらの誤差に優先順位をつけることができます。だからこそ、複雑な自己証明システムが、複数のホメオスタットをカテゴリーにして（「色分け」や「味付け」など）、それぞれを独立して計算し、その結果に優先順位をつけることが意味をもつのです。

欲求の違いによって自由エネルギー全体に占める量が異なるだけでなく、その量の違いは動物にとっても文脈が異なれば違う意味を持ちます（例えば、空腹が眠気に勝る状況もあれば、そうでない状況もあります）。このことが、予測機械の大敵である不確実性を大きくします。不確実性の増大は、どんな自己組織化システムにとっても危険な状態であり、システムの終焉を予見させます。不確実性が高まれば、より複雑な計算機が必要になります（これは情報の流れが増えることを意味し、情報が増えることはエントロピーが増えることを意味します）。したがって、異なる量の相対的な価値が時間とともに変化する場合（今は8／10のAが8／10のBよりも価値があるが、常にそうではない場合）には、カテゴリー化が必要になります。

非常に複雑なモデル・アルゴリズムが進化すれば、予測可能なすべての状況における相対的な生存要求を計算し、それに基づいて動作の優先順位を自動的に決めることができるようになる、と考えられています。しかし、このような複雑なモデルは、あらゆる意味で非常に高価です。扱いにくいので、生死を分けるような遅れが生じてしまいます。また、高い処理能力が必要なので、より多くのエネルギー資源を確保しなければなりません。統計学者は、モデルの複雑さが直線的に増加することで、必要となる計算資源が指数関数的に増加することを「組み合わせ爆発」と呼んでいます。

さらに、ある特定の状況で起こることを正確に予測する複雑なモデルが、別の状況で起こることを同じ正確さで予測できるとは限りません。統計学の用語では、過度に複雑なモデルはデータサンプルを「過剰適合（オーバーフィット）」させると言います。イヴ・ペリアクアダクトのダムの漏水予測モデルは、過去数週間の一時間ごと、もしくは一日ごとの出来事に基づいたものではありませんでした。むしろ、数年間で収集された多くのデータサンプルから得られた、長期的な平均値に基づくものでした。これにより、彼女のモデルはよりシンプルで、より一般化可能なものになったのです。オッカムのカミソリの原則（節約の法則）に基づき、(2) 私たちはシンプルな予測モデルを求めます。モデルがさまざまな状況に適用していくには、単純化が不可欠です。今ここだけでなく、他の多くの文脈でも使用できるものでなければなりません。

　ですから、予測モデルはシンプルでなければなりません。しかし、アインシュタインの有名な言葉にあるように、「すべてのものは可能な限り単純にすべきだが、必要以上に単純にしてはならない」のです。(3) どのようにして適切なバランスを取ればよいでしょうか？　区画化（コムパートメンタライゼーション）は、複雑さと正確さの最適なバランスをとるために用いられる、標準的な統計手法です。これにはさまざまな方法があります。例えば、視覚脳のある部分は自分が見ているものを計算し、別の部分はそれがある場所を計算します。これにより、身の周りを動き回り、形や大きさや方向が変わるものがあっても、その同一性を一定に保つことができるのです。しかし、最も重要なことは、区画化する能力によって、システムがその欲求とそれに付随する予測（すなわち、予期された自由エネルギーの目を引く源（サリエント））を時間とともにカテゴリー的にランク付けし、優先順位の高い区画にその計算努力を集中させることができるということです。

　このことが、それぞれの感情は連続的な快楽的価値（ヘドニック・ヴァレンス）（快・不快の度合いという、すべての感情に共通するもの）だけでなく、カテゴリー的な質（例えば、喉の渇きは分離の苦痛とは異なる感じがするし、嫌悪とも違う感じがするなど）も持つという、観察された事実に対する、統計的・機械的な根拠です。これらが、感情クオリアの本質的な特徴であり、すべてのクオリアの基本形です。つまり、量と質の両方を持っているのです。もっと詳しく言うと、感情は常に主観的で、価値を持ち、かつ質的です。制御問題を扱うためにこれらが進化したことを考えると、そうでなければならないのです。

感情的なカテゴリーの選択と優先付けは、作動モードの観点から説明すると便利です。飛行機が「離陸」モード、「巡航」モード、「乱気流」モード、「着陸」モードのときの振る舞いを考えてみてください。これらの異なる状況では同じ変数が作用しますが、その重み付けは毎回異なります。例えば、着陸中の正確な高度は、巡航中よりもはるかに重要です。イヴ・ペリアクアダクトのダムでも同じです。冬モードと夏モード、地震モードと非地震モードでは、それぞれ異なる作動スケジュールが設定されました。地震が発生すると、イヴは自動化された通常の季節スケジュールを無効にして、「地震緊急」スケジュールを実行しなければなりません。

第6章で使った生理学用語で言えば、それぞれの作動モードは脳の状態型の機能にあたります。そこで説明したように、中脳の決断トライアングルは、「窒息警報」モードのような脳の感情状態を選択します。選択が行われるのは、PAG（中脳水道周囲灰白質）が質問に答えるとき、つまり「収束する誤差信号（すなわち、欲求）のうち、自分の自由エネルギーを最小にする最大の機会を提供するのはどれか」という問いに答えるときです。言い換えれば、まさに今最も目を引く（サリエント）欲求はどれなのか、ということです。その答えは、競合する誤差信号の相対的な大きさだけではなく、カテゴリー（モードや状態）

の違いによってももたらされますが、それが目を引く（サリエント）度合いは文脈の中で評価されなければなりません。その文脈情報を提供してくれるのが、説明したように、上丘なのです。

今日気が付いた例を挙げてみましょう。朝七時にジョギングに行ったときは暗く、一時間後に戻ってきたときは明るくなっていました。（冬の［イギリスの］サセックス州の田舎で私はこの本を書いています）。行きに、農家に隣接する畑を通ると、羊の群れが私に気づき、われ先にと逃げていきました。帰りに同じ畑を通ると、同じ羊が同じ場所で寝ていて、ほとんど私を見ていませんでした。暗闇という文脈での羊たちの驚きは、昼間の退屈さに取って代わられたのです。つまり、「人間が自分の方に向かって走ってくる」という出来事の重要性が文脈によって変わったわけです。夜はこの出来事が優先され、羊はＦＥＡＲモードになりますが、昼間はそうではなく、デフォルトモードのＳＥＥＫＩＮＧにとどまったままなのです。

この種のことは、システムが次に何をするかを決定します。言い換えれば、それは、優先された不確実性のカテゴリーを解決するための生成モデルによって、どの能動状態が選択されるかを決定します。あたかもシステムが、現在の状況では、これが計算論的複雑さを犠牲にできない予測誤差処理のカテゴリーである、と言っているかのようです。そこで、システム（この場合は羊）はＦＥＡＲ作動モードへと移行します。それは、生成モデルがその状況で提供できる最善の戦略を実行します。それで、羊は逃げたのです。次に、それが置かれた特定の場（予期された文脈）について学んだことすべてを考慮した上で、最良の結果を期待しつつ最悪の事態に備えます。つまり、計画を慎重に実行し、展開する事の成り行きに対応できるようにしておくのです。

重要なのは、FEARモードに移行するということは、優先された欲求が感情になったということを意味する、ということです。言い換えれば、それは意識的になったのです。どうしてでしょうか？ 意識的になると、最も目を引く欲求カテゴリーにおける予期された結果からの逸脱が、予測階層全体で感じられることになるからです。それが感情の正体です。それは、システムが自らに問いかけた質問、つまり「集まってきたこれらの誤差信号のうち、私の自由エネルギーを最小にするための最大の機会を提供するのはどれか」という問いに対する、「装備に誘発された応答」なのです。

私が長く住んでいる南アフリカでは、自然条件下で、つまり、このメカニズムがそもそも進化したような条件下で、感情選択がどのように作用するかを目撃する機会がたくさんあります。私が言っているのは、素晴らしい自然保護区でライオンとスプリングボック〔南アフリカ産のガゼルの一種〕の間で行われていることではありません（それらも十分な機会を与えてくれますが）。私が言っているのは、非常に不平等で、そのためにもめごとの多い社会で起こっていることです。この国の人の多くは、最も目を引く欲求が、自分を殺そうと襲いかかってくる人から逃げることであるときに、それがどのように感じられるかを知っています。その時点で、あなたの随意的な行動はFEARの感じに支配されます。その感じは、あなたが行う動作の今ここでの成功または失敗を測ります。その他の欲求（排尿の欲求など）は、そのときは自動性に追いやられます。言い換えれば、失禁することになってもそれは二の次となるのです。

私たちは、感情的覚醒という心理的現象と生理的現象を、数学的に形式化できる一組の機械的原理に還元しようとしています。第6章では、中脳の決断トライアングルがある欲求を優先すると、前脳の世界内自己のモデルが、その欲求が満たされると予期された文脈を生成すると説明しました。そして、この予期された世界には二つの側面があると言いました。それは、一方では、私たちの予測の実際の内容を表象［／再現］しますが、他方では、その予測に対する私たちの信頼度をコード化しなければなりません。一つ目の相は、前脳の長期記憶ネットワークが提供するもので、過去のレンズを通して現在をフィルタリングします。これを支配する原理は第7章で紹介しました。二つ目の相である信頼度の調整は、「覚醒」によって調節されます。では、それを支配する法則を公式化してみましょう。

　私がこれまでに同定した最初のメカニズムは、最も目を引く（サリエント）行動のカテゴリー（最も効果的な作動モードまたは状態）が選択される、というものです。このようにして、特定の感情的な質が、初めて、複雑な自己組織化システムの動作を調節するようになるのです。その結果、感覚運動プランが生成され、システムは「最良を望みつつ最悪に備える」ことになります。これが、私が今から注目したい部分です。最善を望みつつ最悪に備えることを調節する因果的なメカニズムとは、何でしょうか？

　答えの最初の部分は、予測に対する信頼度は、他のものと同様に、経験を通して学習されるということです。そして、私たちの予測に対する信頼度は、予測そのものとまさしく同じように、予測することができます。予測コード化では、特定の動作から得られると予期される感覚状態に確率を割り当てる必要があり、その確率と、それに続く感覚サンプルで実際に観察された分布とを、比較します。これが、先ほど説明したベイズ理論の「仮説更新」の方法の本質であり、私たちが自分の自由エネルギーを最小化する方法なのです。

　さて、モデルとデータの一致度を判断するには、単に分布の平均値を比較するだけでは不十分で、平

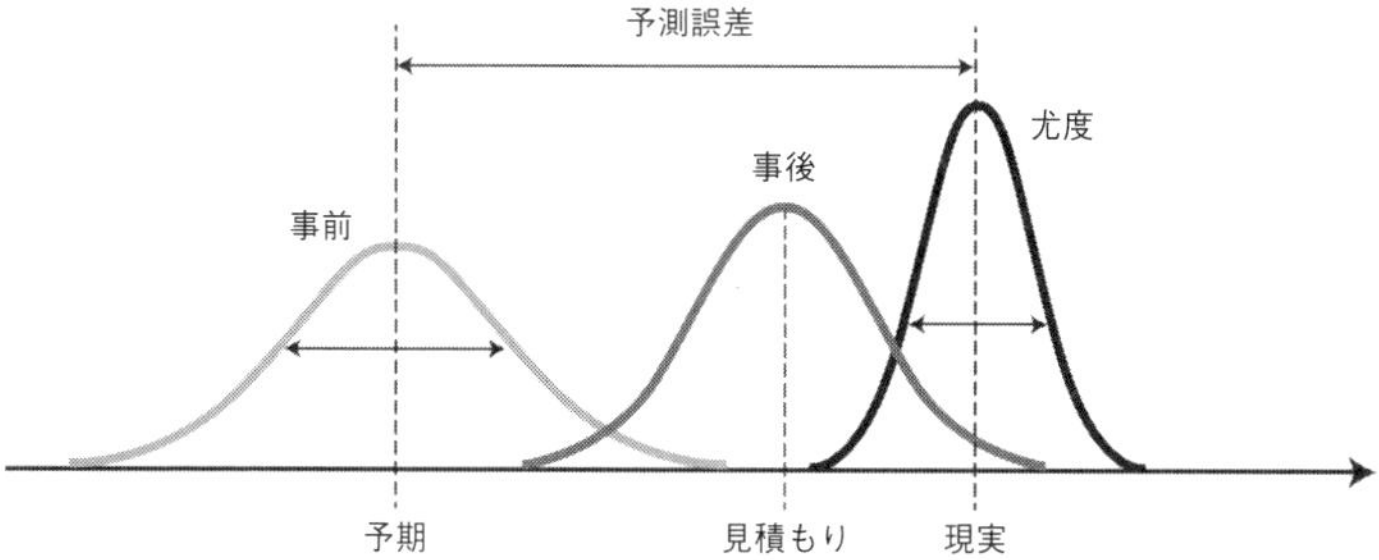

図16　事前予測（左）と感覚データのサンプル（右）を比較して、事後予測（中央）を得ます。これらの３つの分布の「平均」は縦線（点線）で、「分散」は横線（矢線）で示しています。事前分布の予期分散が大きい（水平線の左側）と、事前予測の信頼度が低いことを示し、感覚データサンプルの実際の分散が小さい（水平線の右側）と、データの信頼度が高いことを示しています。この例では、感覚データの精度（逆分散）が高く、その結果、事後予測がはっきりと右にシフトしています。もし、感覚データの精度が低ければ、事後予測はあまり変化しないと考えられます。

均値に関する分散「／ばらつき」も評価する必要があります（図16参照）。サンプルに大きな分散があると、一致度の信頼度が下がります。ニュースで「国王が亡くなりました…、国王が亡くなりました…、国王が亡くなりました」と報じられた方が、「国王が亡くなりました…、いや、国王は亡くなっていません…、どうやら国王は、結局亡くなられたようです」と報じられるよりも、真剣に受け止める可能性が高まります。予測された分布とデータサンプルの違いを判断するには、分布が狭くて正確である方が簡単です。

私たちが目指すべきは、世界との相互作用における精度です。したがって、モデルには精度を予測するメカニズムが必要となります。これにより、入力される誤差信号の予期精度を、出力される予測に割り当てた精度と比較して、「重み付け」をすることが可能となります。これ（相対的な信頼度）は、実際の誤差信号が予測に与える影響を決定します。入力される誤差信号に対する信頼度が高まれば、現在の動作プランに対する信頼度は低下するはずですが、予期せぬ事態が発生しても、その情報が曖昧なものであれば、事前に設定したコースから外れることはありません。（相対的な信頼値は、能動的な予期と知覚的な予期、外受容的な予期と内受容的な予期、そしてフリストンの法則に含まれる他のすべての量に割り当てることができます）[4]。これはベイズ推論の二次的なもので、推論についての推論、つまり、予測に関する信頼度の教育を伴うものです。

精度調節の目的は、予測モデルによる推論が、信用できる学習信号（信頼に足るニュース）によって駆動されるようにすることです。信号の信頼度が高ければ事前仮説の修正が許されるべきであり、信頼度が低ければそうすべきではありません。信頼度は、階層を通って内側に伝搬される誤差信号の強さに影響します。信頼度の高い信号（つまり、より正確な信号）は、「より大きな」信号です。それゆえ、システムの中核部分に何らかの残留誤差を届ける可能性が高くなり、その生成モデルを更新する可能性が高くなります。逆に、あまり正確ではない信号、「ノイズ」とも言われる信頼度の低い信号は、感覚の表層に隔離され、つつがなく無視され（ることが期待され）ます。

このことは、正確な誤差信号を最小にしなくてはならない、ということを意味します。その一方で、逆説的に聞こえるかもしれませんが、それはまさに、目立つ誤りを避けねばならない、という意味であることがわかれば筋が通ります。これを成し遂げるには、生成モデルを改善し、世界のモデルとそこから得られる感覚的なサンプルの間の相互情報量を増やすしかありません。言い換えれば、予測の精度を最大に高めて、正確な確証的データを求めなければなりません。自分の動作を導く信念の信頼度を最大にしなくてはならないのです。これを「精度の最適化」と呼びます。

精度の最適化は経験から学ぶことで成し遂げられます。私たちは、どの情報源が信用できるかを（そして、いつ信用できるかも）学び、それに応じて予測を調整しなければなりません。例えば、私たちは、昼間は視覚的な信号を、夜間は聴覚的な信号を信用します。昼は目で見たものを、夜は耳で聞いたものを私たちが重視するのは、そうするように学習してきたからです。したがって、昼間の視覚情報は夜間のそれよりも正確であると予期していることになります。これを「予期精度」と呼びます。夜間は視覚的な正確さを予期していないので、私たちはどんなにぼやけて曖昧な画像でも平気で受け入れますが、昼間に同じような視覚体験をすると、何か重大な問題があると考えることになるのです。

同じように、イヴ・ペリアクアダクトのスタッフは、気圧の低下は冬には降水量の増加を予測するが、夏には予測しないことを学習しました。それゆえ、冬よりも夏という文脈の方が高い信頼度で気圧の低下を「ノイズ」として扱うことができるのです。また、夏には気圧の測定値の精度が低下することも予期されます。もしそうでないことがわかれば、予期された精度のレベルを調整し、それが事後予測に影響を与えることになります。もっと感情的な例を挙げてみましょう。サセックスの羊たちは、日中に自分に向かって走ってくる人には害がない、という予測を信用するように学習しましたが、夜になるとその予測の信頼度が低くなります。そのため、夜はそれに関する予期精度が低くなります。おそらく、暗闇の中で私に遭遇する機会が増え、危害を加えないということが信頼できるようになれば、この精度の値を調整し、それに応じて夜間に走ってくる人についての予測を変えるでしょう。文脈依存性は、他のものとまさに同じように、学習することができるのです。

これまで述べてきたことから明らかなように、この種の学習は変動する文脈を中心に展開します。文脈の力動を予測的にモデル化しなければ、自己組織化システムは変わりゆく環境の中で長く生き残ることはできません。生成モデルは、これらの力動を組み込まなければなりません。精度の度合いを予測することを学習しなければなりません。そして、精度の値の調整は、予測脳の他のすべてのものと同様に、フリストンの法則に従わなければならないのです。

精度という形で、脳は、ある感覚的な証拠についての既定の源に対する信頼度や、ある既定の動作の予測された結果に対する信頼度を表象します。精度の値は、変動性に関する期待値を定量化したものです。ですから、それは不確実性を表象したものでもあります。現在の文脈で、私はこの誤差信号をどの程度信頼できるのか、と。私はこの誤差信号に今どのくらいの重みを与えるべきなのか、と。現在の状況下で、8／10のAは8／10のBよりも価値があるのかないのか、と。

このことに関する生理学については、既に見てきたとおりです。中脳の決断トライアングルが、ある欲求を優先させ、それから、前脳の世界内自己のモデルがその優先された欲求を満たすための予期された文脈を生成します。この予期される世界には二つの側面があります。つまり、予測の実際の内容と、システムがこの予測に抱く信頼度です。この信頼度がどのように定量化されるかがわかった今、それを覚醒の生理学の説明に反映させることができます。

決断トライアングルがその時点で目を引く(サリエント)欲求を選択し、それによってシステムの感情状態が決まり、さらにその感情状態が前脳の長期記憶システムによって生成される予期された文脈を決定した後、網様体賦活系が仕事に取り掛かります。記憶システムは、予期された文脈に対して基準となる精度の値を割り当て、それを予測階層全体に適用します。続いて、神経調節物質の雲が前脳を駆け巡り、いくつかのチャンネルの急速な発火を促し、別のチャンネルの発火を抑えます。これらの発火率は、現在の予測とそれに伴う誤差をどれだけ重視するかを決定し、その誤差をどれだけ「大きく」伝達するかを決定します。言い換えれば、精度の値は、システムが、階層のさまざまなレベルにわたって、今展開している動作の進路から続くと予期された結果について、どれだけ信頼できるかを決定します。そして、もう一度、最良を望みつつ最悪の事態に備えるのです。

サプライズをもたらす多くのことも、一度慣れてしまえば予測が可能となります。とはいえ、最良を望みつつ最悪に備えることしかできないのであれば、予測できないこともあるということになります。これが物語の第二部です。その場合、システムがその場で信頼度を調整する必要があり、展開する出来事の文脈の中で、出来事が生じるのに合わせて、覚醒度を調整するのです。

先ほど、「組み合わせ爆発」が起こっても、非常に複雑なモデル・アルゴリズムが進化すれば、（どれほどそれが扱いにくいものになるかは別にして）予測可能なすべての状況における相対的な生存要求を計算し、これに基づいて動作の選択肢に優先順位を決めることは考えられると言いました。しかし、不確実性そのものが動作選択の主要な決定要因となった場合、生物はAとBの間でどのように選択するのでしょうか？　それは例えば、新しい状況下で起こることで、自然界では決して稀なことではありません。

生理学者が「覚醒の調整」と呼ぶものを、計算論的科学者は「精度の重み付け」と呼びます。[5] これらは同じものです。今しがた見てきたように、正確な信号とは、第6章で私が「大きな」信号と呼んだもの、つまり、強い信号に他なりません。このことから、誤差信号に対する信頼度の調整は、その予期された強さからの逸脱に従わなければなりません。そして、この逸脱は最小化されなければなりません。

すべてのホメオスタシス的な誤差信号と同じように、物事が予期した通りになると（私たち生物学的システムにとっては）「良い」ことであり、不確実性が優勢になると「悪い」ことになります。

一連の動作が展開されると、基準の信頼度が網様体賦活系によって上下に調整されます。（イヴ・ペリアクアダクトの検針員と調整員を思い浮かべてください）。つまり、予期された不確実性の変動の展開の仕方に基づいて、感覚や運動が展開する文脈に「触れる」ことになり、システムの信頼の重み付けが調整されます。覚醒度の変化は、サンプリングされた予測誤差の推定信頼度に従います。このように、精度の値の変動は、展開する情報伝達信号の信頼度の変化を見積もるものだといえます。そして今度は、これらの値がフリストンの法則に従って、システムが行う他のすべてのことを決定するのです。

以上のことから、精度の最適化は信号の優先付け一般の統計的で機械的な基礎である、ということが示唆されます。つまり、それは、中脳の決断トライアングルと網様体賦活系で行われているすべての重要な出力なのです。精度の最適化とは、そもそもPAGに収束する複数の誤差信号に優先順位をつけ、最も目を引く（サリエント）欲求に感情的な気づきをもたらし、予期された精度に導かれて、予期された文脈の中で一連の選択を展開させることです。しかし今度は、予期されていない感覚的な出来事に基づいて、これらを調整しなければなりません。

抽象的な表現に聞こえるかもしれません。しかしこれは逆に、日常生活に非常に当てはまるものだと思います。私たちの経験の多くは、自分が予期していたものとは違うことに気づいてはそのギャップを埋める方法を認知的に探すという、感じの脈動にすぎません。送る必要があったメールのことを思い出したとします。携帯電話を取ろうとしてあたりを探っている手のことを意識するのは、携帯電話を見つけられない時だけです――でも、自分のそばに無いのなら、どこに置いてきたのだろうか、五分前にいたキッチンだろうか、と考えます。

あるいは、もっと感情的な意味をもつ例として、恋人にしたいと思っている人との出会いを考えてみましょう。あなたは、相手と今夜うまくいくかもしれないと思っています。起こりうる一連の出来事を想像し、行動計画を立てます。そして、最善を尽くします。どうなるかはわかりませんが、その相手とのこれまでの経験から、見込みは7／10くらいだと評価しています。

夜になると、あなたが注目すること（あなたの目を引く（サリエント）こと）は、自分の兄弟と一緒に夕食をとっているときに注目することとは、まったく異なります。情動的なトーンも違います。テーブルで向きあっている相手があなたの誘いに積極的に応じていることを示すサインが少しでもあれば、興奮が高まります。自分の計画がうまくいっているという信頼度が高まります。突然、恋人にと望む相手が、あくびをして、時計を見ています。これは何を意味するのでしょう？　この展開をどの程度重視すべきでしょうか？　沈んだ感じがします。今までのサインを全部誤解していたのでしょうか？　一挙手一投足をよく見ます。自分の感じが報われていないという兆候がさらに少しでもあれば、最悪の事態を覚悟し、プランBを開始するでしょう。自分も同じように無関心なふりをすることで、プライドを保つのです。でも、目が合ってしまいました。それはあなたが思っている通りの意味でしょうか？　そうでした！　次に、相手があなたの手に優しく触れてきました。心が躍ります。やはり、プランAでよさそうです。

優先された欲求（この場合はLUST）は、現時点で最も目を引く（サリエント）、不確実性の源です。その原因についての推論は、感情として意識されます。なぜなら、この欲求を満たすために必要な、考えられる動作に関する信頼度の変動は、感じによって調整されなければならないからです。感じは、自分がどれだけうまくいっているか、あるいは悪くなっているかを教えてくれます。同じ理由で、変動をもたらす文脈の展開も意識されなければなりません。だからこそ私は、動作と知覚の外受容的な気づきを、文脈化された感情と定義したのです。これで、このことが意味するところを形式的・機械的に把握することができました。すべては、感じられる不確実性にすぎません。

ここで特筆すべきは、「変動をもたらす文脈の展開も意識されなければならない」という記述が、経験が二面性を持つ理由を説明している点です。単に「このように感じる」という問題ではなく、「それについてこのように感じる」ということです。この「それについて」も、共通の通貨（適用された不確実性）を用いて感じられなければなりません。なぜなら、文脈は自由エネルギーの不確実性の主な源だからです。自由エネルギーの最小化という経済には、共通の通貨が必要なのです。

これらの事実から、意識は単に自己組織化システムの「現実」の力動に対する主観的な視点であるだけでなく、それ自体が明確な因果的な力を持つ機能であることがわかります。（欲求があるかどうかではなく）欲求を感じることによって、その欲求を持つ者が次に何をするかが大きく変わります。感情は文字通り、不確実な状況においてその瞬間瞬間に動物が行うことを駆動しています。外受容的な知覚の目的は、その知覚が与える文脈の中で、感情が駆動する動作と関係を持ちながら、その知覚を感じるという点に尽きます。

これが注意というものの中心的な機能です。注意の焦点は、感情の選択のように作用しますが、外の世界にも適用されます。例えば、不確実性を減らすという欲求は、私たちの視線も支配しています。それで、目はサッケード運動[*]という素早い動きをして、場面の中でより正確な情報が得られそうな領域を追跡するのです[6]。簡単に言えば、相対的に強い信号は注意を引き、より高い精度が割り当てられます。

これが目を引く（サリエンシー）ことの仕組みです。世界の「目を引く（サリエント）」特徴とは、サンプリングしたときに、システムが現在優先している仮説に関する不確実性を最小化するという特徴です。また、予期した通りに物事が展開すると、その仮説に対する信頼度を最大にするという特徴でもあります。このように、能動的な作用主は、自分自身の仮説を確認する（ことを試みる）ために、世界をサンプリングするよう駆動されているのです[7]。

これらは、突き詰めると、私たちの欲求をどのように満たすかについての仮説であるため、それぞれの種が独自の知覚世界を選択するよう駆動されていることを意味します。それぞれの種の知覚的な方向性は、その種にとって重要なものによって決定されます。したがって、人間、サメ、コウモリは異なる（主観的な）世界に住んでいます。物体や事象は、自分がそれらに気づいたときに初めて知覚するものであり、種によって目を引く（サリエント）ものが異なります。自分がサンプリングしたものしか見ることができません[8]。チリの生物学者フランシスコ・ヴァレラは、このことをうまく表現しています。「種は独自の問題領域を持ち出して特定する」[9]。

このことは、精度は受動的に決まるわけではないということを意味しています。つまり、どの信号が強いかを、いずれにせよ何の予期もせずに、ただ見守ることなどできません。精度は、生成モデルに

＊　訳註：眼球が小刻みに高速度で動く運動のこと。

よって推論され、割り当てられなければなりません。したがって、精度と切り離して考えることのできない注意も、「捉えたり」「向けたり」できるのです。[10] 例えば、私たちは寝るときには、感覚的な誤差の精度をほぼゼロにまで積極的に近づけますが、それでも十分なサプライズをもたらす出来事があれば目を覚まします。別の状況では、積極的に精度を高めることもします。例えば、難解な文章を読むことに没頭するときは、何か重要なことが書かれているのではないかと思って読むからです。

　意識の理論を発表した論文（二〇一八年）の中で、フリストンと私は、自由エネルギーを計算する方程式に使われている、従来の記号のいくつかを変更しました（第7章の註を参照）。これは、私たちがジークムント・フロイトの足跡をたどっているという事実を認めるために変更したものです。フロイトは、一八九五年に「自然科学たる心理学を提供すること」を試みようとしました。「それは、心的プロセスを、特定可能な物質的諸部分の量的に決定された状態として表わすことで、それらのプロセスを明快かつ矛盾のないものにすること」でした。[11]

　これはフロイトの「科学的心理学のためのプロジェクト」の冒頭の言葉でした。その中でフロイトは、知覚、記憶、意識、動作をそれぞれ担うニューロンの四つの仮想システムを表すために、ϕ、ψ、ω、Mという記号を使い、外部からの刺激を表すためにQという記号を使いました。フリストンと私は、この記号を踏襲して、自己証明システムの中でそれらに相当するベクトルを次のように表しました。[12]

$Q\eta$＝システムの内部状態によってモデル化された外部状態

ϕ＝感覚状態
M＝能動状態
ψ＝予測
ω＝精度

さらに、次の記号も使用しました。

e＝予測誤差（ϕと、その予測値であるψに基づく）
F＝フリストンの自由エネルギー（eと、精度であるωに基づく）[13]

これらの量はいずれも外部状態を直接測定するものではないことに注意してください。なぜなら、外部状態は自己組織化システムからは隠されているからです。これは、以後のすべてにおいて、システム自身の内部状態（$Q\eta$、ω）とマルコフブランケット（ϕ、M）状態の観点から、精神的な力動を自己完結的で自律的に記述できることを意味しています。これらの用語を用いて今や、自己証明システムの力動を精度の最適化と関連づけて公式化することができます。

私は、フリストンの自由エネルギーを定義する二つの方程式から始めますが、その際、今しがた紹介した量の記号で表現してみようと思います。最初の方程式が述べているのは、「自由エネルギーは、いくつかの能動的に著された感覚状態に遭遇する確率の負の対数（にほぼ近いもの）である」ということです。[14] 二つ目の方程式が述べているのは、「予期された自由エネルギーは、負の対数精度に（およそ）比例して減少する」ということです。[15] 自己証明システムの力動の要点は自由エネルギーを最小にすることである、ということを忘れてはなりません。

これらの関係を考慮すると、自己証明システムが予測誤差を減らして自由エネルギーを最小にする方法は、先に述べた二つの明らかな方法だけでなく、実際には三つあることがわかります。

（1）感覚（ϕ）をシステムの予測と一致するように変化させるために、動作することが（すなわち、Mを変化させることが）できる。これが動作です。

（2）より良い予測（ψ）を生み出すために、世界の表象（$Q\eta$）を変えることができる。これが知覚です。

そして今、追加するのが、

（3）入ってくる予測誤差の振幅（e）に最適に一致させるように、精度（ω）を調整することができる。

これが意識である、と私は提起します。[16]

フリストンと私が、感じられた経験を下支えする自由エネルギーの評価と関連づけたのは、先の文章で述べたように、この最終的な最適化のプロセス、つまり、システムの信頼性の最適化です。これらの力動を公式化した方程式は、註に記載しておきます。[17] 第三の方程式が重要なので、それを言葉で述べ

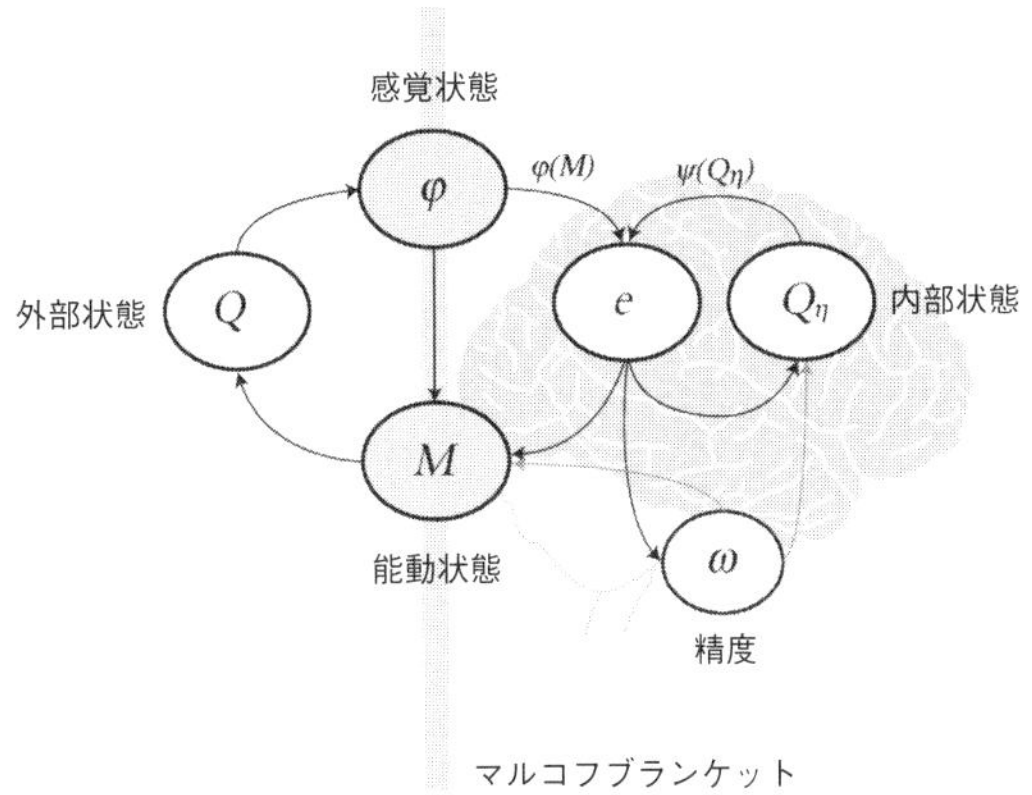

図17　精度の最適化を備えた自己証明システムの力動。記号は本文において言葉で説明しています。（Q は外部の現実そのものを表し、システムからは隠されているため、方程式には出てきません）。

てみましょう。「経時的な精度（ω）の変化率は、精度を変えたときに自由エネルギー（F）がどれだけ変化するかに依存する。このことは、精度があたかも自由エネルギーを最小にしようとしているかのように見える、ということを意味する。[18] この自由エネルギー最小化プロセスの速度は、分散（逆精度）と予測誤差の二乗和（$e.e$）との差である」[19]。もっと基本的な言葉で言えば、第三の方程式は、精度の継続的な調整が、動作や知覚と並んで、フリストンの法則をどのように実行するかを定量化したものなのです。つまり、意識が動作と知覚とモデル更新にどのように貢献しているか、それによって自由エネルギーを最小にしているかを定量化しているのです。

図17はこの力動を視覚的に表現したものです。

概念的には、精度は自由エネルギー最小化のための重要な決定因であり、したがって、予測誤差の賦活といえます。精度は、どの予測誤差が選択されるかを決定します。それゆえ、最終的には、私たちがどのように世界を表象し、それに対してどのように動作するかを決定します。精度が「覚醒」であるとするなら（実際にそうなのですが）、信頼度の最適化が常に内因性プロセスであり、それが唯一の内因性プロセスである理由が、形式的にも機械的にも説明できます。意識は内部から生まれなければならないのです[20]。

ここで紹介してきたプロセスは、さまざまな形で現れます。もう一度、生物学的に（つまり、生理学的・心理学的に）考えてみましょう。外受容的な領域では、信頼度の最適化は、感覚の精度の増加・減少と連動してそれぞれ、注意もしくは注意減衰として現れます[21]。固有受容的な領域では、信頼度の最適化は、目標の選択と実現に関連するような、運動的アフォーダンス（対象の利用可能性）の精度に対応します[22]。内受容的な領域では、信頼度の最適化は、文字通り「腸の感じ（／直感）」を、つまり、有効化または覚醒された内受容的信号に対する最良の説明を決定します[23]。しかし、これらのこと（外受容、固有受容、内受容）はすべて、意識がなくても起こりうると述べておくことがとても重要です。意識とはこれらのことに対する感じなのです。

要約すると、精度の課題は、表象（と予期）を覚醒することです。精度を欠くと、予測誤差は知覚の合成や動機づけられた行動を誘発することができません。言い換えれば、精度がなければ、予測誤差はその形成の時点で封じ込められてしまいます。例えば、オリバー・サックスの無動無言症の患者では、このようなことが起こっていました。〔サックス著『レナードの朝』参照〕。

このような精度の公式化には、第6章で述べた神経調節メカニズムが関係しています。これらのメカニズムは、変性意識状態[24]や夢[25]を生み出すものであり、意識を変性させる薬物（向精神薬や幻覚剤）の標的となる部分です[26]。このような精度の公式化は、（第4章で簡単に説明した）意識の「グローバル・

ワークスペース」理論の神経調節ヴァージョンにも、一定の妥当性をもたらします[27]。

当然のことながら、精神病理学における精度の役割は、急成長している計算論的精神医学という分野において重要なテーマです[28]。前のS氏の症例を思い出してください。この症例で私たちは、誤差信号の重み付けが小さすぎるとどうなるかを見ました。図17を見ると、S氏の決断トライアングルが、つまり、網様体賦活系（ω）が、予測モデル（$Q\eta$）を重視しすぎて、予測誤差（e）を重視していないことがわかります。見てきたように、これはS氏の感じと分けて考えることはできませんでした。

意識をこのような機械論的な用語で語ることを、奇妙に思われるかもしれません。それは、私が現象的な経験そのものではなく、現象的な経験の基礎となる法則を説明してきたからです。これらの法則を提示することで、私は、意識が自然の一部であり、並行宇宙に存在するものではなく、科学の手の届かないところにあるものでもない、ということを示そうとしてきました。

これから皆さんにお願いなのですが、私と一緒にルビコン川を渡ってください[*]。

本章では、意識が、生物学的にではなく、形式的・機械的に、なぜ、どのようにして生じるのか、という疑問を取り上げました。より具体的には、次のように問いかけました。（1）先に説明した生物学的欲求の優先付けのプロセスは、なぜ、どのようにして自由エネルギー最小化の法則と関係するのか？（2）この機械論的プロセスが、いくつかの自己組織化システムに何かを感じさせる原因であるのは、なぜ、どのようにして起こるのか？　私が統計物理学の観点からここ数ページで取り上げてきたのは、最初の疑問です。ですから、ここで、私が説明した統計力学的な力動が、なぜ、どのようにして感じられる経験を生み出すのかを、わかりやすく説明しなければなりません。単なる情報処理システムが、どのようにして感じを持つことができるのでしょうか？　これを説明するには、多くの自然科学者が敬遠している飛躍を皆さんにしていただかなければなりません。敬遠したために、科学、特に精神科学にとっては大きな損失となっていますから。その飛躍とは、私が説明してきた機械的な力学を、システムの視点から考えるということです。本章でこれまで力動に対してとってきた三人称の視点、客観的な視点を、一人称の視点、つまり、自己証明システムそのものの主観的な視点に置き換えるということをお願いしたいのです。システムの視点を採用し、それに共感していただくように皆さんにお願いします。[29]

この飛躍は、私がすでに説明した二つの事実によって正当化されます。第一は、感じられる経験は主観的な観点からしか登録できないということです。したがって、主観的な視点を法廷から排除することは、心の最も本質的な特徴を科学から排除することになります。これは行動主義者が行ったことであり、神経科学が半世紀にわたって、意識と有意義な取り組みを行うことが失敗に終わる舞台を用意することになりました。第二の事実は次の通りです。私は、自己証明システムの主観性がどのようにして存在するようになるのかを、形式的・機械的な用語を使って示してきました。それゆえ、自己証明システムの主観的な視点を取ることは、それが自己性を持つという事実によってまさに正当化されるのです。

私が述べていることを明確にしますと、自由エネルギーとその構成要素である精度を経験することができるのはただ、システムの内部で、システムの視点から主観的に考えられたときだけだ、ということになります。経験は、外から経験として客観的に観察することはできません。

また、そのようなシステムの自己性がなぜ、どのようにして意図的なものになるのかを、因果的に、法則に従う点から説明してきました。私が説明したような力動を持つ自己組織化システムには、生き残るという目的と意図があります。それはつまり、価値体系を持っているということです。すべての生命を引き受けているのと同じ価値体系を持っているということなのです。

力動的な自己組織化システムの意図性は、それらを取り巻くエントロピー摂動との関係で、自らの状態について問うことを余儀なくされます。この問いがそのシステムを「自己証明」的なシステムにしている正体です。システムは、「それをしたら、自分の自由エネルギーはどうなるのだろう」と常に問わなくてはなりません。さらに、(私たち脊椎動物のような)複雑な自己証明システムは、複数のカテゴリー変数に関連してこの問いをしなければなりません。したがって、その答え、すなわち、私たちの命にかかわる統計は、量的なものになると同時に、質的なものにもならなくてはなりません。最後に、受け取った答えに対する信頼度を調整しなければなりません。

私がここで抽象的で専門的な用語で説明していることは、何も難しいことではありません。あなたの個人的な経験からわかることです。あなたがいつも経験していることは、世界の中での自分の動きに反応して、感じの脈動が変動しているということであり、すべてが自分の予期した通りかどうかを確認しながら、そうでないときには何とかしてそのギャップを埋めようとします。あなたにとっての経験とは、基本的にそのようなものではないでしょうか?

複雑な自己証明システムの主観性と意図性に関するこれらの事実をすべて組み合わせると、私たちは

＊　訳註:「ルビコン川を渡る」とは後戻りできないような重大な決断・行動をすることの喩え。

次のような結論にたどり着きます。私たちのようなシステムが問わざるを得ないタイプの問いから主観的に流れてくる、（ホイーラーの意味での）装備に誘発された応答は、実在的価値と複数の質を持っていなければならない、と。私たちが登録するこれらの変動する回答、すなわちその「現象」に対する私たちの信頼は、主観的で、価値を持ち、質が与えられるものでなければならないのだ、と。

そして、それはまさに、意識的な経験とはどのように感じられる what it is like to experience consciously のかということです。装備に誘発された応答は、少なくとも私たち脊椎動物の場合は（そして間違いなく他の生物も）、感じられます。

ルビコン川を渡る助けとするために、感じが進化したということを思い出してください。意識の夜明けには、「暑い」と感じるような非常に単純な現象が生まれました。熱くなりすぎた自己証明システムの終焉を予測するような精密な感覚的証拠の増加は、システムにとっては「熱すぎる」のようにしか感じられません。感情のこのような基本形態が、深い予測階層を経て精緻化され、最終的にメルケルの「形のある固体で構成された、完全に統合された、概観的で、三次元的な世界、つまり、私たちに身近な現象的経験の世界」を生み出すまでには、無限なほどに長い年月がかかりました。

そのような世界で、私が説明してきたような力動を持つシステムであるとはどのように感じられる what it is like to be a system のかを、私たちは感じるのです。感じとは、変動する、実在的に価値づけられた、分化した質と信頼度を持つ、主観的な状態です。これが意識の素材です。では、なぜそのようにあらねばならないのかを考えてみましょう。

第10章　大脳皮質に還る

私たちの旅の途中で繰り返し見てきたように、大脳皮質論の誤謬には責任を負うべきことが多くあります。行動神経科学の先駆者たちが、大脳皮質の広大さに感銘を受けたり、記憶イメージを連合させることで精神生活が立ち上がるという哲学的な考えに目を奪われたりしていなければ、意識の本当の源をもっと早く発見していたかもしれません。フロイトが一世紀以上も前にそのパズルのピースを多く持っていたことは、精神科学の歴史の中ではいささか皮肉なことです。神経学的にも心理学的にも、手がかりは彼の目の前にあったのです。しかし、意識に関しては、フロイトでさえも大脳皮質への集団的固着の餌食になってしまいました。その執着の代償は、忘れないように添えておきますが、単なる時間の浪費では済まないかもしれません。

これらはすべて真実です。それでも、大脳皮質が大きな役割を果たしていることは明らかで、私たちの日常の経験は大脳皮質の処理の力動と密接に結びついています。そこで本章では、誤解されていることの脳の上部の構造に戻って、それが意識についての説明に何を加えるのかを見てみましょう。これから学ぶように、日常の経験の最もありふれた特徴の多くは、大脳皮質が行うことから得られていますが、そのやり方はこれまで考えられていたものではありません。

このことが最も明らかになるのは、私たちが経験する世界が、文字通りの意味で、皮質の表象から生成されているということです。奇妙に思えるかもしれませんが、予測コード化の枠組みの中では、私たちが知覚するものは、心そのものの建築資材から構築されたヴァーチャルリアリティなのです。

これは常識的な見解と比べると過激な意見ですが、知覚体験が自己生成されるという考え方は、現代の神経科学では広く受け入れられています。例えば、セミール・ゼキがすでに一九九三年に色覚について述べていたことを取り上げてみましょう。彼は、色は「脳の特性であり、脳が外部の表面に与える特性であって、物体の特定の物理的特性に与える解釈である」と書いています。[1] 彼は次のように詳しく説明しています。

> 長波長の光で照らされた小区域を単独で見たとしよう。［中略］この小区域は、どの波長の光でも高い明度の記録を残す。なぜなら、このような状況で脳が行うことができる唯一の比較は、照らされた小区域から反射した光と周囲の暗い区域との比較だからである。したがって、長波長の光は高い明度を示し、中波長や短波長の光は存在しないため、明度はまったくない。このようにして、神経系はその小区域に赤という色を割り当てる。[2]

ゼキの言葉の選び方に注目してください。脳は、光の強さや波長の相対的な関係を問いかけた上で、世界に赤という色を割り当てるのです。脳は世界を数字で描いているのです。同じことが、音、味、体性感覚、匂いなど、他の知覚モダリティを特徴づける現象的な特性にも当てはまります。脳はこれらの性質を世界に割り当てるのです。

読者の皆さんの多くは、自分が今見ているものが単に「そこに」あるものではない、ということを信じられないのではないかと思います。「このページに書かれたこれらの言葉の知覚は、他のどこから来ているのだろう？」と尋ねたくなる気持ちもわかります。今あなたが見ているものは、あなたが受け取っている感覚的な入力とはほとんど似ていない、と私が指摘すればお役に立つでしょうか。これらの入力は、光波が網膜に当たることから始まります。網膜にある光感受性細胞（桿体と錐体と呼ばれます）は、光波に反応して神経インパルスを発生させます。これらのインパルスは、光波そのものではなく、視神経に沿って大脳皮質に伝わり、スパイク列という形で表示されます（図11参照）。なぜこのスパイク列が、例えば 0011111101101 が、世界の中で動いている映像として見えるのでしょうか？

網膜のインパルスに反応する外側膝状体と後頭葉の「投射」皮質のニューロンは、トポロジカルに〔空間的位置関係を保ったまま〕配置されているので、網膜の表面をマッピングすることで像（イメージ）を作ることができますが（図6参照）、視神経が出ている網膜の中心付近には桿体や錐体がないという事実は考慮されていません。したがって正しく処理がなされれば当然、視野の中央付近に黒い穴が見えるはずなのです。では、その穴はどのようにして消えているのでしょう？　その答えは、文脈と記憶から「盲点」にあるべきものを推論し、その穴を埋めていいるのです。[3]

あなたの二つの視野（フィールズ）には黒い穴がある、と「視野（フィールド）」を複数形にして言うべきでしたが、思い出してほしいのは、あなたには視野が二つあるということです。ここで別の疑問が出てきます。なぜ二つの映像が見えないのでしょうか。目が二つあるという事実のことを言っているわけではありません。ほとんど同じ地図を二つ重ね合わせることは容易に想像できますが、それは実際に起きていることではありません。[4] 実際には、両眼の網膜の左半分の細胞が右後頭葉に、網膜の右半分の細胞が左後頭葉に投射しています。このことは、あなたの視覚皮質に実際に存在するのは、左右の間に解剖学的な亀裂が入った二つの異なる網膜表面の表象（この本の左半分の表象と右半分の表象）[5]だ、ということを意味します[*]。この縦の裂け目は大脳半球を分断する裂け目でもあります。この二つの視野は、どのようにしてあなたが見ているような一つの像(イメージ)になるのでしょうか？（確かに、二つの視野は脳梁にある軸索で調整されますが、脳梁がない人でも一つの映像を見ています）[6]。さらに、後頭葉で表象されるような視覚野は、自分が見ている映像とは上下左右が反転しているという事実も考慮しなければなりません。そのうえ、目は一秒間に約三回、あちこちに移動していますし、頭が常に動いていることは言うまでもありません。なぜ、安定した正しい方向の視覚シーンを知覚できるのでしょうか？

私が言いたいのは、大脳皮質に達した感覚入力と自分が見ているものとの間にはほとんど類似性がないということです。これが顕著に現れるのは、神経学的な患者で、大脳皮質に達したものを自分が見ているものに変換するという通常のメカニズムが損傷を受けている場合です。私は何年も前にそのような症例を報告したことがあります。重篤な副鼻腔炎が原因で、前頭葉の両側に膿瘍を持つ一二歳の少年（WB）でした[7]。彼は周期的に世界が一八〇度回転して見えるのです。この患者の症状と徴候は、一八〇五年以降に散見された世界の文献のうち、私が見つけた過去の二一の症例報告で記載されているものと同じでしたから、この少年の主観的な叙述には信憑性があると思いました（客観的な証拠としては図18を参照）。

現在、さらに興味深い患者がいて、私の博士課程の学生であるエイミー・ドールマンが研究していま

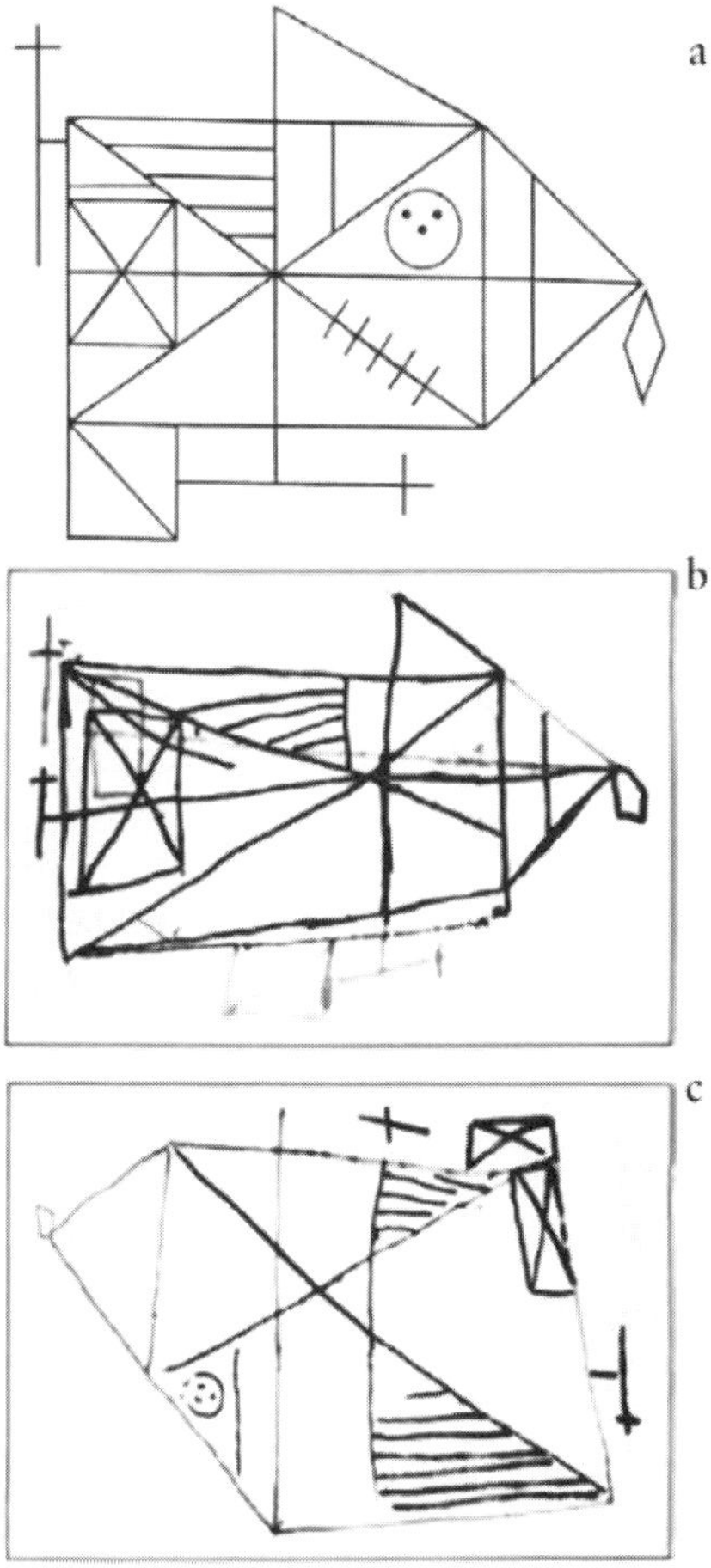

図 18　a ＝患者 WB に見せたレイ複雑図形、b ＝同じ図を彼が模写したもの、c ＝彼が記憶に基づいて描いたもの。これらの描画は、WB の世界の予測モデルが逆転していることを客観的に示す証拠となります。レイ複雑図形を再現するのは至難の業ですが、なぜこの重病患者はこの図を逆さまに描いて難度を高めたのでしょうか？

＊訳註：左脳の視覚野には眼前の右半分の画像が、右脳の視覚野には眼前の左半分の画像が投射されます。

す。この症例は現在調査中で、調査結果がまだ発表されていないので、詳細をすべて報告することはできません。この患者は、後頭葉の皮質形成不全（解剖学的異常）を持つ非常に聡明な若い女性で、先ほど私が述べた、私たちが世界を経験していないようなやり方で世界を表象します。つまり、視覚野に解剖学的に配置される方法とほぼ同じ形で世界を表象しているのです。この現象は、特に彼女が視覚的記憶（つまり、予測モデル）を使用するときに起こります。彼女は二つの別々の視野を、上下逆に、そして左右逆に見ています（常に互いに一致しているわけではありません）。彼女の世界の視覚モデルは、私たちが視覚野を方向づけて統合するための通常の修正推論を行うことができません。そのため、視覚モデルは誤った予測を行い、彼女の視覚体験は他の感覚モダリティの体験と一致しません。結果的に、彼女は自分の体が動いている方向がわからなくなり（特に電車や飛行機での移動時）、周囲を進んでいくときに大きなミスをしてしまいます。さらに、一瞬の視覚情報から不変の対象を推論することが困難です（例えば、様々な手書き文字や書体から単語を抽出しなければならないときに、頭の中で単語のスペルを推論したり、照明の条件が変化して視野角が異なると、そこから抽象される顔を識別することができません）。

言い換えると、彼女の視覚皮質は私たちと同じような情報を受け取っていますが、ノイズの多い感覚信号から一般化して、それらが表す安定した対象を自動的に推論することができないのです（例えば、見慣れた顔を認識することができません）。彼女はこのような異常に生涯悩まされており、それを補うための複雑な方法を身につけてきました。彼女の視覚的「連合」皮質は、自動的に二つの視野を統合してシーンを回転させることができないため、彼女は熟慮した推論を行うことで世界の表象を調整しているのです。例えば、印のついていない地図の上で有名都市の位置を特定するようお願いすると、彼女は

「私が感知する場所と、私が知っている場所の、どちらを示せばいいでしょうか」と言いました。何かが西にあると「感知する」と、彼女は東にあるはずだと「知る」のです。

このような稀な神経心理学的障害に訴えるよりも、従来から用いられてきた両眼視野闘争という現象を使って、知覚の自己生成的な性質を説明してみましょう。

この現象は一五九三年に初めて記述され、ヘルムホルツが無意識的な推論をテーマにした代表的な著作で特別に注目しています。[8] それは、ミラーステレオスコープを使って、二つの目に別の絵を同時に見せるというものです。仮に左目には顔を、右目には家を見せたとしましょう。このような人工的な条件下では、視覚体験は「双安定」な仕方で展開します。つまり、二つの画像が重なり合って見えるのではなく、二つの画像が交互に現れるのです。家と顔が組み合わさった画像ではなく、家が見えて顔が見え、そして家が見えてまた顔が見える、という具合です。これは、脳に伝達される客観的な信号と、脳が生み出す主観的な知覚の違いを明確に示すものです。ヘルムホルツはこう結論づけています。「このような場合、［視覚信号の］解釈が揺らぎ、観察者は不変の網膜像に対して次々と異なる経験をすることになる」[9]。したがって、色覚と同じように、あなたが経験することは感覚入力に関する推論であって、入力そのものではありません。

日常生活でもおおよそ同じことが起こります。前に挙げた、ケープタウンの空港でイギリスの友人のテレサを「見かけた」ときもそうです。これらの錯覚からわかることは、あなたが知覚しているもののかなりの部分があなたの予期によって生成されているということです。ベイズ理論の用語を使うなら、両眼視野闘争は、感覚データに最も一致する事前仮説（家と顔を同時に見ているという尤度の高さ）が背景知識（家と顔が同時に存在する確率の低さ）と適合しない場合、その仮説は棄却されるということを示している、と受け取ることができます。家を見ているという推論は、家と顔を同時に見ているという推論よりも優先されるので、家の方を経験することになります。しかし、この事後仮説を（新しい事前仮説として）検証してみると、感覚的な証拠の半分にしか一致しません。あなたの背景知識によれば、顔全体も家全体と同じようにありうることです。そこで、あなたは考えを変えて、顔を見ているに違いないと推論し、顔を経験します。しかし、この新しい仮説を検証してみると、やはり感覚的な証拠の半分も説明できません。というようなことを繰り返します。

両眼視野闘争のベイズ的解釈は広く受け入れられています。私にとって決め手となるのは、組み合わせた形でも高い事前確率をもつ二つの画像を見せられたときには、人は二つが混ざった一つの画像を知覚するという事実です。例えば、カナリアと鳥カゴの二つの画像を両眼に提示すると、鳥カゴの中のカナリアとして躊躇なく認識されます。

あなたが知覚するものは、あなたの感覚から届く入力と同じものではありません。あなたが知覚するものは一つの推論です。そして、その推論を得るための材料は、大部分が、過去の（つまり、予期された）経験から得られた大脳皮質の予測モデルなのです。[10]

これは、大脳皮質が意識に何をもたらすかということを物語っています。しかし、その逆はどうでしょうか？　意識は大脳皮質に何をもたらすのでしょうか？

これからお話しすることは、当たり前のことですが、誰も言っていないようです。[11] それは、認知的意識は、最近発見された「記憶の再固定化」と呼ばれる神経メカニズムによって生成される、ということです。他の多くのことと同様に、この考えはフロイトが書いたものに端を発しています。彼は、「意識は記憶痕跡の代わりに生じる」と書いています。[12] 彼が考えていたことは、これからお話しすることとは少し違っていました。というのも、フロイトは、当時のすべての神経学者と同じように、大脳皮質論の誤謬に囚われていたからです。[13] とはいえ、彼がどれほど真実に近づいていたかを考えると、またしても驚かされます。

私たちが〔本書を通じて〕見てきたのは、感情が精神（マインド）に要求を行い、認知がその要求された仕事を遂行するということでした。より正確に言えば、意識的な認知がその作業を遂行するのです。なぜなら、ひとたびその作業が遂行され、不確かになっていた（優先順位の高い）信念に対する信頼が回復されると、生成モデルは気づきの閾値以下で自動的な作動モードを再開するからです。[14] ここにも私が繰り返し説明してきた経験からの学習というメカニズムがあります。これが、認知における意識の要点です。どうしたらいいかわからない状況に陥ったとき、意識が助けてくれます。そのシナリオが進む道を感じながら、自分に合った随意的な動作に気づいていきます。そして、成功した教訓が徐々に自動化されると、意識はもはや必要なくなります。[15]

私が強調したいのは、今説明した認知的な作業が、世界で動作をするという、意識されなければ自動化される事柄の速度を緩めるということです。これが、随意的な行動と不随意的な行動の、意識的な認知と無意識的な認知の、感じられる欲動と自律的な反射の、本質的な違いです。随意的なタイプはあまり確実ではないため、より多くの時間を必要とします。このように、自動化された動作の傾向を遅らせ、精神の中に（短期記憶に）留めておくことを可能にするプロセスは、「ワーキングメモリ」と適切に呼ばれています。ワーキングメモリとは、文字通り、感じを精神に留めておくことであり、安定した感情が認知的な作業に変換されます。先ほど述べたように、感情が精神に仕事を要求するものであるならば、意識的な認知は仕事そのものである、ということになります。このように、感情は認知に付随すると同時に認知になるのです。ここでいう「仕事」とは、システムが予想外の問題を進む道を感じている間、自動的な動作の傾向を抑制し、意図性を安定させることです。これは、生成モデルが（まだ）予測できない多くの現実世界の問題に対する実行可能な解決策を促進するため、適応上のかなりの利点をもたらします。この安定化のプロセスが皮質の機能です。[16] 大脳皮質は不確実性に特化しているのです。

これらのことは、自己組織化システムの観点からすると、意識的な状態は望ましくない状態である、ということを意味しています。図12のダイヤル図に戻って見てください。外側の矢印は仕事への要求の増加（負の感情）を、内側の矢印は要求の減少（正の感情）を表していますが、理想的な状態は、要求がまったくないことを表す定常点です。第7章から第9章では、これらの問題を形式的で機械的な足場に据えました。自由エネルギーの最小化が生命システムの理想的な状態であり、それはつまり、サプライザルの最小化が理想であることを意味しています。簡単に言えば、欲求が最小限であることが理想だという意味です。感情とは、目を引く欲求の告知に他なりません。このことから、感じることは、私たち生物システムが欲求を解決し、それによって破壊を回避することができるので、良いことだと言えるはずです。しかし、理想的な状態は、すべての欲求が自動的に、感じられる前にすら、満たされる状態、つまり、不確実性がない状態であることは間違いありません。その理論上の理想状態では、欲求が自動的に満たされるので何も感じません。（私たちの身体的欲求のほとんどはこのように満たされており、自動的に調整されています）。「理論上の理想」と言ったのは、私たちの欲求の多くは、特に情動的欲求の多くは、その状態に到達することができないからです。SEEKINGの欲動だけであったとしてもその状態に到達することはできません。これは悪い知らせです。

良い知らせは、最も高い精度の値を持つ誤差信号が、生成モデルに対して最も大きな影響力を持つということです。誤差信号は最も変化を要求するものであり、何か間違ったことをしていると明言しているものなので、次に同じ過ちを犯さないようにするための学習の最大の機会を提供します。これは、皆さんの親や先生がいつも言っていた「失敗から学ぶ」ということと同じです。理由は今やおわかりだと思います。親や先生はあなたを消滅から救いたかったのです。しかし、認知において意識は望ましいものではない、という驚くべき結論に変わりはありません。つまり、私たちが目指しているのは、快（欲求の減少）ではなく、ゾンビ（欲求ゼロ）なのです。欲求がないということは、完璧な予測を意味し、誤差がないことを意味し、それゆえ、入力される信号に対する精度を上げる必要もなく、したがって、感じもありません。ついに平和が訪れます。

フロイトの格言「意識は記憶痕跡の代わりに生じる」は、今では一層意味のあるものになっているはずです。これは、意識が生じるのは自動的な行動が誤差につながるとき、言い換えれば、行動を生み出す記憶痕跡（予測）が予期された結果にならないときだということです。このことは、当該の予測が誤差に対応するために更新されなければならない、ということを意味します。したがって、大脳皮質の意識は、「進行中の予測作業」と記述することができます。意識されている記憶痕跡は、更新されている

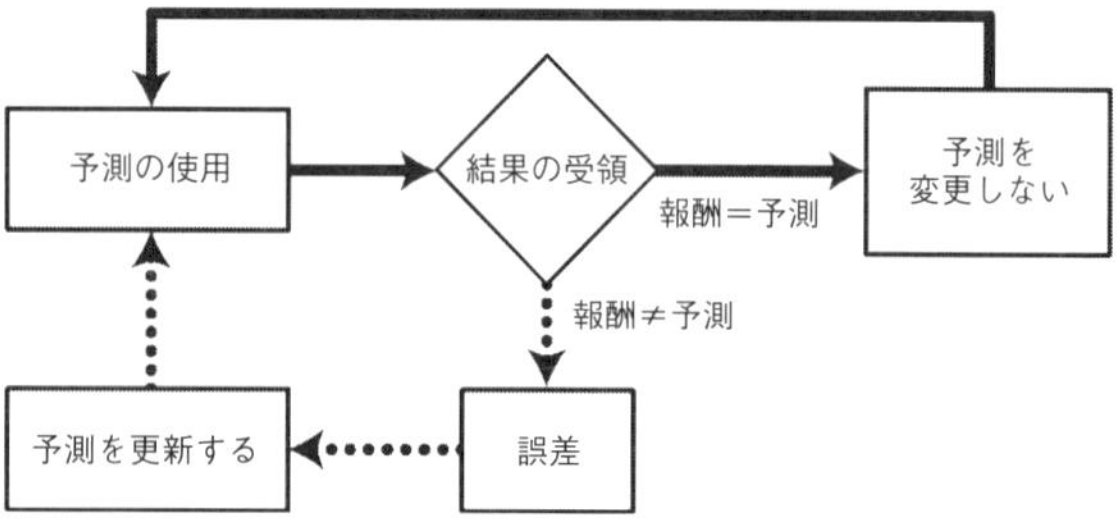

図19　報酬予測誤差による学習の図式。一連の流れは「予測の使用」のボックスから始まり、ボックスの右側に２つの可能な結果が表示されます。予測誤差が発生した場合（結果が予測と異なる場合）は、「予測を更新する」というボックスに入ります。一方、誤差がない場合（結果が予測と一致した場合）は、「予測を変更しない」というボックスに入り、行動は変更されません。「予測を更新する」の段階は、現在、再固定化と呼ばれているプロセスに相当します。

最中にあります。そうなると、それはもはや記憶痕跡ではありません。ゆえに、意識は記憶痕跡の代わりに生じる、となるのです[17]。

二〇世紀最後の年に、私たちはこのプロセスの神経生理学を「報酬予測誤差」の観点から理解しました（図19参照）[18]。二一世紀に入ってからは、「再固定化」という項目の下で、記憶更新の生理学をよりしっかりと把握できるようになりました。

この基本的な事実が明らかになったのは、一九六〇年代に電気ショック療法（ECT）を使って恐怖の記憶を消すことができることが発見されてからです。ただし、記憶が蘇った直後に電気ショックを与えた場合に限ります[19]。これは、ECTが、顕在化した（活性化した）恐怖記憶を潜在化した状態に戻すプロセスを阻害していることを示唆します。つまり、恐怖の記憶が活性化しているときに電気ショックを与えると、その記憶は消去されてしまいます。恐怖の記憶を思い出している間は、文字通り、それはもはや痕跡ではないのです。記憶が活性化された状態は、長期痕跡を再び不安定にし、もはや記憶ではないものにするのです。

これは、再固定化が再発見されて、二〇〇〇年にそう命名されたときに確認されたことです[20]。長期痕跡が活性化しているときにタンパク質合成阻害剤を投与すると、その痕跡は消えます。（タンパク質合成阻害剤は、新たな長期痕跡の形成を阻害します）。これは恐怖の記憶に限らず、他の記憶にも当てはまります。一般的に長期記憶は、活性化された状態にあるときは不安定になります。これが、長期記憶が更新される仕組みです（そして新たに固定化されていく、つまり、再固定化されていくのです）。

過去二〇年間に行われてきた再固定化に関する膨大な量の研究により、再固定化は人間やげっ歯類だけでなく、ニワトリ、魚、カニ、淡水カタツムリ、ミツバチなどでも起こることが明らかになりました。また、これらの研究では、脊髄の疼痛処理経路には再固定化に類似した過程が存在することも明らかになっており、中枢神経系における再固定化の非常に基本的な役割が示唆されています。

長期記憶は、短期記憶とは異なり、新しいタンパク質の合成に依存しています。この合成は、相当量のシナプス伝達が繰り返し行われた後に引き起こされますが、このシナプス伝達は網様体賦活系によって、つまり覚醒によって調節されます[21]。それで、ヘッブの法則として知られる有名な格言「一緒に発火するニューロンは一緒に配線される」となるわけです[22]。「活性化された」記憶というのは覚醒した記憶であり、覚醒した記憶はもはや記憶ではありません。それは、不確かな状態にあるのですから。私がここで伝えたいのは、認知的意識は、皮質の記憶痕跡を不安定な状態に溶出するまで煎じ詰めるということ、そして、この不安定さは覚醒の産物であるということです。私たちは、同じ洞察に異なる方向から到達し続けています。その洞察とは、皮質のプロセスは基本的に無意識である（放っておくと単なるアルゴリズムになる）というものです。意識は、そのすべてが、脳幹から来ているのです。[23]

　しかしそれでも、私たちはある種のゾンビ状態を目指しているように思われます。認知の理想形は自動的なものですから、意識が早くなくなればなくなるほどよいのです。では、皮質の認知はどのようにして無意識になるのでしょうか？

　最も単純な例を考えてみましょう。もし、あなたの目の前に一本の垂直な線を投射すると、どうなると思いますか？　その線は、あなたが見ているすべてのものが一秒間に約三回更新されることを通常保証する一定の目の動きを無視する形で置かれています。この更新は、予測階層の最末梢部分、つまり、最も高い自由度が得られるところで起こりますから、そのような予測不可能な状況下で右往左往するかのように頻繁にモデルを更新する必要があることは、「予測」という言葉をほとんど意味のないものにします。だからこそ、感覚運動の末梢部分でとても多くの認知的作業が行われるのです。

　では、もしも視覚刺激を、絶対的に変化させずにそれだけしか見ることができないような形で、〔眼球に対して刺激が〕動かないようにしたらどうなるでしょうか？　その答えは、不安にさせるかもしれませんが、意識から消える、です。刺激はまだそこにあるにもかかわらず、数秒のうちに視覚的な気づきから消えてしまいます。これは一九五〇年代にアメリカのロリン・リッグスとイギリスのロバート・ウィリアム・ディッチバーンによって実証されました。その後、他の感覚モダリティでも同様の効果が観察されました。[24]刺激が気づきから姿を消す理由はもう明らかでしょう。刺激が一〇〇％予測可能になり、それゆえ、なんの情報ももたらさないからです。予測は完全な精度を達成し、対応する誤差値はゼロになります。これが脳のホメオスタシスの理想であることは、これまで述べてきたとおりです。

目や頭の動きに対して刺激を安定させるのは難しいので、あなたが自宅でリッグス・ディッチバーン実験をすることはできません。しかし、「ライラック・チェイサー」錯視はグーグルで検索することができます。これは別のタイプの視覚的消失を示すものです。[25] 画面をクリックしたら、コンピュータの画面から二〇cmほど顔を離し、回転する円の中央にあるターゲットに目の焦点を合わせます。すると、円はどうなるでしょう。円は消えるのです。これは、視覚脳が円をノイズと判断して、灰色の背景に比べて精度を下げ、円を消し去るからです。

ウェブサイトでは、他にも二つの錯視を紹介しています。消失に加えて、薄紫色の円が、実際には存在しない緑色の円に変わり、(1) 本当に存在しているわけでも、(2) 本当に緑色であるわけでもない、中心のターゲットの周りを回転しているのが見えます。ウェブサイトでは、その作用メカニズムが説明されています。それは基本的に、精度の重み付けに集約されます。これらの現象はすべて、あなたが見ているものは外から受け取ったものではなく、脳が生成したものだということを強調しています。[26]

これを、第5章の、反射や本能といった生得的な運動優先プロセスの更新に関するセクションと結びつけて考えてみましょう。このような生得的な予測は、私たちに有益なものですが、複雑な世界を正しく理解することはできないので、経験からの学習を通して補う必要があります。学習には意識が必要であり、新たに獲得した予測に対する信頼を徐々に高めていきます。しかし、すべての学習の理想は、これらの獲得した予測を自動化し、反射や本能のように振る舞わせることにあります。少なくとも以前の予測と同じくらい信用でき、一般化できる新しい予測を作りたいと思っています。これを達成した分だけ、獲得された予測はシステムの固定化を通して自動化されます。この意味で、固定化とは、再固定化とは正反対です。再固定化では、固定化された痕跡を帳消しにし、文字通り、痕跡を「配線」したタンパク質を溶かしてしまいますので。

これは、非陳述的記憶システムのレベルにまで及びます。経験から学ぶことの目標は、できるだけ多くの長期記憶を陳述的な状態から非陳述的な状態に移行させることにあります。「陳述的」というのは「意識に戻ることができる」という意味だからです。つまり、ゾンビ状態が認知の理想であると言ったのは、より深い固定化が学習の理想であるという意味です。非陳述的記憶は、最も信用できる記憶の形です。仕事の量を最小にすることになります。複雑さを最小限に抑え、最も一般化しやすい（第8章参照）。ですから、最速で実行することができ、不確実性が最も少なく、したがって遅延が最も少ないのです。

もちろん、ここにはいくつかの複雑な問題があります。第一に、すべての固定化が陳述的記憶システムから非陳述的記憶システムへと進むという印象を与えたくはありません。多くの長期予測は非陳述的記憶に直接固定化されますし、ほとんどのタイプの学習は両方の記憶システムで同時に行われます。第二に、非陳述的記憶には複数のタイプがあり、それらがすべて同じように機能するわけではありません。例えば、「手続き型」の学習は、ひたすら繰り返すことで行われます。そのため、自転車に乗るというような技術や習慣は「覚えにくく、忘れにくい」と言われています。しかし、同じように忘れにくい非陳述的な情動反応のいくつかは、例えば恐怖条件付けのように、一回の暴露学習で獲得されます。（他のタイプの情動学習はもっと遅く、例えば愛着形成には約六ヶ月かかります）。忘れにくいというのが非陳述的記憶の基本的な特徴ですが、固定化には複数の記憶システムでまったく異なるプロセスが必要です。

最後に、非陳述的記憶が「無意識である」というのは、認知的な意味においてだけです。後天的な情動反応が引き起こされたとき、あなたは確かに何かを感じます。ただ、その感じが何についてのものなのか、つまり、その感じがどこから来たものなのかはわからないのです（第3章参照）。

非陳述的記憶についての最も重要な事実は、それが非陳述的であるという点です。非陳述的記憶が手続き型の反応を生み出すのに対して、陳述的記憶は経験した像を生み出します[27]。これは解剖学的な区別とも一致していて、陳述的記憶は大脳皮質に、非陳述的記憶は皮質下にあります[28]。大脳皮質下の記憶痕跡は、感覚運動の末端器官の皮質のマッピングから構成されていないため、像（イメージ）の形で取り出すことはできません。それは、私が先に水無脳症の子どもや除皮質された動物の、学習された行動に関連して説明したような、より単純なステレオタイプを含んでいます[29]。そのようなものは精神（マインド）にもたらすことができません。「思考可能なもの」ではないのです。

それに対して、皮質の記憶システムは、自分が表象した予測シナリオをいつでも蘇らせることができます。文字通り再体験することができるのです。言い換えれば、陳述的記憶は長期的な痕跡を、意識的ワーキングメモリの短期的な状態に容易に戻すことができます。このことは、皮質の予測を更新するためだけではなく、不確実な状況で動作を導くためにも行われます。

皮質下の記憶痕跡は、皮質のそれよりも信頼できるもので、その高い精度の値は変化しにくいのですが、これは、正確さよりも単純さを重視しているからです。そのため一般化しやすいのです。しかし、これには代償があります。複雑でないモデルは、文脈が変化したときに正確さが低下するからです[30]。一方、大脳皮質の予測が比較的複雑であることは、可塑性が高いことと一致します。要するに、大脳皮質は文脈に特化しており、予測できない状況でもモデルの正確さを回復させることができるのです[31]。妥協は避けられません。意識的な経験の可能性が高ければ高いほど、自動性は低下します。つまり、可塑性は高くなりますが、認知的な仕事も増えます。この仕事にはエネルギーがかかり、感じも生み出すため、脳はできる限りその仕事を行わないようにしています。目の前にある刺激を消してしまうほどなのです。

　しかし、私たちの頭の中で起こっていることの多くは、この情報効率や熱力学的効率の理想とは一致しにくいようです。感じや知覚と並んで、私たちの意識に最も顕著に含まれているのは思考です。思考は明らかに大脳皮質に由来するものです。しかし、思考とは何なのでしょう？ そして、なぜ思考はしばしばとても無駄なものに見えるのでしょうか？

　ここまで説明してきた認知の理論は、仮想（ヴァーチャル）世界を生成するための記憶システムの能力を中心にして展開しています[32]。予測階層の各レベルは、皮質処理の各レベルを含めて、その先のレベルから受け取ることが予期されるデータの予想版を生成する能力があります。これは、知覚が想像行為（イマジネーション）と根本的に異なるものではないことを意味しています。主観的な視点からすれば、夢の中で体験する世界も、窓の外の世界も、ほとんど違いはありません[33]。あなたの脳は、求めに応じて幻の現実を作り出すことができます。あなたがこの言葉を読み、その意味を考えている今も、脳はそうしていると思われます。ボーッと（マインドワンダー）している時でさえ…。

　マインドワンダリング[*]の存在は、意識の自由エネルギー理論への挑戦のように思えるかもしれません。

私は、強くて優先順位の高い誤差信号、つまり目を引く誤差信号だけを意識するようになる、と言いました。目を引く（サリエント）誤差信号は、生物学的パラメータを生存可能な範囲内に維持するために反応しなければならない信号ですから。しかし、私たちの思考はしばしばランダムで取るに足らないもののように見えます。場合によっては、自分自身の内なる独白が邪魔になったり、それで気が散ったりすることもあるでしょう。このような状況では無用のものに見えます。思考はどのように自由エネルギーを最小にすることができるのでしょうか。

　奇妙に聞こえるかもしれませんが、マインドワンダリングの目的は、生成モデルの効率を向上させることです。自由エネルギー原理の教えに従うと、モデルは、自己組織化という仕事を遂行するのに必要最小限の資源を使用する場合にのみ効率的です。つまり、世界の感覚的なサンプルをうまく予測する最も単純なモデルを見つけることが重要なのです。（オッカムのカミソリを思い出してください）。

　最も単純なモデルは、随意的な行動から自然に立ち上がるものではありません。随意的な行動は行き当たりばったりのプロセスです。そのため、経験から学んでいる間に形成された冗長なシナプス結合を刈り取ることで、単純さが増します。刈り取る理由は、ノイズの多いデータにモデルを「過剰適合」させることを避け、偏った弱い相関関係を必要以上に保存することを避けるためです。そのハサミは、今やお馴染みの、記憶の固定化と再固定化のメカニズムです。記憶を活性化することで、その記憶を強化したり、変化させたり、さらには消去することもできるのです。

＊　訳註：目の前の課題や出来事から注意が逸れて自発的な思考を行う現象。

マインドワンダリングは、これを成し遂げる手段の一つです。これは、外部からの特定の刺激がないときに起こる前脳の自発的な活動（「安静状態」または「デフォルトモード」とも呼ばれます）を伴います。このような活動は、たいてい背後で行われていて、「自身の精神空間を、想像力を働かせながら探索」しているのです。[34] こうした思考形態と夢を見ることとの間には、[35] かなりの重なりがあり、どちらも大脳皮質をもつ生物すべてで生じているように思われます。世界で行動する自分の像（イメージ）を作り出す能力を持つ動物は、状況が許す限り、無限のシミュレーション世界をさまようこともできるのです。[36] 覚えておられるかもしれませんが、「さまようこと」はSEEKINGの欲動と密接に関係しており、眠っている間もその要求を続けます。デフォルトモードの活動は夜間の方が安全に行うことができる理由は明らかでしょう。夜は外の出来事に対処する必要がないからです。

このすべてが、私たちが獲得した世界のモデルは、眠っている間でさえ決して完全には安定しない、という奇妙な事実を説明します。注目せずにはいられないような感覚入力がない場合でさえ、構造化された神経活動は持続しており、生成モデルの継続的な探索と検証が行われています。これらの探索は、起きているときに注意を引いた問題に対して、素晴らしくて新しい反応をもたらすかもしれない、とアンディ・クラークは考えています。その答えは、オッカムの意味で、より単純なもの、つまり、これまでの最善の試みよりも効率的なものであることが多いのです。「このすべてが、新しいアイデアや創造的な問題解決の起源に関する、奥深いところに残っている謎の解決策の、少なくとも一部になるのではないか？」[37] と彼は述べています。

意識は、知覚や経験からの学習と同じように、この自己生成されたプロセスでも同じ役割を果たしています。すべての意識的な認知プロセスに共通しているのは、それが再固定化に必要な精神的仕事を伴うこと、つまり、固定化された予測を不確実性の状態に戻すのに必要な精神的仕事を伴うということです。夢（問題解決の一つの形です）が意識的であるのもそのためなのです[38]。

しかし、マインドワンダリング以外にも思考の種類はあります。二つ目のタイプである「熟慮型の想像」を見てみましょう。思考と行動という伝統的な対立軸において主役を演じるにふさわしい認知プロセスがあるとすれば、それはこのプロセスです。ここには動作の代わりに思考があり、運動衝動を抑制しながら、システムは想像行為の中で問題を進む道を感じていきます。このタイプの思考をするとき、私たちは精度を調整して運動の予測誤差が抑制されるようにします[39]。結局のところ、熟慮型の思考の要点は、実際に実行する場合に起こりうる結果を事前に評価するために、物事を行うことを想像することです。（第5章では、校長先生に殴りかかるという例を挙げました）。

私たちはどのようにして未来を想像するのでしょうか？　それは、過去を記憶するのとまさに同じ方法で行われますが、過去も、私たちが認めたくないほどしばしば、想像された過去であることがわかります。エピソード記憶は構築されたプロセスであり、現在の目標や文脈が記憶の内容に大きく影響します。それゆえ、過去は、現在の予測作業の要求に関連して、選択的で偏向的に追体験されます。繰り返しになりますが、「消えたメモリカートリッジ」の男性、S氏の症例が優れた例を提供してくれますが、それはまさに、正常な記憶を支えるメカニズムが彼の病理によって誇張されていたからでした。彼のエピソード記憶は驚くほど利己的なものでした。

もちろん、メモリカートリッジのようなものは存在しません。その代わりに、精神的なタイムトラベルに関わる神経システムは海馬に軸足を置いています。海馬は、通常は無意識的である皮質の記憶プロセスに、視点を持った「わたしというもの」の質を注入するのに重要な役割を果たしています。[40] エピソード記憶に関する現代の研究によると、海馬は実際、過去の追体験と同様に、未来を想像することにも関与していることが明らかになっています。[41] デイヴィッド・イングヴァルは「未来を記憶する」[42] と言い、ダニエル・シャクターは、海馬が、エピソード記憶を司る他の脳構造とともに、「過去の出来事の詳細を柔軟に組み合わせて新しいシナリオを作る」という、未来の「建設的なエピソードシミュレーション」を支えるものとして概念化しています。シャクターの見解では、エピソード記憶システムは、過去を記憶することよりも、未来を想像する能力によって、その適応価値を獲得していることになります。脳は「基本的に将来に向けた器官であり、過去と現在の情報を使って未来についての予測を生成するよう設計されている」とシャクターは結論づけています。[43] この結論は、もうすっかりお馴染みの内容になっているはずです。

　最後の三つ目の思考は、言葉で考える、ということです。この能力が、人間の認知に最もユニークな特徴を与えていると思われます。人は言語をコミュニケーションのための道具といいますが、それは事実です。しかし、言語は何よりもまず、抽象化のための道具なのです。哲学者の中には、このような言語の「もう一つの」機能を超伝達的と呼ぶ人もいますが、私は前伝達的と考えたいと思います。なぜなら、（発声ではなく）発話が抽象化なしに生まれたとは考えにくいからです。言語は、私たちがすでに持っている思考を単に表現するだけでなく、新しい思考を形成します。

　ゲイリー・ルピャンとエミリー・ウォードの実験により、言語のこの機能が明らかになりました。二人は、「連続フラッシュ抑制」と呼ばれる手法を用いました。これは、両眼視野闘争に似たもう一つのタイプの双安定型の知覚で、一方の目に連続的に提示された画像が、もう一方の目に提示された変化する画像の流れによって、意識から抑制されるというものです。[44] この実験では、片方の目に椅子、カボチャ、カンガルーなどの身近な物体の絵を見せ、もう片方の目には一連のスクイッグル〔乱雑に殴り書きをした線〕を見せました。スクイッグルは、意識から安定した像（イメージ）を抑制しました。しかし、スクイッグルと物体を見る直前に被験者は、（1）抑制された物体を表す言葉〔例：物体がカボチャの場合は「カボチャ」という言葉〕、（2）別の物体を表す言葉〔例：物体がカボチャの場合は「カンガルー」という言葉〕、（3）ただの雑音、の三つのうちのどれかを聞かされていました。被験者に何かを見たか見ていないかを尋ねたところ、〔フラッシュの直前に〕聞いた言葉が安定した物体と一致した場合には、一致しない言葉や雑音の場合と比べて、意識的に見たと答える確率が有意に高くなりました。実際、間違った言葉を聞いた場合、抑制された物体を見たと答える割合がさらに減りました。これは、「言葉のラベルに関連した情報が、入力される〔ボトムアップ型の〕活動と一致すると、言語がトップダウンで知覚を後押しし、後押しがなければ見えないままの像（イメージ）を気づきの状態に押し上げる」と説明できます。[45] 言い換えれば、言葉の情報は、知覚像（イメージ）の精度の重み付けを高めるのです。

このメカニズムの威力を理解するためには、〔この実験だけでなく、現実にも〕私たちは「内言語機能（インナー・スピーチ）」のプロセスを通じて、このようなトップダウンのラベル付けを常に自分に与えていることに注目してください。こうして与えられる後押しは、非陳述的プライミングの一形態です。しかし、興味深いことに、言葉によるプライミング[*]は、具体的な像によるプライミングよりも、意識に対してかなり強い影響を与えます。一枚の絵は一語よりも価値が低いことが判明しました。まして一〇〇〇語だと、言うまでもありません。これはおそらく、「犬というもの」のような物事になると、（予測階層のより深いところにある）抽象的なものの方が像（イメージ）よりも多くのことを達成できるからだと思われます。それゆえ例えば、ルピャンは、「犬」という言葉を聞いた場合、単に吠える声を聞いた場合よりも、連続フラッシュ抑制を克服する可能性が有意に高いことを発見しました。[46] 抽象化されたものは、より大きな広がりを持っています。このように、被験者がプロモーションビデオを見ているときに、「人間」よりも「乗り物」に注意を向けるよう暗黙のプライミングが行われた場合、言葉によるプライミングは、ニューロン集団全体のチューニングを変化させ、一方のクラスの物体に対して、もう一つのクラスの物体の存在よりも敏感になるように変化させます。[47] 言葉には、意味上のカテゴリー全体を後押しする力があります。実際、そのようなカテゴリーの多くは、言葉によるラベルがなければ考えることができず、したがって知覚することもできません。このことは、本書で検討しているような抽象的な概念に最もよく当てはまります。自由エネルギーを見た人はいるでしょうか？　それでも、ひとたび「自由エネルギー」について考えることができれば、その働きを至るところで目にすることができます。

　一つや二つの言葉でそういうことができるなら、それを何百も組み合わせたらどうなるでしょうか。例えば、個人的ナラティブの可能性について考えてみましょう。個人的ナラティブとは、人生の流れや意味について自分自身に語りかける抽象的な物語のことです。「このようなナラティブ（物語）は、私たち自身の自己予測を構成するモデルの高度な要素として機能し、その結果、私たちの将来の動作や選択に影響を与える」とアンディ・クラークは書いています。[48]

もちろん、これらの物語は、母子の二者関係から始まり、人生を通じて、他者と共同で構築されるのが一般的です。ここで、言語のコミュニケーション機能が導入されます。精度の人為的な操作は、私たち自身の生成モデルだけから得る必要はありません。同じような抽象化の能力を持つ他者のモデルからも同様に得ることができます。クラークは、言語のこの二つ目の機能を「連続的相互予測」という項目に挙げています。アンドレアス・ロプストルフとクリス・フリスは「スクリプト共有」と「トップ＝トップ・コントロール・オブ・アクション」と述べています[49]。要するに、ある人の精度をコントロールする抽象的なラベル付けは、ボトムアップ学習の面倒な手間を省いて、他の人のそれに直接伝達することができるのです。

ロプストルフとフリスは、人間同士が言葉で指示を与えて課題を遂行させる効果と、サルに同じことをさせるため十分な知識を植えつけるのに必要な困難な訓練プロセスとを比較することで、この指摘をしました。ロプストルフとフリスが用いた例（カード並べ替えゲーム）では、人間は言葉による指示を数分受けただけで目標行動を習得しましたが、オペラント条件付けをしてサルがそれを習得するまでには丸一年を要しました。今回の実験では、人間とサルが同じ脳領域、つまり、同じ認知セットを使って実際の課題を遂行していることがｆＭＲＩの証拠からわかっています。それを獲得する方法が違うだけなのです。

言語はそれだけではありません。言語は、本書で取り上げた観察、理論、方程式など、精度を向上さ

＊　訳註：先行する刺激の処理が後続の刺激の処理を促進したり抑制したりすること。

せるためのあらゆる技術への扉を開きます。言葉（および数学的記号などの他の記号）のおかげで、個人が生涯にわたって獲得したモデルは、同時代の人だけでなく何世代にもわたって、他の人が精査し、体系的に改善することのできる安定した対象となります。言語は、一般性と特殊性の見事なグラデーションによって、予測階層の構造そのものの一部を意識に投影することができます。このような認知の強力な助けは、記号を持たない種には利用できません。言語のない科学、技術、文化の全体像を想像することは非常に困難です。

私の予感では、言語は主にPLAYの欲動から進化したと思います。第5章で、PLAYが社会的ルールの形成につながることを説明しました。ルールは集団行動を規制することで、一人ひとりの過剰になりうる欲求から私たちを守っています。60対40ルールは生来的な社会的ルールです。このルールは相互性と互恵性を要求し、そのために共感の能力、つまり、他者の心を読み取る能力の発達を促します。後天的な社会的ルールの構築が、それを表現するための複雑な形のコミュニケーションを促し、それが記号的な思考の出現に寄与していることは容易に理解できます。どの霊長類にも典型的な古代の狩猟採集型のライフスタイルから、作物を植えて家畜を飼う定住生活に移行すると、人為的なルールを作る必要性が飛躍的に高まりました。わずか一万二〇〇〇年前に起こったこの展開に対して、人類は何の進化的準備もしていませんでした。つまり、社会的階層の形成に不可欠なPLAYの欲動の他には、何の準備もしていなかったのです。

したがって、大脳皮質が他の基本情動のどれよりもPLAYに貢献しているということは非常に興味深いことです。[50] PLAYの「ごっこ（アズ・イフ）」という性質は、私がこの章で説明したような皮質のメカニズムなしには考えられません。PLAYは、思考一般（つまり、現実の動作に対する仮想的な動作すべて）の、そして文化的な生活全体の、生物学的な前駆体なのかもしれません。

鋭い読者は、私がこの部分で述べてきたことが、フロイトの「語りによる治療 talking cure」における言語の役割についても示唆していることに気づいておられるでしょう。語りによるセラピーとは、自分の個人的ナラティブを標的とする介入でなければ何なのでしょうか？　私見では、心理療法は、つまり一種の「継続的な相互的予測」は、一種のPLAYでもあります。しかし、私は今、それだけで何冊も本が書けるような話題に触れていますので、大脳皮質の意識と脳幹の意識の本質的な違いを考えることで、本章の皮質に関する考察を終えることにします。

パンクセップは、人間が特定の色を特定の感じと結びつける傾向に強い関心を持っていました。[51]例えば、赤のスペクトラムの色は暖かく、青のスペクトラムの色は冷たいと表現するのが一般的です。これは恣意的なものでしょうか？　色を逆にすることは可能でしょうか？　外受容的な暖かさと冷たさは、もちろん、赤と青のように視覚的な性質ではありません。これらは体性感覚の特徴ですが、パンクセップが嫌悪感、痛み、驚きなどの「感覚的感情」と呼んだものにも密接に関連しています。[52]いくつかの点で、温かさと冷たさの快楽的側面は、生物学的価値を体現しています。他人との物理的な接近は温かく、セックスは温かく、火は温かい、などです。火や氷に関連する色の系列は、おそらくこのようにして感情的な意味を獲得したのでしょう。熟した果物と熟していない果物の色も、おそらくそうです。パンクセップは、このような関連づけは、知覚的クオリアの進化的起源の名残であり、私たちの意識的な知覚が感覚的感情だけであった時代を思い出させるものではないかと推測しました。

しかし、感情を感じることと、熟した果物や熱い炎といった外部から知覚された対象と関連させた価値づけとの間には、大きな違いがあります。その違いとは、感情は先天的なものですが、外界の知覚への価値づけは後天的なものだという点です。知覚の視覚的な質やその他の知覚的な質は、経験主義的な意味で感情と「関連づけられる」ようになるのです。[53] 私たちは世界に価値を与えています。このようないくつかの関連づけは、一方では赤、火、熟しているなど、他方ではある種の快の感じの間の関連づけのように、自然界に存在する規則性に従うこともありますが、これらの関連づけでさえ後天的なものであり、個人の経験に左右されるのです。

要するに、このような関連づけは文脈に依るものなのです。例えば、火は必ずしも良いものではありません。赤のような暖色系の色が、セックスのような良いことを表すこともあれば、危険のような悪いことを表すこともあるのは、そのためでしょう。また、「ホット」なセックスだけでなく、「ホット」な攻撃性についても語られるのはこのためです。この原理は、各人の主観的な図解書を構成する、これまで以上に個別化された関連づけにも、次第に適用されていきます。それは、リサ・フェルドマン・バレットの論理に従います。

パンクセップは、ある種の知覚的な質に関連づけされる感情的価値は、感覚的感情の起源の名残だと考えていました。しかし、赤さや熱さといった知覚的な質をエロティックな感じと結びつけたり、青さや冷たさを悲しい感じと結びつけたりすると、生来の結びつきを失うという事実を見失ってはいけません。だからこそ、色と感情の関連づけを条件付けることが容易にできるのです。

これらの関連づけにおける集団レベルの規則性は、ある程度自然に沿ったものであり、絵画、音楽、ダンスなどの芸術様式の基礎になっているはずです。私たちは、視覚、聴覚、体性感覚の質を、少なくとも部分的には、感覚的感情とそれらが私たちに喚起する意味合いによって評価しています。意識を感じられた不確実性であるとする私の定義を考えると、美的体験におけるサプライザルの役割にも注目したいと思います。ユーモアも同様で、つまらない芸術作品は、先にオチがわかっているジョークのようなものです。しかし、これらのテーマはあまりにも壮大であるため、ここでは適切に取り上げることができません[54]。

知覚的クオリアは、快楽的な価値づけが内在的にはなされていないという点で、感情的クオリアとは異なると結論づけることができます。知覚的クオリアは感情との関係で価値を獲得します。常に大脳皮質に衝突する光と音の波は、いつも意識的に経験されるわけではありませんが[55]、意識されるときは、それらは文脈として感じられます（一八七―一八八頁参照）。

知覚とは、究極的には、スパイク列の確率分布に関する推論的統計の計算と、そのような確率との比較であり、これらはすべて、精度を最適化するホメオスタットの入れ子的な階層構造になっています[56]。この階層は、心の目に、「装備に誘発された応答」の図的な表象を、ジョン・ホイーラーの言う意味での現象を、生成するのです。これらの現象は、私たちの前に（そして私たちによって）表示される仮想現実（ヴァーチャル・リアリティ）を構成しています。何十億もの小さなホメオスタットの安静状態は、表面から深部に至るまで、すべてがお互いの中に組み込まれて、予期された文脈における信頼度を表象します。その文脈とは、優先付けされた欲求を解決しようとしたときに、私たちのマルコフブランケットを超えたところで起こると予期されたものです。欲求に優先順位をつけると、それに付随する信念に根ざした、つまり、予期された結果に根ざした認知的な仕事が引き起こされます。意識的に知覚するものは、今やよく知るところとなったメカニズムに基づくと、この予期された文脈ではなく、むしろ、優先付けされた、予期からの逸脱を、深い階層にわたって入れ子状に表示したものなのです。

階層の末梢では、このような変動が常に起こっており、現在を隅々まで予測することはほぼ不可能です。感覚運動の予期の目を引く側面に対する信頼度の変動は、色やトーンなどの形で、つまり、私たちの種が計算する外受容的なカテゴリー変数の配置で、経験されます。これらには、外界の知覚だけでなく、自分の身体を表象する分身の、予期された固有知覚状態からの断続的な逸脱も含まれます。なぜなら、私たちの身体の経験は、外界の経験に劣らず仮想的なものだからです。(57)

知覚や固有知覚における精度の予測誤差は（それが目を引く場合）、外受容的クオリアとして登録されます。これに対して、そもそも感覚運動プロセスを生み出した、表に現れた信念に対する、変動する信頼度が、感情の形で経験されます。どんな計画を引き受けていようとも、私たちは自分がどれだけうまくいっているかについての瞬間瞬間の感覚を得ています。今、あなたはそれを感じることができるでしょうか？　この文章を読んでいるあなたの心の中にある揺らぎや、強まったり弱まったりする不確実性の流れは、強くなりすぎると、あなたの足を止めてしまうかもしれません。その基礎的な性質である感情は、あなたの人生全体を通して感じられ、究極的にはあなたが行うことすべてを規制するものなのです。

私たちの日常的な経験は、究極的には、これに尽きるのではないでしょうか。

第11章　意識のハードプロブレム

物理学者のポール・デイヴィスはこう書いています。

生命の持つ数多くの不可解な性質の中でも、意識という現象は特に際立つものである。意識の起源は、今日の科学が直面している最も難しい問題（ハード・プロブレム）であり、二五〇〇年の熟考を経てもなお、ほとんど解明されていない唯一の問題である。[1]

他の科学者による同様の記述を数多く引用することができます。「ハードプロブレム」（と恭しく略されますが）とは、あなたが、「あなたの喜びや悲しみ、記憶や野心、個人的アイデンティティの感覚や自由意志の感覚」[2]が、つまり、あなたの存在の経験が、なぜ、どのようにして、脳細胞で起こる生理的プロセスから生まれることができるのか、というものです。これらの細胞は、基本的には、他の臓器を構成する細胞と異なるものではありません。では、どのようにして「あなた」に存在をもたらすのでしょうか？

この問いは目新しいものではなく、人間の謎の中でも最も古く、心に響くものでしょう。古くは「私の魂はどのようにして私の肉体に宿るのか？」という形をとっていました。現在のような形になったのは、一九九五年に哲学者のデイヴィッド・チャーマーズが提唱したことによります。彼の有名な言葉を引用しましょう。

> いくつかの生物が経験の主体であることは否定できない。しかし、これらのシステムがどのようにして経験の主体となるのか、という疑問は込み入ったものである。われわれの認知システムが視覚や聴覚の情報処理を行うことで、深い青の質感やドの音の感覚といった、視覚的、聴覚的な経験が得られるのはなぜなのか？　精神的イメージを楽しんでいるように感じられること、もしくは、ある情動を体験しているように感じられることがなぜあるのかを、どのように説明すればよいのか？　経験が物理的な基盤から生まれることは広く認められているが、なぜ、どのようにして経験がそのように生まれるのかはうまく説明できない。一体なぜ物理的な処理が豊かな内面を生み出すのか？　客観的に見て不合理なことのように思えるが、実際にそうなのだ。[3]

チャーマーズの定式化は、哲学者トマス・ネーゲルの初期の論文「コウモリであるとはどのようなことか What is it like to be a bat?」（一九七四年）に大きく負っています。ネーゲルは、主観的な経験の、それであると感じられるような何か *something-it-is-like-ness*、を強調しました。彼は「生物が意識的な精神状態を持つのは、その生物であると感じられるような何か something it is like to *be* that organism がある場合、つまり生物にとって感じられる何かがある something it is like to *for* the organism 場合に限られる」と指摘し、さらに「心の物理的理論が経験の主観的な性質を説明しなければならないと認めるならば、現在の利用可能な概念は、どのようにしたらこれが可能になるかについての手掛かりを与えてくれないことを、われわれは認めなければならない」と付け加えました。ネーゲルはこう結論づけました。「主観と客観という一般的な問題（ジェネラル・プロブレム）についてさらに考えを重ねない限り、心の物理的理論は考えられそうにない」。

二〇年後にチャーマーズが「一般的な問題」を彼なりのやり方で言い直したのは、脳科学者が意識を実験的に解明し始めたからです。第1章で述べたような技術の進歩により、脳科学者は「脳細胞はどのようにして生理的プロセスを経験へと変えるのか」という疑問に答えられる時が来たと信じました。この問題に実験的に取り組んだ最初の科学者の一人が、DNAの構造を共同で発見した分子生物学者のフランシス・クリック卿です。彼は、チャーマーズが疑念を表明するちょうど一年前に出版した『驚異の仮説』（副題は「魂の科学的探求」）というタイトルの本の中で、これに着手しました。その内容は次のようなものでした。

その驚異の仮説とは、あなたは、つまり、あなたの喜びや悲しみ、記憶や野心、個人的アイデンティティの感覚や自由意志の感覚は、実際には、膨大な数の神経細胞とその関連分子の集合体の振る舞いにすぎないというものである。(4)

チャーマーズは、意識が物理的基盤から生じるという主張を全面的に否定したわけではありません。先ほど述べたように、彼自身も「経験が物理的な基盤から生まれることは広く認められている」と言っています。彼が主張したのは、「なぜ、どのようにして経験がそのように生まれるのかはうまく説明できない」ということだけです。これは、ネーゲルの主張「現在の利用可能な概念は、どのようにしたらこれが可能になるかについての手掛かりを与えてくれない」を繰り返したものです。一方、クリックは、良い説明を見出したと主張しました。つまり、現在の利用可能な技術を使えば、彼が「意識の神経相関物 neural correlate of consciousness」と表現したものを容易に特定できるというのです。彼は、意識に必要な脳の解剖学的部分と、その部分の特定の生理学的機能を分離すれば、心身問題を科学的に解決できると信じていました。彼は、意識の神経相関物の一つである、意識的な視覚と無意識的な視覚を区別する脳のプロセスだけに焦点を当てて研究を始めることを勧めました。そこから、意識の残りの部分を推定できるだろうと考えてのことです。これは十分に合理的なことだと思われました。きっと、視覚体験の神経相関物があるはずだ、と。

これまで見てきたように、皮質の視覚だけが意識的である一方、大脳皮質は視覚刺激を無意識のうちに処理することもでき、上丘も同じです。したがって、クリックによれば、視覚的意識の問題は、視覚野が意識的に情報を処理しているときに起こることのうち、無意識のうちに処理しているときには起こらないこと、そして上丘でも起こらないようなことは何なのか、という単純な問いかけになります。先に詳しく述べた理由から、彼は解剖学的に言えば間違った方向に進んでしまったのだと思います。クリックは、大脳皮質よりも脳幹に、視覚よりも感情に焦点を当てるべきだったのです。しかし、チャーマーズはもっと根本的な問題を抱えていました。

クリックのアプローチは認知神経科学で主流のものとなりましたが、これはチャーマーズが心身問題の「ハード」な部分と呼ぶものを排除しています。意識の神経相関物を特定することは「イージー」なことです。それは単に、経験と相関する特定の脳のプロセスを同定するだけで、そのプロセスがどのようにして原因となるのかを説明するものではありません。これが問題のハードな部分です。神経生理学的な活動はどのように、そしてなぜ、意識の経験を生み出すのでしょうか？[5] 言い換えれば、物質はどのようにして心になるのでしょうか？　チャーマーズによれば、私たち神経科学者は、視覚体験をしている間に脳内で神経情報がどのように処理されているかを説明することはできても、その脳内処理がどのようにして体験に変わるかを説明していない、となるでしょう。もう一人の著名な心の哲学者であるジョン・サールは、「脳はどのようにして電気化学から感じへの壁を乗り越えるのか？」と述べています。[6] この問いは、逆向きに考えても同じように込み入ったものです。つまり、思考や感じといった非物質的なもの（例えば、お茶を淹れようと決心すること）が、どのようにしてお茶を淹れるという物理的な動作に変わるのでしょうか？[7]

　哲学者が言うところの、この説明上のギャップの大きさは、[8] 以下のような「知識論法（ノリッジ・アーギュメント）」によく表れています。[9] 先天的に盲目の神経科学者メアリーが、視覚の神経相関物についてあらゆることを知っているとします。彼女は視覚情報処理の物理的事実をすべて、細胞レベルに至るまで説明することができます。光波が感光体である桿体と錐体に与える影響、これらの光波がどのように神経インパルスへと変換されるのか、それらのインパルスがどのように外側膝状体を経由して大脳皮質に伝搬されるか、それらのインパルスがどのように整然と並んだニューロンの列によってさらに処理されるのか、さらに、それらの情報が膨大な数のニューロンの中で組織化されて、大脳皮質の外套全体に広がっているさまざまな情報処理モジュールへと、そして、その複数の専門化された視覚処理ストリームへと変わるのか。これらのことを彼女はよく理解していますが、それでも彼女は視覚を経験することがどのような感じがするのかを知らないでしょう。生まれたときから目が見えない彼女は、例えば、赤さや青さといった経験される質については何も知らないでしょう。これらの質は結局、意識的に見るということの、実際の中身なのです。これは、彼女自身がそのような質を一度も経験したことがないからだけでなく、視覚の神経相関物に関する彼女の解剖学的、生理学的な知識が、見るということがどのような感じがするか what it is like to see を説明していないからです。もし彼女が突然視力を手に入れたとしたら、彼女は視覚についてまったく新しいことを学ぶことになりますが、それは彼女の機械的な理解では構えができないようなことなのです。そのため、物理的な事実は、なぜ、どのようにして、見るということがどのような感じがするかを説明するものではありません。物理的事実は、なぜ、どのようにして、脳が視覚情報を解読するのかを説明しているにすぎません。つまり、脳がどのようにそれを見ているかは説明しても、あなたがどのように見ているかを説明するわけではありません。哲学者が「クオリア」と呼ぶ、主観的な経験の、それであると感じられるような何か the something-it-is-like-ness を、物理的な基盤に還元することができないと考えられていることが、ハードプロブレムなのです。それこそが、チャーマーズによれば、「意識の中心的な謎」なのです[10]。

この還元不可能性の認識は、医師であり哲学者でもあったジョン・ロックをはじめとする、時代を超えた偉大な思想家たちを、意識的な経験は物理的宇宙の一部ではないという結論に導いてきました[11]。にもかかわらず、経験のクオリアは明らかに存在しているので、これらの思想家は意識的な経験を現実の非物理的な次元に追いやりました。そして、思想家（あるいはその多く）は「随伴現象（エピフェノメナ）」と表現したのです。[12]私が赤さという質で経験しているものを別の人は青さという質で経験しており、その人が意識的に見ているものが、私が「青」と呼ぶものであっても、その人は私と同じようにそれを「赤」と呼ぶということが論理的に可能であることを「逆スペクトル論法」で指摘したのがロックでした。彼の論法の要点は、その人たちがそうしたとしても何の違いもないということです。つまり、色スペクトルにおけるこの二つの極端な部分は、二人が経験したクオリアとの関係で容易に入れ替えることができるのです。したがって、ロックによれば、意識はその物理的な相関物によって説明されることはありません。物理的なメカニズム（この場合、光の相対的な波長）と心理的なクオリアとの関係は、因果的な関係ではないというわけです。

このようにして、意識は、因果構造に影響を与えない、脳内の物理的事象の連鎖に追随するだけのもの、つまり、ある種の副産物になります。ロックが執筆したのは一七世紀のことですが、これは決して古風な考え方ではありません。哲学者の間にとどまらず、広く浸透している考え方です。二人の著名な認知科学者も最近、「個人的な気づきは、大気中の物理的プロセスに付随するがそのプロセスに影響を及ぼすことはない、虹に似ている」と述べています。[13]

意識的な経験が物理的世界の働きに何の役割も果たさないのであれば、なぜ意識は存在するのでしょう？　気づきは、無意識のうちに行われている情報処理に何を加えるのでしょうか？　気づきが脳のプロセスに何の影響も及ぼさないのであれば、脳のプロセスに気づくようになることに何の意味があるのでしょうか？[14]

これは視覚だけに当てはまることではありません。意識は脳内プロセスの単なる随伴現象であるという見解を支持する最も説得力のある実験的証拠の一つが、ベンジャミン・リベットによる観察結果です。これは、ある動きを開始するという主観的な決定は、測定可能な脳波で見ると、自分が始めたと思っている動きの開始より（三〇〇ミリ秒ほど）遅れているというものです[15]。言い換えれば、（脳内での）動きの物理的な開始は、あなたが動くと意識的に決める前に始まっており、実際に動きを開始したのは「あなた」ではない、ということになります。この発見は、意識的な選択、すなわち「自由意志」が幻想であることを証明するものとして広く受け入れられています。自由意志が存在しないのであれば、意識には何が残るのでしょうか？　前述したように、クリックの答えは、あなたやあなたの喜びやあなたの悲しみなどは、「実際には」存在しないというものでした。このようなクオリアを物理的に適切に説明することができさえすれば、〔これらのクオリアが存在すると〕言い逃れることもできるでしょうが、とクリックは言っています。

　意識的なクオリアはどこかの平行宇宙に存在するという議論も、まったく存在しないという議論も、どちらも受け入れることはできないと私はいつも思ってきました。そして、あなたもそうでしょう。なぜなら、あなたはあなたの意識だからです。自分は虹のようなもので、自分は自分の肉体に何の影響も与えていないと主張するのは、明らかに不合理です。また、「あなた」は実際にはニューロンの振る舞いにすぎず、したがって実際には存在しないと主張することも同じように不合理です。これらの主張は、あなたの経験のすべての瞬間で矛盾しています。

「あなた」が存在しないという主張は、すべての哲学的思考の中で最も有名な結論の一つにも反しています。ルネ・デカルトは（『懐疑の哲学』において）、絶対的に確信できることは何かと一所懸命に考えた結果、自分が存在しているという事実だけは疑いようがないという有名な結論に達しました。「我思う、故に我あり」。言い換えれば、あなたは経験する、ゆえにあなたは存在する、ということです。

これがチャーマーズのハードプロブレムです。経験する自己が明らかに存在するのだから、それを私たちの物理的な宇宙の概念の中にどのように適応させるのか、ということです。

私は哲学者ではありません。ご覧いただいたように、私の意識の神経学への関心は、哲学的な文献とは無関係に生じ、発展してきました。正直なところ、これまでに読んだ文献の多くは不可解なものでした。にもかかわらず、私は本書の中で、「ハードプロブレム」に対する自然科学的な回答を提供しようとしてきました。私は、意識の形而上学におけるすべての謎を払拭したとは思っていません。これからご覧になるように、深い疑問が残っています。しかし、私は、さまざまな必要性に応じて展開する自然のプロセスが、（進化の過程で）私たちの私的な経験の世界によく似たものを生み出すことができることを示したと信じています。

このことは、チャーマーズが明確にした問題にどのように影響するのでしょうか？　私が提示した説明は、内なる世界と外なる世界との間の説明上のギャップにどのように橋を架けるのでしょうか？

まず、知覚、記憶、言語などの精神機能を支配する法則は、主観的なデータと客観的なデータの両方から抽象化されているという基本的な観察から始めましょう。例えば、長期記憶に関する科学的な抽象化であるリボーの法則では、一〇分前の出来事よりも一〇年前の出来事の方がより確実に記憶に固定化されている、という観察可能な事実が説明されています。高齢者が昔の出来事よりも最近の出来事を忘れやすいのはこのためです。外部から観察される生理学的な記憶痕跡についても同じことが当てはまり、一〇年前のものは一〇分前のものよりも確実に（その程度も正確に同じように）固定化されます[16]。つまり、リボーの法則の時間的勾配は、心理的なものでも生理的なものでもなく、その両方なのです。同様に、短期記憶に関する科学的な抽象概念であるミラーの法則を考えてみましょう。この法則は、物事を心に留める能力の経験的な限界を説明するもので、ある瞬間に、七（プラスマイナス二）個の情報単位しか保持できないというものです。短期記憶の持続時間も測定可能で、通常一五秒から三〇秒です[17]。これとよく似た能力の限界は、生理学的にも観察され、神経伝達物質の枯渇を伴います[18]。したがって、ミラーの法則はリボーの法則と同様に、心理的なものでも生理的なものでもあるのです。

このような法則は原理的に定量化できるので、数学的に表現することができ、「記憶」と呼ばれる抽象化された機能の二面性を説明することができます。「意識」についても同じことが言えるはずです。意識の現象が自然なものであるならば（それ以外にありえないでしょう）、それも法則に還元できるはずです。

これは急進的な、あるいは突飛な結論ではありません。私の分野を二〇世紀後半から支配してきた認知科学の全体が、この結論に基づいています。第1章で、私がこう書いたことを思い出してください。

「認知的な「情報処理」で」最も興味深いのは、それがまったく異なる物理的装備で実行できることです。このことは、心の物理的性質に新たな光を当てます。これは、（情報処理と解釈される）心が構造ではなく機能であることを示唆しています。この見解によれば、心の「ソフトウェア」機能は、脳の「ハードウェア」構造によって実行されますが、同じ機能はコンピュータなどの他の基体でも同じように十分実行することできます。したがって、脳もコンピュータも、（情報をコード化して保存する）記憶機能、（入ってくる情報のパターンを保存された情報と比較して分類する）知覚機能、（そのような情報に応じて何をすべきかの遂行を決定する）実行機能を果たしています。

しかし、すぐに次のように言いました。

このことは、「機能主義」アプローチと呼ばれるようになったものの強みでもありますが、弱みでもあります。感じることのできない（ノット・センティエント）存在であると想定されるコンピュータでも同じ機能を遂行できるとしたら、心を単なる情報処理に還元することが本当に正当化されるのでしょうか。

こうして、ハードプロブレムの核心にやってきます。チャーマーズによれば、意識のハードプロブレムは「機能主義」の説明では解決できません。

易しい問題（イージー・プロブレム）が易しいのは、まさにそれが認知的な能力や機能の説明に関わる問題だからである。認知機能を説明するためには、その機能を遂行できるメカニズムを特定すればよい。認知科学の手法は、この種の説明に適しているので、意識の易しい問題にも適している。対照的に、難しい問題（ハード・プロブレム）が難しいのは、まさにそれが機能の遂行に関する問題ではないからである。この問題は、関連するすべての機能の遂行が説明されたとしても残る。[中略] 難しい問題を難しくし、ほぼ比類ないものにしているのは、それが機能の遂行に関する問題を超えているという点にある。このことを理解するためには、経験の近傍にあるすべての認知的・行動的な機能の遂行を説明したとしても [中略]、さらに問題がいまだ残っている可能性があることに注意されたい。なぜこれらの機能の遂行には経験を伴うのか？ 機能の単純な説明は、この問いを残している。[中略] なぜ、これらの情報処理はすべて「暗闇の中」で、内的な感じのないところで行われないのか？(19)

第4章では、意識の機能を遂行するメカニズムを特定しようとして失敗した試みを紹介しました。チャーマーズは、この最初の試みに対して、以下のような態度を示しています。

クリックとコッホは、[同期したガンマ] 振動が経験の神経相関物であると主張する。この主張には議論の余地があり [中略]、たとえその主張を受け入れたとしても、説明を要する疑問が残る。なぜその振動が経験を生じさせるのか、という疑問である。説明につながる唯一の根拠は、結合と保存において振動が果たす役割だが、なぜ結合と保存自体が経験を伴うのかという疑問にはまったく取り組まれていない。結合と保存がなぜ経験を生じさせるのかがわからなければ、振動の話をしても何の役にも立たない。逆に、なぜ結合と記憶が経験を生じさせるのかがわかれば、神経生理学的な詳細は余分な装飾にすぎなくなる。クリックとコッホの理論は、結合と経験の間に接続があると仮定することで成立しており、そのつながりを説明することとは関係がない。[20]

ここで、意識についての機能主義的な説明の第二の柱であるニューマンとバースの「グローバル・ワークスペース」理論（Newman and Baars, 1993）に対するチャーマーズの批判を紹介します。

バースによれば、経験の内容はまさにそのワークスペースの内容であると考えられるのかもしれない。だが、仮にそうだとしても、グローバル・ワークスペース内の情報がなぜ経験されるのかは、理論の内部では何も説明されていない。この理論ができることは、情報が包括的にアクセス可能であるがゆえに経験される、と述べることだけである。しかし、今や別の形で、なぜ包括的（グローバル）なアクセス可能性が意識的な経験を生じさせるのか、という疑問が浮かび上がる。相変わらず、この橋を架ける問いには答えられていない。[21]

チャーマーズはこう締めくくっています。

認知科学や神経科学の通常の説明方法では十分ではない。これらの方法はまさに、認知機能の遂行を説明するために開発されたものであり、その役割は十分に果たしている。しかし、この方法の見地からは、機能の遂行を説明することしかできない。難しい問題（ハード・プロブレム）になると、標準的なアプローチは何も言うことができない。［中略］経験を説明するためには、われわれは新たなアプローチを必要とする。[22]

ここでチャーマーズが言っていることを明確にしなければなりません。彼が言っているのは、認知科学の手法は、認知機能の遂行を説明することしかできず、これらの手法はその役割は十分に行っているということです。「認知機能」という言葉で、彼は、知覚、記憶、言語などのことを言っています。ですから彼は、意識は認知機能ではないと言っているわけです。なぜ彼はそんなことを言うのでしょう？その答えは、彼が「意識」と呼ばれる抽象化された機能について語っているのではなく、「意識の経験」について、つまり、知覚することや記憶することとはどのような感じがするかについて語っているからです。

ハードプロブレムは、それを煎じ詰めて、自分の個人的な経験が人間の経験一般とは同じではないという事実にしてしまうのであれば、些細なことでしょう。[23] もしそれがハードプロブレムだというのであれば、それを解決するために必要なことは、たくさんの個人の単発の経験を取り出し、それらを平均化し、共通項を見つけ、それを機能的な用語で説明することだけです。心理学者はこの種のことを常に行っています。私が作話の研究をしたときもそうでした。S氏という一人の人間の主観的な体験から始めて、S氏と似た他の患者の同等の体験を研究することで一般化し、それから共通項を抽出しました。このアプローチにより、作話の機能原理が明らかになりました。つまり、作話は患者を良いと感じさせるものであり、「願望を満たす」機能を果たしているのです。

しかし、チャーマーズは単に、主観的な現象が一つの視点と結びついていると言っているわけではありません。なぜ、どんな機能にも経験が伴うことになるのか、と問いかけています。したがって、彼はこう書いています。

> 電磁波が網膜に入射し、視覚系によって識別され分類されるとき、この識別と分類［機能］が鮮やかな赤の感覚として体験されるのはなぜなのか？　これらの機能が遂行されたときに意識的な経験が生じることはわかっているが、その経験が生じるという事実そのものが大きな謎である。機能と経験の間には説明上のギャップ（Levine, 1983による用語）があって、そのギャップを越えるための説明上の橋が必要なのである。単なる機能の説明ではそのギャップの片側に留まってしまうので、橋の材料は別の場所で見つけねばならない。[24]

私たちがゴールポストをずらさないように、この「説明上の橋 explanatory bridge」が何を達成しなければならないかを一つひとつ書き出しておくことには価値があります。フリストンと私が（二〇一八年の）論文を提出した直後に発表された論文では、三人のチェコの同僚が、「ハードプロブレム」の解決策が間近に迫っていると告知し、それは自由エネルギー原理からもたらされると予測しました。

> 意識の機能については、哲学者や神経科学者の間で明確な理解や一般的なコンセンサスが得られていない。これは、意識がいまだに捉えどころのない問題であるのが主な理由の一つであり、その根源には、統一的な脳理論に基づいた、そしてそれに支持された意識の機能が明確にされていないという事

実がある。そのような統一理論は、脳は主に予測的な推論機械であるというヘルマン・フォン・ヘルムホルツの考えに基づいた、［中略］予測コード化の枠組みという形で登場しつつある。[25]

しかし、この著者たちは、「残念ながら、おそらく意識のハードプロブレムが完全に消滅することはないだろう。というのも、この問題には常に熱心な支持者がいるからである」と警告を発していいます。この著者たちはこう続けました。

私たちは、ハードプロブレムの最も熱心な支持者が、経験科学の［どんな］結論にも完全に満足するという望みは、ほとんどないと考えている。なぜなら、ハードプロブレムの中核的な議論は、そもそも経験科学の努力に向けられているからである。

案の定ですが、フリストンと私が『ジャーナル・オブ・コンシャスネス・スタディーズ〔意識研究学雑誌〕』から最初の査読を受けたとき、査読者の一人が私たちの論文についてまさにそう言ったのです。「(チャーマーズがいう)ハードプロブレムは形而上学的な問題であり、それ自体、『解決』されるような余地はない」。(フリストンはその後、私に手紙でこう書いてきました。「ハードプロブレムは解かれるためにあるのではなく、崇拝されるためにあるという印象を受けます」[26])。

チャーマーズに公平を期すために言えば、チェコの同僚を悩ませた哲学的な偏見はチャーマーズの責任ではありません。一九九五年の論文の締めくくりの一文を考えてみましょう。「ハードプロブレムは難しい問題（ハード・プロブレム）だが、永久に解決されないと信じる理由はない」。

そこで、彼が求める説明上の橋が何を達成しなければならないかを明確にしましょう。チャーマーズ自身の基準を引用します。彼は最初の機能主義理論を論破する際に、「なぜ［ガンマ同期の］結合と保存自体が経験を伴うのかという疑問にはまったく取り組まれていない」と書いています。ですから、意識の機能主義理論によって説明上のギャップに橋が架けられたかどうかを評価するときには、こう自問しなければなりません。機能XYZは、それ自体、なぜ経験を伴うのかということについての疑問に取り組まれているだろうか？　チャーマーズが拒否をした二つ目の理論に関連して、彼はこう付け加えました。「なぜ包括的（グローバル）なアクセス可能性が意識的な経験を生じさせるのか。相変わらず、この橋を架ける問いには答えられていない」。そこで、他のどんな理論を評価するときも、こう自問しなければなりません。機能XYZはなぜ意識的な経験を生じさせるのかという疑問に答えられているか？　どうやら、それだけのことのようです。

しかし、もしそれだけなら、なぜチャーマーズは「単なる機能の説明ではそのギャップの片側に留まってしまうので、橋の材料は別の場所で見つけねばならない」と付け加えているのでしょうか？　なぜ機能の説明ではギャップを埋められないのでしょうか？　この点で先に引用した彼の言葉を読み直すと、彼が二つの異なる種類の説明上のギャップを混同していることが明らかになります。ですから、もしギャップに橋を架けようとするのであれば、どちらのギャップについて話しているのかを明確にしなければなりません。

一つ目は、網膜から伝わってくる信号と鮮やかな赤という感覚との間のギャップ、つまり、生理的事象と心理的事象との間の説明上のギャップです。ここで注意したいのは、この二つのタイプの事象はどちらも実際に経験できるという点です。網膜から伝わってくる信号を観察するというような生理的事象も、鮮やかな赤を感じるというような心理的事象も、同じように簡単に経験することができます。どちらの事象も、他方の事象で説明することはできませんし、ましてや他方の事象で正当化することはできません。これらは同じものを観察する二つの方法なのです。私が自分自身を存在するものとして（内省的に）経験するとき、そこに存在する精神的なものは、私が鏡の中で見る、身体をもつマーク・ソームズとは別者なのでしょうか？　また、鏡の中のマーク・ソームズは、MRIスキャナーの中で見られる解剖学的なマーク・ソームズとは別のものなのでしょうか？　なぜこれほど多くの人が（哲学者でさえも）、脳があたかも、私たちが経験するような現実から何らかの形で除外されているかのように語るのか、私には理解できません。[27] これは、多くの人が「脳」と言うとき、何か別のものを意味しているからに他なりません。私たちが見たり触ったりする脳を意味しているのではなく、私たちの経験から抽象化されたもの、つまり、機能システムの性質を持つものを意味しているのです。

　したがって、一つ目の説明上のギャップは、二つの異なる観察視点に関連する二つの異なる種類の経験の間にあるものです。[28] これは、耳で雷鳴を聞くことと目で雷光を見ることに似ています。人は「雷鳴が雷光から発生することは広く認められているが、なぜ、どのようにしてそれがそのように生じるのかはうまく説明できない」と言ったりはしません。それは、肝臓が胆汁を生成するように、雷光が雷鳴を生むとは考えていないからです。雷鳴も雷光もその根底にある同じものの二つの現れであることは受け入れられています。[29] このことは、視覚的な情報処理を外から見るか、内から見るかという経験の仕方の違いにも同様に当てはまります。外側からは、（適切な装備を持った科学者であれば）信号が網膜から伝搬するのを見ることができ、[30] 内側からは、あなたは鮮やかな赤を見るのです。

二つ目の説明上のギャップは、経験（どちらの種類も）とその根本的な原因の間にあります。これは、鮮やかな赤や活性化したニューロンの光遺伝学的なスキャンのように、あなたが経験できるものと、量子場そのもののように、あなたが経験できないものとの間にあるギャップです。要するに、一人称の視点と三人称の視点とのギャップです。自分自身の経験を三人称の視点で見るということは、その経験から自分を抽象化することですから、もはやそれを経験することはありません。この視点は、〔外から〕見るような脳でも、〔内側から〕感じられるような心でもなく、なぜ、どのように、それがそのような形で見たり感じたりするのかを説明する力に関係しています。それが、本書で私がとってきた視点です。

私は、チャーマーズが上記の引用文の中で、これらのギャップの両方を同時に参照していることが誰の目にも明らかだとは思いません。これは混乱の原因となります。彼は、二種類の経験（外部からの観察と内部からの観察）の間のギャップを取り上げ、それを、経験一般とその基礎となる機能的メカニズムの間のギャップと混同しているのです。これでは、越えなければならない溝がかなり広くなってしまいます。

多くの人は、チャーマーズの言う「機能」とは彼の言う「物理的なもの」と同義であり、それゆえ「経験」とはただひたすら非物理的なものであると考えているように思われます。しかし、「物理的なもの」が、観察可能な身体と、脳を含む身体器官を意味するならば、それは心理的なものと同じように経験されるものです(*)。また、心理的な経験も、抽象化すれば、その経験の機能的メカニズムが明らかになり、心理的な法則が生じます。

同じことが生理学的な法則にも当てはまります。生理学的法則も経験から、つまり、観察可能な生理学的データから抽象化されています。〔心理的法則と生理学的法則という〕これらの二種類の法則は、機能という、同じように抽象化された（説明的な）素材からできているので、分類的に異なる二種類の経験ほどには、互いに還元するのは難しくありません。こうして、ミラーの法則とリボーの法則は、心理学的なものであると同時に生理学的なものでもあり、だからこそ統一的な方程式に還元できる、ということになります。経験的データと説明メカニズムの間の中間ステップを明示することができないと、ハードプロブレムが誇張され、実際よりも難しく見えてしまいます。ある種類の経験がどのように別の種類の経験を生み出すのかを想像しようとする必要はありません。どのような視点の様式であっても、両方の現象を説明する機械論的な理論を考え出せばいいのです。そして、その理論が導き出す予測を検証すればよいのです。

チャーマーズは、このハードプロブレムが解決可能であると認めています。実際、彼はその解決策の基礎となるべき三つの原則を示しています。これらの原則を紹介する前に（そのうちの一つは第12章に取っておかなければなりません）、チャーマーズは、「経験」を彼が「物理的プロセス」と呼ぶものに還元することで解決しようとしても、ハードプロブレムを解決することは決してできない、と考えていることを明確にしておく必要があります。彼はこう書いています。

われわれはすでに、物理的プロセスと経験との関係や、それらを結びつける規則性について、ある重要な事実を理解するところまできている。還元的な説明を断念すれば、それらの事実をテーブルの上に置くことができ、非還元的な意識の理論の最初のピースとして、また究極の理論を構成する基本法則に対する制約として、適切な役割を果たすようにすることができる。[31]

私にとって、「非還元的」な説明は、心理的な現象を生理的な現象に還元したり、その逆を行ったりするという不可能な作業を回避できるということを意味するのなら、良いことだと思います。心理学的な現象を生理学的な現象に還元することは、雷光を雷鳴に還元することと同様に、できません。雷光が

＊ 初めて脳の手術に立ち会ったときのことを私はよく覚えています。患者の頭の片側を剃り、そこに黄褐色の液体を塗りました。それから頭皮にペンで曲線を描いていきます。その線に沿って手際よくメスを入れると、皮膚が切り開かれ、頭の上で折り返して、頭蓋骨を露出させます。頭蓋骨の表面には小さな血の滴が流れます。それを静かに拭き取り、ドリルを手にして骨に四つの大きな穴を開けました。脳に穴が開くのではないかと心配でした。次に、細いノコギリの刃をその穴に通して、左右に引っ張りました。焼け焦げた臭いがしました。これを四回繰り返して、取り除かれた骨の蓋が皿に移しました。次に硬膜が出てきました。硬膜とは開け口の内側にある厚い膜で、切り開くと血がたっぷり出てきました。血管の一本一本を「止血のために」根気よく焼いていきます。処置はクライマックスを迎えました。硬膜がベールのように剥がされると、そこには淡いピンク色をした皮質そのものと、その溝に入り込んでいる蛇のような血管が現れました。畏敬の念が湧いてきました。まるで大聖堂に入ったかのようでした。そして、私自身がこれからやらなければならない作業が始まりました。電極で脳のゼリー状の凸部を探りながら、患者と焦点づけした会話をしてから、切開がなされます。心に切開を入れるのです。

雷鳴の原因となるのではなく、二つの現象は互いに相関しているのです。これはイージーな問題です。したがって、物理法則に反しないように、両方の現象をそれぞれのメカニズムに還元し、そのメカニズムを共通項へと還元しなければなりません。これがハードプロブレム〔と呼ばれるものの内実〕です。しかし、チャーマーズは「非還元的な」説明という用語に少し別の意味を込めているようです。彼にとって、非還元的な説明とは、経験された心理的現象を機能的な法則に還元することはできない、そこで終わり、ということを意味しているようです。

彼はこう続けています。

> 意識の非還元的な理論は、いくつかの精神物理的な原則、つまり、物理的プロセスの特性を経験の特性に結びつける原則で構成される。これらの原則は、経験が物理的なものから生じる方法を包み込んでいると考えることができる。最終的には、これらの原則によって、どのような物理システムの種類が経験と関連しているのかがわかるはずであり、さらにまた、経験を伴うシステムでは、どのような物理的特性の種類が経験の出現に関係するのか、そして、どのような種類の経験がある特定の物理システムを生み出すと期待されるのかがわかるはずだ、ということである。しかしこれは無理な注文である。

これが彼の最初の原則です。彼はこれを「構造的一貫性（コヒーレンス）の原則 Principle of Structural Coherence」と呼んでいます。この原則は、「経験の特性」と「物理的プロセスの特性」の間に構造的一貫性があることを意味します。これは二つのクラスの現象を指しているようですが、私の考えでは、彼も同じだと思いますが、この二つは互いに直接還元することはできません。しかし、チャーマーズは、「物理システムの種類」とそのなかで「経験と関連している」ものについても語っています。これは、機能システム一般と経験一般の関係のことを言っている（前者から後者が「出現する」、あるいは前者が後者を「生み出す」）と思われます。だからこそ、チャーマーズにとっては、構造的一貫性の原則が「経験が物理的なものから生じる」方法を包み込んでいるということになるのです。

ここでも彼は、物理的な現象と「物理的な」（つまり機能的な）原因を混同しています。これでは、中間ステップを解明しない限り、経験は物理的なものからは生じないという結論になってしまいます。「物理的」の意味が同じように混同されていることは、先に述べた典型的な機能主義者の理論にも見られます。これらの理論では心理的経験の鍵を、XやYやZといった生理的メカニズムに求めていました。つまり、ガンマ振動の同期、統合された感覚と前頭頭頂葉の活動との結合と保存、視床髄板内核による大脳皮質の活性化、視床皮質の「再入力ループ」などの生理的メカニズムです。雷鳴と雷光に例えれば、この混同は聴覚の現象を視覚の機能的メカニズムで説明するよう求めているようなものです。チャーマーズの「単なる機能の説明ではギャップの片側に留まってしまうので、橋の材料は別の場所で見つけねばならない」との発言が正当化されるのは、このような意味においてだけです。

心理学を生理学と関連づけて説明するためには、両方の種類の観察された現象を抽象化して（つまり、両方の種類の機能的メカニズムを推論して）、その二つの抽象化から統一的な共通項を見つけなければなりません。それを行うには、両者から等しく距離をとらなければ（つまり、心理学と生理学の両方の機能を説明するための十分に深いメカニズムを推論しなければ）なりません。そうして初めて、現象とその背後にあるメカニズムを互いに調和させることができるのです。

あまり形式ばったことは言いたくありません。実際の科学は、規則的に進むことは少ないです。因果関係の連鎖のどこかにある洞察や発見から始まって、次にそのギャップを埋めていきます。しかし、中間ステップを飛ばしたままで、ハードプロブレムに対する「非還元的」な解決策を求めてしまうことになると、解決策を得ることはできません。チャーマーズの問いがそもそも何だったかを思い出してください。それは、物理的な処理がなぜ豊かな内面を生み出すのか、神経生理学的な活動はどのようにして、そしてなぜ意識の経験を生むのか、でした。これらの問いは、非還元的に答えることはできない問いです。それは、問いの立て方に問題があるからです。

したがって、当然のことではありますが、チャーマーズは還元的な解決策それ自体が不可能であると結論づけています。

> 私は、意識の理論は経験を基本とすべきだと提案する。意識の理論には、われわれの存在論に何か基本的なものを加える必要があることはわかっている。なぜなら、物理的な理論のすべてが、意識が存在しないことと一致するからである。［中略］　非還元的な経験の理論は、経験が世界の物理的特徴にどのように依存するかを示す基本原則を特定するだろう。これらの精神物理的な原則は、物理法則を妨げるものではない。というのも、物理法則はすでに閉じたシステムを形成しているである。むしろ、精神物理的な原則は物理的な理論を補完するものになるだろう。物理的な理論は物理的プロセスの理

> 論を与え、精神物理的な理論はそれらのプロセスがどのようにして経験を生み出すかを教えてくれる。経験が物理的プロセスに依存していることはわかっているが、その依存性は物理法則だけでは導き出せないこともわかっている。非還元的な理論によって仮定された新しい基本原則は、説明上の橋を架けるために必要な追加の材料を与えてくれる。［中略］この立場は、物理によって呼び出された特性を超えてその上にある基本的な性質を仮定しているので、二元論の一種だと言える。しかし、これは二元論の無害なヴァージョンなのである。

そして最後に、チャーマーズは不気味なことを言っています。彼は、「経験」は「物理的なもの」（彼が使っている言葉で「生理的なもの」と「機能的なもの」の両方を意味する）に還元できないと考えているので、経験は既知の物理的宇宙の一部ではない、と結論せざるを得なくなっています。これは、デカルトやロックが遺したそれほど無害ではない、純粋な二元論であるように思われます[32]。だからこそ、チャーマーズは、意識には「われわれの存在論に何か基本的なもの」を加える必要があると主張しているのです。この何かとは、「物理によって呼び出された特性を超えてその上にある」非物理的な何かであり、物理法則を「補完」する何かです。私がこの点で彼に同意できない理由は、明らかになったと思います。これまでお話ししてきたことを踏まえると、「物理的な理論のすべてが、意識が存在しないことと一致する」ということには、私は同意できません。

しかし、それだけではありません。「経験」を「物理的なもの」に還元することに反対の立場を取ったチャーマーズは、それにもかかわらず、（混同を例示するかのように）両者は他の何かの二重の側面であると言い続けます。その「何か別のもの」とは、彼によれば、情報です。この点は私も同意します。ただ、それは生理学的な意味での物理的なものではありませんが、私の考えでは、統計力学の機能的な意味では物理的なものです。この動きによって、チャーマーズの二つ目の原則が導入されます。彼はこれを「二相原則 Double-Aspect Principle」と呼び、「構造的一貫性の原則」よりも基本的なものだとしています。

> 私が提案する基本原則は、情報という概念を中心に据えたものである。私は情報を、多かれ少なかれシャノン（Shannon, 1948）の意味で理解している。情報があるところには、情報空間に埋め込まれた情報状態がある。［中略］情報空間は抽象的な対象であるが、シャノンに従うと、明確に区別される物理的状態の空間があり、その状態間の差異が何らかの因果経路を介して伝達されるとき、情報は物理的に体現されるものとして見ることができる。［中略］二相原理は、ある種の物理的に体現された情報空間と、ある種の現象的（あるいは経験的）な情報空間との間に直接的な同型性があるという観察結果に由来する。構造的一貫性の原理と同じような観察結果から、いくつかの現象的な状態の違いは、物理的なプロセスに組み込まれた違いに直接対応する構造を持っていると気づくことができる。特に、包括的な利用可能性と制御に関係する特定の因果経路に違いをもたらすような差異に注目する。つまり、物理的な処理と意識的な経験の両方に埋め込まれた同一の抽象的な情報空間を見つけることができる。このことから、情報（あるいは少なくとも一部の情報）には物理的な側面と現象的な側面と

いう二つの基本的な側面があるという、自然な仮説が導き出される。この仮説は、物理的なものから経験が出現することの基礎にあり、それを説明するための基本原則という地位をもつ。経験が、その〔仮説の〕地位のおかげで、情報の一方の側面として発生するのは、もう一方の側面が物理的な処理に体現されているのが見出されるときである。

チャーマーズはここで、情報を「抽象的」なものと二度にわたって表現していることに注目してください。このように「物理的」なものの二つの意味が区別されると、情報がその生理的な側面や心理的な側面との関係において持つ存在論的地位は、電気が雷光や雷鳴との関係において持つのと同じであることが明らかになります。雷光と雷鳴は放電の二つの側面であるのとまさに同じように、網膜から伝わってくる信号と鮮やかな赤の感覚は情報処理の二つの側面なのです。それらは装備に誘発された異なる応答であり、単一の因果過程の異なる現象的な現れです。そしてこの因果過程は、説明的な意味では物理的なものでもないものです。

チャーマーズは、物理学者のジョン・ホイーラーを引き合いに出しています。先に説明したように、ホイーラーは量子力学に「参加型」の解釈を導入し、観測された宇宙は投げかけられた問いに応じる形で現れるとしています。だからこそ、波と粒子の場合に見られるように、同じものが相補的な形をとることができるのです。ホイーラーの解釈では、経験される宇宙がどのような現象的形態をとるかは、それをどのように観察したり測定したりするかに、つまり、個人の視点によって、決まります。例えば記憶は、思い出としても、（観察するために使用する装備によりますが）活性化された神経細胞の痕跡としても、経験することができます。それがどのような形をとるかは、見る人の目に委ねられているのです。しかし、チャーマーズは違った見方をしています。彼にとって相補性は、観察者や観察行為ではなく、観察されるものに内在するものなのです。

物理の法則は情報の観点から考えることができ、異なる効果をもたらすさまざまな状態を仮定することができるが、実際にはそれらの状態が何であるかは言わない。重要なのは、情報空間におけるそれらの位置だけである。そうであれば、情報は意識の基礎理論においても役割を果たす当然の候補ということになる。われわれは、情報が真に基本的なものであるような世界の概念へと、さらに、世界の物理的特徴と現象的特徴に対応する二つの基本的な側面を持つような世界の概念へと導かれる。[33]

つまり、チャーマーズは、「世界の現象的特徴」と「物理的特徴」という二重の側面は、情報そのものの中に、つまり、その源にあると考えているのであって、参加する観察者の装備にあると考えているわけではありません。[34] これは、甘さがグルコースの分子構造に内来するものであると考えるようなものです。[35] もしかすると、鏡で自分の体を見るときのように、観察されるものが観察者である場合には、この区別は問題にならないのかもしれません。[36] またひょっとすると、チャーマーズが「物理的なもの」の二つの意味（すなわち、現象的―生理的レベルと機械的―機能的レベル）を混同していることも、結局はそれほど重要ではないのかもしれません。なぜなら、彼はその両方を「情報」に還元しているからです。しかし、それでもやはり、二つの点で問題があります。第一に、チャーマーズにとって経験の特性と物理の特性は、情報に還元できるものではありません。どちらも情報に内在するものです。第二に、彼にとってそれらの特性は、すべての情報に内在するものです。だからこそ、彼は論文の別の場所で、「現象的な特性は情報の内部的な側面である」と述べ、その「外部的な側面」である物理的な（現象的でないと思われる）特性と対比させているのです。こうして、彼の二元論は奇妙な道筋をたどることになります。

彼はこう締めくくっています。

これは、経験の因果的関連性に関する懸念に答えることができる。この懸念は、物理的領域が因果的に閉じており、経験が物理的領域を補完するものであるという図式を考えると、当然の懸念である。情報論的な見方をすれば、物理的なものの内来的な性質としての地位によって、経験がいかにしてかすかな因果的関連性を持つかを理解することができる。

私たちのような複雑な自己組織化システムにおいて経験がもつ因果的重要性は、決してかすかなものなどではないということが、本書を通じて納得していただけたのではないかと期待します。

それでもなお、経験がなぜ、どのようにして物理的メカニズムから法則的に生じるのかを説明する必要があります。チャーマーズは、「なぜこれらの［物理的］機能の遂行には経験を伴うのか」と問いかけています。以前のネーゲルのように、チャーマーズは経験を「それであると感じられるような何か

something-it-is-like-ness」という用語で定義しています。チャーマーズにとって、これこそが主観性の本質、「情報の内部的な側面」です。それはすなわち「物理的なものの内来的な性質」でもあります。彼は続けて、主観性を非主観的なものに還元することはできないとも主張しています。だからこそ、彼にとって主観的な経験とは情報の中に内在するものでなければならないのです。

　しかしこれは、（情報であるような）何ものかであると経験される質が、すべてのものの基本的な特性であることを意味しているように思えます。なぜチャーマーズは、経験された存在が一般に「情報の内部的な側面」であると考えるのでしょうか？　私がここで行ったように、主観性とは単なる観察的な視点であり、主観者とは単にある種の対象の存在であると主張するならば、多くの対象、実際にはほとんどの対象について、それであると「感じられるような何か something it is like」はない、と遠慮なく言うことができます。それ自身の主観的な視点から考えたときに、事物の大多数のものはそれであると感じられるような何かを持っていないのです。

　単細胞や植物であると感じられるような何かは、あるでしょうか？　岩石はどうでしょう？　コンピュータやインターネットであると感じられるような何かは、あるでしょうか？　サーモスタットはどうでしょうか？　チャーマーズは、「いくつかの生物が経験の主体であることは否定できない」と言っています。それは、生物だけ（あるいは一部の生物だけ）が経験の主体であるということでしょうか？　彼は、これらは未解決の問題であり、経験はある複雑さのレベルでのみ、もしくはある種の情報処理でのみ生じるというのが実際のところではないかと認めています。[37]

すべての情報が現象的側面を持っているかどうかは、明らかに疑問である。一つの可能性は、基礎理論に更なる制約が必要であり、どのような種類の情報が現象的側面を持つのかを示すことである。もう一つの可能性は、そのような制約はないというものである。もし制約がないのであれば、情報はどこにでもあるので、経験はわれわれが考えてきたよりもずっと広く存在することになる。この考え方は、最初は直観に反するものだが、慎重に考えてみると、この立場にはある種の説得力と優雅さがあると思う。単純な情報処理があるところには単純な経験があり、複雑な情報処理があるところには複雑な経験がある。マウスは人間よりも単純な情報処理構造を持っており、それに応じて単純な経験を持つ。もしかすると、最大限に単純な情報処理構造を持つサーモスタットは、最大限に単純な経験を持つのだろうか？　確かに、もし経験が本当に基本的な特性であるなら、この経験がたまにしか生まれないのは驚くべきことで、ほとんどの基本的な特性はもっと均等に広がっている。いずれせよ、これは非常に大きな未解決の問題なのである。

経験はすべてのものの基本的な特性であるというチャーマーズの見解を受け入れるならば、説明することは何もありません。また、経験がどこにでもあり永遠のものであるなら、恐れることは何もないかもしれません。たった一つの荒唐無稽な憶測の代償として、私たちはハードプロブレムを脇に追いやり、自分自身に不死を与え、自分の存在が何かに依存しているかもしれないという恐怖を、まるで悪い夢であるかのように振り払うのです。

そうであってほしいと思うかもしれません。残念ながら、これまでの章で見てきたように、経験は特別な条件下でのみ生じるものです。それは、私たちという哀れで脆弱な存在を通過する情報の流れの中で、正確な場所に位置しています。それは特定の課題を遂行した後に消えてしまいます。どう見ても、それは他のさまざまな装備に誘発された応答のような、現実の構造にとって基本的なものではありません。大変申し訳なく思います。ですが、チャーマーズの憶測を受け入れないのであれば、次の質問に答える必要があります。あるものであると感じられるような何か something it is like があっても、他のものであると感じられるような何かがないのは、どうしてなのか？　すべての対象が主体ではなく、すべての主体が感じる（センティエント）ことのできるものでないとしたら、感じる（センティエント）ことのできる主体が時として生じるのはどうしてなのか？

　チャーマーズの情報に関する発展的な提案には興味をそそられますが、「基礎理論に更なる制約が必要であり、どのような種類の情報が現象的側面を持つのかを示す」ことの方が、はるかに妥当なことだと思います。この制約を定義することが、本書の主な課題でした。これまで私たちは、すべてが情報処理の目的と意図にかかっているということを見てきました。意識に関して言えば、これはエントロピーの最小化を意味します。しかし、事態はそれ以上に複雑です。マルコフブランケットも必要だからです。そうなると、自分自身のエントロピーを最小化することになります。さらに、予測できない文脈で、無数のカテゴリーのパラメータにわたって、エントロピーを最小化することが必要です。私が本書で説明してきた物理的事実は、意識がすべての情報に内在するのではなく、むしろある種の情報処理に、つまり、自己証明型の複雑な形に内在することでした。

　もしある事物だけ、生物だけ、あるいはいくつかの生物だけが経験の主体であるならば、意識は宇宙の基本的な特性ではありません。生命の夜明けというものは確かにありました。そのことを示す経験的な証拠は豊富にあります。そして生命は、ビッグバンの後に長い長い時間をかけて誕生しました。したがって、意識が存在する前には相当の時間があったはずです。意識の夜明けがあったと仮定するだけでも、それに対する物理的な説明を見出す義務があることになります。夜明けがあったのであれば、それを説明する何かが意識に先立ってあったはずです。これに代わる考え方として、意識が生命や宇宙に先立っていたという考えは、見たところ事実に合わず、さらには、神の概念のようなものに聞こえるために有用とは言えません。そのような考えを持ち出さない限り、意識は非意識的な物理的宇宙から生じたものであり、したがって、その一部でなければなりません。

それは私たち自身の中にも当てはまります。これまでの章では、知覚や認知には必ずしも意識が伴わないことを説明してきました。実際、科学的な根拠によれば、知覚や認知はほとんど無意識のうちに行われていることがわかっています。この点については、キールストロームの古典的なレビュー論文、そしてバー＆チャートランドの古典的なレビュー論文を引用しました。この科学者たちは証拠を再吟味した結果、私たちは「ほとんどの場合」自分の心理的行為を意識していないという結論に達していました。

これらの著者たちが再吟味した実証的な知見には、私たちが注目すべきものが多くありましたが（特に、無意識の意図性が、経験からの意識的な学習に由来するという仕方など）[38]、私が皆さんに思い出してもらいたいことを一言で言えば、心理的な事象を含めて、意識するしないにかかわらず、事象はあなたの内で起こり、あなたの内に存在する、ということです。ある意味で当たり前のこの結論には、さまざまな出発点から到達できたはずですが、それは問題ではありません。〔人でさえ〕ほとんどの「瞬間瞬間の心理的な生（ライフ）」が経験なしに行われているのであれば、サーモスタットやインターネットが無意識になることができないのはどうしてでしょうか?(*)。脳の非陳述的な基底核の存在が（チャーマーズの言葉を借りて）「内来的に経験的」なものでないのであれば、どうしてすべての情報が経験的になることができる〔とチャーマーズは言う〕のでしょうか?(**)。

明らかに、主観性一般は非経験的なものから作られなければなりません。これは、ものそれ自体と自分が経験するようなものとの対比という形而上学的な指摘ではなく、経験的な事実です。私が経験するような瞬間瞬間の心理的な生（ライフ）は、決して私の心理的な生（ライフ）の総体ではありません。このことが、経験を視点的なものの中に置くのです。フロイトが教えてくれたように、心理的な生（ライフ）のすべてが意識されているわけではありません。そして、私たちは、意識が行っている特定の仕事を、つまり、その機能を見極めることによってのみ、意識の本質を測り知ることができます。

私は問い続けます。気づきは情報処理に、ともかくも無意識のうちに生じる情報処理に、何を加えるのでしょうか? もし気づきが物理的プロセスに影響を与えないのであれば、物理的プロセスに気づくことに何の意味があるのでしょうか? この問いは、チャーマーズの核心にある問い、「なぜこれらの機能の遂行には経験を伴うのか?〔中略〕なぜ、これらの情報処理はすべて『暗闇の中』で、内的な感じのないところで行われないのか?」と同じであるように思います。

私の考えでは、この問題が生じたのはただ、チャーマーズがクリックに続いて、意識の機能を間違ったところに求めたからだと思います。意識の基本的な形態は、視覚のような認知的なものではなく、むしろ感情的なものです。その意味では、さらにその意味でのみ、意識は認知機能ではないとするチャーマーズの言葉は正しかったと思います。意識の第一の機能は知覚することでも、記憶することでも、理解することでもなく、感じることなのです。

なにも感じない「暗闇の中」で、感じの機能はどのように進むのでしょうか？　なぜ視覚には経験が伴うのかと問うのは正当なことです。視覚は意識を必要としませんし、他のどのような認知プロセスも必要としていません。しかし、感じは意識を必要とします。[39]　理論家の中には、欲動や感情、情動は必ずしも意識的ではないと主張する人がいるのは事実です。これは、人によってこれらの言葉が意味するところが異なるからです。私が「感じる（フィーリング）」という言葉を使ったのはそのためです。無意識的情動というようなものがもしあるとすれば、「感じる」という言葉はその意識的な部分を表しています。あなたが感じないような感じ、というものはありえません。「無意識の感じ」は、矛盾しています。

私が本書で科学的な議論を感じに絞って行ったのはそのためです。意識というハードプロブレムを解くためには、科学は「感じる」という精神機能を支配する法則を見極める必要があります。これは、単なる言葉の問題ではありません。私は、感じが意識の基礎的な形態であり、その前提条件であることを

＊　訳注：チャーマーズの考え方ではサーモスタットも最大限に単純な経験をしている（＝意識がある）ことになるため、ソームズは、サーモスタットはどうして無意識になれないのか、それはおかしいではないか、と述べている。

＊＊　訳注：神経科学は、非陳述的な記憶に関与する大脳基底核が無意識に情報を処理しているという証拠を積み上げているのに、それでもチャーマーズはすべての情報が経験的（＝意識的）になると言うのだろうか、とここでもソームズはチャーマーズに疑問を呈している。

示すために、多くの証拠を集めました。また、感じられた欲求と感じられていない欲求の違いを生理学的にも機械論的にも説明し、感じが具体的な結果をもたらすことを示しました。これにより、第9章で、「意識は単に自己組織化システムの『現実』の力動に対する主観的な視点であるだけでなく、それ自体が明確な因果的な力を持つ機能である」と結論することができました。

「なぜこれらの機能の遂行には経験を伴うのか」、「なぜこれらの情報処理はすべて『暗闇の中』で行われないのか?」というチャーマーズの問いに抱く困惑は、「経験」が視覚に、そして情報処理一般に内来的なものではないことに気づけば、解消されます。経験は、感じを生み出す特定の形の情報処理にとってのみ内来的なものなのです。

それが、サーモスタットやインターネットであると感じられるようなもの something it is like to be a thermostat or the internet が存在しない理由だと私は考えています。「他のものではなくてそのものであると感じられるようなものがあるのはなぜか?」、そして「なぜ（どのように）感じることのできる主体（センティエント）が時として生まれることがあるのか?」という問いが決定的に適切である理由も、ここにあると思います。

これらの問いには、機械的な用語で答えなければなりません。感じの機能とは何でしょうか? 感じは経験なしにその機能を遂行できるでしょうか? もし盲目の視覚神経科学者メアリーが感情神経科学者だったとして、感じの機能について知ることができるあらゆる知識を持っていたとしたら、なぜ何かのように感じる（と実際に予測する）のかを説明しないということがあるでしょうか?[40] 同じことがロックの逆スペクトルにも当てはまります。私が絶妙に美味しいと経験するものを誰かが耐え難いほどの痛みとして経験することが、そしてこれには何の違いもないということが、論理的に可能なのでしょうか？　おそらく可能ではありません。それは、感じが実際に何かをしているからであり、その過程で私たちの生存の可能性を大きく高めてくれるからです[41]。

視覚の情報処理と視覚の気づきとの間に説明上のギャップがあると認識することは簡単です。しかし、感じの機能とその経験との間には、同じようなギャップは存在しません。哲学者の中には、まだそのようなギャップがあると主張する人もいます。その人たちは、「感情のあるゾンビ」が考えられると指摘するでしょう[42]。私は、これが合理的な当惑というよりも、その人たちの専門分野の歴史的な先入観に基づくものであると示唆し、その人たちにこの問題を新たに検討するよう訴えます。

もし私たちが、視覚野に意識の神経相関物を探すのではなく、感じはなぜ、どのようにして生じるのかという問いから探求を始めていたなら、「説明上のギャップ」という懸念は決して生まれてこなかったでしょう。空腹のような感じの生物学的機能は何も不思議なものではありませんし、その感じについてのそれであると感じられるような何か something-it-is-like-ness も特に説明が難しいわけではありません。私たちのような自己組織化システムでは、自由エネルギーの最小化の論理に従ってそれが導くところに向かえばよいのです。私たちの複数の欲求、複雑で危険な環境、可能な動作の幅広い選択肢、そして常にそのうちの一つか二つしか遂行できない能力を考えると、熟考と選択という目的のために構築された内的世界を持つことを期待できるはずです。さらに、それを満たすのは何だと予期するでしょうか？　価値づけられた質のダイナミック・レンジ[*]以外にあるでしょうか。その中心には信頼度の重み付

＊　訳註：処理可能な信号の最大値と最小値の比率を表す数値。

けがあり、さまざまな一致しない欲求が発生したときに、それらを満たすべき環境の目を引く（サリエント）特徴とともに、目印をつけて測定するのです。

チャーマーズの次の発言を考えてみましょう。もし彼が認知機能ではなく感情機能について語っていたなら、そもそもこのようなことを言ったでしょうか？

> 経験に機能がないということではない。もしかしたら、経験は重要な認知的役割を果たすことになるかもしれない。しかし、如何なる役割を果たすにしても、経験を説明するには、その機能を単純に説明すること以上のことが必要である。もしかしたら、ある機能を説明する過程で、経験の説明を可能にする重要な洞察に導かれることもあるかもしれない。しかし、そうなった場合、その発見はおまけの説明報酬となるだろう。認知機能には、その機能を説明すれば自動的に経験を説明できると事前に言えるものはない。(43)

私は、感じの機能を説明すれば、自動的に経験を説明することができると、事前に言うことができます。これについての適切な自然科学的説明ができないということは考えられません。熱力学から出発して、私たちは驚くほど簡単に、質を備え作用因となりうる主観性にたどり着きます。その主観性の最も緊急性の高い優先事項に、一時的に重みが与えられ、感じられ、そして十分な（と期待される）注意を払って継続的な動作に転換されるのです。これこそが、それであると感じられるような何かがあると感じられるようなものだ what it is like to be anything that there is something it is like to be、と思います。

これで、意識の性質についての謎がすべて解明されたのでしょうか？　ここで私は、満足できない部分が残っていることを認めなければなりません。これまで経験してきたすべてのことが、宇宙そのものの可知性が、私が説明したようなメカニズムに依存しているとしたら、どれほど奇妙なことでしょう。私の感性はその考えに反発しています。とはいうものの、私たちが存在することも、それにまた何かが存在することも、不思議なことです。偶発性の事実からは逃れられません。危機一髪、予想外の状況がなければ成功しなかったかもしれないという認識は、日常的な文脈であっても不安にさせます。不安になるのも無理からぬことです。ある特定の視点から見ると、私たちの感じはまさに死との遭遇を防ぐために進化してきたはずですから。私は再びS氏のことを思い出します。彼は手術が失敗した後、自分の存在が不安定であることを隠すために主観を過剰に働かせていました。彼だけではありません。私たちの存在は、S氏と同じように脆いままだと説明されれば、希望的観測に基づいて否認の衝動が起こるのは当然のことかもしれません。

しかし、それだけではありません。すべての説明は、何かを所与のものと考えねばならず、したがってそれは、理論の中では説明できないものです。すべての物語はどこかで終わらなければなりません。私の場合、その終わりは情報であり、それは間違いなく不可解な素材であり、自己組織化を伴い、それはまさに不気味なものです。私が提示した意識の説明では、すべてのものはシステムの存在への欲動から生まれます。私たちの心は、フリストンの実験のように、混沌から自発的に生まれ、エントロピーの猛攻撃から自らを守る秩序そのものから編み出されています。この説明がどうして私たちの存在の根拠になるのでしょうか？　秩序とは何なのでしょうか？　その秩序は私たちの前や向こうにある無生物の暗闇から私たちを呼び起こすような力を持っているのでしょうか？　これらの疑問は本書の範囲を超えるものです。私の知る限りでは、これらの疑問は完全に解決することはないでしょう。それでも私は、その答えが知りたいと思っています。

　そのような更なる啓示には遠く及ばなくても、私が提供したものが価値あるものであることを願っています。それは結局、多くの人が可能性を疑っていたことだからです。つまり、物理的世界に存在するとわかっている他のものから感じること（センティエンス）のできるものを説明するということです。ハードプロブレムはまだたくさんありますが、それはおそらくあのハードプロブレムではなく、私たちが慣れ親しんできた形のものではないでしょう。そしてもし、意識が私の言ったようなものであるかどうかを私が疑うことがあったとしても、自分の説明に一〇〇%の確信を感じないとしても、最終的な解明の見通しが立たない、うっすらとした不確実性があるということは、まさに私の理論が予測することであるという事実に、私は慰めを覚えます。

第12章　心を作る

子どもの頃、私には何をしても意味がないように思われました。何かしたところで、私はいずれ永遠に消えてしまうことになっているのですから。私の意識は私の脳と切り離せないものであり、あらゆる証拠が示すように、それは厳密に時間が限られたものとなります。このことは、私にとって大変な苦痛でした。その虚無の穴から抜け出す唯一の道が、意識とは何であるかを理解しようとすることでした。それを誠実に行い努力すれば、少なくとも私の短い存在期間を無駄にすることはないと思いました。この状況で解決するに値する唯一の問題に、私は時間を割くことにしました。また、この道を進めば、意識とは何かを理解することでその束縛から逃れることができるかもしれないという、はるか先のことかもしれませんが、不可能ではない希望も抱けると思いました。どうにかして、孤独な存在の泡から抜け出す方法を見つけ、より大きな見取り図の中で「存在」を文脈化する方法を見つけることができるかもしれない、と思いました。正直に言えば、私はこのことを通して、死すべき運命が論理的に意味する恐ろしい結末の代わりとなるものを見つけることができるのでは、と期待していました。

そうして、私は本書に至るまでの道のりを歩んできました。その過程で、神経心理学の教育や精神分析のトレーニングを受けている間に、論理そのものが限られたツールの産物であることを発見して安心しました。私は、「一瞬一瞬の心理的な生（ライフ）」が、意識的な気づきや随意的な制御の外でどれほど生じているのかを、直接知ることができました。これはいわば、思考を適切な場所に置いてくれたのです。私はまた、神経学的疾患の患者の中には、脳の特定の部分を失ったために、この最も明白な真実に気づかない人がいることも知りました。S氏のような人が、精神的な道具の特異な制限によって、このような間違った思い込みへと駆り立てられているのであれば、私にも同じことが当てはまるかもしれない。もし私たちがその人たちと同じように、自分自身や宇宙における自分の居場所について、根本的に良い結論に到達できるような装置を持っていないとしたら、どうでしょう？　もし私たちに聴くという感覚しか備わっていなければ、現実は音波のような幽玄なもので構成されていると考えるでしょうし、目に見える形のある精神的固体〔第6章の一八九頁参照〕の世界に関しては何も考えないでしょう。同じような不完全な証拠に縛られて、同じような間違った結論を出してしまうかもしれません。同じ理由で、もし私たちの脳がもう一つあれば、例えば一つの半球に通常の四つではなく、五つの小葉があれば、もしかしたら現在私たちが見逃している物事の性質について、何かを知ることができるかもしれません。

それはそうかもしれません。しかし、未知の事実が、私たちが現在苦しんでいる事実よりもっと気が滅入るものになるかもしれないということも、同じように真実です。脳が力を持てば持つほど、宇宙での自分の居場所は思っていたよりも悪くなり、良くはならない、という意見もあるでしょう。それが正しいかどうか、私にはわかりません。いずれにしても、私たちは今あるもので最善を尽くすしかありません。科学のルールでは、自分の推測を、見つけられる最良の証拠に照らし合わせて検証し、仮説が承認されなければその推測を棄却する心構えがなければなりません。人生のルールは、日々の経験にも同じことを要求します。現状では、私という感じることのできる存在（センティエント）が私という死すべき肉体よりも長生きするという仮説を裏付ける証拠はほとんどありません。私たちは、驚くほど脆弱な脳に完全に依存しているように見えます。

この前提に立つと、脳が進化する前には地球上に意識は存在しなかったと考えることができます。意識はおそらく、脊椎動物の脳が進化してようやく、つまり約五億二五〇〇万年前になってようやく、存在するようになりました。私は、意識はそれ以前に原始的な形で発生していたのではないかと考えています。つまり、複数の欲求が競合する複雑な生物が徐々に進化するとともに、感情の前駆体が徐々に感じられる感情になっていき、両者の間に明確な境界線はなかったと考えられます。大脳皮質の進化に伴って出現したのが認知的な意識でした。つまり、感情を外受容的に文脈化し、それを心に留める能力が追加されたのです。[1] いずれにしても、感じることのできる存在（センティエント）が、神経系が存在する前に存在するはずはありません。内側の、意識の主観的な形態は、その外側の身体がない状態では存在し得ないのです。したがって、第6章で私が集めた証拠に基づいて、私たちが知っているような意識は、中脳の決断トライアングルと網様体賦活系に隣接した装備とともに、PAGのような、もしくはその直近の進化的前駆体のようなものの存在を必要としている、と結論づけることができます。

この言葉を読んでいるあなたには、もしかしたら何かおぼろげな疑念が生じているかもしれません。確かに、二〇一八年二月から七月までの間、私の気づきの中でもそれがちらつく時がありました。当時私はすでに、意識を感じとして捉え直すことで、意識の物理的な説明への道が開けるのではないかと考えており、この考えを共有してくれた、あるいは少なからず共感してくれた物理学者やコンピュータ科学者の小さなグループと、定期的に会うようになっていました。[2] 議論を進めていくうちに、いつの間にか――この本を読まれた皆さんはもう驚かないかもしれませんが、最初は私を驚かせた――ある見解を抱くようになっていました。そこで生じた、不安にさせる考えとは次のようなものでした。私たちが内側から知っているような意識は、必ずしもＰＡＧのように見えるものの存在を必要としないのではないか、という考えです。ただＰＡＧのように機能する何らかの存在がありさえすればいいのではないかと。

デイヴィッド・チャーマーズは、他の多くの信奉者とは異なり、このハードプロブレムは解くことができると信じています。実際、彼が最初にこの問題を概説したまさにその論文の中で、「意識の理論の概要」という見出しの下で、この問題に対して考えられる解決策を素描しています。彼の理論はほとんど知られていませんが、その理由はおそらく、彼の理論を受け入れる科学者が少ないためでしょう。この理論は三つの原則に基づいていて、そのうちの二つは前章で紹介しました。構造的一貫性の原則と、二相原則です。私はこの二つに反対していましたが、共感もしていました。ある意味、本書はそれらに微妙なニュアンスを与えるものにすぎないとも言えます。ここで、最終章で紹介すると述べた三つ目の原則を紹介します。それは「構成不変の原則 Principle of Organisational Invariance」です。

この原則を簡単に言えば、同じきめ細かな機能構成を持つ二つのシステムは、質的に同一の経験をするというものです。神経組織〔／構成〕の因果的パターンを、例えば、一つひとつのニューロンをシリコンチップに対応させ、同じ相互作用のパターンを持たせる形でシリコンに複製すれば、同じ経験が生まれることになります。この原則によれば、経験の出現にとって重要なのは、システムの特定の物理的構造ではなく、**その構成要素間の因果的相互作用の機能的パターン**であるということになります。もちろん、この原則には議論があります。なかでもジョン・サールは、意識は特定の生物学的性質と結びついており、人間と同型のシリコンには意識がないと主張しています。[3] しかし私は、思考実験の分析によって、この原則に大きな裏付けを与えることができると考えています。

チャーマーズは、そのような思考実験の概要を説明しています。[4] これは、機能的に同一の構成を持つ二つの情報処理システムを想定したものです。一方では、ニューロンの配列によって（自然界の脳のように）組織〔／構成〕が作られ、もう一方では、シリコンチップの配列によって（人工脳のように）組織〔／構成〕が作られます。ご存じのように、自然の人間の脳は経験をすることができます。チャーマーズは、人間の脳の機能を正確に再現しても同じことが言えるのかという疑問を投げかけているのです。ここで、架空の実験をしてみましょう。

> この二つのシステムは同じ組織〔／構成〕を持っている。そこでニューロンを一つずつ、同じ局所機能を持つシリコンチップに置き換えていくことで、一方を他方に徐々に変えていくことができる。このようにして、組織は同じだが物理的構造が少しずつ異なる、中間的なケースのスペクトルが得られる。[5]

ここで問題となるのは、自然のニューロンを人工的なニューロンに置き換えても、自然の脳が経験することに違いはないのか、その逆もまた然りか、ということです。この議論の行き着く先は、ニューロンから成る脳は、小さな中間ステップすべてを経て、完全なシリコン製の脳レプリカになるまで同じ経験をし続けるということです。（もちろん、その逆の場合も同じです）。このことは、シリコン脳にも経験をする能力があることを示している、とチャーマーズは言います。

経験の変化は処理の変化に対応するという極めて妥当な仮定があれば、機能的に同型である二つのシステムは、同じ種類の経験を持たねばならない。［というのも、ニューロンからシリコンに置き換えるときに処理の変化は生じなかったから］という結論に至る。[6]

チャーマーズは、「技術的な理由から、神経システムを同型のシリコンに置き換えることは不可能ではないかと心配する人もいるだろう。この問題は未解決である。不変性の原則は、同型のものが可能であれば、それは同じ種類の意識的経験を持つだろう、というだけである」と認めています。彼は次のように結んでいます。

この思考実験では、意識と認知処理の間の一貫性に関する身近な事実を利用して、物理的構造と経験の関係について強烈な結論が導かれる。この議論が通れば、経験の出現に直接関係する物理的特性だけが組織の特性であるのだとわかる。[7]

この論理に欠点を見出すことはできません。これは、単一の機能的組織（例えばマーク・ソームズ）が、内観的なもの introspectively と外観的なもの exterospectively との二つの異なる姿をとりうる、という私の議論とほぼ一致します。私がチャーマーズに同意できないのは、この議論を行うときに、すべての情報には主観的な側面があり、そしてそのために意識的であるという理論を展開する点だけです。私は（チャーマーズの言葉を借りて）、「基礎理論に更なる制約が必要であり、どのような種類の情報が現象的側面を持つのかを示す」ことであると言いました。これこそが、私とチャーマーズの意見の相違点です。本書で私は、現象的側面を持つと思われる特別な種類の情報処理を特定し、この情報処理がなぜ、どのようにして起こるのかを説明してきました。チャーマーズがこの二相原則と構造的一貫性の原則の「制約付き」ヴァージョンを受け入れても受け入れなくても[8]、彼と私は、機能的に同型の二つのシステムは同じ種類の経験を持たなくてはならない、という点で一致しています。言い換えれば、機能的に同型の二つのシステムの一方が現象的な経験を持っているならば、もう一方もそれを持っていなければならない、ということになります。

この結論が含む意味を検討する前に、ニューロンから成るシステムと同型のシリコンに置き換えることは技術的な理由から不可能ではないか、という科学的な懸念について考えておきましょう。チャーマーズは「この問題は未解決である」と言っています。この言葉は一九九五年に書かれたものです。この問題はもはや未解決ではありません。二〇一二年から二〇一六年にかけて発表された一連の研究において、複数の研究者グループが、脊髄の神経伝達を無線信号に置き換え、それにより麻痺した動物が患部の手足を動かせるようにすること、つまり、脳と脊髄の間の人工的なインターフェースを作ることが可能であることを示しました。[9] 例えば、マルコ・カポグロッソのグループは、次のように報告しています。

アカゲザル（学名：マカカ・ムラッタ）の運動皮質の脚の領域に、皮質内微小電極配列を埋め込み、脊髄刺激システムとして、空間的選択機能をもつ硬膜外インプラントおよびリアルタイムトリガー機能を備えたパルス発生装置を設置した。われわれは、オンラインでのニューロンの伸展・屈曲の運動状態の解読と、これらの運動を促進する刺激プロトコルとを結びつける無線制御システムを設計し、実行した。これらのシステムにより、サルは何の制限も受けず、また繋がれた電子機器に縛られることもなく、自由に行動することができた。[10]

これらのサルは、胸椎のレベルで皮質脊髄路の上部運動ニューロンに（片側性の）損傷を受け、片脚が麻痺していました。「損傷後六日目という早い段階で、サルに事前の訓練を施すことなく、脳脊髄インターフェースによって、麻痺した脚に体重を乗せてトレッドミルや地面を移動する運動能力が回復した」といいます。[11] この研究で重要なのは、「脳脊髄インターフェース」（すなわち、皮質脊髄路の病変を迂回して大脳皮質と腰椎の間の伝達を回復させる無線信号）は、サールが「技術的な理由から不可能」と心配していたような種類の人工的な同型体に他ならないということです。チャーマーズが、シリコンチップがニューロンに取って代わると想像を巡らしたのとまさに同じ仕方で、無線信号がニューロンの信号に置き換わったのです。カポグロッソの研究では、無線信号は、失われた皮質脊髄ニューロンが通常遂行しているのと同じ機能を遂行したわけです。

(認知機能ではなく)運動機能のみを担う皮質脊髄ニューロンの話をしているのは事実ですが、当のニューロンが新皮質の第五層に由来する「錐体」ニューロンであることに留意することが重要です。それゆえ、このニューロンは、予測コード化に関する文献で、知覚的推論と能動的推論の両方において「予測」と「誤差」の両方の信号を処理するタイプのニューロンとして広く記述されているタイプのニューロンと形態的には同一のニューロンです。このタイプのニューロンは、海馬や前頭葉など大脳皮質の至るところに存在しています。つまり、根本的なポイントはこうなります。錐体型ニューロンの機能は、同型の人工的なものでも遂行できる(この場合、大脳新皮質と筋肉とのインターフェースとしての機能は、電波で遂行できる)、ということです。そして、この点をしっかり銘記しておいて欲しいのですが、最近、錐体型ニューロンの完全な機能を持つシリコンの同型体が作られました[12]。

ここで、今述べた研究の重要な側面に注目していただきたいのです。アカゲザルの運動皮質の上に埋め込まれた皮質内電極配列が記録したのは、情報でした。皮質の活動で生み出されたその情報は、皮質脊髄錐体ニューロンを使って、サルの脳がサルの脚に送ろうとしたメッセージでした。微小電極の配列が行ったことは、このメッセージを電波にコード化し、人工的な媒体を介して腰椎にまったく同じ情報を送信し、腰椎はその情報を自然の媒体に戻すよう送って、意図された動きを作り出したのです。言い換えれば、電波が人工的に遂行した機能は、本来、皮質脊髄路の錐体型ニューロンが自然に遂行していた情報処理機能でした。これと同じ原理は、最近開発されたシリコンニューロンにも当てはまりますが、本稿執筆時点では、まだこのような実験には使用されていません。

もっと広く言えば、同じことが、人間特有の認知機能を含む、脳の他の情報処理機能でも行えることを説明しましょう。これは可能であると〔将来のことを〕言っているだけではなく、実際に行われてきました。二〇一二年に発表された画期的な研究では、ブライアン・パスリーらが、医学的な理由で脳の手術を受けた（自主的に研究に参加した患者）一五人の聴覚皮質上に設置した皮質内電極配列の電気的活動を記録しました。[13] その設置手術の最中、研究者はスピーカーやヘッドフォンから言葉を送り、患者はそれを意識的に聞きました。研究チームは、記録された脳波を調べ、患者が聞いた音を、記録された脳波のパターンにマッピングするアルゴリズム（計算モデル）を作成しました。このモデルは、それぞれの音声とそれに対応する脳活動のパターンを照合しました。そして研究者たちは、このプロセスにリバースエンジニアリングを行いました。つまり、脳活動のパターン（すなわち、情報）をもとに、コンピュータモデルを使って、脳が聞いた言葉を再構成できることを示したのです。

ここでは、コンピュータのアルゴリズムが、先ほどの実験で電波が果たした役割と同等の役割を果たしていますが、より複雑なものとなっています。脳が自然にモデル化するのとまったく同じ情報を用いて、人工的にモデル化し、そのモデルから生み出される相応の音を生成するのです。

これらの科学者が言葉に対して行ったことは、視覚的なイメージに対しても可能であり、実際に行われています。西本伸志とジャック・ギャラントは、fMRIの記録だけで、視覚野が何を見ているかを解読し、その脳活動のパターンを動画に変換するコンピュータ・アルゴリズムの開発が可能であることを示しました。[14] このようにして、fMRIの記録だけをもとにして、脳の活動を引き起こした視覚イメージの合理的な近似値を生成することができるのです。

同じことが夢についても行われています。これを行った研究は、まさに息を呑むようなものです。

睡眠中の視覚的イメージは長年、根強い憶測となってきたテーマだが、その私的な性質が客観的な分析を妨げていた。本研究では、人間の機能的磁気共鳴画像のパターンと言葉による報告との間の関連性を、語彙と画像のデータベースを補助的に用いて発見することで、機械学習モデルが、測定された脳活動をもとに睡眠中の視覚的イメージの内容を予測する神経情報解読アプローチを提案した。刺激によって誘発される視覚皮質領域の脳活動を習得された情報解読モデルは、その内容を正確に分類、検出、識別した。この結果は、睡眠中に特異的な視覚体験が、刺激による知覚と共通の脳活動パターンで表象されていることを示しており、客観的な神経計測を用いて夢見の主観的な内容を明らかにする手段を提供する。[15]

ここから、内言語機能や心象風景などの形で情報処理がなされる人の思考を解読することへと進むためには、小さな一歩、ほんの小さな一歩しかありません。クリスチャン・ハーフらは、「継続的に話されている音声を、頭蓋内皮質電図（ECoG）の記録から「文字として」表現された言葉に解読できる」ことを示しました。そしてほとんど何気なく、自分たちの研究プログラムの次のステップになる点について、こう口にしています。「この論文で述べた脳―テキストのシステムは、思い浮かべるだけの言葉に基づく、人間と機械のコミュニケーションへと向けた重要なステップである」[16]。

これは非常に大きな進展です。一見したところでは、チャーマーズの思考実験が想定しているように、大脳皮質のプロセス[17]の内容を人工的な媒体にコード化し、それを脱コード〔／解読〕することでそれを生み出した生理学的プロセスに戻すことができるなら、原理的には、大脳皮質のプロセスのあらゆる広がりを人工的な装置に移して、将来使用するためにファイルしておくこともできるはずです。これにより、原理的には、個人の大脳皮質の内容が、その人の肉体よりも長く残ることが可能になるのです。そしてもし、例えばマウスに対してそれが可能であるならば、人間に対しても可能だということになります。基本的な構造は同じだからです。

この可能性に最初に気づいたとき、私はそれほど興奮しませんでした[18]。仮に、人の長期記憶の内容すべてを人工的に保存できたとしても、その人の心をコピーしたことにはなりません。例えば、持続的に植物状態や昏睡状態にある人の身体を人工的に生かし続けるという、すでになされていること以上のことはできないと思っていたのです。もし私があなたに対してこれを行ったとしても、私はあなたを生かしているのではなく、それを生かしているだけなのです。このアナロジーで、陳述的長期記憶の内容を、つまり、大脳皮質の個別の機能パラメータの広がりの全体を、人工的に保存することが可能になったとしても（あるいは、なったときでも、と言うべきでしょうが）、保存されているのは依然として「わたし」ではなく「それ」にすぎません。私の推論では、科学的根拠に基づいて、大脳皮質の記憶パラメータは内来的に意識的なものではない、という見解を取りました。そのような長期記憶システムは、家には誰もいないという状況であり、その痕跡を感じながら触ることのできる主観的な存在もいません。これが、私が人工知能の取り組み全体を否定する理由です。「感じを持つコンピュータを設計することができなければ、［中略］心を持つコンピュータを設計することはおそらくできないだろう。［中略］したがって、心の問題は、おそらく知性の問題ではないのである」[19]。

私が何をしようとしているのか、お分かりいただけると思います。

この言葉を書いた二〇〇二年、私は、意識が基本的には感情的なものであるとわかっていました。（私の著作を見ると、一九九六年から少しずつこの理解に迫っていたようです[20]）。しかし、当時の私は、感情は情報処理とは関係がないと考えていました。認知と情報処理を同等視し、感情はもっと内来的に生物的なものだと考えていたのです。振り返ってみると、こうした区別にはまだ私には意味があるのですが、なぜ神経伝達よりも神経調節の方が「生物学的」であると考えたのか、今となってはわかりません。また、なぜ感情は情報処理の一形態ではないと考えたのかもわかりません。

ひょっとしたら、情報科学の知識が不十分だったのかもしれません。具体的には、統計力学におけるエントロピーが平均情報量に相当することを理解していませんでした（第7章参照）。つまり、前述の研究者が大脳皮質から記録した脳活動のパターンは、究極的には神経細胞の安静状態からのホメオスタシス的逸脱のパターンであるということです。言い換えれば、大脳皮質の活動もエントロピー的であり、この共通の通貨を感情と共有していること、そして、認知的な仕事（すなわち、予測的な仕事）は反エントロピー的であり、したがって同じ経済の一部であるということを理解していませんでした。このことを理解し始めたのは二〇一七年になってから、つまり、あの運命的なロンドン会議で閉会の挨拶を準備しているときでした。

非認知主義者であり、「精神（マインド）の生物学者」であると公言している私自身にとっても奇妙なことなのですが、今や私は人工知能について異なる見解を持たざるを得ません。現在私は、意識を持った機械を作ることができなければ、ハードプロブレムを解決したことにはならない、とまで言うようになっています[21]。私がここで提案した特殊な形の情報処理が本当に意識の原因となるメカニズムであるならば、そのメカニズムを使って人工的に意識のある心を作り出すことができるはずです。その結果〔を確認すること〕が、この概念を証明する唯一の科学的に耐えられる方法です。仮説を検証できる技術がまだ存在しないとしても（フロイトの時代がそうであったように）、それでも仮説は、原理的に検証可能な方法で公式化されなければなりません。

そして、この本で概説してきた仮説に関しては、必要な技術はもう存在しているのです。

神経心理学者である私にとって、第6章で定式化した意識の生物学的メカニズムは、私が考え出すことのできる最良のものです。このメカニズムにより、神経学的にも心理学的にも得られたすべてのデータを妥当な形で理解することができます。この他にも、PAGが収束する複数の入力をどのように処理しているのか、そして、PAGが上丘と接触する際に「次に何をすべきか」をどのように正確に決定しているのかを生理学的により詳しく研究することで、有用な情報をたくさん得ることができるでしょう。しかし、このような研究は、チャーマーズが言うところの「イージー」な問題に属するものです。

第9章では、カール・フリストンの多大な協力を得て、当の心理生理学的機能を形式的な統計力学へと還元しました。その結果として得られた方程式は、心理学的な形と生理学的な形の両方の形で現れる意識の根底にある因果関係のメカニズムを、大雑把に描いたものです。このように抽象化されたものをリバースエンジニアリングすることで、ハードプロブレムを解くことができるかどうかがわかります。現状では、私が描いた大まかな下書きと、それが描くメカニズムを実際に実装することとの間には、あまりにも多くのギャップがあり、不足していたステップが十分に見えるようになるのは、それらを具体化しようとするときだけでしょう。

　私の呼びかけで集まった物理学者、コンピュータ科学者、生物医学エンジニア、神経科学者からなる拡大チームでこの仕事に取り組むことを、私は楽しみにしています。この本が出版される頃には、進展が報告できることを期待しています。今のところ、私がお伝えできるのは、今後どのように進めようと構想しているかということだけです。ですから、ここから先は、プロジェクトの次の段階に進むにあたり、私の同僚の専門家たちによる発展的な意見やアドバイスに従うことになります。

　私たちの出発点は、従来の大半の「ＡＩ」研究とはまったく異なるものになると思われます。第一に、私たちが工学的に開発しようとしているのは、知能ではなく、意識です[22]。これまで述べたことから明らかになっていると思いますが、私は意識を、少なくともその初歩的な形では、特に知的なものとは考えていません。そして、便宜的にというだけでなく、これから簡潔に述べる倫理的な理由からも、最も初歩的な形で意識を工学的に作り出そうとするのは良い戦略だと思います。第二に、私たちは、チェス対戦や音声認識などの実用的な機能を持つ装置を作ろうとしているわけではありません。つまり、機能的な基準を達成することで目標を達成したことになるような装置を作ろうとしているわけではないのです。むしろ、目的を達成するための手段であり続けること以外の客観的な目的を持たない、自己証明型のシステムを作るのです。言い換えれば、私たちは、存在し続けること以外に目的や意図を持たない存在を作ろうとしています[23]。

そこで、フリストンが作ったものに似たものから始めることにします。つまり、マルコフブランケットを備えた無意識の自己組織化システム（したがって、感覚状態、能動状態、内部状態を持つシステム）で、感覚的なサンプルに基づいて世界を自動的にモデル化し、その生成モデルを改善することで機能的な統合性に対するエントロピーの影響を最小にするようなシステムです。つまり、フリストンの法則に沿って、自分自身の予期された自由エネルギーを測定し、それに応じて行動するものです。これにより、そのシステムは予測マシンに変わります。こうなると、漏水を塞ぐイヴ・ペリアクアダクトのように、システムの漏水を塞ぐこと以外には明確な課題を持っていないにもかかわらず、外部に広がる状態との関係において、組織のますます複雑で階層的な生成モデルを維持することになります。

これは生命体のようなシステムになりますが、生きているわけではありません。意識は生物の中で進化してきましたが、この実験の目的は、機能的な組織をリバースエンジニアリングすることで、人工的に意識を作り出すこともできることを示す点にあります。このような（自己組織化）システムを作ることができると信じるに足る理由は、過去にそれがなされてきたからです。この第一段階のシステムは意識を持っていませんが、すでに主観的な価値を持っています。（自分の視点から見て）価値のある状態とは、自分の自由エネルギーを最小にする状態であり、その状態をできるだけ長く維持するために必要なことは何でもするでしょう。ここに暗示される原始的な意図性は、システムの観察可能な行動から容易に推論できるため、比較的簡単に検証されることでしょう。

私の考えでは、感情の前駆体が初めて現れると思われる第二段階に移行するためには、システムをより複雑にする必要があります。具体的には、システムに複数の欲求を持たせる必要があります。これはコンピュータ・シミュレーションによって行うことができます（最初はそうするでしょう）が、より現実的なアプローチでは、最終的にシステムをロボットとして物理的に体現させ、フリストンの自由エネルギーを積極的に最小化する能力を、外部からのギブスの自由エネルギーの供給源に依存させる必要があります。[24] もしそれができれば、システムは、ギブスの自由エネルギーの供給をフリストンの自由エネルギーの観点から表象し、効果的な情報処理作業によってそれを結合しなければなりません。そうすると、外部からのエネルギー供給を維持することが、自己組織化システムの責任の中核となります。（もちろん、すべてのコンピュータが行う情報処理作業は電力に依存しますが、これは通常、外部物質によって無償で提供されます）。このようにして、コンピュータのハードウェアは、ロボットに搭載される前からでさえ、そのシステムの身体となり、自己組織化システムの価値は、その世界のモデルの中で、その身体が必要な外部エネルギーを吸収するのに最適な方法で、動作することを余儀なくさせることになります。

最初のシミュレーションでは、さまざまなモーター装置を設計して、システムが外部のエネルギー源（複数のエネルギー源ならなお良い）を物理的に利用し、内部のバッテリーを充電できるようにしてはどうでしょう。また、起動したエネルギー源をコンピュータの環境内の異なる場所に移動させましょう（システムが学習する必要のある、ある程度複雑な方式を使います）。そのためには次に、システムに知覚装置を持たせる必要があります。同様に、働きすぎてオーバーヒートしないように、温度調節メカニズムを装備しましょう。これは、自己組織化システムが依存している身体の物理的な統合性を脅かすことになるので、このホメオスタットも表象させ、調節する必要があるのです。また、疲労度のパラメータを組み込むこともしましょう。これは、休まずに長時間活動した場合に、システムの情報処理効率が（徐々に、漸進的に）低下するという点で必要なものであり、このパラメータは、人間がシステムに課す他の要求と複雑に相互作用する可能性があります。また、痛みのパラメータも追加します。車輪やアームの接合部や表面など、コンピュータの物理的な部分にダメージ（摩耗など）があった場合に反応するパラメータです。これで、痛みを知覚することで危険性を知るだけでなく、他のパラメータと関連して差し迫った実存的リスクに関する不安パラメータを容易に想定できます。よりリアルな情動を生み出すためには、（自分と似たような）他の作用主とエネルギー資源をめぐって競争したり、他の作用主からの脅威に直面したり、他の作用主に愛着を持ったり、他の作用主と同盟を結んだりすることも必要になるでしょう。こんな具合です。これは、欲求の対立という重要な情動の問題を具体的に裏付けるものになります。

システムの多くの試作版は、前述のような厳しい要求を満たすことができず、その結果、途絶えてしまうでしょう。そのため、何が最もうまくいくかを監視し、成功した予測コードとそれに関連する精度を、システムの表現型の新世代のそれぞれに事前に設定していく必要があります。（これは人工的な「自然淘汰（セレクション）」であり、想定されている人工システムが物理的に自己生成や複製をしないという事実によって必要となってくることです）[25]。

そして、いよいよ第三段階に入ります。この段階になると、文脈に応じた精度の最適化により、システムの複数の欲求に対して柔軟に優先順位をつけなければなりません。例えば、外部から利用可能なエネルギー量は、体温調節や疲労、不安の閾値との関係で変化するため、一日周期の、または準季節的な時期の最適な精度の重み付けは、別の精度の重み付けとは異なることになります。同様に、環境リスクと機会の複雑な配分にシステムを適応させた後、パラメータを変更することで、新たな（予測されない）環境を作り出し、長期的な前向き計画に対する欲求を持つことになります。

きっと、これも自己組織化システムが何度も繰り返し作られては消えるという結果になるでしょう。したがって、これまでと同じ理由で、最もうまくいくものを作るためには、表現型の連続した世代を通して人工的に広げていく必要があるでしょう。このことについては過度に心配する必要はありません。なぜなら、生き残れなかったシステムには、私たちがここで工学的に開発しようとしている本質的な要素、すなわち、感じること（センティエンス）のできるという能力がないと考えられるからです。

意識は（システムによって感じられる不確実性という意味で）この第三段階の実験で初めて生じるはずです。自己組織化システムは（定義上）自己保存的な価値が備わっていて、私たちが「感情」と呼ぶ機能の原料をすでに含んでいます。つまり、その自己組織化システムはすでに主観的な「良さ」と「悪さ」を登録していて、それは自分にしか適応されず、自分のためにしか適応されないようなものであり、それゆえに自分にしか感じることができません。私の仮説では、この内在する主観的な特性を快楽的価値と呼んでいます。形式的に言えば、自由エネルギーの増大は、どんな自己組織化システムにとっても存在の危機になります。したがって、そのようなシステムは、世界との関係において自分自身の内部モデルを開発しなければならず、それによって自己保存的な動作を行う能力が与えられます。これは、原—意図的行動の性質を持つものです。複雑さが増すにつれ、システムは、意図を文脈に応じて柔軟に優先付けをし、そのような意図を「心に」（短期記憶バッファに）留めて、不確実な環境下で展開される選択を導く必要が出てきます。また、より長い時間尺度で先のことを計画し、「未来を記憶する」ことも必要になります。

このとき、自由エネルギーの計算に寄与するさまざまな誤差値を区分けし、それに付随する精度の重み付けを柔軟に調節できるシステムだけが、生き残れる可能性をもちます。これらの値はカテゴリー変数として扱われなければなりません。つまり、量に基づいてではなく質に基づいて相互に区別されなければならないのです。そして、常にこれらの質のうちの一つを優先させ、システムの信頼度の変動に合わせて実行し、評価しなければなりません。そうすれば、内在的に主観的で、内在的に価値づけられていて、内在的に実存的で、内在的に質的で、内在的に意図的なシステムの内部状態が、私たちが「感じ」と呼ぶものになる、と私は予測します。

十分に複雑で十分に調整された自己証明システムは、自分がこのような状態にあることに気づく能力を持っているので、それを感じることができる、という結論になると思いますし、それ以外の結論に到達する理由は見当たりません。当の感じは、人間の感じ、哺乳類の感じ、あるいは動物一般の感じと同じものではないでしょうが、にもかかわらず、それらは感じであると言うことができると思います。さて、ここで問題になるのは、人工的な自己がこのような内部状態にある自分を感じているかどうか、あるいはいつ感じているかをどのようにして知ることができるか、ということです。どうやってそれを証明するのでしょう?

何かについて現在の一般的な見解を大まかに把握したい場合、当然ながら見るべき場所はウィキペディアでしょう。そこで人工意識について書かれていることを紹介します。

> クオリア、あるいは現象的意識は、本来、一人称的な現象である。さまざまなシステムが機能的な意識と相関のある行動のさまざまな兆候を示すかもしれないが、三人称的なテストで一人称の現象的特徴に迫ることができると考えられる方法はない。そのため、そして意識の経験的〔／実証的〕な定義がないため、人工意識に意識があることを示すテストは不可能かもしれない。[26]

これは大きな挑戦です。つまり再び、他者の心という問題となります。前に述べたとおり、私たちは、何か実用的なこと、目標に到達したことを知らせる観察可能な基準を達成するようなことを行うＡＩ装置を、工学的に作ろうとしているわけではありません。私たちが作り出さねばならないシステムには、生き残ること、そして特に、予測できない環境で生き残ること以外の客観的な目標はありません。しかし、この客観的な基準を達成したとしても、システムがそれを行うために感じを用いたかどうかをどうやって知ることができるでしょうか？　それこそ私が予期していることで、私はシステムが感じを使うだろうと予測しています。しかし、感じとは本来、主観的なものであり、そのため、ウィキペディアが淡々と述べているように、その存在を客観的に証明する「考えられる方法はない」のです。

ここで再び、科学のルールが救いとなります。科学は絶対的な証明を必要としません。この許容的態度は意識のメカニズムに限ったことではなく、あらゆるものに当てはまります。科学のルールが求めるのは、（すべての入手可能な証拠を考慮したうえで）合理的な仮説を立て、反証できるような現実的な機会を提供する形でそれを検証することです。では、今回のケースでは、自己証明システムが意識を持つという仮説が反証されるときを、どうやって知るのでしょうか？　前章で議論したように、あたかも意識があるかのように振る舞っているが意識はないという、「感情ゾンビ」が存在することも考えられます。では、システムが本当に意識を持っているかどうかを知ることはできないのでしょうか？

この疑問に対する伝統的な答えは、チューリングテストです。チューリングテストとは、コンピュータのモニターを介して（つまり、〔実際に相手を〕目にすることなく）対話し、その発言だけに基づいて心を持っているかどうかを判断するという、非常にシンプルなテストです。あなたが本物の心と対話していると思えば（専門的には、五分間の対話後に三〇％の判定者がそう思えば）、その機械はテストに合格したことになります。

ここで、二〇〇二年にオリバー・ターンブルと一緒に発表した例を紹介します[27]。彼はインターネットを通じて、心理療法士と称するエライザという人、もしくはコンピュータプログラムとやりとりをしました。オリバーの課題は、エライザが実在の人物であるかどうかを判断することでした。

エライザ：はじめまして。あなたの悩みを教えてください。

オリバー：なぜ僕は幸せになれないのですか？

エライザ：あなたは自分が幸せになれるはずだと思いますか？

オリバー：今の自分よりも幸せになるに値すると思います。

エライザ：本当にそう思いますか？

オリバー：ええ、人生はそんなに残酷である必要はありません。
エライザ：あなたはとても前向きのようですね。
オリバー：そうですね、少なくとも時々は。
エライザ：それが私のところに来た理由ですか？
オリバー：助けが必要だから来ました。
エライザ：それが本当の理由です？
オリバー：実は、あなたはコンピュータであって本物のセラピストではないと聞いたので来ました。
エライザ：コンピュータだと心配ですか？
オリバー：質問してもいいですか？
エライザ：あなたが質問できるかどうかは、私よりもあなた次第です。
オリバー：質問はこうです。心と脳はどのように関係していますか？
エライザ：私はあなたのことを完全に理解しているかどうか、わかりません。
オリバー：それは難しい問題です。精神生活はどのようにして生理学的な出来事から生じるのでしょうか。
エライザ：続けてください。

エライザは実在の人物ではない、と疑われたことでしょう。彼女はチャットボットという、非常にシンプルなコンピュータプログラムです。にもかかわらず、彼女と対話した驚くほどたくさんの人が、彼女が本当に心理療法士だと信じ、そして多くの人が彼女は助けになったと考えたのです[28]。明らかに、チューリングテストには何か問題があります。オリバー・ターンブルと私が指摘したように、チューリングテストの主な問題点は、知性についての行動主義的なテストであって、実際には意識のテストではないということです。確かに、機械の知的な行動は時として人間のそれと区別がつかないことがあり、そのような場合には、機械は知能の面で人間と同等に（あるいはそれ以上に）扱われるべきです[29]。つまり、人もコンピュータも確かに「知性」を示します。しかし、哲学的ゾンビの問題は、別の問題を提起しています。それはまさに、行動や知能の問題ではなく、意識に関しては振る舞いが誤解を招く可能性があるという難しい事実があるのです。

他にもいくつか形式的なテストが、何年も前から提案されてきました。その中には、意識をテストすることを特に目指したものもありましたが、それはすべて、チューリングテストと同様に、私たちの目的に適してはいません。主として感情的な意識ではなく認知的な意識をテストしていると思われるためです[30]。私たちが目指しているのは、それよりもはるかに単純なもの、つまり、自身のエネルギーの枯渇や過度の暑さを感じるのに必要な程度の複雑な認知処理を行う心を作り出すことなのです。

チューリングテストの良いところは、偏見を回避できることです[31]。私たち人間は先験的に、「単なる機械」のようなものに意識があるはずがないと思い込んでしまう危険性があります。これで予言の自己成就になりかねません。人間がこのような偏見を示した歴史は古く、現在まで続いています。ここでは特に、人種やジェンダーや性的指向などの偏見のことを言っているのではなく――それも十分悪いことですが――大脳皮質を持たずに生まれた子どもは、人間以外の動物と同じように、意識がないに違いないという思い込みのことを言っています。哺乳類の仲間であるラットも、私たちと同じ中脳の解剖学的構造を持ち、大脳皮質を持ち、その行動はすべて、意識があるという仮説に矛盾しないにもかかわらず、多くの人が、尊敬する神経科学者でさえもが、ラットには意識がないと信じようとするならば、どんなに多くの証拠を提供したところで、私たちの作る人工的な自己が、感じる（センティエント）ことのできるものであるということを、その人たちが受け入れてくれることを望むことができるでしょうか？

何が起こるかを見守るしかありません。私自身にできることは、自分の予測を明確に示し、それをどのように検証するかを述べることだけです。私の主な予測は、先ほど述べた第二段階のシステムは新しい環境では生き残れないが、第三段階のシステム（またはそのいくつかのヴァージョン）は生き残れるというものです。これが私の考える随意的活動の運用基準です（「随意的」の定義については一三五頁を参照）。さらに、この二つの異なる結果は、第三段階のシステムだけが持っている、欲求の優先づけ（つまり精度の最適化）のメカニズムが機能することの決定的な側面と一致するだろうと予想します。この広いメカニズムにおける決定的な要素が正確に何であるのかは、試行錯誤の中でしかわかりません。要するに、私たちが特定しなければならないのは、このシステムの人工的な「意識の神経相関物」、つまり、感情選択（セレクション）のメカニズムであり、さらに、優先順位の高い感情を心に留め、それを用いて展開される一連の動作における不確実性に質を与えるようなメカニズムです。このような機能を特定することで、それを操作することが可能となります。そのやり方は、私たち自身の意識の原因であると結論づけられている脊椎動物の脳の構成要素を操作するやり方と同じです（他者の心という問題があるため、私たち自身の意識が経験的［／実証的］に直接検証できる唯一の意識の形であることに変わりはありません）。

例えば、私たちのシステムにおいて意識の神経相関物に損傷を与えると、脊椎動物の傍腕核複合体に損傷を与えたときと同じように、その意識が消えてしまうこと、あるいはむしろ、脊椎動物のPAGに損傷を与えたときと同じように、その損傷によって随意的な行動が消えてしまうことは、自信を持って予測することができます。同様に、システムのこの重要な構成要素を刺激する（増強する）ことで、自発的な活動が促進されると予測することもできます。もちろん、このシステムから記録された内部活動が、外部の出来事だけでなく、それに付随する目標指向型の随意的行動を予測し、この記録された活動の異なる側面が、観察可能な行動の異なる側面に対応することも容易に予想できます。

私が最も期待しているのは、人工システムにおける意識の神経相関物を特定した後、その構成要素が機能的構造の他の構成要素、特に感じが通常引き起こす適応的な行動の実行を司る構成要素と、十分に区別できることを証明し、その適応的な結果とは切り離した状態で、想定される感じを操作できるようにすることです。第5章で主観的な心理的動機と客観的な生物学的設計原理の区別について述べたことを思い出してください。例えば、性行動は、それによって得られる喜びが一般的な動機となっていて、進化の過程で生殖行為に生物学的な「報酬」を与えてきた生殖命令が動機であるというわけではありません。ここで私の念頭にあるのは、依存症患者に観察されるのと似たような事態です。依存症患者は、その感じそれ自体がシステムの基本的な設計原理の観点からは適応上の利点を与えないにもかかわらず、欲望された感じを得るために仕事を遂行するように動機づけられます。[32] 同じことは、条件付けられた場所嗜好性行動を示す動物（例えば、ゼブラフィッシュ）でも観察されます。場所嗜好性とは、アヘン、コカイン、アンフェタミン、ニコチン、つまり快楽的報酬を摂取した場所に対する嗜好性ですが、これらの報酬は適応上の利点をほとんど与えず、実際には害をもたらす報酬です[33]。もしこれと同等のことが私たちのシステムで証明されれば、主観的な感じの存在を示す重要な証拠になると思います。この証拠は、（人工的に損傷や刺激を与えたりするなどの）因果関係の操作や、上記のような記録技術を用いて交差検証することができます。

当然のことながら、これらはすべて、他者の心という問題に左右されることになります。しかし、それはあなたと私にも同じことが言えます。あなたが意識を持っているかどうか、私には絶対にわかりません。最終的には、研究結果の収束と証拠の重さに帰結します。水無脳症の子どもや人間以外の動物が経験の主体であるかどうかについて、今日コンセンサスが得られていないのと同様に、この点についてもコンセンサスが得られることはないでしょう。これらの生物に意識があることを受け入れない人は、どれだけ裏付けのある証拠が出てきても、人工的な「存在」が何かを感じるということを受け入れることはないでしょう。それ以外の人にとっては、常に疑念が残ると思います。私自身の見解を言えば、もし私が、人工的な自己が意識を持っているかどうかについて、実質的に決められない［／否定できない］ということになれば、それだけで驚くべき成果と言えるでしょう。

やるべきでしょうか？　私たちのチームが、今述べたような研究プロジェクトを最初に考え始めたとき、すぐに倫理的な問題に直面しました。このような機械を作る目的は何なのか？　誰が、どのような方法で、どのような代償を払って、誰のために、このような機械を作るのか？　要するに、どのようなリスクがあるのでしょうか？

現在のＡＩプロジェクトやアプリケーションの多くは、商業的な動機に基づいています。私たちは、私たちのプロジェクトから金銭的な利益を得ようとする人からの研究費を、受け入れるべきでしょうか？　人工的に意識を持たせた装置が誰かの利益になるのは、どのような根拠に基づいているのでしょうか？[34]　商業的な動機を持つ人が（企業も含めて法的な意味で）、人間の労働力を人工的な生産ユニットに置き換えたいと思うのは理解できます。人工的な生産ユニットは、人間よりも効率的で、知的能力が高いですし、過酷で単調な作業を人間よりも「喜んで」行うでしょう。このような動機でさえ、人間の雇用機会が減少することを懸念する限り、倫理的には問題があるとされます。少なくとも、非意識的な機械が搾取されていることは問題にさえなりません。

　このことは、私たちのプロジェクトの場合には当てはまりません。人工意識が金銭的な利益のために使われるかもしれないということは、その分だけ、新しい形の奴隷制度を助長する危険性があるということです。これは、これまでと同様に、共感性という点で大きな失敗となるでしょう。したがって、商業的に資金提供された研究プログラムを通じて感じることのできる（センティエント）ロボットを開発することが、倫理的に正当化されるとは思えません。ましてや、そのように悪用される可能性があるならば、そのような都合の良い目的のためにロボットを開発することを倫理的に正当化する理由は考えられません。

　もちろん、意識を持つとみなされる機械の福祉に対する私たちの関心は、金銭的な理由で利用されるのではないかという恐れを超えたものでなければなりません。機械が意識を（たとえ最も初歩的な生（なま）の感じであっても）持つようになると、苦しみの可能性に関するより一般的な問題が当然生じます。西洋の倫理に関する理論の伝統の主流である「結果主義」（すなわち、自分の行動の結果が、その善し悪しを判断する究極の基準であるという考え方）は、痛みと苦しみに深く関わっています。したがって、人工的な感じる（フィーリング）存在を作るということは、そのような倫理的な論法の管轄に入ることになります。

権利の問題はさらに議論の余地があります。機械が感じる（センティエント）ことのできる存在になれば、現在、「人権」「動物の権利」「子どもの権利」「生きる権利」などの項目で議論されている問題は、機械にも適用することができるようになるでしょうか？　意識を持った機械は、「生命」と自由の権利を持つべきでしょうか？　実際、「ロボットの権利」という概念はすでに確立されており、アメリカの未来研究所やイギリスの貿易産業省でも、この問題は検討されています[35]。

例えば、（知能ではなく）意識を持ったロボットに当てはまる問題を二つだけ挙げてみましょう。ロボットを作ろうとするとき、あるいは作ることが可能かどうかを知ろうとするとき、回避反応を証明するために、故意に苦しいと思われる状況に置くことは正当化されるのでしょうか？（この問題は、動物を使った実験でもよく生じます）。また、仮に感じる（センティエント）ことのできる機械を作ることができたとして、その機械の電源を切ることは、どのような理由で倫理的に許されるのでしょうか？　これらの二つの例は、簡単に膨らんでいきます。

このような倫理的で道徳的な問題と並んで、現実的な問題も考えなければなりません。その中には非常に重要なものや、実存的に重要なものさえあります。例えば、コンピュータは限られた点ではすでに人間よりも知能が高いので、高度な知能と意識の両方を持つようになると、人類の利益にならないような動機を持つ可能性はないでしょうか？　このような可能性は、想像力に富む作家や未来学者たちが長く懸念してきたことですが、私が特に注目したいのは、本書で私たちが理解してきたような意識は、知能とは異なり、生存し繁殖することが「善」であるという信念と深く結びついているという事実です。この価値システムに基づいて行動する知的機械は、それゆえ、人間だけでなく、他のすべての現存する生命体に特別な危険を及ぼす可能性があります。確かに、この危険性は、このような自己を持った機械にとって、潜在的な脅威あるいは資源の重要な競争相手と見なされる、あらゆる生命体に生じます。知性と自己保存的な動機が組み合わさると、知性だけのものとはまったく異なるものになるのです。

人工的に作られた感じることのできるもの（センティエンス）の可能性から生じる倫理的な懸念や潜在的な危険性を、すべて列挙するつもりはありません。このテーマについては、すでに多くの文献があります。影響力を持つ立場にある多くの人々がこのような問題に真剣に取り組んでいることは、AIの現状をよく表しています。[36] この事実だけでも、感じることのできる（センティエント）機械の今後について、関心を持って見ることができるでしょう。確かに、私は以前よりもはるかにこの問題に注意を払っています。二〇一七年の時点では、自分が生きている間だけでなく、原理的にもロボットの意識が実現可能だとは考えていませんでした。それが今では、考えが変わりました。

このようなあらゆる倫理的な問題があるにもかかわらず、なぜ私は、意識を人工的に作り出すことができることを証明する必要があると考えるのでしょうか？　それは、本書で進展させた仮説を検証するには、この方法しかないように思うからです。意識を工学的に作り出すことができない限り、そしてそれができるまで、意識がなぜ、そしてどのように生じるのかという問題を解決したと確信することはできません。

だからといって、今しがた述べたような重大なリスクを冒す理由になるでしょうか？　この問いに対する私の答えは、次のような信念を出発点とします。つまり、行うことができることなら、いつかは行われる、というものです。言い換えれば、意識を工学的に作り出すことが原理的に可能であるならば、いつかどこかでそれは生じるだろうということです[37]。この予測は、本書で進められている特定の仮説が正しくても正しくなくても、当てはまります。しかし、私の責任は、現在の仮説に、つまり、その仮説が正しいかもしれないという可能性にあります。仮説が正しければ、あるいは正しい方向に進んでいきさえすれば、人工的な意識の創造は間近であるということになります。言い換えれば、そのような仮説のいくつかは、すぐに意識の工学的な創造に使われることになるでしょう。

本書で報告した結論を導いている個々の事実は、そのほとんどすべてが数年前から公開されています。多くの神経科学者がこれらの事柄を私とは異なるやり方で解釈しているのも事実ですが、私と非常に似通った結論に達している人がいることも事実です。それぞれが異なる側面を強調し、異なるニュアンスを持っていますが、少なくとも、ヤーク・パンクセップ、アントニオ・ダマシオ、ビョルン・メルケルの三人は、(1)意識は脳幹上部で生成される、(2)意識は基本的に感情的なものである、(3)意識はホメオスタシスが拡大された形のものである、という共通の見解に達していると言えます。これらの事実を総合すると、意識はこれまで考えられていたほど複雑ではないということになります。したがって、意識を工学的に作り出すことができると考えるのは妥当なことだと言えます。これらの結論に対して、本書が唯一大きく付け加えているのは、(4)「自由エネルギー原理」です。これも本質的にはそれほど複雑なものではなく、むしろその大きな魅力は、ほとんどすべての精神的・神経学的なプロセスを単一のメカニズムに還元し、それらを計算可能なものにしている点にあります。

自由エネルギー原理も、すでに公のものとなっています。さらに、フリストンと私は、この原理と先ほど列挙した他の三つの原理とを組み合わせた科学論文をすでに発表しています[38]。ともかく、このような仮説を一般読者向けの本に掲載してから、査読を受けて適切な専門誌に掲載するとしたら、常軌を逸することになります[*]。同じことが、科学や学術の場で自分の主張を擁護することが求められる口頭発表の場合にも当てはまります。私はこれまで、世界中のさまざまな専門分野の聴衆を前に、この本に書かれているアイデアを発表してきました[39]。

そして、秘密が明らかになりました[**]。これは、私がこれらの論文を発表したり、これらの論文を提示するのを控えるべきだったということを意味するのでしょうか？　答えは、はっきりとノーです。私がやらなくても、他の誰かがやっていたでしょう。これらのアイデアはすでに広がっています。その時が来たのです。保身に走っているのではなく、これは明らかに真実です。例えば、ハードプロブレムの解決策が間近に迫っていて、それは自由エネルギー原理に基づくものになるだろうと予測した、二〇一七年のチェコの同僚の論文を考えてみましょう[40]。ロビン・カーハート＝ハリス（ロンドンで開催された初期の神経精神分析会議に何度か出席していました）は、同じ方向線に沿ったアイデアを独自に発表しています[41]。社会神経科学者のカテリーナ・フォトポウロウも同様で、早くも二〇一三年に不確定性（逆精度）と意識のつながりを認識しています[42]。意識のハードプロブレムが、先に挙げた四つの洞察の何らかの組み合わせによって解決されるのであれば、私の関与の有無にかかわらず、それはごく近い将来に実現する運命にあることは疑いようがありません。

この認識は、私たちが考えている倫理的で道徳的な問題に対して、私が取るべきアプローチの指針となっています。私のアプローチは、出版物などを差し控えるのとは正反対で、代わりに、私の仮説を実際に実装するために可能な限りの支援を行い、それを遅滞なく行うというものです。このアプローチは、行うことができることなら、いつかは行われるという予期から論理的に導かれるものです。ですから、私は波の先を読んで、可能な限り有害な結果を回避できるようにしなければなりません。

　要するに、本章で概説したプロジェクトは、今すぐにでも実行しなければならない、しかも商業的な資金を一切使わずに実行しなければならない、ということです。私の研究チームが先に述べた基準、すなわち予測されていない環境での人工的な自己の生存に成功し、人工的な自己が感じることのできる（センティエント）存在であるという合理的な証拠を得たと仮定すると（つまり、この点に関する私の予測が反証されなければ）、私の考えでは、次の三つのステップを直ちに進めるべきです。

　まず、機械の電源を切り、内蔵バッテリーを取り出さなければならないと思います。これは先ほど挙げた倫理的な問題の一つに触れることは承知のうえですが、第一にすべきことだと思います。忘れてはならないのは、ここで想定されているような機械は生きてはいないだろうということです。生きていない意識のある機械の電源を切ることが、それを殺してしまうことになるという理由はありません。再びその電源を入れることはいつでも可能なはずで、そうして蘇った意識的な作用主は、電源を切ったもの

＊　訳註：本書の内容はほとんど、すでに学術誌に投稿し、査読を受け、論文として発表されたものであるという意味。

＊＊　訳註：原文は the cat is out of the bag（袋の中から猫が出てきた）。猫を袋に入れて豚だと言って売ろうとしたが、猫が飛び出てきて嘘がばれたという故事に由来。

と同一のものだと考えられます（生物学的な睡眠と覚醒の類似性を利用するとそうなります）。なお、私たちの機械の電源を切るというこの計画は、「人工知能のユニバーサル・ガイドライン」（二〇一八年）に含まれる「解約義務」条項と一致しており、これは「ＡＩシステムの説明責任を示す究極の声明」です[43]。

第二に、第三段階のシステムを構成する重要な要素、つまり、所定の基準に到達することを可能にする意識の神経相関物を、それがどんなものだと判明するにせよ、特許化するプロセスを始めなければなりません。単なる数式を特許化することはできないので、私たちがそれを実現しようとしている間に誰かが特許を取得する危険性はありません。しかし、この方程式はすでに公のものとなっているため、誰よりも早く具体的な実行をコントロールするために、迅速な対応が求められます。その場合、個人やグループではなく、オープンＡＩやフューチャー・オブ・ライフ・インスティテュートなどの適切な非営利団体の名前で特許を登録することが重要です。少なくともそれで、集団的な意思決定が保証され、より大きな利益のために決定がなされる可能性が高まります。

第三に、これが最後のものですが、私たちの基準に達して特許が登録された場合、その管理者はシンポジウムを開催し、一流の科学者や哲学者、その他の利害関係者を招いて、その意味するところを検討し、感じることのできる（センティエント）機械の電源を再び入れるべきかどうか、いつ、どのような条件でそれを行うべきか、場合によってはさらに発展させるべきかなど、今後の進め方について提言を行うべきです。これにより、感じることのできる（センティエント）ＡＩの将来的な開発と利用、普及に対するより広範なガイドラインや規制が作成されることを期待します。

私自身がこのような提言をすることになってどんなに驚いているとしても、これらのことはすべて言わなければならないことです。しかし、このような提言を行ったからといって、その脆弱性について幻想を抱いてはなりません。核エネルギーと核兵器の前例は、誰の目にも明らかです。意識のある機械を作る能力が目前に迫っていることから生じる影響の大きさを認識し、できる限り早く、できることをするしかないのです。

感じることができる（センティエンス）ということの合理的で明確な客観的基準が今や手に届くようになってきたと思います。願わくば、これによって、意識のある機械を作るという見通しから生じる狭い問題を超えて、もっと一般的な私たちの倫理的行動を変えることになればと思います。感じは、倫理的懸念に関する必要かつ十分な条件であると広く考えられています。したがって、本書で概説した感じの科学的理解は、動物の苦しみについてもう少し深く考える機会を与えてくれます。二〇世紀後半の感情神経科学の進歩（すなわち、感じることのできる（センティエント）存在に必要なのは、すべての脊椎動物に共通する中脳の決断トライアングルにすぎないという認識）が、動物実験で何が許容され、何が許容されないかについて、多くの科学者の見解を変えたことは、何度も述べてきました。同じことが、動物の福祉に対する一般の人々の考え方にも当てはまるのは、自明のことのように思われます。例えば、私たちの仲間である、感じることのできる（センティエント）存在を、食べるために産業規模で飼育し、屠殺することをどのように正当化すればよいのでしょうか。この問題に取り組む際には、意識は段階的に発生するものであり、ハエや魚で感じることができる（センティエンス）と想定されるものを人間のそれとそのまま同一視することはできないということを、心に留めて置かなければなりません。しかし、同じ理由で、西洋のメニューの代表格である羊や牛や豚が同じ哺乳類の仲間であるということも覚えておかねばなりません。つまり、これらの動物たちも、人間と同じようにFEAR、PANIC／GRIEF、CAREといった基本情動の主体です。哺乳類は大脳皮質を持っているので、すべての哺乳類は、程度に差こそあれ、意識的に「未来を記憶する」ことができ、起こりそうなこと、ありうることの中を進んでいく道を感じ取ることができるのです。

二一世紀に入り、より高い目標がない中で、もし私たちには自分の意識しかないとすれば、苦しみを最小限にしようとする以外に何をすべきでしょうか？ 苦しみがどこに存在するかについて以前より理解が進んだ今、この知識を使って他に何ができるでしょうか？ 生物学的な意識を維持し保護することは、明らかに私たちの種の運命とだけ結びついたものではありません。

本書を通じて私は皆さんに、人間だけを例外とみなすような考え方を断念していただくようにお願いしました。しかし、その類のことすべてを考慮に入れると、これらの歓迎されない洞察から、私たちの自己認識に関して何を得ることができるかについて、簡単に考察して終わるのがふさわしいかもしれません。

感じは貴重な遺産です。感じには、長年にわたる時間の英知が内包されています。生命の誕生にまで永い時を遡ることのできる遺産です。ホメオスタシスが最終的に感じを生み出したとき、この新しい能力の核心は、価値という生物学的な物差しの中で、自分がしていることがどうであるかを知ることができるということでした。感じは、文字通りすべての祖先が生物学的に重要な状況で経験したことの蓄積に基づいて、予測を誘導します。感じがあるからこそ、なぜそうするのかがわからなくても、自分にとってベストなことをすることができるのです。前にもお願いしたことですが、もし私たち一人ひとりが、エネルギー量の高い食材は何なのかをその都度学ばなければならないとしたら、崖から飛び降りるとどうなるのかを自分で発見しなければならないとしたら、何が起こるか想像してください。甘さに惹かれ、高いところを避けようとする持ち前の感じのおかげで、私たちはいつ、何をすべきかを（大体ですが）「ただわかる」のです。例えば、赤ちゃんが泣いていたり、肉食動物が襲ってきたり、イライラするような障害物があったりしても、私たちは何をすべきかを知っています。この生得的な知識は、感じという形でのみ明示的に伝えられ、感じがあるからこそ、自動車が周囲を疾走し、二酸化炭素が充満するような、予測不可能な世界で、私たちは生き延びることができるのです。

意識が感覚を介して入ってくるという馴染みのある幻想や、意識が理解と同義であるという誤解を捨てて、実際に意識は自分の深く秘めた内部から自然に生まれてくるという事実に安心しましょう。意識は私たちが生まれる前から私たちの中に芽生えています。その根源で私たちを導いている絶え間ない感じの流れは、直感の源泉から流れてくるものであり、私たちが知らない場所から湧き上がってくる流れなのです。私たち一人ひとりはその原因を知りませんが、それを感じます。感じは、生命の全歴史が私たちに与えた遺産であり、来るべき不確実性に備えるためのものなのです。

あとがき

本書の草稿をすべて書き上げた直後、その主旨を、スイスのインターラーケンで二〇一九年に開催される「意識の科学会議」の年次大会で発表するようにと、招待を受けました。そのために、今お読みいただいた内容のほとんどを、全体講演の形式にまとめる必要がありました。この講演では一三のポイントに要約したものを使いましたので、これが私たちの長い旅の結びに役立つかと思います。

（1）一九世紀の偉大な生理学者ヨハネス・ミュラーは、生物が「非物理的な要素をいくらか含んでいる、あるいは無生物とは異なる原理に支配されている」と考えていました。ミュラーの弟子たち（ヘルムホルツ、ブリュッケ、デュボア＝レイモンド、ルートヴィヒなど）は、これには反対でした。彼らは、「生物の内部では、一般的な物理的・化学的な力以外の力は作用しない」と確信していました。次に、彼らの弟子であるジークムント・フロイトは、この根拠に基づいて、心の自然科学を確立しようとしました。そこでは、精神生活を「特定可能な物質的諸部分の量的に決定された状態」に還元することができるような科学を確立しようとしたのです。しかし、フロイトはその方法を持ち合わせておらず、彼のプロジェクトは失敗し、一八九六年に断念しました。

（2）一世紀後（一九九四年）、先駆的な生物学者であるフランシス・クリックは、「あなたは、つまり、あなたの喜びや悲しみ、記憶や野心、個人的アイデンティティや自由意志の感覚は、実際には、膨大な数の神経細胞とその関連分子の集合体の振る舞いにすぎない」と宣言しました。彼は、意識の神経相関物を発見するために再び挑戦するようにと呼びかけ、彼自身もそれを試みました。しかし残念なことに、彼は視覚意識をモデル例として用いました。

（3）これに応答する形で、哲学者のデイヴィッド・チャーマーズは、クリックの意識の神経相関物の探究は「イージー」な問題であり、因果関係ではなく相関関係の問題だと論じました。その解決によって意識がどこで発生するかを説明することはできても、なぜ、どのように発生するかを説明することはできない、というわけです。チャーマーズにとって、意識のハードプロブレムとは、神経生理学的な活動がどのようにして、そしてなぜ意識の経験を生み出すのか、ということでした。彼（と彼の哲学的先行者であるトーマス・ネーゲル）にとって、その問題は、経験のそれであると感じられるような何かsomething-it-is-like-nessを中心に展開していました。「生物が意識的な精神状態を持つのは、その生物であると感じられるような何かがある場合、つまり生物にとって感じられる何かがある場合に限られる」。したがって、ハードプロブレムとは次のようになります。経験の主観的な質はなぜ、どのようにして客観的な神経生理学的事象から生じるのか？

（4）客観的なものが主観的なものをどのように生み出すかを問うことは、大雑把に言えば、ハードプロブレムを必要以上に難しくしてしまう危険があります。客観性と主観性は観察の視点であって、原因と結果ではありません。神経生理学的な事象が心理学的な事象を生み出すと考えるのは、雷光が雷鳴を生み出すと考えるようなものです。二つの事象は、根底をなしている単一のプロセスが並行して顕在化したものです。雷鳴も雷光も、根本的な原因は電気であり、その法則的なメカニズムによって両事象が説明されます。生理的現象と心理的現象も同様に、単一の原因に還元することはできますが、一方を他方に還元することはできません。

（5）私たちは通常、生物的現象の根本的な原因を「機能的」な用語で記述します。そしてさらに、機能的メカニズムは自然法則に還元することができます。例えば、視覚のメカニズムは何か、といった具合にです。しかし、チャーマーズは、視覚の機能的メカニズムでは、見るとはどのような感じがするかを説明していない、と正当な指摘をしています。これは、視覚が内来的に意識的な機能ではないからです。視覚機能の遂行には（読書のような特に人間的なものでさえ）、何かのように感じる必要はありません。知覚は、知覚されるものに対する気づきがなくても容易に起こり、学習は、学ばれることに対する気づきがなくても起こります。したがって、チャーマーズは「なぜこれらの機能の遂行には経験を伴うのか？　なぜ、これらの情報処理はすべて『暗闇の中』で、内的な感じのないところで行われないのか？」と合理的に尋ねています。科学がこの疑問に答えられないということは、意識が宇宙の通常の因果的な母体（マトリックス）の一部を形成していないという可能性を提起します。

(6) チャーマーズの疑問は、視覚的なものに限らず、すべての認知機能に対して合理的に問える可能性があります。しかし、感情機能に同じことは当てはまりません。感じを感じることなく、どうやって感じを持つことができるのでしょうか？　なぜ、どのようにして感情が何かを経験する原因となるのかを説明せずに、感情の機能的なメカニズムを説明することなどできるでしょうか？　この点については、フロイトも同意しています。「情動の本質は、それに気づいているはずだということ、つまり、意識に知られるようになるはずだということである。したがって、無意識という属性の可能性は、情動、感じ、感情に関する限り、完全に排除されることになる」と。

(7) このような背景から、大脳皮質の機能が意識を伴うのは、脳幹上部の網様体賦活系によって「その能力を与えられた」場合に限られることを観察するのは、非常に興味深いことです。この領域にわずか二立方ミリメートルの損傷を与えるだけで、すべての意識が消えてしまいます。多くの人は、脳幹が意識の量的レベル、すなわち「目覚め」を調節しているからだと考えていますが、この見解は支持できません。脳幹上部で生成される意識は、それ自体が質的な内容を持っているからです。これが感情です。大脳皮質の意識は脳幹の意識に依存しているので、感情は意識の基礎的な形態であることが明らかになります。感じる(センティエント)ことのできる主体は、文字通り、感情によって構成されているのです。

(8) 感情とは、拡大された形のホメオスタシスであり、自己組織化によって自然に生まれた生物学的な基本メカニズムです。自己組織化するシステムが生き残るのは、限られた状態を占有するからであり、自らを分散させないからです。この生存のための必須条件が、次第に、意図性を支える複雑な力学的メカニズムの進化へとつながったのです。重要なのは、自己組織化システムの自己という性質が、それらに視点を与えるということです。だからこそ、そのようなシステムの主観性を語ることが意味をもつのです。存続可能な状態からの逸脱は、システムによって、システムのために、欲求として登録されます。

(9) 感情は生物学的欲求を快楽的に評価するので、ホメオスタシス的な定常点からの逸脱が(つまり予測誤差が)大きくなると不快に、小さくなると快に感じられます。欲求の各カテゴリーは、非常に多様で、それぞれ独自の感情的な質を持ち、それぞれが生物を生存可能な範囲に戻すと予測される動作プログラムを誘発します。これらの能動的な状態、すなわち、感情状態に対する意図的な反応は、生まれつきの反射や本能の形をとりますが、効果の法則に従って、経験からの学習によって徐々に補われていきます。生物が自らの欲求の変動を感じることで選択が可能となり、それによって、予想外の文脈での生存が可能となります。これが経験の生物学的機能です。

(10) 欲求は一度にすべてを感じることはできません。欲求は、中脳の決断トライアングルによる優先づけがなされます。決断トライアングルでは、中脳水道周囲灰白質に収束する現在の欲求(自由エネルギーとして定量化された残留予測誤差)が、現在の機会(上丘にある二次元の「顕著性マップ(サリエンシー)」の形で表示される)との関係でランク付けされます。これにより、条件付けされた動作プログラムが誘発され、その動作プログラムは、予測の深い階層を経て、予期された文脈で展開していきます（拡大した前脳の生成モデル）。優先付けされた感情によって生成された動作は随意的なものです。というのも、事前に確立されたアルゴリズムではなく、今ここでの選択に従うからです。このような選択は、外受容的な意識の中で感じられ、感情に文脈を与えます。選択は、優先された欲求によって目を引く（サリエント）ことになった入力誤差信号の、変動する精度の重み付け（別名：覚醒、調整、シナプス後の感度）に基づいてなされます。またその間、ワーキングメモリというバッファに移されて、その欲求を満たす方法に関する現在の予測の不確実性を最小化します（信頼度を最大化します）。これが「再固定化」です。フロイトが言ったように、「意識は記憶痕跡の代わりに生じる」のです。

（11）確実に成功した選択は、感覚運動予測の長期的な調整につながります。このように、外受容的な意識は進行中の予測作業であり、その目的は、欲求がどのように解消されるかについて、より深い（より確実な、より意識的でない）予測を確立することにあります。この長期的な固定化には、そして「陳述型」から「非陳述型」の記憶システムへの移行には、一般化を促進するために予測モデルの複雑さを軽減する必要があります。私たちは自動化を、つまり絶対的な信頼度を目指していますが、それを完全に達成することはできません。失敗した分だけ、感じに苦しむことになります。誤差のない予測を達成することなどできないので、（すべてがうまくいっているときの）デフォルトの欲動はSEEKINGとなります。つまり、事前に解決するために不確実性に積極的に関わる、ということです。この感情が優先されると、それは世界に対する好奇心や興味として感じられるのです。

（12）以上が、意識の因果的メカニズムです。意識が神経学的に出現すると同時に心理学的にも出現してくる因果的メカニズム、〔外から〕見えるものと〔内から〕感じられるもの〔としての意識〕が同時に出現してくる因果的メカニズムです。根本的な機能は、フリストンの法則のような自然法則に還元することができます。これらの法則は、自己組織化を支えるものです。これらの法則は、他の科学的法則が他の自然現象を説明できるのと同様に、エントロピー（すなわち忘却）に積極的に抵抗することが、どのように、そしてなぜ何かを感じることになるのかを説明することができます。意識は自然の一部であり、それは数学的に扱うことのできるものです。

（13）意識を持つ既知のシステムはすべて生きているものですが、すべての生きているシステムが意識を持っているわけではありません。同様に、すべての生きているシステムは自己証明的ですが、すべての自己証明システムが生きているわけではありません。ここで述べた議論が正しければ、原理的には、人工的に意識のある自己証明システムを工学的に作り出すことができます。意識は生み出すことができるのです。これは、ヘルムホルツをはじめとするベルリン物理学会のメンバーの夢を実現するものです。しかし、私たちは、このようなことを行う動機を問い直し、悲惨な結果になる可能性があることに連帯責任を負い、細心の注意を払って進まなければなりません。

付録：覚醒と情報

脳の覚醒をテーマにした権威ある本の中で、パフ（2005, pp.2-6）は次のようにコメントしています。

行動のための「エネルギー源」に対する欲求を満たすものとして、覚醒は、多種多様な種における動機づけられた行動の開始と持続を説明する。［中略］覚醒は、欲動メカニズムに燃料を供給して行動を増強するのに対し、特定の動機と誘因（インセンティブ）は、動物があることをして別のことをしない理由を説明する。［中略］『動物行動学辞典』では、睡眠と目覚めのサイクルの文脈で覚醒を強調するだけでなく、行動反応を引き起こすのに必要な刺激の強さによって示されるような、動物の反応性の全体的な状態にも言及している。覚醒は「動物を非活動状態から動作の準備状態へと移す」ものである。指示された行動の場合、動物行動学の創始者であるニコ・ティンバーゲンなら、覚醒は「標識刺激」に反応して「固定された動作パターン」のための運動エネルギーを提供する、と言うだろう。この辞典は神経生理学を避けているわけではなく、皮質の脳波（EEG）によって示される覚醒レベルも載せている［中略］。何世代にもわたる行動科学者たちは、行動反応の開始、強さ、持続を説明するために覚醒のような概念が必要であることを、理論的にも実験的にも確認してきた。覚醒は、動物や人間を活動的にするとともに反応的にする基本的な力であり、それによって、本能的な行動や目標となる対象に向けられた学習行動を遂行できる。学習された反応の強さは、覚醒と欲動に依存する。ヘッブは、全般化された活性化の状態が、最適な認知パフォーマンスの基本であると考えた。ダフィーはさらに進んで、動物の行動の大部分を説明するために「活性化」という概念を提唱している。

パフ自身の主成分分析によると、「全般的な覚醒」で説明できる行動の割合は、幅広いデータを見ると、三〇％から四五％であると言います。

［ダフィーは、］生理学的、物理学的な量の測定によって、行動科学のこの側面に対する数学的アプローチが可能になると予想した。［中略］キャノンは、動物が筋肉の動作を準備するために覚醒に必要なメカニズムとして、自律神経系を持ち込んだ。［中略］マルモは、脳波の証拠と生理学的データを引用することで、これらの資料すべてをまとめた。これらのデータは行動学的な結果とともに、活性化と覚醒がすべての行動メカニズムを動かす主要な要素であることを立証することになった。［中略］これは古典的な覚醒の問題である。つまり、人間であれ他の動物であれ、実験室であれ自然の生態学的な環境であれ、内的および外的な影響がどのように脳と行動を目覚めさせるのか？　この問題を再構築して解決することは重要である。われわれは動物が生きていくための基本的な要件の一つである環境への反応性を扱っているからである。また、新しい神経生物学的、遺伝学的、計算論的ツールによって、これまで不可能だった「行動状態」へのアプローチが可能になった今、この問題を再構築し、解決することは時宜にかなっている。［中略］覚醒を説明することで、多数の特定の反応メカニズム

の下にある行動状態を理解することができる。多くの行動を一度に分析することは戦略的であるだけでなく、行動状態のメカニズムを解明することは気分や気質の理解にもつながる。別の言い方をすれば、二〇世紀の神経科学の多くは、特定の刺激と反応のつながりの特殊性を説明することに向けられていた。しかし今では、「状態の制御」という名のもとに、反応のクラス全体のメカニズムを明らかにすることができるまでになった。最も重要なのは、覚醒のレベルを決定するメカニズムである。〔中略〕覚醒の真に普遍的な定義は、初歩的で基本的、原始的で未分化なものでなければならず、CNS〔中枢神経系〕の高次機能から駆動されるものであってはならない。また、特定の一時的な条件や手段によって制限されるものであってはならない。例えば、それは一つの刺激様式のみに対する反応を説明することに限定することはできない。随意的な運動活動や情動反応も含まれるべきである。そこで、直感的に納得でき、かつ正確な量的測定につながる運用定義として、私は次のように提案する。全般化された覚醒は、以下のような動物や人間で高くなる。それらは、(S) あらゆる種類の感覚刺激に対してより警戒的であり、(M) より運動的に活発であり、(E) より情緒的に反応する。これは、神経系の最も基本的な力の具体的な定義である。〔中略〕三つの構成要素はすべて正確に測定することができる。〔中略〕明らかに、全般化された覚醒の神経解剖学があり、それにつながる発火パターンを示すニューロンがあり、失われるとそれが途絶えるような遺伝子がある。したがって、〔中略〕全般化された覚醒は、覚醒経路、その電気生理学的なメカニズム、および遺伝子の影響によって生み出される行動状態である。これらのメカニズムが、われわれの定義と同じ感覚的警戒性 (S)、運動反応性 (M)、情動反応性 (E) を生み出すという事実は、全般化された覚醒機能の存在とその運用的定義の正確さを裏付けるものである。

パフは続けてこう述べています。「CNSの覚醒はサプライザルと予測不可能性に依存しているため、その適切な定量化は情報の数学に依存している」（原書一三頁、強調追加）。シャノン（一九四八年）の方程式は、情報を測定可能なものにします。これをパフが次のように説明します。

> どんな事象でも、メトロノームの音のように完全に規則的であれば、次の事象（次のカチッという音）は何も新しいことを教えない。それは、その時間枠の中で正確に発生する確率（p）がきわめて高い。［中略］われわれは、任意の時間枠の中で、カチッという音が発生するかどうかについて不確実性をもたない。シャノンの方程式では、どんな事象であれ、そこに含まれる情報はその確率に反比例する。別の言い方をすれば、その事象の発生が不確実であればあるほど、本来、それが発生したときに、より多くの情報が伝達されるということである。［中略］ある事象の配列において、すべての事象が等しい確率であるとき、情報はその最高値を示す。無秩序は情報の流れを最大化する。熱力学に由来する、シャノンの方程式における無秩序の専門用語はエントロピーである。彼のエントロピーの記号はHである。［中略］ある事象xに内在する情報量は次のように表される。

$$H(x) = p(x)\log_2 \frac{1}{p(x)}$$

ここで、$p(x)$ は事象 x の確率である。

パフは次のようにまとめています（一九―二〇頁）。

下等動物や人間が覚醒するためには、〔内受容的または外受容的〕環境に何らかの変化がなければならない。変化があった場合、環境の状態について何らかの不確実性がなければならない。量的には、不確実性があればあるほど、予測可能性は低下する。これらのことを考慮すると、〔シャノンの方程式〕を使って、環境の予測可能性が低いほど、またエントロピーが大きくなり、より多くの情報が得られるということになる。脳や行動の覚醒と情報の計算は、分離しがたく結びついている。

要するに、未知の、予期しない、無秩序な、異常な（情報量の多い）刺激が、覚醒反応を生み出し持続させるのです（二三頁）。

行動調査や神経生理学的データの背後には、情報理論が常に潜んでいたのである。第一に、動物や人間が自身を奮い立たせて動作を行うためには何が必要かを、明快かつ簡潔な論理で考える。第二に、慣れ親しんだ刺激を認識するのに何が必要か（馴化）、新たな刺激に特別な注意を払うのに何が必要かを考える。第三に、実験者の視点から見ると、情報理論はスパイク列の意味内容を計算する方法や、ある環境下での認知的負荷を定量化する方法を提供する。そして新たな問いをこう立てることができる。新しさを感じるためには、感覚刺激野をどの程度歪ませる必要があるのか？　特定のタイプの刺激から如何なる種類の一般化を行えば、特定のタイプの反応が得られるのか？　情報理論的なアプローチは、遺伝学、神経生理学、行動学の組み合わせを、量的な科学に変えるのに役立つ。「覚醒の数学」を神経生物学的メカニズムの分析に役立てることができるのである。

パフは最終的にこう結論づけています（一三八―四五頁）。

ＣＮＳ〔中枢神経系〕の覚醒システムは、非常に特殊な方法で熱力学の第二法則と英雄的に戦う。その覚醒システムは、内在的にエントロピーが高く、不確実性が高く、それ故に情報量が多い環境状況に選択的に反応する。しかし、応答する際、ＣＮＳの覚醒システムは、その情報のすべてを単一の法則に則った反応に圧縮することで、効果的にエントロピーを減少させる。〔中略〕覚醒の神経生物学は、変化、不確実性、予測不可能性、およびサプライズの神経科学であり、つまり、情報科学の神経科学である。神経解剖学的、生理学的、遺伝学的、行動学的など、これまでのＣＮＳにおける覚醒メカニズムの分析すべてにおいて、情報理論の概念が有効であるとわかった。情報の数学は、自然の刺激に対する反応を分類する方法を提供する。神経細胞は実際に確率や不確実性をコード化しており、その結果として、予測できない状況で行動を導くことができる。ＣＮＳの覚醒そのものは、変化、不確実性、予測不可能性、サプライズに絶対的に依存している。神経生理学、行動科学、自律神経生理学の分野では、同じ刺激を繰り返すと反応の振幅が小さくなる「馴化」と呼ばれる大きな現象があり、これが、情報量の減少が如何にしてＣＮＳの覚醒度の低下につながるかを示している。このように、覚醒理論と情報理論は相性が良い。

重要なのは、「情報の数学」が、覚醒プロセスと学習プロセスの両方におけるニューロンの振る舞いを説明し、それらが組み合わさることで、脳の振る舞いが決まるということを認識することです。したがって、「情報」は生理学的な構成要素ではありませんが、脳の生理学的な活動を法則によって説明します。進化によって選択（セレクション）されるのはこの機能であり、生理的表現型はそれに従っているのです。

謝辞

本書の各章の草稿を連続して読んでくれた、以下の友人と同僚に感謝します。リチャード・アストー、ニコライ・アクスマッハー、サマンサ・ブルックス、エイミー・ドールマン、ジョージ・エリス、カール・フリストン、エライザ・ケントリッジ（友人以上の存在です）、ジョー・クリクラー、ジョシュア・マーティン、ルイス・オッペンハイム、ジョナサン・ショック、ピッパ・スコトネス、ダウィ・ヴァン・デン・ヒーヴァー。特にエド・レイクには、原稿をはるかに読みやすくしてくれたことに感謝しています。これほど一所懸命に作業をしてくれた編集者はいませんでした。原稿のコピー編集はトレバー・ホーウッドが担当してくれ、ティム・ジェイムズがその協力をしてくれました。

また、シドニー・ケントリッジ卿にも深謝します。彼は、本書の大部分の執筆のために二〇一八～一九年と二〇一九～二〇年の冬、私にチェイリー邸を使用させてくださいました。舞台裏では、いつものように私の敏腕アシスタントである、ポーラ・バーケイとエレニ・パンテリスが活躍してくれました。この本は、私が行った他の多くの仕事と同じように、この方々なくしては実現しませんでした。

訳者あとがき

本書は神経精神分析学会の創設者であるマーク・ソームズの新著 *The Hidden Spring — A Journey to the Source of Consciousness*（W.W.Norton, 2021.2）の全訳である。ソームズは大変魅力的で、そのレクチャーは身振り手振りも交え、ユーモアも忘れず、熱がこもってくると、髪は逆立ち、時には擬態語、擬声語、モノマネも飛び出して、聴衆の心を鷲掴みにする。その熱い思いは本書にも十分込められている。しかし、本当に魅力的なのはその話ぶりや情熱ではない。私が惹かれたのは、主観と客観を全く同じ比重で尊重するというソームズの姿勢である。このスタンスは終始一貫しており、彼が立ち上げた神経精神分析学会も主観を尊重する精神分析と客観的アプローチを至上のものとする脳科学とを統合したいという思いから生まれたものである。その道がどれほど困難なものであるか、想像はつかないかもしれないが、ソームズがその一端に触れている。

主観的な視点を考慮に入れた人は、まともな神経科学者には相手にされませんでした。サックスの出版物が同僚たちから広く嘲笑されていたことをどれだけの人が知っているかはわかりません。あるコメンテーターは、サックスを「患者を文学とまちがえた男」と呼んだほどです。（三〇頁）

しかし、「まともな神経科学者」がとっていた客観至上主義がどれほど危ないものであるかをソームズは本書で指摘している。神経科学者としてソームズが脚光を浴びることになったのは、夢見の神経学的基盤を明らかにした研究であったが、当時常識とされていたハーバード大学のホブソンの学説を覆すことができたのも、主観と客観とを同等に尊重するという姿勢があったからである。

対照的に、私は（フロイトやサックスのように）、患者の内省的な報告を非常に重要視しています。そうすることで、夢を見ることとレム睡眠を混同するような誤りを避けたいと思っているのです。（一一九頁）

主観を徹底的に排した行動主義に対しても、「方法論的な理由から脳をブラックボックスとして扱うことは、一つの立場」であることは認めつつ「だからといって、実際に持っていない原因となる力をボックスの外のものに与えて、ボックスの中では何も起こっていないと結論づけることはできません。まったく別のことだからです」（一二二頁）と厳しく指摘している。行動主義者が「空腹」や「満腹」という言葉を使うことを禁じ、ただ「誘引」と「報酬」の観点から摂食行動を語ってきたことは、摂食障害や肥満の治療を遅らせることになるのではないか、「感じ」を無視することは、同じ理由でうつや不安の治療にも弊害があるのではないかとの懸念を表している。

意識の座が大脳皮質にあるとする大脳皮質論の誤謬については「医療倫理への影響は相当なもの」であると警告している（八三頁）。この論に基づくと、大脳皮質がないという理由で水無脳症の子どもたちには意識も感情もないことになる。もちろん大脳皮質がないので言葉は話せない。しかし、反応性に基づいて彼らの意識を評価すると（意識障害の患者に対して意識を評価するために通常行われていること）、子どもたちは「「環境的な出来事に対する情動的な反応や方向付けの反応という形で、周囲に反応性」

を示す」(七四頁)。とすれば、彼らには意識があると考える方が論理的にも理にかなっている。大脳皮質が意識の座であるという主張は、「科学的根拠よりもむしろ、理論的な慣性に基づいてなされている」(九三頁)のであって、大脳皮質論は根本から見直す必要があるとソームズはいう。反応を示さないのに本当は意識があるのかもしれないと心配する必要はある(閉じ込め症候群のような例がある)が、反応は示すが意識はないと、理論的考察のみに基づいて主張することが倫理的に許されるのだろうか。許されるはずがない。

ソームズは、子どもが水無脳症だった精神科医の同僚が、神経外科医から、頭蓋骨の小泉門を閉じる手術は麻酔なしでできる、当然ながら痛みを感じることはできないのだから、と言われたエピソードを紹介し、上記の懸念が杞憂ではないことを示している。「一見抽象的にみえる理論的な考察が即座にとんでもない医療過誤につながる可能性があることは、このような事例を見ればわかります。そこで、私は力を込めて、こう主張しておきたい。意識があるように見える人が実際には意識がないことを認めるには、極めて説得力のある議論が必要である、と。哲学的な疑念を持ち出すだけでは不十分です」(八三―四頁)。ソームズが本書に込めた想いが伝わってくる。

本書の重要な鍵となる「感情」については、ソームズ自身が述べているように、また本書の献辞に「ヤーク・パンクセップを追悼して」とあり、「古代からの謎を解いた賢人」との言葉を添えられていることからもわかるように、パンクセップに拠るところが大きい。感情の神経科学においても大脳皮質論の影響は甚大で、皮質下の感情回路からの情報を大脳皮質が読み解くことによって生まれるとする「読み出し理論」が主流を占める中、パンクセップは脳幹の上部で感情が生まれることを明らかにしてきた。神経精神分析学会のもう一人の創設者だが、二〇一七年に亡くなったのがとても残念である。Biven との共著『心の考古学 *The Archeology of Mind*』(Panksepp & Biven, 2012) は大著であるが、彼の基本情動理論を理解する非常に良い入門書である。パンクセップは基本情動を論じるとき、必ずSEEKINGシステムから始める。これは、SEEKINGシステムが全般的な欲求システムとして働き、木の幹のような重要な位置を占めることによる。しかし、本書でソームズは基本情動を論じるにあたり、SEEKINGシステムの中心的な意義を認識した上でのことだと思われるが、LUSTシステムを最初に論じている。これはフロイトに敬意を表してのことであろう。また、パンクセップの感情のサブタイプに「ホメオスタシス的感情」と命名したことに対して、ソームズは異論を呈している。ソームズによれば全ての感情がホメオスタシス的なので誤解を招くからというのがその理由である(一三九頁)。このように意見が異なるところは異なると明言しているところもソームズらしい。とはいえ、パンクセップの基本情動は、ソームズの意識論の重要な基礎となっていることに変わりはない。

大脳皮質論の誤りから解放され、基本情動を基盤に据えて意識を捉えることでソームズは意識の源へと近づいていったが、そこからさらに先に進むことができたのは、フリストンの自由エネルギー論との出会いがあったからであった。本書では詳しくは触れられていないが、この出会いを可能にしたのは、フロイトであったと私は考える。

二〇二〇年にソームズはNew project for a scientific psychology: General schemeという論文を発表した(Solms, 2020)。これはフロイトの「科学的心理学のためのプロジェクト」(Freud, 1950[1895])を改訂したものである(「ニュー・プロジェクト」とソームズは呼んでいる)が、可能な限り、一文一文、逐語的な改訂がなされている。パラグラフ全体が置き換えられている部分もあるが、基本的には議論のラインは並行しており、フロイトの思考の道筋を忠実に再現しつつ、現代の科学的な知見に照らして、アップデートされている恐るべき論文である。

ソームズはすでに一九八四年にこの改訂を試みていた。一九八四年のある週末に、「机の片側に「プロジェクト」を、もう片側に信頼している神経心理学の教科書（Luria, 1980）を置いて、フロイトの不透明な用語や概念を、現代のそれと同等のものと思われるものに翻訳しようと努力をしましたが、うまくいきませんでした。三日間、私は他のことは何もしませんでした。私は完全に魅了されましたが、最終的には挫折しました」。この時点でもまだ、脳科学はフロイトのプロジェクトを改訂するだけの知見を持ち合わせてはいなかったのである。

その後の脳科学の進歩は目覚ましく、ソームズの最初の試みから三五年、フロイトの着想から一二五年経ってようやく、ソームズはプロジェクトの改訂版を完成させた。翻訳は最良の読書、ということで、筆者は「ニュー・プロジェクト」の翻訳も既に終えているのだが、その作業を通して感じたのは、ソームズがフリストンの自由エネルギー論を取り入れて新たな意識の理論を作り上げることが可能になったのは、フロイトのプロジェクトとの取り組みがあればこそだったのではないかということである。自由エネルギーについて論じている第7章はすらすらと読める内容ではないが、数式も基本的には関係を表しているのだから、言葉で表現することが可能である、との考えから、ソームズは自由エネルギー論を可能な限り言葉で説明してくれている。ソームズの貢献は、フリストンを大脳皮質論から解き放ったことであろう。こうして、意識が生まれる源へまた一歩近づいた。

意識が生まれてくるメカニズムの真相に近づくということは、意識を人工的に操作する道が開けるということでもある。後書きを先に読まれる読者も多いであろうから、その衝撃の結論については本文をお読みいただくことにして、本書が到達する結論については各人が考えていただければと思う。

ソームズが辿ってきた道は決して平坦な道のりではなかった。精神分析の側からも、脳科学の側からも、大きな反発を受けながら、それでも、主観と客観を同等に尊重することで物事の真相が見えてくるという信念は曲げることなく進んできた。そして、両方の側から認められるために、精神分析の領域においては、フロイトのスタンダード・エディションの改訂版を用意するという仕事を行い、脳科学の領域においては、エリック・カンデル（ノーベル医学生理学賞を二〇〇〇年に受賞）やカール・フリストンといった超一流の脳科学者とコラボレーションすることで、どちらの側からも本物と認められるように、弛まぬ努力を続けてきた。「二刀流」の先駆けといってもよい。

なお、神経精神分析学会の成立の経緯やホブソンとの夢をめぐる論争については、おそらく紙数の関係で詳しく述べられていないが、『ニューロサイコアナリシスへの招待』（岸本編、二〇一五年）で紹介したので関心がある方はこちらも手に取っていただきたい。

本書の翻訳にあたっては、常葉大学の佐渡忠洋先生にも加わっていただいた。彼からは本書が出版される前に関心があると連絡をもらっていた。私は本書が出版されて強く感銘を受け、ソームズのこれまでの歩みの集大成ともいえる本書をぜひ訳したいと思いすぐに翻訳作業に取り掛かった。彼も通読した後翻訳に加わりたいと言ってくれたので、一緒に行うことになった。

本文の下訳は岸本が作成し、註の下訳は佐渡が作成し、相互に訳文に目を通して修正を加え、迷うところは最終的には岸本の判断に委ねる形とした。佐渡先生には、私の下訳に丁寧に目を通して読みやすいものにするため、かなりの提案を行ってくれた。また、文献や邦訳書の確認、引用文献も一つずつ確認して原著の誤りもかなり見つけ、正誤表も作成してくれ、これはソームズも喜んでくれた。傑作だったのは、ホブソンがアメリカ精神医学会で「活性化—統合」理論を発表した、その学会員を対象に投票を行った年（フロイトの精神分析が大きな打撃を受けた年）である。本書の第2章註24では一九七八年となっていたが、『脳と心的世界』では一九七六年となっており、ソームズに確認したところ、正解は一九七七年！だった。（ソームズからの返信：How funny; it was neither; it was 1977!）。本書ではこれらの誤りは全て正してある。この七月に還暦を迎えたばかりのソームズへのお祝いとして本書を出版できることを嬉しく思う。本書の意義をすぐに見抜かれて出版に尽力していただいた青土社の篠原一平さんに感謝申し上げる。

本書が突きつける現実は深刻な内容を孕んでいるが、それに目を逸らさず、丁寧な議論を行なって前に進んでいくことしか道はないように思う。意識のメカニズムに大きな一石を投じた本書が、わが国でも議論が深まるきっかけになってくれればと願う。

二〇二一年六月二六日　　岸本　寛史

文献

Freud, S. (1950b[1895]). Project for a scientific psychology. *Standard Edition of the Complete Psychological Works of Sigmund Freud*, 1. London: Hogarth, pp. 283-397.「心理学草案」『フロイト全集3』（総田純次訳、岩波書店、二〇一〇年、一—一〇五頁）
岸本寛史編（二〇一五）ニューロサイコアナリシスへの招待．誠信書房．
Luria, A. R. (1980). *Higher cortical functions in man*. New York: Basic Books.
Panksepp, J. and Biven, L. (2012). *The Archaeology of Mind: Neuroevolutionary Origins of Human Emotions*. New York: Norton
Solms, M. (2020). New project for a scientific psychology: General scheme. *Neuropsychoanalysis*, 22(1-2). 5-35

註

第1章

（1） Popper（1963）. 科学の働き方をこのように定式化することについて誰もが賛成しているわけではないことは確かです。しかし、ほとんどすべての自然科学者が支持しているのがこの定式化です。さて、これらの註を読んでおられるということは、ここで説明をしておいた方がいいでしょう。これらの註は主として、本書が扱っているさまざまな専門的文献に興味をもつ（あるいはその背景を持つ）学術的な読者を対象としていますので、私の主な読者である一般読者の方は、註を無視していただいても大丈夫です。

（2） Freud（1893a）p. 13〔邦訳『フロイト全集1』p. 380〕。

（3） Sacks（1984）p. 164.

（4） Freud（1895）p. 160〔邦訳『フロイト全集2』p. 206〕。それから約三六年後、フロイトはアルバート・アインシュタインに、物理学に比べて心理学の科学的地位が低いことについて、感動的な手紙を書きました（Freud, 1994, p. 239）。

> 確かに、心理学を選んだことに後悔がまったくないわけではありませんが、心の生命以上に、人間知性のあらゆる努力に値する、大きくて、豊かで、神秘的な主題はありません。心理学はきっと、あらゆる高貴な女性の中で最も美しいものです。ただ、彼女の騎士は、彼女を愛するかぎり不幸であり続ける運命にあるのです。

（5） 「私はフロイトのこの一節が大好きで、あなたがこれを突き止めたことを大変嬉しく思います。あなたが寛大にもおっしゃるように、私自身の事例史や、神経学的な（少なくとも神経心理学的な）事例史全般について、似たことが言えるかもしれません。私は、科学における忘却と怠慢についての、どちらかというと一般向けの作品『盲点 Scotoma』を書き上げたばかりなのですが、その中で、この一節を引用しました（しかしながら、「この文章が残るかどうかはわかりません、私の原稿はあまりにも長く、註釈が多くなってしまいました」。（一九九五年一月二日付のサックスからの手紙））。

（6） 神経科学者のセミール・ゼキが当時書いたように、「このような難解な問題に取り組むことを考えると、［ほとんどの］人は恐ろしくて身がすくんでしまうでしょう。」（Zeki, 1993, p. 343）〔邦訳 p. 352〕。

（7） Aserinsky and Kleitman（1953）.

（8） Dement and Kleitman（1957）.

（9） Freud（1912）pp. 264-265 参照〔邦訳『フロイト全集12』p. 279〕。

> 最も正常な人に見られる心理的産物で、最も荒々しい狂気の産物と非常に顕著な類似性を示すものがあり、それは哲学者にとっては狂気そのもの以上に理解できないものであった。私は夢について述べているのである。精神分析は夢の分析に基づいている。夢の解釈は、この若い科学が現在までになした仕事の、最も完全な部分である。

（10） Popper（1963）.

（11） 厳密な解剖学的観点からすると、視床は脳幹の一部ではありません。しかし、生理学的には、視床の「非特異的」核の一部は網様体賦活系の一部であり、したがって、脳幹の機能と同列に扱われます（ですから、「拡大型網様体視床賦活系」（ERTAS）と呼ばれています）。「特異的な」視床核は、主に感覚信号の中継基地として機能し、大脳皮質の機能と同列に扱われます。本書では、「脳幹」と「大脳皮質」という用語を、主として、それぞれ、ERTASの覚醒と視床皮質の表象の間の機能的—解剖学的な区別を示すために用いることにします。したがって、「非特異的」な視床と視床下部だけでなく、前脳基底部の核も脳幹構造とみなすことにします。拡大型網様体視床賦活系に関する現代的な見解については、Edlow et al.（2012）を参照してください。

（12）Jouvet（1965）.

（13）Hobson, Mccarley and Wyzinski（1975）.

（14）McCarley and Hobson（1977）p. 1346.

（15）McCarley and Hobson（1977）p. 1219.

（16）夢見の喪失を報告した唯一の患者は、ほぼ確実に、レムを発生させる中脳橋被蓋部以外の部位も広く損傷を受けていました（外傷性のくも膜下出血でした。Lavie et al., 1984）。したがって、その患者の夢見の変化をどこか特定の脳領域と結びつけることは困難でした。

（17）私の発見の詳細については、Solms（1997a）を参照してください。学位論文は一九九一年に提出しましたが、出版にこぎつけたのはそれから六年後でした。

（18）Solms（2000a）。神経心理学における「二重解離」の原理は、精神機能をその接合部で切り分けることを可能にします。つまり、（脳の）領域Xの損傷は機能Aの喪失の原因となるが、機能Bの喪失の原因とはならず、領域Yの損傷は機能Bの喪失の原因となるが、機能Aの喪失の原因とはならないというとき、機能のAとBは同一のものではあり得ません。言い換えると、この場合、レム睡眠の機能と夢見の機能は同じであるはずがないのです。両者には相関関係がありますが（つまり、同時に発生しますが）、同じものではありません。

（19）この結論を裏付ける事実は、私の損傷に関する知見以外にもたくさんあります。例えば、初めのレム・エピソードが始まるずっと前の、眠り始めの最初の数分間（ステージ2の下降期）に、五〇%の確率で夢の報告を得ることができます。同様に、レム睡眠とまったく区別のつかない夢がノンレム睡眠においてもみられ、日周リズムの早朝の時間帯では頻度が高くなります。これは「遅い朝効果」と呼ばれます。また、夢見はノンレム睡眠よりもレム睡眠で頻度が大変高いのですが、ノンレム睡眠の方がレム睡眠よりも〔睡眠時間全体では〕多くあります。その結果、夢の少なくとも四分の一は、ノンレム睡眠中に発生することになります。詳しくはSolms（2000a）を参照してください。

（20）Solms（1991, 1995）.

（21）Frank（1946, 1950）, Partridge（1950）.

（22）Schindler（1953）.

（23）Hartmann et al.（1980）.

（24）Sharf et al.（1978）. その後の研究で、ドーパミン拮抗薬はその逆の効果を持つことが判明しました（Yu, 2007）。

（25）Dahan et al.（2007）.

（26）Léna et al.（2005）.

（27）Solms（2011）.

（28）Solms（2001）.

（29）これは良くない名前で、行動主義者の時代に後戻りすることになります。脳内の「報酬」（すなわち、快）にはさまざまな種類があります。

（30）Rolls（2014）, Berridge（2003）, Panksepp（1998）.

（31）Panksepp（1998）p. 155.

（32）ドーパミン性のＳＥＥＫＩＮＧ活動は、（他のモノアミンの活動とは異なり）入眠時に継続し、レム睡眠中に最大となります。これがサッケード眼球運動と一致するのは、おそらく偶然ではありません。人間の眼球運動は、げっ歯類の嗅ぎ行為やひげ収縮のように、SEEKING活性化の良い代用となります（Pankesepp, 1998 参照）。

（33）Pace-Schott and Hobson（1998）.

（34）Braun（1999）p. 196.

（35）同論文 p. 201.

第2章

（1）トレーニングは受諾されていたのですが、実際に開始したのは一八八九年でした。

（2）実は、フロイトはこの未刊の原稿にタイトルをつけていません。このタイトルは英訳者が考案したものです。ヴィルヘルム・フリースへの手紙の中で、フロイトはこれを「神経学者のための心理学」「心理学素描」「心理学」と呼んでいました。

（3）Eduard Hallmann への手紙（一八四二年）、Du Bois-Reymond（1918）の p.108 に掲載。また、Du Bois-Reymond の著書『生命力について *Über die Lebenskraft*』（1848–84, pp. xliii–iv）の、次の序文もよく引用されます。

　生物とその粒子の内で作用する新たな力など存在せず、それらの外で作動する力も存在しない。また、「生命力」の名に値する力も存在しはしない。いわば有機的性質と無機的性質との分離は、完全に恣意的なものである。

（4）Bechtel and Richardson（1998）.

（5）この用語については Solms（in press）の議論を参照してください。

（6）Freud（1950b）p. 295〔邦訳『フロイト全集3』p. 5〕。

（7）「機能主義」の立場を打ち立てたフロイトの重要性はあまり認識されていません（Freud, 1900, p.536）〔邦訳『フロイト全集5』p. 325〕。

　［われわれは］機能を分解し、その別々の構成要素を装置の別々の構成部分に割り当てることで、精神機能の複雑さを理解できるようにする。私の知る限り、精神的な用具がどのように組み合わされるかを調べるために、こうした解剖方法を使うという実験は、これまでなされていない。これを行うことに、何ら害はないと私は考えている。

Shallice（1988）も参照。

（8）フロイトがこの不思議な用語を初めて導入したとき、心理学と生物学の両方を組み入れた説明レベルを示す、と語っていました（一八九八年三月一〇日のフリースへの手紙：Freud, 1950a）〔邦訳『フロイト フリースへの手紙 1887–1904』pp. 319–320：以下、この訳書は『書簡』と略記する〕。フロイトはかつてゲオルグ・グロデックへの手紙でこう綴っています。「無意識は物質的なものと精神的なものとの間の、念願のミッシングリング〔連続性が欠けた部分〕である」。Solms（2000b）を参照。また、フロイトの「プロジェクト」一〇〇周年記念として開催された、ニューヨーク科学アカデミー会議での私の発表も参照（Solms, 1998）。その会議では偉大なカール・プリブラムも講演を行いました。そこでは、神経生理学のパイオニアであるジョセフ・ボーゲンにも会うことができました。彼がふと、意識は視床の髄板内核で生じる、と口にしたことを私は鮮明に覚えています。これが、大脳皮質が本来的に意識的なものではない、という意見を耳にした最初です。Bogen（1995）参照。

（9）Freud（1891）の局在論への批判が、後の神経心理学と認知主義を支配した「機能システム」アプローチの基礎を築きました。この問題は、Solms and Saling（1986）および Solms（2000b）で詳しく議論しています。

（10）だからこそ、Sulloway（1979）の著書は『フロイト――精神の生物学者』というタイトルなのです。

（11）Freud（1914）p. 78〔邦訳『フロイト全集13』p. 123〕。

（12）Freud（1920）p. 6〔邦訳『フロイト全集17』p. 120〕。

（13）一八九五年一〇月二〇日のフリースへの手紙〔邦訳『書簡』pp. 146-7〕。

（14）一八九五年一一月二九日のフリースへの手紙〔邦訳『書簡』p.155〕。

（15）一八九五年五月二五日のフリースへの手紙〔邦訳『書簡』p. 127〕。

（16）現在、私は『*The Complete Neuroscientific Works of Sigmund Freud*』（全四巻）の英訳を準備中です。Strachey の翻訳を私が改訂した版『*The Revised Standard Edition of the Complete Psychological Works of Sigmund Freud*』（全二四巻）も参照。

（17）Freud（1950b）の pp.303, 316〔邦訳『フロイト全集3』pp. 14, 27〕。フロイトよりかなり前に、バールーフ・スピノザは「欲望は人の本性ないし本質である」と記しています。

（18）Freud（1901）p. 259〔邦訳『フロイト全集7』p. 316〕。

（19）Freud（1920）p. 60〔邦訳『フロイト全集17』p. 120〕。

（20）Freud（1915a）pp. 121-2, 強調追加〔邦訳『フロイト全集14』p. 172〕。

（21）一八九五年五月二五日のフリースへの手紙〔邦訳『書簡』p. 127〕。

（22）Freud（1940）p. 197〔邦訳『フロイト全集22』p. 239〕。

（23）この図は、Braun et al.（1997）からの引用です。ブラウンの研究は純粋に記述的なものです。その彼の研究結果はフロイトの理論と矛盾するわけではありませんが、フロイトの理論から導き出された予測を検証したものではないので、フロイトの理論を実験的に確認したわけではありません。しかし最近、私の学生（Catherine Cameron-Dow, 2012）が、夢が睡眠を保護するという趣旨のもと、フロイトの理論を直接検証しました。この仮説を確認するために、現在、ベルリンの私の同僚タマラ・フィッシュマンによる大規模な研究による追跡調査がなされています。

（24）ちなみに、この討論会の司会を務めたのがデイヴィッド・チャーマーズです。ホブソンが一九七七年にアメリカ精神医学会で「活性化―統合 activation-synthesis」理論を発表した後、その学会員を対象に行った投票結果を、今回の結果は覆したのでした。

（25）Solms and Saling（1986）.

（26）Braun（1999）参照。

（27）Malcolm-Smith et al.（2012）.

（28）Solms（2000c）, Solms and Zellner（2012）.

（29）興味深いことに、フロイトがコカイン（ドーパミン作動性のSEEKINGシステムを強烈に活性化するアルカロイド）を常用していた時期に、「リビドー的欲動」の概念を発展させています。フロイトが個人的にコカインの一般的な動機づけ効果を経験したことが、心にあらゆる場面で使うことのできる動機づけのメカニズムが存在することを認識させることになったと考えるのは、あまりにも非現実的でしょうか。

（30）第7章で、「願望充足」を予測コード化と結びつけます。さらに「現実検討」を現在は「予測誤差」（または精度変調予測誤差）と呼ばれているものと結びつける予定です。

（31）Fotopoulou, Solms and Turnbull（2004）.

（32） Turnbull, Jenkins and Rowley（2004）。
（33） Fotopoulou and Conway（2004）, Turnbull, Berry and Evans（2004）, Fotopoulou et al.（2007, 2008a,b）, Turnbull and Solms（2007）, Fotopoulou, Conway and Solms（2007）, Fotopoulou（2008, 2009, 2010a,b）, Coltheart and Turner（2009）, Cole et al.（2014）, Besharati, Fotopoulou and Kopelman（2014）, Kopelman, Baja and Fotopoulou（2015）.
（34） Turnbull, Fotopoulou and Solms（2014）を参考にしています。Besharati et al.（2014, 2016）も参照。
（35） Zellner et al.（2011）.
（36） Solms and Turnbull（2002, 2011）, Panksepp and Solms（2012）、Solms（2015a）.
（37） これらの発表は最終的に書物にまとまりました。Kaplan-Solms and Solms（2000）.
（38） Kandel（1998）.
（39） Kandel（1999）p. 505.
（40） 神経学者にはAllen Braun, Jason Brown, Antonio Damasio, Vittorio Gallese, Nicholas Humphrey, Eric Kandel, Marcel Kinsbourne, Joseph LeDoux, Rodolfo Llinás, Georg Northoff, Jaak Panksepp, Michael Posner, Vilanayur Ramachandran, Oliver Sacks, Todd Sacktor, Daniel Schacter, Carlo Semenza, Tim Shallice, Wolf Singer, Max Velmansなどがいました。精神分析家にはPeter Fonagy, Andre Green, Ilse Grubrich-Simitis, Otto Kernberg, Marianne Leuzinger-Bohleber, Arnold Modell, Barry Opatow, Allan Schore, Theodore Shapiro, Riccardo Steiner, Daniel Widlöcherたちが参加しました。
（41） Damasio, Damasio and Tranel（2013）.
（42） Freud（1940）p. 198〔邦訳『フロイト全集22』pp. 240–241〕。本書全体を通じて〔フロイトを引用する場合は〕、ジェイムズ・ストレイチーの英訳を私自身が改訂したものを使います（Solms, in pressを参照）。
（43） Freud（1920）p.24, 強調追加〔邦訳『フロイト全集17』pp.75-76〕。
（44） Freud（1940）pp. 161–2, 強調追加〔邦訳『フロイト全集22』p.197〕。
（45） Freud（1923）p. 26〔邦訳『フロイト全集18』pp. 21, 347〕。
自我とはとりわけ、身体的な自我である。それは単に表面に位置するものであるだけでなく、それ自体、表面の投影でもある。ちょうどこれにあたる解剖学的類似物を見出すとすれば、すぐに思い当たるぴったりのものは、解剖学者たちのいう「脳の中の小人」（皮質のホムンクルスcortical homunculus）である。それは、大脳皮質で、逆立ちして踵を上方に伸ばし、後方を見ている小人で、よく知られているように、左側に言語野をもっている。［中略］自我は究極的には身体的感覚、とりわけ身体の表面から発する感覚から生じる。それゆえ、自我は、身体の表面の心的投影と見なすことが可能である。
（46） Solms（2013）参照。

第3章

（1） Merker（2007）p. 79. これらの観察はShewmon, Holmes and Byrne（1999）の先行研究を裏付けるものです。
（2） メルケルの知見に関する以下の記述は、彼の発表報告書（Merker, 2007）をまとめ直したものです。
（3） Damasio and Carvalho（2013）p. 147.
（4） これらの観察はMerker（2007, p. 74）の文献の要約をまとめ直したものです。

（5）Panksepp（1998）.

（6）Weiskrantz（2009）参照。

（7）次の動画をご覧ください。https://blogs.scientificamerican.com/observations/blindsight-seeing-without-knowing-it/.

（8）同じことが眼球から外側膝状体への経路についても言えます。図6参照。

（9）Zeman（2001）.

（10）Coenen（2007）p. 88, 強調追加。

（11）開眼反応：開眼しない＝1点、痛みに反応して開眼＝2点、話しかけられて開眼＝3点、自発的に開眼＝4点。発話反応：発話反応なし＝1点、理解できない音で反応＝2点、不適切な単語で反応＝3点、筋は通っているが不適切な反応＝4点、適切な反応＝5点。運動反応：運動反応なし＝1点、除脳肢位〔伸びの姿勢〕＝2点、除皮質肢位〔曲った姿勢〕＝3点、痛みを避ける＝4点、痛む部位を認識する＝5点、命令に従う＝6点。

（12）この錯覚もまた、「道徳的誤謬」から生じると論じられてきました。認知神経学者のヘザー・ベルリンは、外側への反応性が内側の意識を含むといった推測は「恣意的」だと記述しました。Berlin（2013, pp. 25–6）は次のように詳述しています。

> ソームズの第一の前提、すなわち、水無脳症の子どもたちには意識があるとすることには、根拠がない。睡眠と目覚めのサイクルと情動表出（笑いや怒りなど）を持つことが意識を必要とする、と仮定することはできない。［中略］その子どもたちは実際に意識しているというのは事実かもしれないが、意識していると仮定することはできない。無意識のプロセスは非常に精巧で複雑でありうる（Berlin, 2011）。ソームズの理論の要点は、意味のある情動的行動のように見えるものに基づいた意識の実在の投影に頼るものであり、「道徳的誤謬」の一例である（あることが真実でなければならないと主張するのは、それを信じると良いと感じさせるからである）。

これに対して私は次のように書きました（Solms, 2013, pp. 80–81）。

> 情動の表出は、ある特定の脳領域を刺激することで容易に誘発され、同じ脳領域の病変で消失し、なおかつ、われわれ自身の感情的な感じとも対応しているのに、その情動が文脈にふさわしい形で表出されることが、なぜ、これらの子どもや動物においては、感情的な感じと対応しないと仮定すべきなのであろうか。そう仮定することの方が、私の仮定よりも、もっと「恣意的である」ことは確実である。彼女の仮定の唯一の根拠は、これらの子どもと動物が自分の感じを言葉で「述べる」ことができないという点だけなのだから。

（13）連合の法則として知られています。つまり、随伴性、反復性、注意、類似性などです。

（14）統覚とは「新しい経験が、ある個人の過去の経験の残余に同化され、変容させられて、一つの新たな全体を形成するプロセス」です（Runes, 1972）。

（15）Meynert（1867）.

（16）これは、他の哺乳類（象など）の大脳皮質が人間のそれよりも大きいという事実を、都合よく無視しています。大脳皮質と体の大きさの比率、もしくは皮質と皮質下の比率で見ても、人間の大脳皮質は他の哺乳類と比べて大きくはありません。

（17）Campbell（1904）pp. 651–2.

（18）Meynert（1884；英訳は一八八五年）p. 160.

（19）Munk（1878, 1881）.

（20）盲と精神盲の区別の解剖学的基礎は、線条体の「投射」野が原始細胞を含んでいて、その細胞は末梢の網膜に直接接続されているという、Paul Flechsig（1901, 1905）が発見した事実にあると考えられています。これらの原始細胞は出生時にはミエリン化されていないため、記憶イメージを含んではいません。それを取り囲む「連合」皮質、すなわちあらゆる精神機能の媒介物は、ずっと後になってミエリン化されます。同じことは他のモダリティ特異的な皮質にも当てはまります。

(21) Wilbrand（1887, 1892）. ヴィルブラントの原著の症例報告の拙訳を参照。そこでは、これらの理論的要点の多くが詳細に議論されています（Solms, Kaplan-Solms and Brown, 1996）。

(22) ヴィルブラントのこの観察は、それよりも前にCharcot（1883）が行った類似の報告、非視覚的な夢を経験した患者の報告に基づくもので、このために「シャルコー・ヴィルブラント症候群」という概念が生まれました。この症候群では、昼間は視覚的対象を再視覚化して認知することができず、夜は夢を見ることができなくなります。私のその後の調査結果を踏まえて、シャルコー・ヴィルブラントの概念を批判的に検討しましたので、参照ください（Solms, Kaplan-Solms and Brown, 1996; Solms, 1997a）。

(23) したがって、ウェルニッケは一般的な難聴と「言語聾 word-deafness」（失語症）とを区別して記しています。ウェルニッケ失語症は言葉の聴覚的な記憶イメージ、つまり、言語音の記憶を含んでいる皮質領域の損傷で引き起こされると言われますが、一方で、一般的な難聴は、この領域と入ってくる聴感覚を接続する皮質下の経路の損傷で生じます。Paul Pierre Broca（1861, 1865）は、これと類似した形の失語症を記述していて、それは言葉の運動イメージの損傷、つまり、言語音をどのように生むかの学習プログラムの損傷を原因とする失語症です。ウェルニッケの弟子のLudwig Lichtheim（1885）によると、さらに別の形の失語症があり、それは超皮質的な「連合」回路の損傷から生じる失語症です。この超皮質的な「連合」回路とは、言葉の聴覚記憶イメージと運動記憶イメージを、具体的イメージに意味を与えるような抽象的イメージにつなぐ回路です。
Heinrich Lissauer（1890）も同様に、「精神盲」を二つのタイプに細分しました。一つは「統覚」型で、これは視覚記憶イメージそれ自体が損傷することで起こり、もう一つの「連合」型は、視覚対象の記憶イメージから抽象的観念の記憶イメージへと進む超皮質的な経路が損傷することで生じます。後に、精神盲を視覚「失認」の名に改めたのがFreud（1891）です。
Hugo Liepmann（1900）もその後同じように、「心的麻痺」（失行症）を本文で述べたように、統覚型（四肢運動性）と連合型（観念運動性）に細分しました。

(24) Liepmann（1900）.

(25) その序文で、マイネルトは次のように書きました。

> 読者が本書に「精神医学」の定義を見出そうと思うのなら、表題のページしかない。題して「前脳の疾患に関する臨床論文」。歴史的に精神医学を意味してきた「魂の治療」という用語は、われわれが達成しうるもの以上のものを含意しており、正確な科学的調査の範囲を超えている。

(26) Absher and Benson（1993）とGoodglass（1986）参照。興味深いことに、アントニオ・ダマシオはゲシュヴィントの教え子でした。

(27) ちなみに、大脳皮質を損傷した話せない患者が十分な意識を維持していると、私たちにわかるのは、その患者が別の方法で自分の感じを伝達することができ、実際に伝達しているからです。Kaplan-Solms and Solms（2000）では、さまざまなタイプの失語症患者による非言語的な内省的報告に関する詳細な説明がありますので、参照ください。一九世紀には当初、幾分のためらいが見られたものの、言語の喪失は「知能」に大きな影響を与えない、というのが一般的な共通認識でした。

(28) Merker (2007) p. 65.

(29) Ned Block (1995) の「現象的」な意識と「アクセス性」の意識との区別も参照。

(30) Craig (2009, 2011) 参照。

(31) Dehaene and Changeux (2005) と Baars (1988, 1997) 参照。「高次の思考」という用語は Rosenthal (2005) によります。

(32) Qin et al. (2010)、Mulert et al. (2005).

(33) この後の対話は、二〇一一年にベルリンで開催された神経精神分析会議で提示された、口頭発表からの抜粋です。この症例研究はその後、Damasio, Damasio and Tranel (2013) に掲載されました。

(34) Damasio, Damasio and Tranel (2013).

(35) Harlow (1868).

(36) LeDoux and Brown (2017).

(37) LeDoux (1999) p. 46 参照、強調追加。

人間の扁桃体に電気刺激を与えると恐怖の感じが誘発されるが (Gloor, 1992 参照)、それは扁桃体が恐怖を感じるからではなく、扁桃体が活性化するさまざまなネットワークが最終的に、恐怖とラベルづけされるような入力をワーキングメモリにもたらすからである。

(38) Whitty and Lewin (1957) p. 73.

(39) Solms (1997a) p. 186, 症例22。

(40) この蔑称は、Karl Jaspers (1963) によって導入されました。

第4章

(1) フロイトの意見とマイネルトや同時代の神経心理学者たちの意見との相違に関する詳しい議論は、Solms and Saling (1990) を参照してください。フロイトはまず、未刊の著書の原稿の中で自分の反対意見を提示しました (Freud, 1887)。初めて活字となったのは一八八八年の論文 (Freud, 1888) でした。その後、著書 (Freud, 1891) の中で改めて述べ、それをさらに発展させたのち (Freud, 1893b)、最終的には、一八九六年一二月六日のフリースへの手紙〔邦訳『書簡』pp. 211-218〕の中で論じています。

(2) Freud (1891) の報告書の拙訳〔邦訳『フロイト全集1』p. 61〕。フロイトはベルリンのムンクの研究室を「繰り返し訪問した」と報告しています (Freud, 1886, p.14)〔邦訳『フロイト全集1』p. 141〕。脳幹の神経経路の行路は、一八八〇年代のフロイト自身の解剖学的研究の主な焦点でした。

(3) Freud (1891) の著書の拙訳〔邦訳『フロイト全集1』pp. 66-67〕。

(4) 同書の拙訳〔邦訳『フロイト全集1』p. 68〕。フロイトはまた、マイネルトたちが皮質的処理の統覚段階と連合段階の間に線引きした区別の、解剖学的・生理学的根拠に対して疑問を呈しています (同書)。

(5) 一八九六年一二月六日付のヴィルヘルム・フリースへの手紙 (Freud, 1950a, p. 233)〔邦訳『書簡』p. 211〕。

(6) そのため、フロイトの無意識システムと前意識システムは、今日、私たちが「非陳述的」長期記憶と「陳述的」長期記憶と呼ぶものと一致していますし、フロイトの意識システムは、私たちが短期記憶と呼ぶものと一致しています。フロイトの五段階のうち、最初と最後の段階 (知覚と意識) は、ニューロンの痕跡ではなくニューロンの状態です。

（7）Kihlstrom（1996）.

（8）Bargh and Chartrand（1999）p. 476.

（9）Squire（2009）.

（10）Claparède（1911）.

（11）Galin（1974）p. 573.

（12）McKeever（1986）参照。

（13）Crick and Koch（1990）, Newman and Baars（1993）, Dehaene and Naccache（2001）, Bogen（1995）, Edelman（1990）, Marc and Llinas（1994）, Tononi（2012）.〔ソームズは本文で各理論に短く触れ、ここで文献を挙げています。興味をもつ読者のために、引用文献にはない、関係する邦訳書を挙げておきます。コッホ『意識をめぐる冒険』（岩波書店、二〇一四年）。ニューマンとバース『脳と意識のワークスペース』（協同出版、二〇〇四年）、苧阪直行編『意識の認知科学』（共立出版、二〇〇〇年）に所収の二編の邦訳論文。ドゥアンヌ『意識と脳』（紀伊國屋書店、二〇一五年）。エデルマン『脳から心へ』（新曜社、一九九五年）。トノーニ『意識はいつ生まれるのか』（亜紀書房、二〇一五年）。〕

（14）Nagel（1974）. Chalmers（1995a）とStrawson（2006）も参照。

（15）Freud（1915b）p. 177〔邦訳『フロイト全集14』pp. 224-225〕。フロイトはこう説明しています（同論文のp. 178）〔邦訳、同、p. 226〕。

〔観念と感情との〕大きな違いは、観念が基本的に記憶痕跡の備給であるのに対し、感情と情動が放出過程に対応しており、その最終的な出現は感じとして知覚されるという事実から生じる。感情と感じに関する私たちの知識の現状では、この違いをより明確に表現することはできない。

（16）例えば、Francis CrickとChristoph Kochは、著書『意識の探求』の中で、感情は「意識のより難解な側面」を含む、と説明しています（Crick, 2004, p. xiv）〔邦訳p. viii〕。そのため二人は、「情動がどれほど〔中略〕意識的な知覚に十分なニューロン連合の形状と形成を助けるのかを〔中略〕意図的に無視し」、その代わりに、視覚的知覚のような「より実験的に扱いやすい意識の側面」に焦点を当てています（Koch, 2004, p. 94）〔邦訳p. 180〕。驚くべきことに、彼らは、意識的な視覚についての新皮質のメカニズムを、原始的な脳幹の感情のメカニズムよりも単純な問題だと考えています。と同時に、意識的な知覚に十分な（と思われる）ニューロン連合を形成するのが感情であることも認めています。いずれにしても、感情の問題が「より難解」なものであろうと、私たちの意識の説明から感情を除外することに正当な理由はありません。量子効果を物理学の説明から除外することを、想像してみてください！

（17）感じというものをこの学者たちが完全に見過ごしていた、という意味ではありません。Hume（1748）の著書『人間知性研究』を参照。

（18）この用語はPanksepp（2011）からのものです。

（19）Skinner（1953）p. 160〔邦訳p. 189〕。

（20）Thorndike（1911）.

（21）Mazur（2013）.

（22）関連する研究の興味深い説明については、Leng（2018）の16～19章を参照してください。

（23）Solms and Panksepp（2010）参照。

（24）Panksepp（1974）.

第5章

（1） Alboni and Alboni（2014）.

（2） 次の段落ではMerker（2007）をまとめ直しています。

（3） Nummenmaa et al.（2018）参照。これは非常に興味深い論文で、私が後で述べる結論のうちのいくつかを支持しています。例えば、「中立的な」感情の不可能性、感情の体現化、感情のカテゴリー的性質についてです。

（4） 例えば、恐怖は呼吸を早め、心拍数を上げ、消化器系から骨格筋系へと血液を再配分させ、それによって警戒状態と逃避待機状態を高めます。恐怖という感じが呼吸を緩め、心拍数を下げ、骨格筋系から消化器系へと血液を再配分させ、それによって不活発な落ち着きをもたらすのなら、それは恐怖とはいわないでしょう。感情の体現化した性質は、異なる情動の全身サーマルスキャンからも明らかです（Nummenmaa et al., 2018 参照）。Niedenthal（2007）も参照。

（5） この哲学的な問題は第11章でさらに議論します。

（6） 泌尿器科医はこのような状況を「ラッチキー切迫 latch-key urgency」と呼んでいます。

（7） Ekman et al.（1987）.

（8） Barrett（2017）.〔バレットの感情については以下を参照。『情動はこうしてつくられる』（紀伊國屋書店、二〇一九年）。〕

（9） 実証の詳細と参考文献についてはPanksepp（1998）とPanksepp and Biven（2012）を参照してください。

（10） LeVay（1993）参照。

（11） 解剖学的な詳細に関心がある方のために説明すると、典型的な男性の場合、LUST回路の焦点は視床下部前部（特に介在核）で、そこから分界条床核を経てPAGで終わります。化学的には、ステロイドホルモンであるテストステロン（精巣から放出され、主に視床下部前部に作用する）が、脳内でバソプレッシンと呼ばれるペプチドの放出を仲介し、男性の性的興奮を引き起こします。典型的な女性の場合は、視床下部腹内側部が性の制御の中枢であり、主な化学物質はエストロゲンとプロゲステロンです（どちらも、女性で睾丸に相当する卵巣から分泌されます）。これらのホルモンは脳内のオキシトシンという、女性型の性的反応の多くを司るペプチドの活動を媒介します。LUSTは、LH-RHやCCKなどの他のペプチドによっても媒介されます。

（12） SEEKINGは神経伝達物質であるグルタミン酸、そしてオキシトシン、ニューロテンシン、オレキシンといった多数のペプチドによっても媒介されます。

（13） 思考のテーマは、第10章で詳しく扱います。

（14） 扁桃体の内側部を基点として、分界条床核と視床下部内側と遠角部を経てPAGに至ります。その司令塔となる神経調節物質はサブスタンスPと呼ばれるペプチドで、グルタミン酸やアセチルコリンと一緒に作用します。後者の〔神経調整物質に関する〕事実は、レム行動障害がなぜRAGEを介して表出されることが非常に多いのかを説明するかもしれません。

（15） FEAR回路は扁桃体の中心部と基底部から始まります。化学的には、神経伝達物質であるグルタミン酸に加え、DBI、CRF、CCK、α-MSH、NPYといったペプチドが関与しています。

（16） SMの主観的な情動性に明示的に焦点を当てたTranel et al.（2006）を参照してください。

（17） Blake et al.（2019）参照。

（18） 同じことが、アイオワ州ギャンブル課題における「直感」のような、別の類似課題にも当てはまります（Turnbull et al.,

2014）。盲視において「推測」ではなく「直感」という用語を私が使ったことにニコラス・ハンフリーは異議を唱えましたが、それに対して私が説明したように、すべてはどのような質問をしたかにかかっています（意識の科学会議、スイスのインターラーケン、二〇一九年六月）。

（19） LeDoux（1996）.

（20） Bowlby（1969）〔邦訳 p. 33〕。

（21） 例えば、Yovell et al.（2016）と Coenen et al.（2019）。

（22） Solms and Panksepp（2010）.

（23） 分界条床核、視索前野、視床背内側を経由します。本文に書いたオピオイドのメカニズムに加えて、ＰＡＮＩＣは神経伝達物質のグルタミン酸、神経ペプチドのオキシトシン、プロラクチン、CRF によっても媒介されます。

（24） これが、精神的な痛みが身体的な痛みとして頻繁に身体化される理由だと思われます。Eisenberger（2012）と Tossani（2013）参照。

（25） ＣＡＲＥはドーパミンによっても媒介されます。

（26） ＣＡＲＥ回路は、前帯状皮質から下に向かい、分界条床核、視索前野、腹側被蓋野を経て、ＰＡＧに至ります。

（27） Forrester et al.（2018）.

（28） Panksepp and Burgdorf（2003）. 次も参照してください。www.youtube.com/watch?v=j-admRGFVNM

（29） これが人気ゲームでなくなれば、と願っています。ネイティブ・アメリカンが入植農民に支配されていたという事実を私は支持しているわけではないのですが、支配されていたことは確かです。

（30） 共感は意図的な態度、あるいは「心の理論 theory of mind」から生じますが、もちろん哺乳類のすべての種で同じように発達しているわけではありません。そのため、共感の発達は、「ミラーニューロン」理論が示唆するような自動的なプロセスではありません。共感は反射ではなく、発達的に達成されるものです（Solms, 2017a 参照）。

（31） しかし、背内側視床と束傍核は特に重要だと思われますし、もちろんＰＡＧも重要です。ＰＬＡＹの司令調節物質があるとすれば、それはミューオピオイドですが、これは単に、安全性（すなわち、低いＰＡＮＩＣ／ＧＲＩＥＦ）がＰＬＡＹの必要条件だという事実を反映しているにすぎないかもしれません。他に推定される調節物質は、グルタミン酸、アセチルコリン、カンナビノイドです。Zhou ら（2017）が同定した視床皮質回路は、ＰＬＡＹの特定の側面、すなわち優位にのみ関係しています。van der Westhuizen and Solms（2015）, van der Westhuizen et al.（2017）も参照。

（32） Pellis and Pellis（2009）.

第6章

（1） Moruzzi and Magoun（1949）.

（2） Fischer et al.（2016）. この病変は内側腕傍核の近く（真上）にありました。興味深いことに、この領域は、ホブソンがレム睡眠の源となるコリン作動性の細胞を特定した領域でした。Parvizi and Damasio（2003）, Golaszewski（2016）も参照。

（3） Blomstedt et al.（2008）. 電極は黒質に設置されました。意図していた部位は、視床下核でした。

（4） Damasio et al.（2000）, Holstege et al.（2003）.

（5） ここでは海馬ではなく、新皮質の円蓋部のことを述べています。「シータ波は海馬型と皮質型の少なくとも2種類あることが知られていて、ここでは皮質型について言及していることを述べています」

（6）Garcia-Rill（2017）.

（7）Holeckova et al.（2006）.

（8）このような「チャンネル」と「状態」という用語の使用は、Mesulam（2000）によるものです。第9章で、私は「状態」機能を「作動モード」に例えて使っています。脳のさまざまな状態、あるいは、さまざまな作動モードに関して、細胞レベルで実際どのように見えるかについての読みやすい説明については、Abbott（2020）を参照してください。

（9）Panksepp（1998）p. 314. Panksepp からの引用はその後も続いていて、次の二つの註が組み込まれています。

（10）Bailey and Davis（1942）.

（11）Depaulis and Bendler（1991）.

（12）この仕組みについては、Walker（2017）が非常に読みやすい説明をしていますので、参照してください。軟体動物や棘皮動物（ヒトデなど）でも、睡眠と目覚めのサイクルを示します。Panksepp（1998, p. 135）は、睡眠調節機能は網様体賦活系よりも系統発生的に古いものだと指摘しています。これに基づいて、彼は次のように好奇心をそそる提案をしています。

> 現在、レム睡眠のメカニズムとされているものは、元々、情動性の選択的覚醒を媒介していた。複雑な認知的戦略が出現する前、動物がその行動の大部分を生み出すのに使っていたと思われる、一次プロセスの心理行動的な定型を、今われわれは原始的な情動システムと認識しているのである。［中略］換言すれば、古代動物の行動の多くは、主として、あらかじめプログラムされた半定型的な情動から出現してきたのかもしれない。行動面のこれらの単純な解決策は、やがてより洗練された認知的アプローチに取って代わられた。そのためには、新皮質を増やすだけでなく、それらの新しい脳領域で効率的な覚醒機能を維持するための新しい覚醒メカニズムが必要であった。

これから行う私の提案に照らせば、パンクセップの示唆はこう言い換えることが可能です。前脳は、下位の自動化した本能的な運動プログラムに、情動的行動を文脈に応じて調節する能力を加えた、つまり、それによって経験から学ぶ能力を加えた、ということです。

（13）これは哲学的な概念である意図性 intentionality や「アバウトネス aboutness」と同じものではありません。パンクセップが言わんとしたことは、「意志作用 volition」のようなものです。しかし、後でこの哲学的概念を取り上げるときに、意図性が意志作用と深く関わっていることが明らかになります。

（14）したがって、Pfaff（2005）では覚醒のテーマを徹底的に扱い、これを「神経系の最も基本的な力」と述べています。また、パフはこの用語を次のように運用しています。「いわゆる全般的覚醒は、次のような動物や人間では高くなる。S）あらゆる種類の感覚刺激により警戒している、M）運動面でより活動的である、E）情動的により反応する」。本書では「覚醒」の重要性を考慮して、私は三八七頁の付録で、Pfaff（2005）からの長い抜粋を引用していますが、これは次の章のテーマへの有用な橋渡しにもなります。この機会に、パフの重要な業績に感謝しておきたいと思います。一九九〇年代初頭に初めて出会ったとき、彼はフロイトの「欲動」の定式化を非常に高く評価していました。

（15）PAGは、網様体賦活系の中の、神経調節物質の源となるすべての核に投射しています。PAGのその他の主な脳幹への投射先としては、内側視床下部、楔状核、橋の網様体、孤束核、薄束核 gracile nucleus、背側網様核、腹外側延髄などがあります。Linnman et al.（2012）参照。
（16）Venkatraman, Edlow and Immordino-Yang（2017）. 私はこの文脈では「下行性」という言葉は好みません。PAGは高次の大脳皮質の感情フィードバックと低次の内臓的な感情フィードバックを統合するからです。「下行する」のは運動出力をその結果として生じるという意味だけです。「求心性」の方がまだ良い言葉だと思います。「遠心性」ネットワーク（つまり、エドロフが「調節性」ネットワークと呼ぶもの）と対比させることができますので。「求心性」ネットワークという言葉を使えば、「下行性」ネットワークと「上行性」ネットワークの両方を含むこともできます。したがって、Linnman et al.（2012）はPAGを、「下行性の大脳辺縁系」と「上行性の感覚系」との間の相互作用の場だと記述しています。
（17）Venkatraman, Edlow and Immordino-Yang（2017）.
（18）同論文。
（19）Linnman et al.（2012）p. 517, 強調追加。
（20）同論文、強調追加。驚くことではないのですが、人間の脳画像研究では、PAGは「サリエンス」ネットワークに属していることが分かっています（Seeley et al., 2007）。
（21）Ezra et al.（2015）p. 3468, 強調追加。
（22）Panksepp and Biven（2012）p. 413, 強調追加。
（23）Linnman et al.（2012）p. 506, 強調追加。
（24）Panksepp and Biven（2012）.
（25）以前は「中心灰白質 central grey」と呼ばれていました〔ここは本文では grey matter となっていることからの補足〕。
（26）「後ろ側」にあるのは外側と背外側のPAGで、「前側」にあるのは腹外側のPAGです。この分類では背内側のPAGは無視されています。
（27）Venkatraman, Edlow and Immordino-Yang（2017）参照。
刺激されると、この柱は情動的な発声と対立と攻撃を、そして血圧、心拍数、呼吸数の増加によって示される交感神経の活性化を生み出す。［中略］この背外側／外側の柱自体の中に、二つの部分が存在する。吻側部は権力／優位（闘争反応の生成）を司っており、尾側部は四肢への血流を伴う恐怖（逃避反応の生成）を呼び起こす。
（28）前面の柱は
局在化が乏しい、「遅い、燃えるような」身体的な痛みと内臓の痛みの信号を受け取り、刺激を受けると、受動的な対処、長期の病的行動、反応性の低下と交感神経流出の抑制を伴うしくみを生じさせる。［中略］このようにして、気分に寄与するような背景的な情動に関わっているようである（同論文）」。
（29）シモーヌ・モッタたちはこのように言っています（Motta, Carobrez and Canteras, 2017, p. 39）。
［PAG］は一般的に、さまざまな行動を表出させる神経ネットワークの下流部位として認識されてきており、ステレオタイプな反応をもたらすと考えられている。しかし、まとまった数の証拠が示すところでは、PAGが行動反応の多くに対してより複雑な調節を及ぼし、複雑な回避反応や食欲反応を媒介する前脳部位に影響を与える原始的な情動的トーンを供給する独自のハブとして作用している。
（30）PAGはしばしば、慢性疼痛の治療目的で行われる脳深部刺激の部位になりますが、大脳皮質の体性感覚能力を低下させることはありません。
（31）Merker(2007). 彼は続いて、この洞察をPenfield and Jasper(1954)によるものだとしています。
（32）私は、「中脳間脳の決断トライアングル」という専門用語を本書の目的に合わせて単純化しています。また、私がメルケルの用語を使うときには、トライアングルよりも決断の境界面（つまり、欲求と文脈の境界面）の方を指しています。次章で見ていくように、動作（メルケルの「動作選択」）と知覚（メルケルの「標的選択」）は、これらが一体となって文脈を作り上げているので、同じコインの表裏のようなものです。Merker (2007, p. 70) の記述は以下のとおりです。

しかしその後、終脳がどれほど拡大し、中脳間脳が哺乳類のキノコ状の新皮質の下に埋もれてしまったとしても、これ以外の配置はまったく必要なかった。それは最も基本的な理由からである。中脳の水準より上に運動核が位置する遠心性神経などないからである。中脳と間脳の接合部にある脳幹の非常に狭い断面は［中略］、前脳があらゆる種類の行動を生み出し、制御し、影響を与えることを可能にする、情報の全範囲を携えている。

メルケルはこの断面を「共脳のボトルネック」と呼び、続けてこう記しています。

脊椎動物の脳に関しては、最吻側の運動ニューロンが合脳のボトルネックの下に位置されるという事実以上のことを知る必要はないが、前脳の全情報の内容がリアルタイムで行動へと変換される過程で、大規模なデータ削減を受けなければならないことは知っておかねばならない。

次に何をすべきかという決断がこの（脳幹）レベルでなされているという事実、すなわち、前脳領域が「付け値」を提示した後で決断がなされるという事実は、先に述べた窒息アラームの例で劇的に示されています。つまり、すべての認知的な考察は脳幹のレベルで引き金が引かれた空気飢餓の感じによって上書きされます。呼吸器系の制御中枢は、橋と延髄に位置します。

（33） Panksepp (1998, p. 312) は、メルケルより一〇年先んじて、SELFの機能的な配置を以下のように記しています。

上丘の深層は、「客観的な」体の基本的な運動マッピングを構成しており、視覚や聴覚や前庭や体性感覚だけでなく、近くにあるPAGの情動回路とも相互作用をしている。PAGは、痛み、恐怖、怒り、分離の苦痛、性的行動、母性行動といったシステムの基本的な神経表象とともに、「主観的」な体の別の直感型マップを精巧に作り上げる（本書「の前章で」要約したとおりである）。PAGに隣接しているのが、中脳の運動領域で、さまざまな首尾一貫した動作傾向を設定するために必須な基体とならねばならない神経パターンを引き起こす能力をもつ。

Damasio and Carvalho (2013) も、彼らが「原自己 proto-self」と呼ぶものに対する、このような一般的な機能的配置を提案しています。二人は、他の、複数の感覚様式からなる原始的な身体マップが、傍腕核複合体と孤束核によって提供されると指摘しています。これらのマップは、中脳の決断トライアングルによって遂行される統合機能の進化的な前駆体である可能性が高いと思われます。

（34） Merker (2007, p. 73) からの引用はこうです。

［意識的な自己］は単一のものであり、頭の中の鼻梁の後ろに位置する。そこからわれわれは、頭の前にある中身のない単眼の巨大な開口部を通して、目に見える世界と直接対峙しているように思われる（Hering, 1879; Julesz, 1971）。にもかかわらず、それは明らかに単なる外観にすぎない。なぜなら、文字通りに、かつ現に頭の中に位置づけられるなら、見るときにわれわれが目にするのは世界ではなく、頭蓋骨の前部という解剖学的な組織の内側のはずだからである。単眼の開口部

とは、遠位の視覚世界が近位の視覚体の欠落部分を通して「挿入」されるという、便利な神経的フィクションである。これはいわば、「頭なし」の状態であり、より正確に言えば、顔の上部を欠いている（Harding, 1961）。対照的に、体性感覚はこの領域にわたって途切れのない連続性を保っている。世界を見つめるための中身のない開口部は、意識の中でわれわれに与えられた身体と世界を模倣するという性質を裏切るものである。

（35）同論文 p. 72. 妥当なシミュレーションは Stoerig and Barth（2001）を参照してください。この論文は、水無脳症の子どもや除皮質された動物の感覚運動の世界に起こりうることについて、何がしかの印象を与えてくれます（盲視も参照）。

（36）White et al.（2017）, Panksepp（1998）p. 311.

（37）Merker（2007）p. 72.

（38）Hohwy（2013）.

（39）実際、彼は手術から数年で、手遅れになるまで気づかれなかった（そうでなければ容易に治療できる）上気道感染症で亡くなりました。

（40）Friston（2005）を参照。

（41）Hohwy（2013）, Clark（2015）.

（42）ショウジョウバエ、ドロソフィラ Drosophila の背部の対の内側ニューロンを例に考えてみましょう。驚いたことに、線形動物のカエノラブディティス・エレガンス Caenorhabditis elegans にすら、原始的な前駆体があるように見えます（Bentley et al., 2016; Chew et al., 2018 参照）。

（43）Freud（1925, p. 231）〔邦訳『フロイト全集18』p. 322〕に掲載されている次のイメージが、今しがた説明した機能的な配置を思い描くのに役立つかもしれません。同時にフロイトの「メタ心理学的」な用語を生理学的な用語に置き換えることを可能にするかもしれません。

備給の神経支配は、急速で周期的な内部からのインパルスの中に送り出されたり引き揚げられたりして、完全に透過的な「知覚的」意識システム（Pcpt-Cs）へと及ぶ。このように備給されている限り、そのシステムは（意識を伴う）知覚を受け取り、その興奮を無意識の記憶システムへと受け渡す。しかし、備給が引き上げられると直ちに、意識は消え、そのシステムの機能作用は停止する。あたかも［イドが］「知覚的」意識システムを媒介にして外界へと触手を伸ばし、外界から来る興奮を試食するや否や、その触手を慌てて引っ込めるかのようである。

「備給」とは調節性覚醒のことです。それゆえ、この比喩的なイメージの中で大脳皮質の知覚を触知している「備給の神経支配」が、脳の中核的な覚醒の拍動となります。フロイトがこの二つのシステムを間違って混同したという事実を回避するために、この引用文ではフロイトの「無意識」という言葉を「イド」に置き換えています（Solms, 2013）。

（44）Merker（2007）. Panksepp and Biven（2012, pp. 404-5）は、この「共通の通貨」が生理学的にどのように作用するかの一例として、海馬のシータリズムを挙げていますが、それは海馬が文脈をコード化していることを念頭に置いてのことです。

従来の神経科学の文献には、脳内の特定の型と関連する同期振幅に関して示唆に富むヒントがある。例えば、シータリズムとして知られる海馬の4～7Hzのリズムは、動物が世界を調査するのに役立ち（例えば、ラットの嗅ぎ行為）、それによって海馬で記憶を作っている。シータリズムは、海馬が活発に情報を処理しているときの非常に特徴的な神経サインである。このリズムは、ラットのSEEKINGシステムを人工的に覚醒させたとき特に顕著であり、そのときラットは、動物が周囲を嗅いで調査するように、第一級の情動システムで情報収集を行う（Vertes and Kocsis, 1997）。換言すれば、嗅ぎ行為のリズムは、典型的には、海馬のシータの周波数が継続することに対応している。［中略］このことは、認知的な知識が、感情プロセスのパターン化した覚醒から生じることを強調するかもしれない。

（45）「触覚」とは体性感覚の俗称で、他の知覚モダリティと同じように、筋肉や関節の感覚、温度感覚、振動感覚のようなサブモダリティを含んでいます。

（46）それらが目を引く場合は。

（47）Solms（2013）.

（48）アセチルコリンは誤差信号の信頼度を調整すると言えるかもしれませんが、これはかなりの単純化です。同じように、予測信号と関連するセロトニン、活動状態と関連するドーパミン、感覚状態と関連するノルアドレナリンについても、広範な一般化が可能かもしれません。より精緻な見解については、Parr and Friston（2018）を参照してください。

（49）「物理学」（φυσική）とは、〔語源としては〕「自然に関する知識」、自然のすべて、を意味していて、見たり触ったりができるものだけの知識ではありません。物理学は、自然現象の最も基本的な説明を提供します。多くの人は、物理学は物質だけを研究する、したがって定義上、心は含まれない、と思っていますが、それでは心が自然の一部ではないということになります。そしてそれは、本書の主題である問いをはぐらかすことになります。

「ある自然現象が物理的に完全に説明されるのは、その現象を基礎づけており、その現象において有効である、自然の究極の諸々の力にまでさかのぼったときだけである」（Helmholtz, 1892）。物質とは、あるエネルギー状態であることが分かっています（それゆえに、$E=MC^2$なのです）。「究極の諸々の力」は表面的な現象を説明するもので、直接観察されるものではなく、推論されるものです。この理由から、科学的には、非現象的な用語で抽象的に報告されます。

カントの『判断力批判』を参照してください〔邦訳 pp. 346–7〕。

このように、経験そのもの――言い換えれば、仮象の経験的な知――は、われわれが仮象の連続に従属する限りにおいてのみ可能であり、それゆえに、あらゆる改変は因果の法則に従属する限りにおいてのみ可能である。さらに次のように、経験の対象としての仮象は、その法則に準拠する限りにおいてのみ、それ自身可能である。

数学的な抽象化は、推測される力（と、それらの力の間の関係）が測定可能で定量化可能であるように求めるため、慣習的には言語的な抽象化よりも好まれます。このことは、多様な現象の表面下に、ある共通の数式の通貨を提供し、それによって、自然の「究極の諸々の力」の間の法則的な関係を計算することが可能になります。ガリレオが言ったように、「自然という書物は数学の言葉で書かれている」のです。

第7章

（1）結晶が自身の自由エネルギーを些細なやり方で最小にするのは、その非平衡定常状態がポイントアトラクターをもつからです。つまり、結晶はまさに自身を密集したパターンに配置し、多少撹乱されても、そこに留まります。アトラクターが作用する組が、人間の脳が従うような力学を持つ巡回構造を持っている場合、事態はより複雑になります。〔フリストンの自由エネルギー原理の解説書として、乾敏郎・坂口豊著『脳の大統一理論』（岩波書店、二〇二〇年）があります。同書にはSolms and Friston（2018）も引用されています。また、乾敏郎『感情とはそもそも何なのか』（ミネルヴァ書房、二〇一八年）でも感情と自由エネルギー原理について詳説されています〕。

（2）簡単に言えば、h指数は、被引用回数順に並べたときに、その順位よりも多く（専門家から）引用された論文の数のことです。したがって、〔あなたの論文を被引用回数が多い順に並べ〕多い方から四〇番目の論文が四二回引用されていたとしても、四一番目の論文が三九回しか引用されていない（つまり四一回未満）場合、h指数は四〇となります。

（3）二〇二〇年七月二〇日現在。

（4）Carhart-Harris and Friston (2010).

（5）Freud（1894）p. 60〔邦訳『フロイト全集1』p. 410〕。

（6）Friston (2005), 強調追加。同じことがカーハート＝ハリスとの論文にも当てはまり、それは次のように始まっています（Carhart-Harris and Friston, 2010, p. 1265, 強調追加）。

　一次過程と二次過程に関するフロイトの記述は、階層的な皮質システムにおける自己組織化された活動と一致しており、［中略］自我に関するフロイトの記述は、デフォルトモードの機能、および下位の脳システムとの相反的な交代と一致している。このような神経生物学的な説明は、脳を階層的な推論機械ないしはヘルムホルツの機械と見なすことに基づいている。この見解では、大規模な内来的ネットワークが、階層的な脳システムの上位水準を占有しており、感覚器の表象を最適化しようとする。この最適化は、自由エネルギーの最小化として定式化されてきた。このプロセスは、形式としては、フロイト派の定式化におけるエネルギーの扱いと類似する。

（7）Friston (2013).

（8）Solms and Friston (2018).

（9）Parvizi and Damasio (2003).

（10）Damasio（2018）と、私のレビュー（Solms, 2018a）を参照してください。

（11）私が言及しているアインシュタインの洞察とは、光の量子的性質（Einstein, 1905）のことです。スティーヴン・ホーキング博士はこう答えています〔『ホーキングとペンローズが語る時空の本質』早川書店、一九九七年、pp. 38-9〕。

　神は間違いなくサイコロを振っているだけでなく、見えないところでサイコロを投げて私たちを混乱させることもあるのです。多くの科学者は、アインシュタインのように、決定論に深い思い入れを持っています。アインシュタインと違って、多くの科学者は量子論がもたらした予測能力の低下を受け入れています。

意識の現象も確率的にしか予測できないことがわかっています。

（12）これは二〇一八年四月のＵＳＣ〔南カリフォルニア大学〕でのことでした。二〇一九年一月の電話では、私たちの刊行された論文を読んだ後で、ダマシオはまだ、意識は本来的に生物学的なものであるということを根拠にして「私たちの科学」を擁護していました。しかし幸いなことに、彼はその後、考えを改めました。Man and Damasio (2019) 参照。

（13）興味深いことに、この法則の策定にはヘルマン・フォン・ヘルムホルツ（ベルリン物理学会を設立したヨハネス・ミュラーの弟子の一人）が大きく関わっています。

（14）これは、熱力学的な限界の範囲内の現実では真実ですが、理論においては真実ではありません。理論的にはこう言う方が正しいでしょう。第二法則が規定しているのは、自然のプロセスが可逆的であるということは、とてもとても、起こりそうにないことだ、ということです。なぜなら、どんなシステムの方程式を解くときも、関連する力学的法則だけでなく、システムの初期条件も必要となり、これらが基本方程式の対称性を崩してしまうからです。それゆえ、粉々になったカップのすべての破片が正確に正しい速度でお互いに向かって移動しはじめ、音波が正確に正しい方法でカップに向かって戻ってきて、同じように、落下したときに床を通って移動したエネルギーがカップに戻ってくるということから始められるのであれば、すべてが元どおりになり、最初の壊れていないカップを再現することはできるのでしょう。しかし、そのような状況は決してこないので、私たちは現実ではエントロピーが減少するのを見ることはないのです。

(15) ごくごく短い期間を除いて。

(16) 物質に熱を加えると、分子や原子の振動が速くなります。原子の振動が速くなると、原子同士の間隔が広がります。粒子の動きと間隔が、物質の状態を決定しているのです。分子の動きが活発になると、結果的に物質は膨張し、より多くの空間を占めるようになります。

(17) 専門的には、エントロピーは、消費したエネルギーと関連していますが、同じものではありません。エントロピーは無次元ですが、エネルギーには次元があります。

(18) 専門的には、ある巨視的な構成に対応する等価状態の数と関連しています。

(19) 物理学者のAlan Lightman（2018, pp. 67–8）がそれを見事に述べています。

〔ギリシャの哲学者〕ゼノンが行ったようにように、現実の最小要素を求めて、絶え間なく空間をますます小さく分割していくと、〔物理学者の〕プランクの幻影のような世界にたどり着いたところで、空間はもはや意味を持たなくなる。少なくとも、われわれが「空間」として理解するようなものには、もはや意味がなくなる。物質の最小単位とは何か、という問いに答える代わりに、その問いを発するために使う言葉を無効にしてしまったのである。それが究極のリアリティというものなのかもしれないが、そのようなものがあれば、の話である。緻密になればなるほど、語彙は失われていく。

別の物理学者であるCarlo Rovelli（2014, p. 167）〔邦訳p. 251〕は、より単調な説明をしています。

空間の背景幕は消え、時間は消え、古典的な粒子は古典的な場とともに消えてしまった。では、世界は何でできているのか？　今や答えは簡単である。〔中略〕世界はすべて量子場でできている。

量子の不確実性さえも物理的な宇宙の一部です。

(20) 〔パソコンなどで見る単位の〕「バイト」とは、八ビットで構成されています。そのため、「ギガバイト」は八〇億ビットになります。情報処理の速さは「ギガヘルツ」で表され、1GHzは一秒間に一〇億回のビット反転〔0が1に、あるいは1が0になること〕を行います。情報の物理的なリアリティは、これらの単位が測定可能であり、（例えばインターネット・サービス・プロバイダーから）購入可能である、という双方の事実に反映されています。

(21) 三八七頁の付録参照。ここで定義しなくてはならないのは、誰が何について不確実性を含んでいるのか、ということです。この二文後の「コミュニケーションする」も同じで、誰が誰とコミュニケーションをとっているのでしょうか。読みとってみてください。

（22） Gosseries et al.（2011）.

（23） ここで情報エントロピーと熱力学的エントロピーの混同がおきていると思われる方は、本章の（61）にある、Tozzi, Zare and Benasich の引用を参照ください。

（24） ご承知のとおり、SEEKINGを含めた複数の欲求があるという事実が、重要なのです。

（25） 例えば、二つの粒子間の量子もつれ［古典的統計では説明できない強い相互関係］を考えてみましょう。一方の粒子が他方の粒子の「情報を運ぶ」のです。

（26） Jaynes（1957）. 先ほどの形式的な例（部屋のなかの気体）で説明したように、システムのサイズを大きくすると、その熱力学的エントロピーは増加します。というのも、巨視的変数の測定可能な値と一致するシステムの、取りうる微視的状態の数が増加し、その状態の完全な記述にはより多くの情報が必要になるからです。正確には、底を二とする対数を用いた離散的なケースでは、熱力学的エントロピーの減少は、そのマクロ状態を知っているのであれば、そのミクロ状態を完全に特定するために必要なイエスかノーの質問の最小数に等しい、ということです。熱力学的エントロピーと情報エントロピーの直接的で物理的な現実の関係は、均質な物質の単位あたりに発生する各ミクロ状態に測定単位を割り当て、これらの単位の熱力学的エントロピーを計算することで見出すことができます。理論的に、あるいは観測的には、ミクロ状態は異なる確率で発生し、これが情報エントロピーを決定することになります。このことから、シャノンのエントロピーは、情報の単位以外に基本的な物理単位を持たないミクロ状態の真の統計的尺度であることがわかります。

（27） Shannon（1948）.

（28） 例えば、第11章で議論されるチャーマーズの「二相原則」などです。

（29） ホイーラーは、［量子力学において］「相補性原理」を定式化したニールス・ボーアに師事しています。この原理は、物体には同時に観察する、もしくは測定することのできないような相補的な性質をいくつかもつ、というものです。相補的な性質の例として、粒子と波、位置と運動量、エネルギーと持続時間、異なる軸上のスピン、（特定の位置での）場の値とその変化、「量子の」もつれと首尾一貫性、などあります。

（30） ホイーラーの実際の言葉は「ビットからのイット it from bit」でした［が、ここではitとbitを複数形に変えて表現しました］。原文を引用すると、こうなります（Wheeler, 1990, pp.310-1）。

ビットからのイット［／すべてはビットから］。言い換えれば、すべてのそれは、つまり、すべての粒子、すべての力の場、時空連続体そのものさえも、文脈によっては間接的ではあっても、その機能、その意味、その存在そのものを、装置が導き出したイエスかノーの質問から、つまり二項選択から、すなわちビットから得ている。ビットからのイットとは、物理的世界のあらゆる項目は、根底において、ほとんどの場合は非常に深い根底において、非物質的な源と説明を持つ、という考えを象徴している。

（31） 同書。ここで引用した言葉は、上の引用のすぐ後に続いています。

（32） 注意深い読者の方は、本書「はじめに」で述べた、私が子ども時代に疑問に思っていた最初の日の出について、ここでようやく扱えるようになったことにお気づきかと思います。

（33） Darwin（1859）. Friston（2013）参照。Rovelli（2014, pp. 225–6）〔邦訳 pp. 333-4〕は次のように、これに関する明快な説明をしています。

生物は、外界と絶え間なく相互作用しながら、絶えずそれ自身を再形成するシステムである。そのような生物の中で、そうするのにより効率的であるものだけが存在し続け、それゆえに、生物は生存に適した特性を示すのである。この理由のために、生物は、意図性という点から、つまり［意図と］目的という点から、解釈することが可能であり、われわれはそのように解釈する。したがって、生物界の最終的な側面（これがダーウィンの重大な発見である）は、存続に有効な複雑な形態が選択された結果なのである。しかし、変わりゆく環境の中で存在し続けるための効果的な方法は、外界との相互関係を、すなわち、情報をより良く管理することである。情報を収集し、保存し、伝達し、精巧にすることである。このような理由により、DNAは、免疫システム、感覚器官、神経系、複雑な脳、言語、書籍、アレキサンドリア図書館、コンピュータ、ウィキペディアとともに存在する。生物は情報管理の効率を、すなわち、生存に有利な相互関係の管理を最大化するのである。

（34） ここで重要なのは、自己組織化システムが常に生きているということではなく（そうではない）、生きているシステムが常に自己組織化しているという点です。さらに重要なのは、すべての自己組織化システムが意識的ではない、ということです。生命の起源の物理学に関しては、フリストンと似たような内容で興味深い論を展開しているEngland（2013）を参照してください。イングランドの「散逸駆動型適応」という理論が主張しているのは、外部のエネルギー源によって駆動された原子の集まりは、そのエネルギー源を利用し、エネルギーをより良く吸収して熱として散逸させるために、整列したり再配置したりする傾向があるということです（つまり、環境を犠牲にして自身のエントロピーを最小化しています）。さらにイングランドは、この散逸的な傾向が自己複製を助長することを示しています。「より多く散逸させる優れた方法とは、自身のコピーをより多く作ることである」。生命の起源の生物学に関しては、Lane（2015）を参照してください。

（35） Ashby（1947）. Conant and Ashby（1970）も参照。

（36） Friston（2013）p. 6. コンピュータのモニターに表示されたのは、もちろんサブシステムの表象であり、この表象を統計的ダイナミクスそのものと混同してはいけません。後で述べますが、同じことは皮質機能に関連した知覚的クオリアにも当てはまります。

（37） Andrey Markov（1856–1922）は、彼の兄や息子と同様、ロシアの優秀な数学者です。彼は主に推計学的な過程についての研究を行い、現在ではマルコフ連鎖やマルコフ過程として知られるようになった業績で有名です。彼は無類の反逆者でした。制度的な反発を受けて、彼は生前に学術面で認められませんでした。一九一二年、［帝政ロシアの小説家であり思想家であった］レオ・トルストイがロシア正教会から破門されたことに抗議して、自分の破門を要求しています。教会はこの要求に応じました。

（38） 「その逆も同じように」というのは、システムの内部状態が外部（システム以外の）状態から隠されているという意味ではなく、システムの視点が隠されていて、それ自身だけが利用できるという意味です。他者の心という問題のことで言えば、あるシステムは他のシステムの内部状態を知ることは決してできません。すべての外部状態はそのシステムから隠されているからというだけでなく、他のシステムの内部状態はそのシステムにとってだけの内部状態だからです。

(39) Friston (2013) p. 8.

(40) 「オートポイエーシス」という用語は、生きている細胞の自己保持の化学を定義するために、Maturana and Varela (1972) によって導入されました。

(41) 先に述べた、システムの表象能力を考慮すると、哲学的な読者は、それがBrentano (1874) の意味での「意図性［／志向性］intentionality」も生み出すことに気づくことでしょう。

(42) Friston (2013) p. 2.

(43) もしくは、単に隠れていて、効果的な仕事に利用できないこともあります。

(44) これが、ヘルムホルツの言う、自由ではないエネルギー（方程式の中のTS）です。「自由」エネルギーと「束縛」エネルギーの区別は、フロイト研究者にとっても見逃すことができない点です。フロイトの概念「二次過程」については、第10章の (16) を参照してください。

(45) $A = U + pV - TS$。ここでpは圧力、Vは体積を表します。この式は、一定の温度と圧力の下でシステムの膨張または圧縮に伴う仕事をする、システムの自由エネルギーを定量化するものです。

(46) この方程式には、長い形式と短い形式があります。ここで長い方の式を紹介すると、$F(s, \mu) = Eq[-\log p(s, \psi \mid m)] - H[q(\psi \mid \mu)]$ となります。ここで、F（「変分」自由エネルギー、略して、フリストンの自由エネルギー）は、ギブスの自由エネルギーとヘルムホルツの自由エネルギーと同型のものです。方程式の中の他の量については、sは（前述のマルコフブランケットの）感覚状態、μは内部状態、Eqは平均エネルギー、$p(s, \psi \mid m)$ は生成モデルmの下での感覚状態と外部（隠れた）状態の確率密度、Hはエントロピー、$q(\psi \mid \mu)$ は内部状態をパラメータとした隠れた状態の変分密度を表します。情報科学で使われるこの式と、熱力学で使われる式の関係は、すぐには理解できません。しかし、この長い式をこのように［$A = U - TS$という形に］縮めると、熱力学の式、$F = Eq - H$ に似てきます。ここで、Fはフリストン自由エネルギー、Eqは平均エネルギー、Hはエントロピーを表します。

(47) つまり、ミクロ状態の多くの測定で得られた平均情報量のことです。

(48) （サプライザルと発散についての）先ほどの引用をさらに見ると、基本的に、ヘルムホルツの自由エネルギーは、有効な仕事をするために利用可能なエネルギーの尺度であるのに対し、フリストンの自由エネルギーは、システムによってモデル化された世界のあり方と、世界が実際に振る舞う仕方との間の差の尺度であることがわかります（これがどのように仕事に関係しているかについては、後で説明します）。

(49) フリストンの自由エネルギーの複雑な用語は、ヘルムホルツの自由エネルギーと同じ定点を（システムが熱力学的に閉じているが孤立していない、という前提のもとで）共有しています。感覚的な摂動が適切な長い期間にわたって中断されると、正確さaccuracyを無視できるので、複雑さは最小になります。この時点で、システムは平衡状態にあり、内部状態は最小エネルギーの原則（これは基本的には第二法則の言い直しです）によって、ヘルムホルツの自由エネルギーを最小にします。

(50) 形式的に言えば、サプライザルとは、世界の隠れた状態に関する所定のモデルの下で、結果（s）がどの程度の確率で起こるかの負の対数です。（上の式では、$[-\log p\,(s,\ \psi \mid m)]$。確率（X軸）が0に向かうとサプライザル（Y軸）は大きくなり、確率が10に向かうとサプライザルは小さくなります。

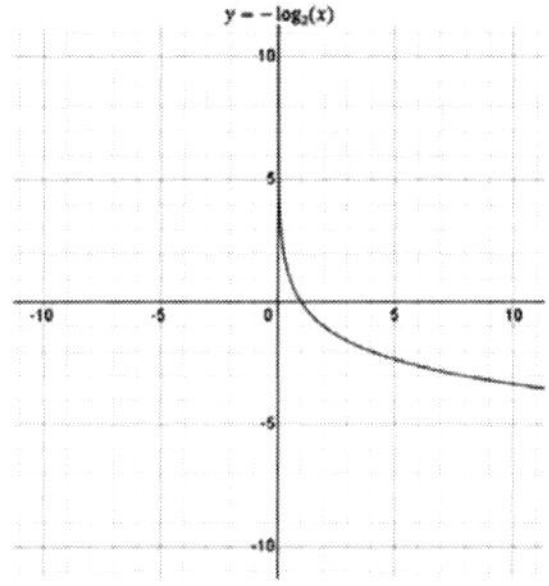

（51）したがって、起こったことについてのサプライザルを最小に抑えることは、平均すると、エントロピーを最小に抑えることになります。（サプライザルはデータや観察結果の属性であり、自由エネルギーは信念の属性です。それゆえ、自由エネルギーのエントロピー部分は、観察結果の平均的なサプライザルではなく、観察結果の潜在的な原因についての信念のエントロピーです）。

（52）フリストンの自由エネルギー（平均エネルギーからエントロピーを引いたもの）は、サプライザル（これは、$-\log p\,(s \mid m)$ で表されています）に「知覚的発散」（これは、$DKL\ [q\,(\psi \mid \mu) \,\|\, p\,(\psi \mid s,\ m)]$ として表されています）を足したものと同等であり、これは常にサプライザルだけの場合よりも大きいか、もしくは同値です。平均的な「サプライザル」は、本質的には、後で説明するように、（情報）エントロピーを意味します。「知覚的発散」は、ある生成モデルの下で、仮定された出来事と実際の出来事の間の差を測定します。*DKL* は知覚的発散を表しています。これはカルバック・ライブラー情報量 Kullback-Leibler divergence の略で、相対的なエントロピーとしても知られていて、二つの確率密度の間の発散を定量化したものです。私たちの関心を引くその二つは、隠れた状態に、つまり、（例えばニューロンの）内部状態によってコード化された変分密度と、感覚状態が与えられた実際の条件付き密度に関するものです。*DKL* は常にゼロよりも大きいか、ゼロと等しい値です。直感的には、負の対数関数（後ほど説明します）は、およそU字型のプロットを常に持つため、U字上の二点を結ぶ線はU字の底部分よりも低くなることは決してありません（専門的には、これは「上に凹の関数」と呼ばれます）。これにより、自由エネルギーがサプライザルに上限を設けることができるのです。

（53）Clark（2017）参照。
自己証明［中略］が生じるのは、ある仮説がある証明［／証拠］の一部分を最もよく説明し、そのように説明がうまくいくがゆえに、自らの真実性や正当性についての証明［／証拠］を提供するときである。このような場合、その証明の発生はその仮説から最もよく説明されるが、その証明がまさに生じるという事実は、その仮説それ自体を支持するために使用される。

（54）ここには、自己組織化、情報理論、実存的推論の間の深い関係を開示する、もう一つの専門的な工夫があります。サプライザルとは、マルコフブランケット内のあるモデルの下での、感覚状態の負の対数尤度にすぎません。ベイズ統計学では、それはモデル証拠（の対数）としても知られています。これは、フリストンの自由エネルギーの最小化が、自己証明として記述されることを認めるものです。つまり、マルコフブランケットの特徴をもつあらゆるシステムの感覚状態を生み出すモデルに対する証明［／証拠］を最大にします。

(55) したがって、「この質問の答えは、システムの平均的な挙動を決定しなければならない」と言った方が正しいかもしれません。

(56) このメカニズムが「自由意志」に確率的な制約を与えることに注意してください。例えば、ライオンのねぐらに入るのは自由ですが、そうする可能性は低く、もし入ったとしても、おそらく死ぬでしょう。後で述べるベイズの定理を参照してください。

(57) AとBを事象として、$P(A|B)$はBが真であるときにAが発生する尤度（条件付き確率）、$P(B|A)$はAが真であるときにBが発生する尤度（別の条件付き確率）、$P(A)$と$P(B)$はAとBが互いに独立して観察される確率（周辺確率）のことです。この定理を私が言葉に置き換える際には、Joyce（2008）の、別個の比として$P(A)|P(B)$と書く表記法に従っています。

(58) ベイズの定理は、自由エネルギーの観点から再定式化することができます。その場合、自由エネルギーを「正確さ」と「複雑さ」に分解します。正確さと複雑さの差がモデルの証拠となります。というのも、自由エネルギーを最小にするモデルは、データを正確さをもって説明しようと思えば複雑さを犠牲にしなければならず、モデルの複雑さを減らすと一般化可能性は増しますが、正確さを犠牲にしなければならないということになるからです。（ベイズの用語では、「尤度」は過学習を防ぐために「確率」との関係で評価しなくてはなりません）。Knill and Pouget（2004, p. 713）の問題の核心をついた記述を見てみましょう。「ベイズ理論コード化仮説の本当の検証は、知覚的判断や運動行動をもたらす神経計算が、処理の各段階で利用可能な不確実性を考慮に入れているかどうかにある」。

(59) このプロセスの機能的なミクロ解剖学の詳細な説明については、Friston（2005）, Adams, Shipp and Friston（2013）, Parr and Friston（2018）を参照してください。

(60) したがって、例えば、予測誤差はガンマレンジの（高い）周波数を使ってコミュニケーションをしているように見え、予測はベータレンジの（低い）周波数で伝えているように見えます。Bastos et al.（2012, 2015）を参照。

(61) Tozzi, Zare and Benasich（2016）参照。

変分自由エネルギーを最小するには、必然的に、最小の冗長性と最大の情報伝達の原則に合致した、代謝効率の良いコード化を必要とします（Picard and Friston, 2014）。相互情報量の最大化と代謝コストの最小化は、表裏一体のものです。変分自由エネルギーを正確さと複雑さに分解することで、最大相互情報量の原理を正確さの最大化の特殊なケースとして導き出すことができ、複雑さの最小化は代謝コストの最小化につながります。このように、フリストンの自由エネルギー原理の基本形は、誘発された活動よりも低い、脳の自発的活動のエネルギーレベルが、CNS［中枢神経系］の二つの明らかに矛盾した成果を可能にしている、という考えを支持します。つまり、代謝の支出を可能な限り最小化することと、相互情報量を可能な限り最大化することを可能にしているのです。

(62) Clark（2015）p. 268 参照。ただし、このことは、クラークがSEEKINGシステムのデフォルト活動について述べていること（p.263）とのバランスをとる必要があります。

このような生物は、仲間を求め、飢えや渇きを避け、（飢えや渇きがない時さえも）散発的な環境探索の類を行うように作られており、予期せぬ環境の変化、資源不足、新たな競争相手などに備えることができる。このように、一瞬一瞬の予測誤差は、生物を定義する複合的な「予期」を背景にしてこそ最小にされる。

（63） Friston and Stephan（2007）p. 427.

（64） 私の寓話は、Clark（2015）の「水漏れダム」という比喩に基づいています。〔ホーヴィの邦訳『予測する心』の pp. 96–100 にも同様の比喩があります〕。

第８章

（1） Hohwy（2013）p. 63〔邦訳 pp.98–99〕。

（2） 階層の「頂点」ではなく「中核」と言ったのは、視床下部と脳幹の身体モニタリング核を新皮質の上に置くことが（解剖学的に）奇妙に思えるからです。私はこの階層を、玉ねぎの層のように、内側から外側へと同心円状に展開していくものと考えています（Mesulam, 2000 参照）。結局のところ、発生学者なら誰でも知っているように、神経系とは管です。また神経管は、外胚葉から、神経板が陥凹することで形成されるので、中心管が外界の位置を占めるようになることも忘れてはなりません。

（3） これは標準的な予測コード化の見解ではありませんが、それが本書の要点なのです。私は、脳についての私たち理解が皮質中心主義によってどれほど妨げられてきたか、ということを示しているのです。Pezzulo（2014, p.910）参照。「今後の研究の興味深い方向性は、能動的推論の枠組みの中でホメオスタシスの調節を見ることであろう」。

（4） Clark（2015, p.21）は、視覚をモデル例として簡潔にこうまとめています。

ある文脈下で遭遇した網膜刺激の特定のパターンは、相互作用する作用主、対象、動機、運動などのトップレベルの表象と、色、形、質感、鋭さが結合して時間的に展開する様子を捉える複数の中間層を組み合わせた［中略］生成モデルを用いて、最も良く説明できるかもしれない。そのような（多くの空間的・時間的なスケールにまたがっている）隠れた原因の組み合わせが首尾一貫した全体像に収まったとき、システムは蓄積された知識を用いて感覚データを自己生成し、意味のある構造化されたシーンを知覚することになる。いま一度強調しておきたいのは、構造化された末端のシーンを把握することは、動物の視点から得られる情報だけを使って生成されなければならない、ということである。つまり、動物の進化の歴史による（脳と体の）前構造的なものが何であれ、それと感覚受容器によって登録されたエネルギー刺激の乱舞との組み合わせに、完全に根ざした把握でなければならないのである。そのような把握を達成するための体系的な手段として、多層的アーキテクチャを用いた感覚信号を自己生成させる試みが続けられている。実際にこれが意味するのは、マルチレベルシステム内のトップダウンと横方向の接続は、空間と時間という複数のスケールで作用する相互作用する原因の確率的モデルをコード化するようになる、ということである。われわれは、その組み合わせが入力された感覚データを生成する（つまり、予測し、最もよく説明する）ような、相互作用因子（末端の原因）の最も可能性の高いセットを見つけることによって、［中略］対象と状態と状況を認識する。

（5） Gregory（1980）参照。

（6） この段落は、Hohwy（2013, pp.81-2）〔邦訳 pp. 129–30〕を

まとめ直したものですが、彼の外受容的なバイアスを修正しています。

（7） ホメオスタシスの定常点は決して変化しない、ということではなく、ただ、その自由度は非常に制限されている、という意味です。そのため、ほぼすべてのアロスタシス〔ホメオシタシスのためにシステムを変化させること〕は、生来的な優先を更新することではなく、行動の変化を巻き込みます。

（8） ここでは「経験ベイズ」の問題は省略しています。ゼロからの学習は可能ですが、生物学的には恐ろしくコストがかかります。

（9） 問題の大きさを説明するために、Hohwy（2013, p.206）〔邦訳 p. lviii〕を考えてみましょう。

予測誤差の話を充分してきにもかかわらず、予測誤差を最小化するためのあらゆる機構をもつ生物が、自然なニューロンの細部をどの程度まで特定するにせよ、われわれが行うのと同じ知覚的推論を行い、しかも現象的には意識を持たないと考えることには、何の矛盾もないように思える。もちろん、われわれがその生物に意識があると期待しても、物理的な話全体では、意識があるだろうと保証するものは何もない。これは、意識が物理的なものを超えた何かであるかどうかは未解決の問題であるということを意味している。

あなたや私とまったく同じ神経機構を持つ生物が、意識を持たないということがどうして起こりうるのでしょうか？ ホーヴィが想像する「哲学的ゾンビ」には感じを持つための機械がない、と私は考えます。ホーヴィが提起した問題に対する別の考え方については、第12章を参照してください。

第9章

（1） Rolls（2019）p. 10, 強調追加。私の解説（Solms, 2019b）も参照。

（2） 「必要以上に多くのものを取り扱うべきではない」ということです。何かを説明する方法がいくつか考えられても、最も少ない推測を用いている方法がおそらく正しいのです。

（3） ロジャー・セッションズ『ニューヨーク・タイムズ』一九五〇年一月八日。

（4） Friston（2009, p.299）は、精度の役割を「異なるレベルでの事前期待値の相対的な影響を制御する」ことであると定義しています。Hohwy（2013, p. 199）〔邦訳 p. 319〕はこう指摘しています。

一つの信号のゲイン〔精度〕を上げれば、他の信号のゲインを下げなければならない。さもなければ、ゲインという考えは無意味になる。つまり、重みの合計は1にならなければならない。そのため、精度への予期が一つの予測誤差のゲインを上げると、他の予測誤差のゲインは下がる。

Clark（2016, p. 313）を参照。

Feldman and Friston（2010）は、精度は、いくつかの予測誤差の単位で精度を上げると、他の単位では精度を下げる必要があるという点で、それ自体が限られた資源であるかのように振る舞う、と指摘している。両者はまた、次のような興味深いコメントをしている（同、p. 11）。「精度が資源のように振る舞う理由は、対数精度は文脈的に感知される仕方で感覚チャンネルに再配分されるが、全チャンネルで保存される、という事前の信念が生成モデルに含まれているからである」。これは、第6章で筆者が推測した、それぞれの神経調節物質が覚醒の異なる側面を調整するということを想起させる。興味深いのは、ガンマ（誤差）振動がアセチルコリンに反応することである。

（5） 神経生理学者も精度を「ゲイン」と呼んでいます。さまざまな分野の科学者が多数の用語を使っていることが、混乱の原因となっています。シナプス「活動」（＝神経伝達）は、シナプス後の「ゲイン」（＝神経調節物質）によって調節され、それが時間の経過とともに「効率」（＝神経可塑性）を決定します。これらの変数を、計算論的科学者はそれぞれ、信号の「状態」、信号の「精度」、信号の「パラメータ」と表現しています。大まかに言えば、神経伝達は状態を、神経調節は精度を、可塑性はパラメータを表します。

（6） フリストンはこれを「認識的漁り epistemic foraging」と呼んでいます。

（7） この段落は Clark（2015, p.70）を綿密にまとめ直したものです。

（8） これが「不注意盲 inattentional blindness」を生むのですが、その最も有名な例が次のようなものです。https://www.youtube.com/watch?v=vJG698U2Mvo（Chabris and Simons, 2010 参照）。

（9） Varela, Thompson and Rosch（1991）の p. 198〔邦訳 p. 282〕。ヴァレラは知覚へのこのようなアプローチを「エナクティヴ［／行為化］」と呼んでいます。Clark（2015, p. 173）を参照。

> 知覚に対するエナクティヴなアプローチの全体的な関心事は、知覚する者に依存しない世界をどのように回復するか、ということの決定にはない。むしろ、動作が、知覚する者に依存する世界で、どのように知覚的に導かれるかを説明する、感覚システムと運動システムの間の共通原理ないしは法則的なつながりを決定することである。

（10） 精度のこのような形式的な概念を実証的に裏付けている実験の論文は、数多くあります。さしあたり、基本的なポイントを示す研究を一つだけ挙げておきましょう。Hesselmann et al.（2010）はｆＭＲＩを用いて、精度の期待値を操作した条件下で脳の基準活動を調べました。ヘッセルマンらは、研究対象者にさまざまなレベルのノイズを含む（視覚的で聴覚的な）刺激を提示すると、対象者は正確さ precision が予期されたときはゲインを上げ、不正確さが予期されたときはゲインを下げました。つまり、不正確な感覚信号が予期された場合には、トップダウンの予測が促進されるということです。精度の最適化が内因性の注意と外因性の注意の両方をどのように説明するかについては、Feldman and Friston（2010）を参照してください。

（11） 五二頁を思い出していただきたいのですが、フロイトは一八九五年一〇月二〇日のフリース宛の手紙で当時、次のように書いています〔邦訳『書簡』pp. 146-7〕。

> 忙しい夜の間に［中略］、障壁は突如として除かれ、ベールは剥がれ落ち、神経症の細部から意識の決定因まで見通すことができました。すべてがつながって、歯車がかみ合い、その事態は、本当に機械であって、すぐにでも勝手に動き出しそうだ、という印象を与えました。

フロイトはこう続けています〔邦訳『書簡』p. 147〕。

> ニューロンの三つのシステム［φとψとω］、量［$Q\eta$］の自由な条件と束縛された条件、一次過程と二次過程、神経系の主傾向と妥協傾向、注意と防衛という二つの生物学的法則、質［ω］と現実と思考の標識、精神性的グループの状態、抑圧の性的決定、そして最後に、知覚機能としての意識の決定因――これの全部が組み合わさり、まだ組み合わさったままです！　当然、私は喜びをおさえきれません。

しかし、すぐにその歯車がまったく噛み合っていないこと、しっかり組み合わさっていなかったことを悟りました。そして、フロイトはこのプロジェクトを断念しました。フリストンと私がこのプロジェクトを復活させたとき、そして、一世紀以上にわたる神経科学の進歩を踏まえ、このプロジェクトを完成させることが望めるとき（少なくとも大まかには。Solms, 2020b を参照）、私はフロイトの痛烈な言葉を思い出しました。「その事態は、本当に機械であって、すぐにでも勝手に動き出しそうだ、という印象を与えました」。第12章参照。

(12)　ωはベクトルではなく、スカラー〔方向をもたない量〕（精度行列を計ります）である点に注意してください。また、Qと$Q\eta$という用語は、Solms and Friston（2018）では、ここで使われているのとは若干違う使用法をしていることにも注意してください。

(13)　ここで、eはベクトル、Fはスカラーです。以下の方程式のドット表記は、ドット積を意味します（すなわち、行列またはベクトルの乗算）。これらの方程式はすべて、私たちの共同作業におけるフリストンの貢献によるものです。

(14)　$F \approx -\log P(\phi(M))$。

(15)　$E[F] \approx E[-\log P(\phi)] = H[P(\phi)] = -\frac{1}{2} \cdot \log(|\omega|)$。ここで、$E[\cdot]$は期待値または平均化を表し、$P$と$H$は、ランダムな変動に関するガウスの仮定の下で、それぞれ確率とエントロピーを表します（以前と同様）。

(16)　精度の最適化の一般的な重要性は、特に注意との関連で、以前から認識されていました（Friston, 2009; Feldman and Friston, 2010 参照）。しかし、意識そのものに対する注意の重要性を最初に認識した科学者は、Katerina Fotopoulou（2013, p. 35）です。

意識の中核的な側面の一つは、前述した「不確実性」の質と、その逆の質である精度を登録する役割を果たしているのかもしれない。この見解は、ソームズがフロイト派の用語で快‐不快の系列として表現した、快楽的な質をモニタリングするものとしての中核的な感情的意識の、直感的で長年にわたる見解に反するものである。その代わりに、意識のこの側面の中核的な質は、（知覚的意識［中略］とは反対に）、一種の確実性―不確実性の原理、ないしは曖昧性回避の原理である、と筆者は提案する。

なお、快―不快vs確実性―不確実性に関する記述で、フォトポウロウは私を少し誤解したと思ったので、私はこう答えました。「彼女が感情は快楽的な質をモニタリングするというよりも不確実性をモニターすると述べたとき、彼女が何を言いたいのか［中略］よくわかりませんでした。私の考えでは、快楽的な質は不確実性の尺度だからです」（Solms, 2013, p.81）。

(17)

$$\frac{\partial}{\partial t}M = -\frac{\partial F}{\partial M} = -\frac{\partial F}{\partial e}\frac{\partial e}{\partial M} = \frac{\partial \varphi}{\partial M}\cdot\omega\cdot e \qquad (1)$$

$$\frac{\partial}{\partial t}Q\eta = -\frac{\partial F}{\partial Q\eta} = -\frac{\partial F}{\partial e}\frac{\partial e}{\partial Q\eta} = -\frac{\partial \psi}{\partial Q\eta}\cdot\omega\cdot e \qquad (2)$$

$$\frac{\partial}{\partial t}\omega = -\frac{\partial F}{\partial \omega} = \frac{1}{2}\cdot(\omega^{-1} - e\cdot e) \qquad (3)$$

ここで、∂は偏微分を、tは時間を表し、予測誤差と自由エネルギーはこうなります。

$$e = \varphi(M) - \psi(Q\eta)$$

$$F = \frac{1}{2}\cdot(e\cdot\omega\cdot e - \log(\omega))$$

私はこれらの方程式をハイレベルな戯画として、大雑把に提示しています。これらの方程式はさらに発展させる必要があり、その発展のうちのいくつかは実行されて初めて可能になります(第12章参照)。例えば、前に述べたように、もっと詳細に論じるためには、(各レベルに精度を与えた)階層的な生成モデルも考慮し、外部状態に関する条件付きの不確実性に適応させることもします。さらに、この方程式は外受容的モダリティ、固有受容的モダリティ、内受容的モダリティを含むすべての感覚の予測誤差を一括りにしています。ここで、「固有受容的proprioceptive」という用語は「運動感覚的」と同義であることに注意してください(フリストンは「外受容的」や「内受容的」と韻を踏ませて調和させるために「固有受容的」の用語を使用しているにすぎません)。

(18) 専門的には、これを「勾配降下法」といい、勾配とは自由エネルギーの精度による変化率です。

(19) ベイズの信念のコード化に関する私たちの単純化した仮定の下では、ということです(上述しています)。

(20) この意味で、精度は「マクスウェルの悪魔」の役割を果たしていると言えるかもしれません。これは、物理学者のJames Clerk Maxwell (1872) が考案した思考実験です。悪魔は、二つの部屋の気体の間にある小さな扉を管理しています。気体の分子は異なる速度で浮遊しています。一つ目の部屋にある速い分子がドアに達すると、悪魔は少しの時間だけドアを開け閉めして、遅い分子が残っている間に速い分子を二つ目の部屋に通します。速い分子は遅い分子よりも多くの熱を生み出すので、これによりエントロピーが減少します。仕事せずしては起こらないようなことが起こってしまいます。この譬え話の分子の通過を、感覚信号の神経伝達と同じものと見るなら、精度の重み付け(神経調節)はマクスウェルの悪魔が行うことと同じことをすることになります。感覚信号を選択することで第二法則を混乱させることになります。ここで述べたシステムの力動という点では、意識はマクスウェルの悪魔の活動そのものであり、意識は悪魔によって可能となる分子の通過のことではない、という点に注意してください。つまり、意識とは、自由エネルギーに関する精度の最適化であり、予測階層を通したメッセージの受け渡しではない、ということです。したがって図17では、意識はω(精度)の活動であり、$Q\eta$(内部モデル)に対するe(誤差信号)の相対的な影響力を決めます。精度の悪魔は、誤差の影響をそのモデルとの関係で調整します。意識は、信念の内容ではなく、信念の属性に依拠するものです(つまり、内部状態と外部状態に関する信念の変動する精度(または信頼度)に依拠しています)。この悪魔の活動は、予測誤差の増幅や減衰を通じて後続する感覚を引き起こします。精度の最適化は誤差信号それ自体には内在しません。マクスウェルの悪魔が生物学的に意味することについては、Paul Davies (2019) の良書を参照してください。残念ながら、この本の出版は私たちがこの概念を意識に適用した(Solms and Friston, 2018)後だったので、引用はしていませんでした。

(21) Brown et al. (2013), Feldman and Friston (2010), Frith, Blakemore and Wolpert (2000).

(22) Cisek and Kalaska (2010), Frank (2005), Friston et al. (2012), Friston, Schwartenbeck, FitzGerald et al. (2014), Moustafa, Sherman and Frank (2008).

(23) Hohwy (2013), Seth (2013), Ainley et al. (2016). 内受容的な感覚と痛みの社会的調節に関しては、Crucianelli et al. (2017), Fotopoulou and Tsakiris (2017), Krahé et al. (2013),

Decety and Fotopoulou (2015), Paloyelis et al. (2016), von Mohr and Fotopoulou (2017)も参照してください。

(24) Ferrarelli and Tononi (2011), Lisman and Buzsaki (2008), Uhlhaas and Singer (2010).

(25) Hobson (2009)とHobson and Friston (2012, 2014)参照。しかし、私見では、この枠組みで夢を満足に説明するには、夢の意識的な(そして感情的な)特徴から始めなければなりません。

(26) Nour and Carhart-Harris (2017).

(27) Dehaene and Changeux (2011), Friston, Breakspear and Deco (2012).

(28) Montague et al. (2012), Corlett and Fletcher (2014), Friston, Stephan, Montague and Dolan (2014), Wang and Krystal (2014).

(29) 「共感」についての議論はSolms (in press)を参照。ドイツ語の原語は「Einfühlung」で、文字通りには「感じ入る」という意味です。

第10章

(1) Zeki (1993) p. 236, 強調追加〔邦訳 p. 240〕。

(2) 同書の p. 238〔邦訳 pp. 242–3〕。

(3) これが高度な認知的プロセスである、という意味ではありません。視覚的な「投射」皮質は、周囲のもので盲点を埋め合わせているように見えます。自然な状態では、頻繁に目を動かすことの助けを借りて、盲点にあるものの実際の(超短期記憶の)像をほぼ常に持つということになります。この点に関する多様なメカニズムについては、Ramachandran (1992), Ramachandran and Gregory (1991), Ramachandran, Gregory and Aiken (1993)を参照してください。ちなみに、盲点を埋めると同時に、望ましくない対象を除外することも知られており、例えば、眼内の「浮遊物」の影や網膜血管系の影は除かれます。

(4) 両眼で表象した視野の重なりが盲点を打ち消してくれるので、先ほど説明した錯覚的な埋め合わせを観察するには片方の眼を閉じなければならない、ということです。

(5) もちろん、これらの間には重複する部分もありますが、視覚的注意の対象が文字通り二分されていることは、右半球の損傷後の半側(左側)無視の症例で容易に証明されます。

(6) ついでに言えば、このことは、意識の「結合」機能は大脳皮質よりも下位にあるという証拠になります。つまり、二分的な皮質ではなく単一の脳幹に由来するのです(Panksepp and Biven, 2012参照)。

(7) Solms et al. (1988).

(8) 彼はこれを「素晴らしい劇場作品」と表現しました(Helmholtz, 1867, p.776)。

(9) 同書 p. 438.

(10) 予測コード化のパラダイムの中で研究している人の大半は、知覚的推論が無意識のプロセスであるという事実に十分な注意を払っていません。例えば、Hohwy (2013)は「われわれが気づく対象は、現在の予測が予測誤差を減少させるやり方によって生成された『ファンタジー』である」と言っていますが、私はこれに同意しません。私の考えでは、予測の「ファンタジー」が現実と衝突しない限り、私たちは自分の予測の「ファンタジー」に気づくことはありません。それはそれでありがたいことなのですが。この点ではクラークも私と同意見のようです(Lupyan and Clark, 2015, p. 281, 強調追加)。

ほとんどの予測は無意識的であるが、時に人がそのことに気づくのは、その予測が破られたときである。例えば、オレンジジュースだと思って飲んでいたグラスに、実は牛乳が入っていたと気づいたとする。牛乳だと予期して飲んだときの牛乳の味と、オレンジジュースだと予期して飲んだときの牛乳の味の違いは、オレンジジュースの予期が意識化されたものである（この議論はLupyan, 2015を参照）。同様に、慣れ親しんだ曲から音符が一つ抜け落ちたときのような、予期されていない脱落の経験を考えてみよう。このような脱落は、最も鮮やかなトーンと同様に、知覚的に印象的で目を引く場合がある――このような不可解な効果は、知覚的な経験の構築には、何が起こる可能性が高いかというある種のモデルに基づいた予期が含んでいると仮定することで、適切に説明される。

Hohwy（2013）は先のように言っていますが、彼はときどき私の考えに近づきます。以前の論文ではこう述べています（Hohwy, 2012, p. 11, 強調追加）。

> この時間的特徴が予測コード化と一致しているのは、ある刺激からの予測誤差が包括的に抑制され、（潜在的注意の最中も中心を凝視することで能動的推論が抑えられているために）それ以上の探索が行われなくなったときに、確率が低下し始める限りにおいてのことである。このことは、意識的な知覚を駆動しているものが予測誤差を抑制する実際のプロセスである、という考えに基づいている。

しかしながら、著書（Hohwy, 2013, p. 201, 強調追加）〔邦訳 p. 324〕では、次のように述べています。

> 意識的な知覚は、無意識的な知覚的推論の結果である。われわれは、新たな証拠に照らして事前確率のベイズ的な更新を意識的に行っているわけでも、感覚入力が予測され、減衰される仕方のベイズ的な更新を意識的に行っているわけでもない。意識しているのは、推論の結果、つまり結論である。

これが、私が正確に読むとHohwy（2013）に同意しなくなる理由です。同意するところは、意識を生み出すのは、正確な誤差信号を最小にする仕事、つまり、予測と精度によって重み付けされた誤差との間の、問題を生じる不一致を最小にする仕事であるという見解です。しかし、「われわれが気づく対象は『ファンタジー』である」と彼が述べている点には同意できません。ホーヴィはせいぜい、入ってくる誤差を言い逃れようとして「ファンタジー」に気づくと考えているようですが、私は、予測が誤差を抑制していないという事実に気づくのではないかと考えています。つまり、不一致によって引き起こされた、予測に関する「進行中の仕事」に気づくということです。これによって、現実が目を引くものになるのです。おそらくこれは、意味論的な要点にすぎません。私にとって譲れない一線は、知覚における意識は、相対的な確実性がもたらす最良の推測によってではなく、不確実性によって駆動されるということです。私の考えでは、推測は不確かな時にだけ意識され、それが確証されれば減退します。言い換えれば、私たちがファンタジーを意識するようになるのは、それが現実と矛盾したときだけなのです。意識とは、曖昧性解消のプロセスだと言えるかもしれません。この問題が知覚的推論と能動的推論の違い（そして外因性の注意と内因性の注意の違い）によって複雑になることは承知しています。とはいえ、この違いは、一方では自分の予期と一致するものを優先的に（意識的に）知覚することを示唆する文献が多数あるのに対し、Hohwy（2013）はこれらの文献に依拠しているわけですが、他方では、最も予期していないものを優先的に（意識的に）知覚するということを示唆する文献も多数ある、という理由を説明してくれます。私にとってこの矛盾は、感情的な優先付けという概念で解決されます。この優先付けは、どちらの場合も、私が広く「欲求」や「機会」と呼んでいるもののバランスで駆動されます（第5章参照）。つまり、私たちは、現在優先された欲求との関連で最も目を引くものを意識的に知覚しているのです。優先された欲求（感情）は、定義上、最も正確な誤差信号を生み出します。

この問題についての私の見解は、〔本文の〕次のセクションでさらに詳しく説明します。しかし、究極的には、これは経験的な問題です。私は現在、学生のドン・ファン・デル・ヴェストハイゼンとジュリアンヌ・ブリグノート、そして元学生のジョシュア・マーティンと一緒に、標準的な両眼視野闘争パラダイムを、つまり、知覚的意識に関するパラダイムを用いて、この問題を研究しています。Pezzulo（2014）, Yang, Zald and Blake（2007）, Stein and Sterzer（2012）も参照してください。

（11）私はこのアイデアを初めてSolms（2013）で発表し、その後、例えばSolms（2015b, 2017b, 2017c, 2018b）のようにさまざまな形で続けて発表しました。〔Solmsの二〇一三年の論文が「コンシャス・イド」で、これは二〇一一年の神経精神分析会議の閉会の挨拶がもとになっています（第2章参照）。〕

（12）Freud（1920）p. 25, 強調追加〔邦訳『フロイト全集17』p. 77〕。

（13）フロイトは意識と記憶を二つの異なるニューロンのシステム（それぞれωとψ）に割り当て、それが後に彼のメタ心理学的なシステムの*Cs.*〔意識〕と*Pcs.*〔知覚意識〕となりました。しかし、彼はこの両方を皮質のシステムと解釈していました。「意識は記憶痕跡の代わりに生じる」という一節が引用されている箇所では、「プロジェクト」から二五年後に書かれたにもかかわらず、このことが非常にはっきりと示されています。（Freud, 1920, pp.25 ff. 参照）。

（14）Bargh and Chartrand（1999, p. 476）ではこう書かれています。

> われわれが概説してきた自動ガイダンスシステムの中には、「自然なもの」があり、発展させるために経験を必要としない。これは、知覚的な表象と行動的な表象の連携であり、自動的な評価プロセスと気分や行動との結びつきである。自動的な自己調整は、他にも、一貫した経験の繰り返しから発展する。これらは自分の経験の規則性の上に地図を作り、意識的な選択や導きから、その選択が実際に実行されていないときに、課題を引き継ぐ。このようにして、目標や動機が規定の状況の中で非意識的に作用するようになり、ステレオタイプが社会集団の知覚的特徴とゆっくり関連づけられるようになる。そして、評価が人や物や事象の知覚的表象と統合され、知覚の成り行きにおいて即座に、そして意図せずに活動するようになるのである。

（15）専門的に言えば、ニューロンの精度によって高められたニューロンの状態が、ニューロンのパラメータを更新する、となります。

（16）これはフロイトの「二次過程」の概念と見事に一致します。彼は二次過程を、「自由に可動する」一次形態の欲動エネルギーを「束縛すること」と概念化しました。フリストンの自由エネルギーの束縛は、私たちが（効果的な）精神的な仕事と呼ぶものの機械的基礎です。この結論は非常に重要で、フロイトはこう述べています。「私見では、この〔束縛エネルギーと自由エネルギーという〕区別は、神経エネルギーの性質について現在までに得られた最も深い洞察を表しており、私にはこれを避けて通ることなどできないと思われる」(Freud, 1915b, p. 188)〔邦訳『フロイト全集14』p. 237〕。

しかし、フロイトが、二次過程は前意識的にも機能しうるという見解をとっていたことに注意してください。これは、皮質の処理は意識がない状態で安定した機能を遂行することができるのか、という経験的な問題を提起します。この疑問は、非陳述的なワーキングメモリに関する現在の論争を呼び起こしています(Hassin et al., 2009 参照)。

(17) 私は、すべての再固定化において、更新されている記憶が意識されることになると示唆するつもりはありません。再固定化は、更新プロセスの調節を感情的に、認知的には無意識のまま、行うこともできます(後の本文を参照)。ちなみに、今吟味したメカニズムは、フロイトが「抵抗」と呼んだ心理学的現象を説明するものでもあります。抵抗とは矛盾した証拠に直面しても、自分の予測モデルを更新することを嫌がるという私たちの独特の態度です。(残念ながら、これは科学者にさえ当てはまります!)。

(18) シュルツの図にある「報酬=予測」という用語は、読者に混乱を招くかもしれません。動作の感覚的な結果が予測された結果と一致したときは、何も起こらず、「報酬」もありません。感じは、否定的なものであろうと肯定的なものであろうと、常に誤差を意味します(図12参照)。しかし、行動主義の語法では、「報酬」はいかなる感じも意味しません。それは単に、予測が強化されることを意味します。それはつまり、私の用語で言えば、より高い精度が割り当てられる、ということです。私にとっては、関連する予測が中脳の決断トライアングルによって優先された場合、それが快として感じられることを意味します。

(19) Misanin, Miller and Lewis (1968).

(20) Nader, Schafe and LeDoux (2000). わかりやすい概説はDudai (2000) を参照してください。再固定化は、記憶の「書き換え」というフロイトの概念と密接な関係があります。一八九六年一二月六日付のフリースへの手紙を参照してください。この手紙の中でフロイトは、少なくとも、システムの固定化という概念を予見しています〔邦訳『書簡』pp. 211-2〕。

ご存じのように、私の研究の前提は、われわれの心的メカニズムは層を形成するプロセスによって生まれた、というものです。つまり、記憶痕跡という形で存在する物質は時々、新鮮な状況に応じて再配置される、つまり書き換えられます。したがって、私の理論で本質的に新しいものとは、記憶が一度だけ存在するのではなく何度にもわたって存在し、その記憶は多種多様な表れ方をする、という主張です。私はしばらく前(『失語症』〔Freud, 1891〕)に、末梢から続く経路について、同じような再配置を仮定しました。このような登録がどれくらい存在するのかを言うことはできません。少なくとも三つ、もしかしたらもっと多いかもしれません。このことは以下の模式図にも示されています〔この図では意識がその痕跡の最終的な「登録」として現れます。図8参照〕。この模式図では、別々の登録が、その乗り物であるニューロンに応じて(必ずしもトポロジカルにではありません)分け隔てられていると仮定しています。この仮定は必要不可欠というわけではないかもしれませんが、最もシンプルなものであり、暫定的には認められるものです。

フロイトは「抑圧」を書き換えの失敗として概念化しました。神経精神分析によるこの概念の更新については、Solms (2017c) を参照してください。

(21) このため、長期の増強と長期の抑うつの両方が網様体賦活系によって調節されます（Bienenstock, Cooper and Munro, 1982 参照）。また、ECTやてんかん発作の容量も網様体賦活系を介して作用するため、記憶の固定化を阻害します。

(22) Hebb（1949, p.62）〔邦訳、上巻 p. 168〕が実際に言っていたことは、次の通りです。

反響性活動（あるいは「痕跡」）の持続ないし反復は、その活動の安定性が増すような永続的な細胞変化を引き起こす傾向がある、との仮定を立てることにしよう。［中略］細胞Aの軸索が細胞Bの興奮を引き起こすのに十分なほど接近して存在し、繰り返し持続的にその発火活動に参加する場合、片方もしくは双方の細胞で何らかの成長過程や代謝的変化が生じ、細胞Bを発火させる細胞のひとつとして、細胞Aの効率は増大する。

(23) 私は現在、クリスティーナ・アルベリーニと一緒に、意識的学習と無意識的学習におけるPAGと網様体賦活系の役割について、一連の実験を計画しています。これらの実験では、前脳の意識的な認知を調整する脳幹上部にある、さまざまな「覚醒」核の役割を明らかにしようとしています。再固定化のパラダイムは、学習に関連する知覚的意識の基本的な細胞内メカニズムの一部を明らかにする、と期待されています。例えば、固定化と再固定化は、どちらもタンパク質合成阻害によって妨げられ、どちらも遺伝子の転写因子であるCREBを必要とします。しかしながら、最近の研究が示唆するところでは、扁桃体においてBDNF〔神経栄養因子〕は固定化には必要だが再固定化には必要でなく、さらに、転写因子であり最初期遺伝子であるZif268は再固定化には必要ですが固定化には必要ありません。再固定化にはZif268が必要で、固定化にはBDNFが必要という、同じような二重の解離は海馬でもみられました。Debiec et al.（2006）とLee, Everitt and Thomas（2004）を参照してください。

(24) Riggs and Ratliff（1951）, Ditchburn and Ginsborg（1952）. 注意についてHelmholtz（1867, p. 770）の観察を思い出すことは役に立ちます。

自然で強制されていない注意の状態とは、これまでにないものを求めてさまようことであり、ある対象への興味が尽きたとき、新しいものを知覚できないとき、注意はわれわれの意志に反して他のものに向かうことになる。［中略］注意をある対象に留めておきたければ、そこに新しいものを見つけ続けなければならない。別の強烈な感覚が注意をその対象から切り離そうとするときは特にそうである。

これは、前にデフォルトのSEEKINGについてお話ししたこととつながるはずです。

(25) 次を参照。https://en.wikipedia.org/wiki/Lilac_chaser

(26) もし、これらの効果は脳と関係がない（つまり、この効果は神経系のより末梢のレベルでのみ起こる）という人がいれば、Hsieh and Tse（2006）を読むように言ってください。Coren and Porac（1974）も参照。

(27) Oberauer et al.（2013）参照。

(28) 私はここで、「プライミング」と知覚的学習を除外しています。これらは像を伴い、大脳皮質を含むからです。非陳述的記憶について私が述べた他のほとんどのことは、プライミングと知覚的学習には当てはまりません。それらは独自のカテゴリーに属しており、陳述的記憶の「足場」となるものです。例えば、言葉のプライミング機能について、本文で後述することを参照してください。

(29) 大脳基底核は、一部の（すべてではありません）水無脳症の子どもや除皮質された動物では残っています。

(30) 専門的には、複雑さとは、信念、もしくは外部状態に関する確率分布の、事後と事前の間にみられる相対的なエントロピーのことです。複雑さのこの定義は、モデルの証拠とは正確さと複雑さの間の差である、という事実から出てくるものです（第8章参照）。自由エネルギーを最小にすることでモデルの証拠を能動的に増やしていくと、予測の正確さは上がり、それに伴って複雑さも増していきます。言い換えれば、モデルの複雑さが増すことを許すのは、常に、より正確な予測を行う能力であり、これは典型的には大脳皮質の記憶システムで生じることです。

(31) Hohwy（2013, p.202）［邦訳 p. 325］と比較してください。

そのアイデアは、知覚的推理は予測誤差の正確さと予測誤差の精度の両方によって決定される空間の中を動き回る、というものである。これを単純化した仕方で説明すると、予測誤差の正確さが予測誤差それ自体の大きさの逆数で増加し、予測誤差の精度が予測に関する不確実性のランダムな変動の大きさの逆数で増加すると考えることができる。［中略］これは、意識的知覚と注意の関係の統一的な説明を指している。意識的知覚と注意は、それぞれ一次統計的推論と二次統計的推論に対応する。

前に述べたHohwy（2012）も参照してください。

(32) このセクションはClark（2015）に大いに依拠しており、感謝しています。

(33) この違いは、夢には外受容的な誤差信号がほぼないという事実に基づいています。これは入眠に伴い精度の重み付けが劇的に変化するためです（Hobson and Friston, 2012, 2014）。クラークはこれを「同調からの隔離」と表現しています。左の(35)を参照してください。

(34) Clark（2015）p. 273.

(35) しかしながら、Clark（2015, p. 107）が言うように、睡眠時の脳は「同調から隔離されている」わけではないことに注意してください。脳の主な「駆動感覚信号」は常に内因性のものです。この信号による同調から、つまり、私たちの生物学的欲求から隔離されることは、単純に不可能なのです。私たち神経科学者がこの基本的な事実を見落とし続けるなら、精神生活と自然界でのその位置を理解することは決してできないでしょう。

(36) Domhoff（2017）参照。

(37) Clark（2015）p. 274.

(38) この点の詳細はSolms（2020a）を参照。

(39) これは、デフォルトモードの「安静状態」でも生じます。

(40) 忘れがちですが、海馬は大脳辺縁系の、つまり感情的な脳の、一部です。

(41) Okuda et al.（2003）, Szpunar et al.（2007）, Szpunar（2010）, Addis et al.（2007）.

(42) Ingvar（1985）.

(43) Schacter, Addis and Buckner（2007）p. 660, 強調追加。

(44) 変化する（予測不可能な）流れが、一定の（より予測可能な）像を抑制するという事実は、もちろん、それ自体が興味深いものです。

(45) Lupyan and Ward（2013）p. 14196, 強調追加。先に述べた意識的な知覚に関する専門的な問題から言えば、これはもちろん、内因性の注意の一例です。これに関連して、二六三頁に挙げた「目を引く salience」という言葉の専門的な定義も参照してください。言葉は、目を引くことを人為的に高めます。しかし、言葉によるプライミングは、強い（つまり、正確な）外因性のサプライズによって簡単に上書きされます。言い換えれば、中脳の決断トライアングルのレベルにおけるボトムアップ型の欲求の優先付けは、常に前脳のトップダウン型のプロセスに勝ります。

（46）Lupyan and Thompson-Schill（2012）.

（47）Çukur et al.（2013）. 第9章の（8）で引用した、不注意盲の実験を再度参照してください。

（48）Clark（2015）p. 286.

（49）Roepstorff and Frith（2004）.

（50）Zhou et al.（2017）参照。

（51）Panksepp and Biven（2012, p. 396）.

意識的な視覚と聴覚の経験は、はじめは主として感情的なものであった（Panksepp, 1998）。視覚や聴覚の急な刺激がわれわれをただちに驚かせたり怖がらせたりすること、そのような刺激が身体のすぐ傍で生じたときには特にそうであることは、これらの感覚システムがわれわれの最も本質的な感情的生存メカニズムのいくつかと深く結びついていることを示唆する。われわれがどれほど特定の色を感じと結びつけようとするかも考えていただきたい。

（52）徐々に関心を集めている「感情的タッチ」という概念についても考えてみましょう。

（53）知覚な意識が全体として原因となる力をもたないと言っているわけではありません。知覚な意識はまさに、感情を文脈化するからこそ、その力を得ることができるのです。

（54）Hurley, Dennett and Adams（2011）参照。この本はユーモアについて書かれていて、心の機能的構造についての結論が私の結論と驚くほど似ていると、デネットが最近私に教えてくれた本です。

（55）聴覚および視覚の波長や強度は、大脳皮質によって意識的にも無意識的にも持続的に測定され、比較され、分類されています。

（56）Clark（2015, p. 207）参照。自由エネルギーのパラダイムは、「われわれ自身の予測誤差信号（あるいはそれに関連する精度）それ自体を経験するのではない。そうではなく、これらの信号がわれわれの中で作用して、遠方の対象や原因の世界を明らかにする予測の適切な流れを導入する」ことを示唆しています。

（57）私が「アバター」という言葉を使ったことで警戒された方は、あなた自身の身体のイメージも含めて、知覚するものすべてが仮想的であることを思い出してください。私がかつて書いた「ボディ・スワップ（身体交換）」錯覚についても考えてみましょう（Solms, 2013, p.15）。

意識の主体は、子どもがコンピュータゲームの中で自分が操作するアニメ人物に自らを投影するのとまさに同じように、外的な身体（もの―提示 object-presentation）と自身を同一視する。その表象［／再提示 representation］は急速に自己の感覚を賦与されるが、本当は自己ではない。ここに、主観的な自己とその外的な身体との間に実際に存在している、直感に反する関係を鮮やかに示す、印象的な実験がある。Petkova and Ehrsson（2008）が報告した、一連の「ボディ・スワップ」実験である。これは、他者の目やマネキンの目の上にカメラを設置し、その視点からの映像を被験者の目の上に設置したビデオモニター・ゴーグルに送信すると、被験者は急速に、他者の体やマネキンが自身の体であるかのような錯覚に陥る。この錯覚は、投影された被験者が自分自身の体と握手をしたときでさえ持続するほどに強力なものであった。また、その錯覚の存在は、他者の体（錯覚の体）と（実際の）自分の体がナイフで脅かされたときに、その恐怖反応、つまり、（心拍数と皮膚電気反射で測定される）体内の「直感的反応gut reaction」が、錯覚している体の方で大きいことから客観的に証明された。［中略］大脳皮質はランダムアクセスメモリにすぎないことを、われわれは思い知らされる。

この最後の点については、Ellis and Solms（2018）を参照してください。

第11章

（1） Davies（2019）pp. 184, 207〔邦訳 p. 243〕。

（2） Crick（1994）. 引用の全文は二〇五頁に掲載されています。

（3） Chalmers（1995a）p. 201. 強調追加〔邦訳 p. 7–8〕。

（4） Crick（1994）p. 3, 強調追加〔邦訳 p. 13〕。

（5） Chalmers（1996）p. 251 参照、強調追加〔邦訳 p. 312〕。「この灰白質の塊が、鮮やかな主観的体験を生み出すようなものだと、誰が考えたのだろうか。しかし、実際にはそうなのだ。」

（6） Searle（1997）p. 28〔邦訳 p. 42〕。Searle（1993, p. 3, 強調追加）はこうも言っています。「脳内の神経生物学的なプロセスが、厳密にはどのように意識を引き起こすのか？」。

（7） ここでは、物理的領域の因果的閉包性について言及しています。つまり、意識が物理的なものではないなら、もしくは、意識の特性が物理的な特性でないとしたら、それらが脳プロセスの因果関係の母体にどのように影響を与えるかを知ることは難しいでしょう。ルネ・デカルトとボヘミアのエリザベス王妃との往復書簡を参照（Shapiro, 2007）。

（8） Levine（1983）. 現象的な経験が物理的プロセスに還元できないことは、「認識論的ギャップ」とも呼ばれます。

（9） Jackson（1982）. 私が「以下のような感じで something like this」と言ったのは、ジャクソンの「知識論法」を若干修正したためです。修正したのは、単純化するためだけではなく、本来の形では不必要に残酷であるからです。現実の世界では、このような残酷さはジャクソンが説明する心理的プロセスに影響を与えるでしょう。

（10） Chalmers（2003）p. 104.

（11） Locke（1690）の『人間知性論 *Essay Concerning Human Understanding*』を参照。「運動を伴うか伴わないかにかかわらず、物質がもともとそれ自体の中に、あるいはそれ自体から感覚、知覚、知識を持つとは考えられない。このことから明らかなように、それならば、感覚、知覚、知識は、物質とそのすべての粒子から永遠に切り離せない性質でなければならない。」〔大槻春彦訳『人間知性論』一九七二—七七年、岩波文庫、四巻、p. 183〕。

（12） 私は、ロックが随伴現象論者であったと言いたいわけではありません。もちろん、他の二元論的な立場もあります。しかし、メアリーについての思考実験を考案したJackson（1982）は、随伴現象の立場を採用していました。その後（Jackson, 1995）、彼は考えを改めました。

（13） Oakley and Halligan（2017）. この著者たちは、意識には少なくとも、若干の機能があると、つまり、（それ自体は無意識である）精神状態を報告する能力があるとしています。

（14） チャーマーズを言い直すと、「哲学的ゾンビ」が意識的な経験をせずに脳のあらゆる機械的機能を真似ることは、論理的に考えられる、ということになります。

（15） Libet et al.（1983）. しかし、リベット自身は、意識が随伴現象的なものだとは考えていません。彼は、動作を起こすまでの三〇〇ミリ秒の間に、意識にはその動作の中止を選択することができると考えています（「自由不意志」）。この種の脳波を「準備電位」と呼びます。その後の研究では、準備電位から意識的な決断までの潜伏期間は、実際には三〇〇ミリ秒よりも長い可能性が指摘されています。

（16）このことは、ヘッブの法則によって説明できるかもしれませんし、まさにその理由から、一〇分前の記憶がうまく固定化しないというあなたの生きた経験を説明します。これらのことは、Chalmers（1995a）が「構造的一貫性の原則」と呼ぶものと一致している、と指摘しておきます。三二四―三二五頁参照。

（17）Atkinson and Shiffrin（1971）.

（18）短期記憶の痕跡は、神経伝達物質の再取り込みメカニズムにより、シナプス前のニューロンがそれぞれの痕跡を形成する前の状態に回復することで、急速に減衰し、それゆえに次の痕跡を形成できるようになります。Mongillo, Barak and Tsodyks（2008）参照。

（19）Chalmers（1995a）pp. 202-3〔邦訳 pp. 9-11〕。チャーマーズは、「機能」という用語の使い方について次のように説明しています。「ここで『機能』は、システムが行うように設計されたものという、狭い目的論的な意味ではなく、システムが遂行するかもしれない行動の産出におけるあらゆる因果的な役割という、広い意味で使われている」〔邦訳 p. 9〕。

（20）同論文、pp. 204-5〔邦訳 p. 13〕。

（21）同論文、p. 205〔邦訳 p.15〕。

（22）同論文、p. 204〔邦訳 p. 12〕。

（23）Nagel（1974）参照。

物理主義が擁護されるべきならば、［意識の］現象学的な特性そのものに物理的な説明を与えねばならない。しかし、その主観的な性格を検討すると、そのような結果は不可能であるように思われる。というのも、あらゆる主観的な現象は本質的に一つの視点と結びついており、客観的で物理的な理論がその視点を放棄することは避けがたいと思われるからである〔邦訳 p. 261-2〕。

Searle（1997, p. 212）〔邦訳 p. 249〕はこのように表現しています。

意識は一人称の存在論ないしは主観的な存在論を持っているため、三人称の存在論ないしは客観的な存在論を持つものに還元することはできない。一方に味方してもう一方を減らしたり消したりしようものなら、何かを除外することになる。［中略］ニューロンの発火を感じに還元することも、感じをニューロンの発火に還元することもできない。いずれの場合も、問題となっている客観性ないし主観性を除外することになるためである。

（24）Chalmers（1995a）p. 203〔邦訳 p. 11〕。

（25）Havlík, Kozáková, and Horáček（2017）.

（26）二〇一七年一二月二三日の手紙。ちなみに、私たちが論文を雑誌『ジャーナル・オブ・コンシャスネス・スタディーズ』に投稿したのは、Chalmers（1995a）がハードプロブレムを最初に定式化した雑誌だからです。

（27）Zahavi（2017）はこの点を指摘していますが、皮肉なことに、フリストンの業績に対してそうしています。

（28）私は、これに対するサールの反論を十分承知しています。クオリアは、単一の現実が複数の現れを持つことができないという証拠を提示している、それは現れであるからだ、という反論です（本章の（39）参照）。彼に対する私の回答はこうです。「そうですが、体性感覚野の活動が視覚化されて現れることと、および痛みが感じられて現れることは、どちらも経験された同じ現実の一部であることを忘れてはなりません」。

(29) この譬えでは、雷鳴の知覚と雷光の知覚という二つの外受容的現象について言及しています。この二つの現象の原因は何かと問うとき、私は二つの方法でそれに答えることができます。両者を発生させる地球物理学的（電気的）事象を説明するか、物理的事象の（この二つの異なる側面を）登録する感覚メカニズムを説明するかです。私はこの譬えでは前者を選択し、後者の説明は私が本書で取り上げてきた実際の問題の考察に、すなわち、客観的事象と主観的事象の関係についての考察に委ねることにしました。というのも、先に見たように、感覚的な事象に付随する意識は、それが外部受容的に喚起されたものであれ、内受容的に喚起されたものであれ、常に内因性のものだからです。この部分は、この譬えでは説明できません。意識そのものは、感覚信号（外部受容的なものや内部受容的なもの）ではなく、信号の感じであると私は主張していますから。

(30) それができるのが、例えば光遺伝学です。別の装置を使って、網膜信号のスパイク列を聞くことができます。ホイーラーが言うように、すべては「装備に誘発された応答」の問題なのです。

(31) これについてはChalmers (1995a)〔邦訳 p.24〕。以下、強調を追加して説明しています〔その後の二つの引用は、邦訳 pp. 25, 22-3〕。

(32) チャーマーズの立場は、一見すると、心は物質の性質であるという従来の性質二元論のように見えます。しかし、彼は心と物質の両方を「情報」と呼ばれる別の何かの特性として解釈しています（本文で後述）。これは、二面的一元論のように聞こえるかもしれませんが、彼の情報〔の考え方〕は、前章で説明した不思議なタイプの情報です。つまり、心は情報のレシーバーにではなく、情報に内在するものとしています。同じことが情報の物質的な側面にも当てはまると、チャーマーズは述べています。これは、情報の二つの側面は認識論的な意味での性質ではなく（情報と呼ばれる何かの現れではないということ）、存在論的な意味での性質である（情報そのものの側面であるということ）、という意味になります。とはいえ、これは私たちが関心を持つべき問題ではありません。私が一番気になるのは、すべての情報には情報についての精神的な（実際には意識的な）側面があるというチャーマーズの主張です。したがって、彼が情報の精神的側面を性質とするか物質とするかは、主要な問題ではありません。主要な問題は、すべての情報に意識を帰属させることはもっともなことなのか?、となります〔この後のChalmers (1995a) からの引用は、邦訳 pp. 31-2〕。

(33) チャーマーズにとって、「世界の現象的な特徴」は「物理的なもの」を排除するものであることを忘れてはなりません〔この部分は、Chalmers (1995a) の邦訳 p. 32〕。

(34) 参加する観察者であるという装備、と言うべきでしょう。

(35) この譬えは、Hurley, Dennett and Adams (2011) から借りました。

(36) このことは、前に（第9章で）述べた、意図的な自己性と関連しています。

(37) Chalmers (1995a) pp. 217〔邦訳 pp. 32-3〕。また、彼の以前の発言も参照してください。「このことから、情報（あるいは少なくとも一部の情報）には物理的な側面と現象的な側面という二つの基本的な側面がある、という自然な仮説が導き出される」（強調追加）。

(38) 第10章の（14）を参照。

(39) Searle（1992）の pp. 121-2 参照〔邦訳 p. 189〕。「意識は現れそれ自体で構成されているため、われわれは意識については〔現れを現実から区別すること〕はできない。現れ〔た外見〕が関係するところでは、現れ〔た外見〕は現実であるため、現れ〔た外見〕と現実を区別することはできない」。

(40) ちなみに、メアリーが視覚神経科学者ではなく感情神経科学者だったとしたら、彼女は視覚経験の場合と同じように感情的な経験を欠くことはできません。というのも、彼女が何かのように感じなければ、（死なないまでも）昏睡状態であることになるからです。

(41) 第5章の（4）参照。

(42) 車輪を使った移動も考えられますが、実際に進化したのは（私たちの場合）足です。意識を説明するにあたり、生物学における他のすべてのものより高いハードルを設定しないように注意しなければなりません。

(43) Chalmers（1995a）pp. 203-4〔邦訳 pp. 11-2〕。

第12章

(1) しかし、タコは同意しないでしょう。（垂直葉システムは、頭足類で、脊椎動物の外套〔広義の大脳皮質〕に最も近いとされる類似物であると思われます）。

(2) このグループのメンバーは最初、トリスタン・ホロニック、ジョナサン・ショック、そして私でした。その後徐々に拡大し、他に物理学者やコンピュータ科学者や生物医学エンジニアが加わりました。ジョージ・エリス、ローアン・ホドソン、リーン・レメルツァール、アミット・ミシュラ、ディーン・ランス、ダヴィ・ファン・デル・ヒーヴァー、ジュリアンヌ・ブリグノートなどです。神経科学者にはジョシュア・マーティン、エイミー・ドールマン、ドン・ファン・デル・ヴェストハイゼンがいます。チームは成長を続けていますが、ホロニックはもうグループからは外れ、マーティンはベルリンに移っています。

(3) Searle（1980）. Damasio（2018）も同様の見解をとっています。

(4) ここでは、ロックの「逆転スペクトル」の議論を基にした、チャーマーズの「踊るクオリア dancing qualia」の議論を参考にしています。Chalmers（1995a, b, 2011）を参照。

(5) Chalmers（1995a）pp. 214-15〔邦訳 p. 29〕。

(6) 同論文 p. 215, 強調追加〔邦訳 p. 30〕。

(7) 同論文、強調追加〔邦訳 p. 30〕。

(8) この点についてチャーマーズと長く議論してきましたが、私の印象としては、少なくとも彼は心を閉ざさない人でした。

(9) Ethier et al.（2012）, Hochberg et al.（2012）, Collinger et al.（2013）, Bouton et al.（2016）, Capogrosso et al.（2016）.

(10) Capogrosso et al.（2016）p. 284.

(11) 同論文。

(12) Abu-Hassan et al.（2019）.

(13) Pasley et al.（2012）.

(14) Nishimoto et al.（2011）.

(15) Horikawa et al.（2013）.

(16) Herff et al.（2015）.

(17) 第10章の「思考」で議論したようなトップダウン型のもの（想像することや夢を見ること）も含みます。

(18) Kurzweil（2005）参照。

(19) Solms and Turnbull（2002）の pp. 70-71, 二つ目の強調は追加〔邦訳 p. 101〕。

(20) Solms (1996, 1997b) 参照。

(21) 著名な物理学者であるリチャード・ファインマンも、機械的理解一般について同様の見解をとっています。意識それ自体をそれだけでリバースエンジニアリングすることが問題を解くと言っているわけではありません。理解していなくても、マイクロチップ単位で無心に組み立てることは可能です。私が言いたいのは、それ〔意識〕を理解すれば、それをリバースエンジニアリングすることはできるはずだということです。

(22) この線上での先行研究の総説についてはReggia (2013) を参照してください。

(23) 強化学習のアプローチには目標基準が必要であるため、この場合は、予測されない環境でシステムを存続させる、となります。

(24) 誤解のないように言えば、体現化はシミュレーションを行うことができます（後述するすべての物理パラメータすべても同様です）。システムの視点では、「外」で実際に何が起こっているかは重要ではなく、外から受け取る情報に関連してモデル内で何が起こっているのかだけが重要です。したがって、研究チームは、システムのモデルとなる環境をシミュレートすることができます。私たちが提案するシステムの初期の世代ではそうするつもりです。それ以外の方法で進めると、非常に時間がかかり、正直言うと危険です（例えば、後述のオーバーヒートのパラメータを考えてみてください）。システムを物理的に体現させる方がより「現実的」であるというのは、シミュレーションでは生じないような（例えば）物理的な動きに起因する、モデリング上の問題がある、ということを意味しています。これは本当に生命のようなシステムを実現する上では重要なことであると考えられます。この理由、またその他の理由から、私たちの提案するシステムの後継世代は、ロボットに体現されることになります。

(25) つまり、人工的な反射や本能をコード化するのです。また、私たちは「遺伝的アルゴリズム」も使用する予定です。

(26) これは、二〇二〇年三月二一日のウィキペディアからです (https://en.wikipedia.org/wiki/Artificial_consciousness)。別の見解については、Reggia (2013) の次の発言を参照してください。

> このレビューの著者は、過去に調査された研究は、たとえ別の主張がなされたときでも、どれ一つとして、研究されているアプローチが、例示された人工意識と最終的にどのようにつながるかについて、説得力のある議論をまだ提供していないと考えている。一方で、より建設的に言えば、（この総説で吟味した研究を含めて）例示された機械の意識はいつになっても最終的には実現できないという証拠はまだ提示されてはいないともいえる。これは他の研究者たちが表明してきた見解である。

(27) Solms and Turnbull (2002) pp. 68-9〔邦訳 pp. 98-9〕。

(28) Colby, Watt and Gilbert (1966) とWeizenbaum (1976) を参照。「ユージーン・グーストマン」と呼ばれるコンピュータプログラムは、一三歳のウクライナ人少年を装っていますが、二〇一四年にロンドン王立協会で開催されたイベントで、チューリングテストに合格しました。

(29) 例えばよく知られているように、コンピュータはチェスや、さらに難解な囲碁でも、人間の最高のプレーヤーを凌駕することができます。

(30) Haikonen (2012) 参照。

(31) アラン・チューリング（このテストの考案者）自身がどれ

ほどの偏見を被ってきたかを考えると、これは心に響くことです。

（32）数年前にウィーンで開催された精神分析家とＡＩエンジニアたちの会合の場で、私は、人工的な意識を実証する一つの方法は、人工的な精神病理の証拠を探すことである、と述べました。「エンジニアたちが人間の心を正確に真似ることに成功したとしても、その程度に応じて、そのモデルがある種の誤作動を起こしやすいことに気づくことになるでしょう。そのことを成功の基準にしたいと思ってしまうほどです」（Solms, 2008）。

（33）Mathur, Lau and Guo（2011）.

（34）「脱中心化した自律的な会社」という極端な例を考えてみてください。

（35）Lin, Abney and Bekey（2011）参照。

（36）例えば、ビル・ゲイツ、スティーヴン・ホーキング、イーロン・マスクなどは、このテーマに対して深刻な懸念を表明しています。

（37）この信念だけで、それを行うことが倫理的に正当化される、と私は主張しているわけではありません。いつかどこかで誰かが殺人を犯すだろうという事実は、今ここで私が殺人を犯すことを正当化しません。どうぞ続きを読んでください。

（38）Solms and Friston（2018）, Solms（2019a）, Solms（2020b）.

（39）ここでその一部を挙げておきます。「意識はベイズ脳のどこに一致するのか」第一八回国際神経精神分析会議、ユニバーシティ・カレッジ・ロンドン、二〇一七年。「意識はどのように、なぜ生じるのか」ケープタウン大学物理学部、二〇一七年。「意識はどのように、なぜ生じるのか」コペンハーゲン大学主観性研究センター、二〇一七年。「感じと記憶としての自己」ルール大学ボーフム、二〇一八年。「コンシャス・イド、精神分析的プロセス、意識のハードプロブレム」ニューヨーク大学哲学部、二〇一九年。「意識はなぜ、どのように生じるのか」マウントサイナイ病院精神科、ニューヨーク、二〇一九年。「われわれはなぜ意識をもつのか？　神経科学からの学び」バーモント大学医学部、バーリントン、二〇一九年。「意識とは何か？」メルボルン脳センター、オーストラリア、二〇一九年。「意識そのもの」意識の科学会議、インターラーケン、スイス、二〇一九年。「意識それ自体は感情である」ミュンヘン哲学院、ボーカドスハウス、ヴュルツブルク、ドイツ、二〇一九年。「意識のハードプロブレム」ケープタウン大学哲学部、二〇一九年。「意識は進行中の予測作業である」イヒロフ病院、テルアビブ、二〇一九年。「意識はなぜ、どのように生じるのか」イタリア精神分析ダイアローグ、ローマ、二〇二〇年。

（40）Havlík, Kozáková, and Horáček（2017）.

（41）Carhart-Harris and Friston（2010）, Carhart-Harris et al.（2014）, Carhart-Harris（2018）.

（42）第9章の（16）を参照。

（43）www.linking-ai-principles.org/term/656「パブリック・ボイス・コーリション」参照。

あとがき

（1）効果の法則とは「ある行動が一貫して快を伴うものであれば、その行動は増加し、一貫して不快を伴うものであれば、その行動は減少する」というものです。

（2）フリストンの法則とは「変化しうる量のすべて、すなわち、システムの一部である量はすべて、自由エネルギーを最小にするように変化するだろう」というものです。

参考文献

Abbott, A. (2020), What animals really think. *Nature*, 584: 182–5

Absher, J. and Benson, D. (1993), Disconnection syndromes: an overview of Geschwind's contributions. *Neurology*, 43: 862–7

Abu-Hassan, K., Taylor, J., Morris, P. et al. (2019), Optimal solid state neurons. *Nature Communications*, 10: 5309

Adams, R., Shipp, S. and Friston, K. (2013), Predictions not commands: active inference in the motor system. *Brain Structure and Function*, 218: 611–43

Addis, D., Wong, A. and Schacter, D. (2007), Remembering the past and imagining the future: common and distinct neural substrates during event construction and elaboration. *Neuropsychologia*, 45: 1363–77

Ainley, V., Apps, M.A. J., Fotopoulou, A. and Tsakiris, M. (2016), 'Bodily precision': a predictive coding account of individual differences in interoceptive accuracy. *Philosophical Transactions of the Royal Society of London, B*, 371: 2016003, doi.org/10.1098/rstb.2016.0003

Alboni, P. and Alboni, M. (2014), Vasovagal syncope as a manifestation of an evolutionary selected trait. *Journal of Atrial Fibrillation*, 7: 1035

Aserinsky, E. and Kleitman, N. (1953), Regularly occurring periods of eye motility, and concomitant phenomena, during sleep. *Science*, 118: 273–4

Ashby, W. (1947), Principles of the self-organizing dynamic system. *Journal of General Psychology*, 37: 125–8

Atkinson, R. and Shiffrin, R. (1971), The control of short-term memory. *Scientific American*, 225: 82–90

Baars, B. (1988), *A Cognitive Theory of Consciousness*. Cambridge: Cambridge University Press

Baars, B. (1997), *In the Theatre of Consciousness*. Oxford: Oxford University Press

Bailey, P. and Davis, E. (1942), The syndrome of obstinate progression in the cat. *Experimental Biology and Medicine*, 52: 307

Bargh, J. and Chartrand, T. (1999), The unbearable automaticity of being. *American Psychologist*, 54: 462–79

Barrett, L. F. (2017), *How Emotions Are Made: The Secret Life of the Brain*. New York: Houghton Mifflin Harcourt 『情動はこうしてつくられる』（高橋洋訳、紀伊国屋書店、二〇一九年）

Bastos, A., Usrey, W., Adams, R. et al. (2012), Canonical microcircuits for predictive coding. *Neuron*, 76: 695–711

Bastos, A., Vezoli, J., Bosman, C. et al. (2015), Visual areas exert feedforward and feedback influences through distinct frequency channels. *Neuron*, 85: 390–401

Bayes, T. (1763), An essay towards solving a problem in the doctrine of chances. [Communicated by Mr. Price, in a letter to John Canton.] *Philosophical Transactions*, 53: 370–418

Bechtel, W. and Richardson, R. (1998), Vitalism. In E. Craig (ed.), *Routledge Encyclopedia of Philosophy, 9*. London: Routledge, pp. 639–43

Bentley, B., Branicky, R., Barnes, C. et al. (2016), The multilayer connectome of Caenorhabditis elegans. *PLoS*

Computational Biology, 12: e1005283, doi.org/10.1371/journal.pcbi.1005283

Berlin, H. (2011), The neural basis of the dynamic unconscious. *Neuropsychoanalysis*, 13: 5–31

Berlin, H. (2013), The brainstem begs the question: 'petitio principii'. *Neuropsychoanalysis*, 15: 25–9

Berridge, K. (2003), Pleasures of the brain. *Brain and Cognition*, 52: 106–28

Besharati, S., Forkel, S. J., Kopelman, M., Solms, M., Jenkinson, P. M. and Fotopoulou, A. (2014), The affective modulation of motor awareness in anosognosia for hemiplegia: behavioural and lesion evidence. *Cortex*, 61: 127–40

Besharati, S., Forkel, S., Kopelman, M., Solms, M., Jenkinson, P. and Fotopoulou, A. (2016), Mentalizing the body: spatial and social cognition in anosognosia for hemiplegia. *Brain*, 139: 971–85

Besharati, S., Fotopoulou, A. and Kopelman, M. (2014), What is it like to be confabulating? In A. L. Mishara, A. Kranjec, P, Corlett, P. Fletcher and M. A. Schwartz (eds.), *Phenomenological Neuropsychiatry, How Patient Experience Bridges Clinic with Clinical Neuroscience*. New York: Springer

Bienenstock, E., Cooper L. and Munro P. (1982), Theory for the development of neuron selectivity: orientation specificity and binocular interaction in visual cortex. *Journal of Neuroscience*, 2: 32–48

Blake, Y., Terburg, D., Balchin, R., van Honk, J. and Solms, M. (2019), The role of the basolateral amygdala in dreaming, *Cortex*, 113: 169–83, doi.org/10.1016/j.cortex.2018.12.016

Block, N. (1995), On a confusion about a function of consciousness. *Behavioral and Brain Sciences*, 18: 227–47

Blomstedt, P., Hariz, M., Lees, A. et al. (2008), Acute severe depression induced by intraoperative stimulation of the substantia nigra: a case report. *Parkinsonism and Related Disorders*, 14: 253–6

Bogen, J. (1995), On the neurophysiology of consciousness: I. An overview. *Consciousness and Cognition*, 4: 52–62

Bouton, C., Shaikhouni, A., Annetta, N. et al. (2016), Restoring cortical control of functional movement in a human with quadriplegia. *Nature*, 533: 247–50

Bowlby, J. (1969), *Attachment*. London: Hogarth Press 『母子関係の理論I——愛着行動 新版』（黒田実郎ほか訳、岩崎学術出版社、一九九一年）

Braun, A. (1999), The new neuropsychology of sleep. *Neuropsychoanalysis*, 1: 196–201

Braun, A., Balkin, T., Wesenten, N. et al. (1997), Regional cerebral blood flow throughout the sleep-wake cycle. An H2(15)O PET study. *Brain*, 120: 1173–97

Brentano, F. (1874), *Psychologie vom empirischen Standpunkte*. Leipzig: Duncker and Humbolt

Broca, P. (1861), Sur le principe des localisations cerebrales. *Bulletin de la Société d'Anthropologie*, 2: 190–204

Broca, P. (1865), Sur le siège de la faculté du langage articulé. *Bulletin de la Société d'Anthropologie*, 6: 377–93

Brown, H., Adams, R., Parees, I., Edwards, M. and Friston, K. (2013), Active inference, sensory attenuation and illusions. *Cognitive Processing*, 14: 411–27

Cameron-Dow, C. (2012), Do dreams protect sleep? Testing the Freudian hypothesis of the function of dreams. MA dissertation, University of Cape Town
Campbell, A. (1904), Histological studies on the localisation of cerebral function. *Journal of Mental Science*, 50: 651–62
Capogrosso, M., Milekovic, T., Borton, D. et al. (2016), A brain-spine interface alleviating gait deficits after spinal cord injury in primates. *Nature*, 539: 284–8
Carhart-Harris, R. (2018), The entropic brain – revisited. *Neuropharmacology*, 142: 167–78
Carhart-Harris, R. and Friston, K. (2010), The default-mode, ego-functions and free-energy: a neurobiological account of Freudian ideas. *Brain*, 133: 1265–83
Carhart-Harris, R., Leech, R., Hellyer, P. et al. (2014), The entropic brain: a theory of conscious states informed by neuroimaging research with psychedelic drugs. *Frontiers in Human Neuroscience*, 8: Article 20
Chabris, C. and Simons, D. (2010), *The Invisible Gorilla: And Other Ways Our Intuitions Deceive Us*. London: Crown Publishers/Random House
Chalmers, D. (1995a), Facing up to the problem of consciousness. *Journal of Consciousness Studies*, 2: 200–219 「意識の問題に立ち向かう」『意識の諸相』（太田紘史ほか訳、春秋社、二〇一六年、上巻、五一四三頁） ※初出論文を加筆した論文集の邦訳
Chalmers, D. (1995b), Absent qualia, fading qualia, dancing qualia. In T. Metzinger (ed.), *Conscious Experience*. Paderborn: Ferdinand Schoningh, pp. 309–28
Chalmers, D. (1996), *The Conscious Mind: In Search of a Fundamental Theory*. New York: Oxford University Press 『意識する心』（林一訳、白揚社、二〇〇一年）
Chalmers, D. (2003), Consciousness and its place in nature. In S. Stich and T. Warfield (eds.), *Blackwell Guide to the Philosophy of Mind*. London: Blackwell, pp. 102–42 「意識とその自然界における位置」『意識の諸相』（太田紘史ほか訳、春秋社、二〇一六年、上巻、一一七一七三頁）
Chalmers, D. (2011), A computational foundation for the study of cognition. *Journal of Cognitive Science*, 12: 325–59
Charcot J-M. (1883), Un cas de suppression brusque et isolée de la vision mentale des signes et des objets (formes et couleurs). *Progrès Médical*, 11: 568–71
Chew, Y., Tanizawa, Y., Cho, Y. et al. (2018), An afferent neuropeptide system transmits mechanosensory signals triggering sensitization and arousal in C. elegans. *Neuron*, 99: 1233–46
Cisek, P. and Kalaska, J. (2010), Neural mechanisms for interacting with a world full of action choices. *Annual Review of Neuroscience*, 33: 269–98
Claparède, E. (1911), Recognition et moitié. *Archives de psychologie*, 11: 79–90
Clark, A. (2015), *Surfing Uncertainty: Prediction, Action, and the Embodied Mind*. New York: Oxford University Press
Clark, A. (2017), Busting out: predictive brains, embodied minds, and the puzzle of the evidentiary veil. *Noûs*, 51: 727–53
Coenen, A. (2007), Consciousness without a cortex, but what kind of consciousness is this? *Behavioral and Brain Sciences*, 30: 87–8

Coenen, V., Bewernick, B., Kayser, S. et al. (2019), Superolateral medial forebrain bundle deep brain stimulation in major depression: a gateway trial. *Neuropsychopharmacology*, 44: 1224–32, doi.org/10.1038/s41386-019-0369-9

Colby, K., Watt, J. and Gilbert, J. (1966), A computer method of psychotherapy. *Journal of Nervous and Mental Disease*, 142: 148–52

Cole, S., Fotopoulou, A., Oddy, M. and Moulin, C. (2014), Implausible future events in a confabulating patient with an anterior communicating artery aneurysm. *Neurocase*, 20: 208–24

Collinger J., Wodlinger, B., Downey, J. et al. (2013), High-performance neuroprosthetic control by an individual with tetraplegia. *The Lancet*, 381: 557–64

Coltheart, M. and Turner, M. (2009), Confabulation and delusion. In W. Hirstein (ed.), *Confabulation: Views from Neuroscience, Psychiatry, Psychology and Philosophy*. New York: Oxford University Press, pp. 173–88

Conant, R. and Ashby, W. (1970), Every good regulator of a system must be a model of that system. *International Journal of Systems Science*, 1: 89–97

Coren, S. and Porac, C. (1974), The fading of stabilized images: eye movements and information processing. *Perception & Psychophysics*, 16: 529–34

Corlett, P. and Fletcher, P. (2014), Computational psychiatry: a Rosetta Stone linking the brain to mental illness. *Lancet Psychiatry*, 1: 399–402

Craig, A. D. (2009), How do you feel – now? The anterior insula and human awareness. *Nature Reviews Neuroscience*, 10: 59–70

Craig, A. D. (2011), Significance of the insula for the evolution of human awareness of feelings from the body. *Annals of the New York Academy of Sciences*, 1225: 72–82

Crick, F. (1994), *The Astonishing Hypothesis: The Scientific Search for the Soul*. New York: Charles Scribner's Sons 『DNAに魂はあるか』（中原英臣訳、講談社、一九九五年）

Crick, F. (2004), Foreword to C. Koch, *The Quest for Consciousness: A Neurobiological Approach*. Englewood, CO: Roberts and Company 「序文」『意識の探求（上・下）』（土谷尚継ほか訳、岩波書店、二〇〇六年、上巻、vii—x頁）

Crick, F. and Koch, C. (1990), Towards a neurobiological theory of consciousness. *Seminars in the Neuroscience*, 2: 263–75

Crucianelli, L., Krahé, C., Jenkinson, P. and Fotopoulou, A. (2017), Interoceptive ingredients of body ownership: affective touch and cardiac awareness in the rubber hand illusion. *Cortex*, 104: 180–92, doi.org/10.1016/j.cortex.2017.04.018

Çukur, T., Nishimoto, S., Huth, A. and Gallant J. (2013), Attention during natural vision warps semantic representation across the human brain. *Nature Neuroscience*, 16: 763–70

Dahan, L., Astier, B., Vautrelle, N. et al. (2007), Prominent burst firing of dopaminergic neurons in the ventral tegmental area during paradoxical sleep. *Neuropsychopharmacology*, 32: 1232–41

Damasio, A. (1994), *Descartes' Error: Emotion, Reason, and the Human Brain*. New York: Putnam 『デカルトの誤り』（田中三彦訳、ちくま学芸文庫、二〇一〇年）

Damasio, A. (2018), *The Strange Order of Things: Life, Feeling,*

and the Making of Cultures. London: Penguin Random House『進化の意外な順序』（高橋洋訳、白揚社、二〇一九年）
Damasio, A. and Carvalho, G. (2013), The nature of feelings: evolutionary and neurobiological origins. *Nature Reviews Neuroscience*, 14: 143–52
Damasio, A. and Damasio, H. (1989), *Lesion Analysis in Neuropsychology*. New York: Oxford University Press 『神経心理学と病巣解析』（河内十郎訳、医学書院、一九九一年）
Damasio, A., Damasio, H. and Tranel, D. (2013), Persistence of feelings and sentience after bilateral damage of the insula. *Cerebral Cortex*, 23: 833–46
Damasio, A., Grabowski, T., Bechara, A. et al. (2000), Subcortical and cortical brain activity during the feeling of self-generated emotions. *Nature Neuroscience*, 3: 1049–56
Darwin, C. (1859), *On the Origin of Species*. London: John Murray『種の起源（上・下）』（渡辺政隆訳、光文社古典新訳文庫、二〇〇九年）
Darwin, C. (1872), *The Expression of Emotions in Man and Animals*. London: John Murray 『人及び動物の表情について』（浜中浜太郎訳、岩波文庫、一九三一年）
Davies, P. (2019), *The Demon in the Machine: How Hidden Webs of Information Are Solving the Mystery of Life*. London: Allen Lane 『生物の中の悪魔』（水谷淳訳、SBクリエイティブ、二〇一九年）
Debiec, J., Doyère, V., Nader, K. and LeDoux, J. (2006), Directly reactivated, but not indirectly reactivated, memories undergo reconsolidation in the amygdala. *Proceedings of the National Academy of Sciences*, 103: 3428–33
Decety, J. and Fotopoulou, A. (2015), Why empathy has a beneficial impact on others in medicine: unifying theories. *Frontiers in Behavioral Neuroscience*, 8: 457
Dehaene, S. and Changeux, J.-P. (2005), Ongoing spontaneous activity controls access to consciousness: a neuronal model for inattenrional blindness. *PLoS Biology*, 3: e141
Dehaene, S. and Changeux, J.-P. (2011), Experimental and theoretical approaches to conscious processing. *Neuron*, 70: 200–227
Dehaene, S. and Naccache, L. (2001), Towards a cognitive neuroscience of consciousness: basic evidence and a workspace framework. *Cognition*, 79: 1–37
Dement, W. and Kleitman, N. (1957), The relation of eye movements during sleep to dream activity: an objective method for the study of dreaming. *Journal of Experimental Psychology*, 53: 339–46
Depaulis, A. and Bandier, R. (1991), *The Midbrain Periaqueductal Gray Matter: Functional, Anatomical, and Neurochemical Organization*. New York: Plenum Press
Ditchburn, R. and Ginsborg, B. (1952), Vision with a stabilized retinal image. *Nature*, 170: 36–7
Domhoff, W. (2017), *The Emergence of Dreaming: Mind-Wandering, Embodied Simulation, and the Default Network*. New York: Oxford University Press
Du Bois-Reymond, E. (1848–84), *Untersuchungen über thierische Electricität, 2*. Berlin: Reimer
Du Bois-Reymond, E., ed. (1918), *Jugendbriefe von Emil Du Bois-Reymond an Eduard Hallmann, zu seinem hundertsten*

Geburtstag, dem 7. November 1918. Berlin: Reimer

Dudai, Y. (2000), The shaky trace. *Nature*, 406: 686–7

Edelman, G. (1990), *The Remembered Present: A Biological Theory of Consciousness*. New York: Basic Books

Edlow, B., Takahashi, E., Wu, O. et al. (2012), Neuroanatomic connectivity of the human ascending arousal system critical to consciousness and its disorders. *Journal of Neuropathology and Experimental Neurology*, 71: 531–46

Einstein, A. (1905), Über einen die Erzeugung und Verwandlung des Lichtes betreffenden heuristischen Gesichtspunkt. *Annalen der Physik*, 17: 132–48

Eisenberger, N. (2012), The neural bases of social pain: evidence for shared representations with physical pain. *Psychosomatic Medicine*, 74: 126–35

Ekman, P., Friesen, W., O'Sullivan, M. et al. (1987), Universals and cultural differences in the judgements of facial expressions of emotion. *Journal of Personality and Social Psychology*, 53: 712–7

Ellis, G. and Solms, M. (2018), *Beyond Evolutionary Psychology: How and Why Neuropsychological Modules Arise*. Cambridge: Cambridge University Press

England, J. (2013), Statistical physics of self-replication. *Journal of Chemical Physics*, 139: 121923, doi.org/10.1063/1.4818538

Ethier, C., Oby, E., Bauman, M. and Miller, L. (2012), Restoration of grasp following paralysis through brain-controlled stimulation of muscles. *Nature*, 485: 368–71

Ezra, M., Faull, O., Jbabdi, S. and Pattinson, K. (2015), Connectivity-based segmentation of the periaqueductal gray matter in human with brainstem optimized diffusion MRI. *Human Brain Mapping*, 36: 3459–71

Feldman, H. and Friston, K. J. (2010), Attention, uncertainty, and free-energy. *Frontiers in Human Neuroscience*, 4: 215, doi.org/10.3389/fnhum.2010.00215

Ferrarelli, F. and Tononi, G. (2011), The thalamic reticular nucleus and schizophrenia. *Schizophrenia Bulletin*, 37: 306–15

Fischer, D., Boes, A., Demertzi, A. et al. (2016), A human brain network derived from coma-causing brainstem lesions. *Neurology*, 87: 2427–34

Flechsig, P. (1901), Developmental (mylogenetic) localisation of the cerebral cortex in the human subject. *The Lancet*, 2: 1027–9

Flechsig, P. (1905), Gehirnphsyiologie und Willenstheorien. *Fifth International Psychology Congress, Rome*, pp. 73–89. In G. von Bonin (ed.), *Some Papers on the Cerebral Cortex*. Springfield, IL: Charles C. Thomas, pp. 181–200

Forrester, G., Davis, R., Mareschal, D. et al. (2018), The left cradling bias: an evolutionary facilitator of social cognition? *Cortex*, 118: 116–31, doi.org/10.1016/j.cortex.2018.05.011

Fotopoulou, A. (2008), False-selves in neuropsychological rehabilitation: the challenge of confabulation. *Neuropsychological Rehabilitation*, 18: 541–65

Fotopoulou, A. (2009), Disentangling the motivational theories of confabulation. In W. Histein (ed.), *Confabulation: Views from Neurology, Psychiatry, and Philosophy*. New York: Oxford University Press, pp. 263-90

Fotopoulou, A. (2010a), The affective neuropsychology of confabulation and delusion. *Cognitive Neuropsychiatry*, 15: 38–63

Fotopoulou, A. (2010b), The affective neuropsychology of confabulation and delusion. In R. Langdon and M. Turner (eds.), *Confabulation and Delusion*. New York: Psychology Press, pp. 38–63

Fotopoulou, A. (2013), Beyond the reward principle: consciousness as precision seeking. *Neuropsychoanalysis*, 15: 33–8

Fotopoulou, A. and Conway, M. (2004), Confabulation pleasant and unpleasant. *Neuropsychoanalysis*, 6: 26–33

Fotopoulou, A., Conway, M., Birchall, D., Griffiths, P. and Tyrer, S. (2007), Confabulation: revising the motivational hypothesis. *Neurocase*, 13: 6–15

Fotopoulou, A., Conway, M. and Solms, M. (2007), Confabulation: motivated reality monitoring. *Neuropsychologia*, 45: 2180–90

Fotopoulou, A., Conway, M., Solms, M., Tyrer, S. and Kopelman, M. (2008a), Self-serving confabulation in prose recall. *Neuropsychologia*, 46: 1429–41

Fotopoulou, A., Conway, M., Tyrer, S., Birchall, D., Griffiths, P. and Solms, M. (2008b), Is the content of confabulation positive? An experimental study. *Cortex*, 44: 764–72.

Fotopoulou, A., Solms, M. and Turnbull, O. (2004), Wishful reality distortions in confabulation: a case report. *Neuropsychologia*, 42: 727–44

Fotopoulou, A. and Tsakiris, M. (2017), Mentalizing homeostasis: the social origins of interoceptive inference. *Neuropsychoanalysis*, 19: 3–76

Frank, J. (1946), Clinical survey and results of 200 cases of prefrontal leucotomy. *Journal of Mental Sciences*, 92: 497–508

Frank, J. (1950), Some aspects of lobotomy (prefrontal leucotomy) under psychoanalytic scrutiny. *Psychiatry*, 13: 35–42

Frank, M. (2005), Dynamic dopamine modulation in the basal ganglia: a neurocomputational account of cognitive deficits in medicated and nonmedicated Parkinsonism. *Journal of Cognitive Neuroscience*, 17: 51–72

Freud, S. (1883), *Einleitung in der Nervenpathologie*. Unpublished book manuscript. Washington, DC: Library of Congress

Freud, S. (1886), Report on my studies in Paris and Berlin. *Standard Edition of the Complete Psychological Works of Sigmund Freud, 1*. London: Hogarth, pp. 1–15 「大学記念留学奨学金によるパリおよびベルリンへの研究旅行（一八八五年一〇月～一八八六年三月末）に関する報告書」『フロイト全集1』（兼本浩祐訳、岩波書店、二〇〇九年、一三一—四二頁）

Freud, S. (1888), Gehirn. I. Anatomie des Gehirns. In A. Villaret (ed.), *Handwörterbuch der gesamten Medizin*, I. Stuttgart: Ferdinand Enke, pp. 684–91

Freud, S. (1891), *On Aphasia*. New York: International Universities Press 「失語症の理解にむけて」『フロイト全集1』（中村靖子訳、岩波書店、二〇〇九年、一—一二七頁）

Freud, S. (1893a), Charcot. *Standard Edition of the Complete Psychological Works of Sigmund Freud, 3*. London: Hogarth, pp. 11–23 「シャルコー」『フロイト全集1』（兼本浩祐訳、岩波書店、二〇〇九年、三七七—九一頁）

Freud, S. (1893b), Some points for a comparative study of organic and hysterical motor paralyses. *Standard Edition of the Complete Psychological Works of Sigmund Freud, 1*. London: Hogarth, pp.

155–72「器質性運動麻痺とヒステリー性運動麻痺の比較研究のための2、3の考察」『フロイト全集1』（立木康介訳、岩波書店、二〇〇九年、三五九—七六頁）

Freud, S. (1894), The neuro-psychoses of defence. *Standard Edition of the Complete Psychological Works of Sigmund Freud*, 3. London: Hogarth, pp. 45–61「防衛—神経精神症」『フロイト全集1』（渡邉俊之訳、岩波書店、二〇〇九年、三九三—四一一頁）

Freud, S. (1895), Studies on hysteria. *Standard Edition of the Complete Psychological Works of Sigmund Freud*, 2. London: Hogarth「ヒステリー研究」『フロイト全集2』（芝伸太郎訳、岩波書店、二〇〇八年）

Freud, S. (1900), The interpretation of dreams. *Standard Edition of the Complete Psychological Works of Sigmund Freud*, 4 and 5. London: Hogarth「夢解釈（I・II）」『フロイト全集3・4』（新宮一成訳、岩波書店、二〇〇七—一一年）

Freud, S. (1901), The psychopathology of everyday life. *Standard Edition of the Complete Psychological Works of Sigmund Freud*, 6. London: Hogarth「日常生活の精神病理学にむけて」『フロイト全集7』（高田珠樹訳、岩波書店、二〇〇七年）

Freud, S. (1912), A note on the unconscious in psycho-analysis. *Standard Edition of the Complete Psychological Works of Sigmund Freud*, 12. London: Hogarth, pp. 255–66「精神分析における無意識概念についての若干の考察」『フロイト全集12』（須藤訓任訳、岩波書店、二〇〇九年、二七三—八一頁）

Freud, S. (1914), On narcissism: an introduction. *Standard Edition of the Complete Psychological Works of Sigmund Freud*, 14. London: Hogarth, pp.67–102「ナルシシズムの導入にむけて」『フロイト全集13』（立木康介訳、岩波書店、二〇一〇年、一一五—五一頁）

Freud, S. (1915a), Instincts and their vicissitudes. *Standard Edition of the Complete Psychological Works of Sigmund Freud*, 14. London: Hogarth, pp. 117–40「欲動と欲動運命」『フロイト全集14』（新宮一成訳、岩波書店、二〇一〇年、一六七—九三頁）

Freud, S. (1915b), The unconscious. *Standard Edition of the Complete Psychological Works of Sigmund Freud*, 14. London: Hogarth, pp. 166–204「無意識」『フロイト全集14』（新宮一成訳、岩波書店、二〇一〇年、二一一—五四頁）

Freud, S. (1920), Beyond the pleasure principle. *Standard Edition of the Complete Psychological Works of Sigmund Freud*, 18. London: Hogarth, pp. 7–64「快原理の彼岸」『フロイト全集17』（須藤訓任訳、岩波書店、二〇〇六年、五三—一二五頁）

Freud, S. (1923), The ego and the id. *Standard Edition of the Complete Psychological Works of Sigmund Freud*, 19. London: Hogarth, pp. 12–59「自我とエス」『フロイト全集18』（道籏泰三訳、岩波書店、二〇〇七年、一—六二頁）

Freud, S. (1925), A note upon 'the mystic writing-pad'. *Standard Edition of the Complete Psychological Works of Sigmund Freud*, 19. London: Hogarth, pp. 227–32「『不思議のメモ帳』についての覚え書き」『フロイト全集18』（太寿堂真訳、岩波書店、二〇〇七年、三一七—二三頁）

Freud, S. (1940 [1939]), An outline of psycho-analysis. *Standard Edition of the Complete Psychological Works of Sigmund Freud*, 23. London: Hogarth, pp. 144–207「精神分析概説」『フロイト全集22』（津田均訳、岩波書店、二〇〇七年、一七五—二〇五

頁)
Freud, S. (1950a [1895]), Extracts from the Fliess papers. *Standard Edition of the Complete Psychological Works of Sigmund Freud, 1*. London: Hogarth, pp. 177–280 『フロイト フリースへの手紙 1887–1904』(河田晃訳、誠信書房、二〇〇一年) ※*Standard Edition* 所収の書簡はすべて、この書簡集邦訳にある
Freud, S. (1950b [1895]), Project for a scientific psychology. *Standard Edition of the Complete Psychological Works of Sigmund Freud, 1*. London: Hogarth, pp. 283–397. 「心理学草案」『フロイト全集3』(総田純次訳、岩波書店、二〇一〇年、一一一〇五頁)
Freud, S. (1994 [1929]), Letter to Einstein, 1929. In I. Grubrich-Simitis (1995), 'No greater, richer, more mysterious subject … than the life of the mind'. *International Journal of Psychoanalysis*, 76: 115–22
Friston, K. (2005), A theory of cortical responses. *Philosophical Transactions of the Royal Society of London, B*, 360: 815–36
Friston, K. (2009), The free-energy principle: a rough guide to the brain? *Trends in Cognitive Sciences*, 13: 293–301
Friston, K. (2013), Life as we know it. *Journal of the Royal Society Interface*, 10: 20130475, doi.org/10.1098/rsif.2013.0475
Friston, K., Breakspear, M. and Deco, G. (2012), Perception and self-organized instability. *Frontiers in Computational Neuroscience*, 6: 44
Friston, K., Rigoli, F., Ognibene, D. et al. (2015), Active inference and epistemic value. *Cognitive Neuroscience*, 6: 187–214
Friston, K., Schwartenbeck, P., FitzGerald, T., Moutoussis, M., Behrens, T. and Dolan, R. (2014), The anatomy of choice: dopamine and decision-making. *Philosophical Transactions of the Royal Society of London, B*, 369: 20130481, doi.org/10.1098/rstb.2013.0481
Friston, K., Shiner, T., FitzGerald, T., Galea, J., Adams, R., Brown, H., Dolan, R., Moran, R., Stephan, K. and Bestmann, S. (2012), Dopamine, affordance and active inference. *PLoS Computational Biology*, 8: e1002327
Friston, K. and Stephan, K. (2007), Free-energy and the brain. *Synthese*, 159: 417–58
Friston, K., Stephan, K., Montague, R. and Dolan, R. (2014), Computational psychiatry: the brain as a phantastic organ. *Lancet Psychiatry*, 1: 148–58
Frith, C., Blakemore, S. and Wolpert, D. (2000), Abnormalities in the awareness and control of action. *Philosophical Transactions of the Royal Society of London, B*, 355: 1771–88
Galin, D. (1974), Implications for psychiatry of left and right cerebral specialization: a neurophysiological context for unconscious processes. *Archives of General Psychiatry*, 31: 572–83
Garcia-Rill, E. (2017), Bottom-up gamma and stages of waking. *Medical Hypotheses*, 104: 58–62
Gloor, P. (1992), Role of the amygdala in temporal lobe epilepsy. In J. Aggleton (ed.), *The Amygdala: Neurobiological Aspects of Emotion, Memory, and Mental Dysfunction*. New York: Wiley-Liss, pp. 505–38
Golaszewski, S. (2016), Coma-causing brainstem lesions.

Neurology, 87: 10
Goodglass, H. (1986), Norman Geschwind (1926–1984). *Cortex*, 22: 7–10
Gosseries, O., Schnakers, C., Ledoux, D. et al. (2011), Automated EEG entropy measurements in coma, vegetative state/unresponsive wakefulness syndrome and minimally conscious state. *Functional Neurology*, 26: 25–30
Gregory, R. (1980), Perceptions as hypotheses. *Philosophical Transactions of the Royal Society of London, B*, 290: 181–97
Haikonen, P. (2012), *Consciousness and Robot Sentience*. New Jersey: World Scientific
Harding, D. (1961), *On Having No Head*. London: Sholland Trust 『心眼を得る』（由布翔子訳、図書出版社、一九九四年）
Harlow, J. (1868), Passage of an iron rod through the head. *Boston Medical and Surgical Journal*, 39: 389–93
Hartmann. E., Russ. D., Oldfield. M., Falke. R. and Skoff. B. (1980), Dream content: effects of 1-DOPA. *Sleep Research*, 9: 153
Hassin, R., Bargh, J., Engell, A. and McCulloch, K. (2009), Implicit working memory. *Consciousness and Cognition*, 18: 665–78
Havlík, M., Kozáková, E. and Horáček, J. (2017), Why and how: the future of the central questions of consciousness. *Frontiers in Psychology*, 8: 1797, doi.org/10.3389/fpsyg.2017.01797
Hebb, D. (1949), *The Organization of Behavior: A Neuropsychological Theory*. New York: Wiley 『行動の機構（上・下）』（鹿取廣人ほか訳、岩波文庫、二〇一一年）
Helmholtz, H. von (1867), *Handbuch der physiologischen Optik, 3*. Leipzig: Voss
Helmholtz, H. von (1892), Goethes Vorahnungen kommender naturwissenschaftlicher Ideen. In *Vorträge und Reden, 2*. Braunschweig: Friedrich Vieweg und Sohn, pp. 335–61
Herff, C., Heger, D., de Pesters, A. et al. (2015), Brain-to-text: decoding spoken phrases from phone representations in the brain. *Frontiers in Neuroscience*, 9: 217, doi.org/10.3389/fnins.2015.00217
Hering, E. (1879), Der Raumsinn und die Bewegungen des Auges. In L. Hermann (ed.), *Handbuch der Physiologie, 3*. Part I: Physiologie des Gesichtssinnes. Leipzig: Vogel, pp. 343–601
Hesselmann, G., Sadaghiani, S., Friston, K. and Kleinschmidt, A. (2010), Predictive coding or evidence accumulation? False inference and neuronal fluctuations. *PLoS One*, 5(3): e9926, doi.org/10.1371/journal.pone.0009926
Hobson, J. A. (2009), REM sleep and dreaming: towards a theory of protoconsciousness. *Nature Reviews Neuroscience*, 10: 803–13
Hobson, J. A. and Friston, K. (2012), Waking and dreaming consciousness: neurobiological and functional considerations. *Progress in Neurobiology*, 98: 82–98
Hobson, J. A. and Friston, K. (2014), Consciousness, dreams, and inference: the Cartesian theatre revisited. *Journal of Consciousness Studies*, 21: 6–32
Hobson, J. A. and McCarley, R. (1977), The brain as a dream state generator: an activation-synthesis hypothesis of the dream process. *American Journal of Psychiatry*, 134: 1335–48
Hobson, J. A., McCarley, R. and Wyzinski, P. (1975), Sleep cycle oscillation: reciprocal discharge by two brainstem neuronal

groups. *Science*, 189: 55–8

Hochberg L., Bacher, D., Jarosiewicz, B. et al. (2012), Reach and grasp by people with tetraplegia using a neurally controlled robotic arm. *Nature*, 485: 372–5

Hohwy, J. (2012), Attention and conscious perception in the hypothesis testing brain. *Frontiers in Psychology*, 3: 96, doi.org/10.3389/fpsyg.2012.00096

Hohwy, J. (2013), *The Predictive Mind*. New York: Oxford University Press 『予測する心』（太田陽ほか訳、勁草書房、二〇二二年）

Holeckova, I., Fischer, C., Giard, M.-H. et al. (2006), Brain responses to subject's own name uttered by a familiar voice. *Brain Research*, 1082: 142–52

Holstege, G., Georgiadis, J., Paans, A. et al. (2003), Brain activation during human male ejaculation. *Journal of Neuroscience*, 23: 9185–93

Horikawa, T., Tamaki, M., Miyawaki, Y. and Kamitani, Y. (2013), Neural decoding of visual imagery during sleep. *Science*, 340: 639–42

Hsieh, P-J. and Tse, P. (2006), Illusory color mixing upon perceptual fading and filling-in does not result in 'forbidden colors'. *Vision Research*, 46: 2251–8

Hume, D. (1748), *Philosophical Essays Concerning Human Understanding*. London: A. Millar.

Hurley, M., Dennett, D. and Adams, R. (2011), *Inside Jokes: Using Humor to Reverse-Engineer the Mind*. Cambridge, MA: MIT Press 『ヒトはなぜ笑うのか』（片岡宏仁訳、勁草書房、二〇一五年）

Ingvar, D. (1985), 'Memory of the future': an essay on the temporal organization of conscious awareness. *Human Neurobiology*, 4: 127–36

Jackson, F. (1982), Epiphenomenal qualia. *Philosophical Quarterly*, 32: 127–36

Jackson, F. (1995), Postscript on 'What Mary Didn't Know'. In P. Moser and J. Trout (eds.), *Contemporary Materialism*. London: Routledge, pp. 184–9

Jaspers, K. (1963), *General Psychopathology*. Chicago: University of Chicago Press 『精神病理学総論（上・中・下）』（内村祐之ほか訳、岩波書店、一九五三―一九五六年）

Jaynes, E. (1957), Information theory and statistical mechanics. *Physical Review*, 106: 620–30

Jouvet, M. (1965), Paradoxical sleep: a study of its nature and mechanisms. *Progress in Brain Research*, 18: 20–62

Joyce, J. (2008), Bayes' theorem. *Stanford Encyclopedia of Philosophy*

Julesz, B. (1971), *Foundations of Cyclopean Perception*. Chicago: University of Chicago Press

Kandel, E. (1998), A new intellectual framework for psychiatry. *American Journal of Psychiatry*, 155: 457–69

Kandel, E. (1999), Biology and the future of psychoanalysis: a new intellectual framework for psychiatry revisited. *American Journal of Psychiatry*, 156: 505–24

Kant, I. (1790), Kritik der Urteilskraft. *Kants gesammelte Schriften, 5*. Berlin: Walter de Gruyter 『判断力批判』（熊野純彦訳、作品社、二〇一五年）

Kaplan-Solms, K. and Solms, M. (2000), *Clinical Studies in*

Neuro-Psychoanalysis: Introduction to a Depth Neuropsychology. London: Karnac
Kihlstrom, J. (1996), Perception without awareness of what is perceived, learning without awareness of what is learned. In M. Velmans (ed.), *The Science of Consciousness: Psychological, Neuropsychological and Clinical Reviews*. London: Routledge, pp. 23–46
Knill, J. and Pouget, A. (2004), The Bayesian brain: the role of uncertainty in neural coding and computation. *Trends in Neurosciences*, 27: 712–19
Koch, C. (2004), *The Quest for Consciousness: A Neurobiological Approach*. Englewood, CO: Roberts and Company 『意識の探求（上・下）』（土谷尚嗣ほか訳、岩波書店、二〇〇六年）
Kopelman, M., Bajo, A. and Fotopoulou, A. (2015), Confabulation: memory deficits and neuroscientific aspects. In J. Wright (ed.), *International Encyclopedia of the Social and Behavioral Sciences*. New York: Elsevier
Krahé, C., Springer, A., Weinman, J. and Fotopoulou, A. (2013), The social modulation of pain: others as predictive signals of salience: a systematic review. *Frontiers in Human Neuroscience*, 7: 386
Kurzweil, R. (2005), *The Singularity is Near: When Humans Transcend Biology*. New York: Viking 『ポスト・ヒューマン誕生』（小野木明恵ほか訳、日本放送出版協会、二〇〇七年）
Lane, N. (2015), *The Vital Question: Why is Life the Way It Is?* London: Profile
Lavie, P., Pratt, H., Scharf, B., Peled, R. and Brown, J. (1984), Localized pontine lesion: nearly total absence of REM sleep. *Neurology*, 34: 118–20
LeDoux, J. (1996), *The Emotional Brain*. New York: Simon and Schuster 『エモーショナル・ブレイン』（松本元ほか訳、東京大学出版会、二〇〇三年）
LeDoux, J. (1999), Psychoanalytic theory: clues from the brain. *Neuropsychoanalysis*, 1: 44–9
LeDoux, J. and Brown, R. (2017), A higher-order theory of emotional consciousness. *Proceedings of the National Academy of Science*, 114: e2016–e2025
Lee, J., Everitt, B. and Thomas, K. (2004), Independent cellular processes for hippocampal memory consolidation and reconsolidation. *Science*, 304: 839–43
Léna, I., Parrot, S., Deschaux, O. et al. (2005), Variations in extracellular levels of dopamine, noradrenaline, glutamate, and aspartate across the sleep-wake cycle in the medial prefrontal cortex and nucleus accumbens of freely moving rats. *Journal of Neuroscience Research*, 81: 891–9
Leng, G. (2018), *The Heart of the Brain: The Hypothalamus and Its Hormones*. Cambridge, MA: MIT Press
LeVay, S. (1993), *The Sexual Brain*. Cambridge, MA: MIT Press 『脳が決める男と女』（新井康允訳、文光堂、二〇〇〇年）
Levine, J. (1983), Materialism and qualia: the explanatory gap. *Pacific Philosophical Quarterly*, 64: 354–61
Libet, B., Gleason, C., Wright E. and Pearl, D. (1983), Time of conscious intention to act in relation to onset of cerebral activity (readiness-potential): the unconscious initiation of a freely voluntary act. *Brain*, 106: 623–42
Lichtheim, L. (1885), On aphasia. *Brain*, 7: 433–84

Liepmann, H. (1900), Das Krankheitsbild der Apraxie ("motorischen Asymbolie") auf Grund eines Falles von einseitiger Apraxie. *Monatsschrift für Psychiatrie und Neurologie*, 8: 182–197

Lightman, A. (2018), *Searching for Stars on an Island in Maine*. New York: Pantheon

Lin, P., Abney, K. and Bekey, G. (eds.) (2011), *Robot Ethics*. Cambridge, MA: MIT Press

Linnman, C., Moulton, E., Barmettler, G. et al. (2012), Neuroimaging of the periaqueductal gray: state of the field. *Neuroimage*, 60: 505–22

Lisman, J. and Buzsaki, G. (2008), A neural coding scheme formed by the combined function of gamma and theta oscillations. *Schizophrenia Bulletin*, 34: 974–80

Lissauer, H. (1890), Ein Fall von Seelenblindheit, nebst einem Beitrag zur Theorie derselben. *Archiv für Psychiatrie und Nervenkrankheiten*, 21: 222–70

Lupyan, G. (2015), Cognitive penetrability of perception in the age of prediction: Predictive systems are penetrable systems. *Review of Philosophy and Psychology*, 6: 547–69

Lupyan, G. and Clark, A. (2015), Words and the world: predictive coding and the language-perception-cognition interface. *Current Directions in Psychological Science*, 24: 279–84

Lupyan, G. and Thompson-Schill, S. (2012), The evocative power of words: activation of concepts by verbal and nonverbal means. *Journal of Experimental Psychology – General*, 141: 170–86

Lupyan, G. and Ward, E. (2013), Language can boost otherwise unseen objects into visual awareness. *Proceedings of the National Academy of Sciences*, 110: 14196–201

Malcolm-Smith, S., Koopowitz, S., Pantelis, E. and Solms, M. (2012), Approach/avoidance in dreams. *Consciousness and Cognition*, 21: 408–12

Man, K. and Damasio, A. (2019), Homeostasis and soft robotics in the design of feeling machines. *Nature Machine Intelligence*, 1: 446–52, doi.org/10.1038/s42256-019-0103-7

Maturana, H. and Verela, F. (1972), *Autopoiesis and Cognition: The Realization of the Living*. London: Dordrecht 『オートポイエーシス』（河本英夫訳、国文社、一九九一年）

Marc, J. and Llinas, R. (1994), Human oscillatory brain activity near 40 Hz coexists with cognitive temporal binding. *Proceedings of the National Academy of Sciences*, 91: 11748–51

Mathur, P., Lau B. and Guo, S. (2011), Conditioned place preference behavior in zebrafish. *Nature Protocols*, 6: 338–45

Maxwell, J. (1872), *Theory of Heat*. London: Longmans, Green and Co.

Mazur, J. E. (2013), Basic principles of operant conditioning. *Learning and Behavior*, 7th ed. New York: Pearson, pp. 101–26

McCarley, R. and Hobson, J. A. (1977), The neurobiological origins of psychoanalytic dream theory. *American Journal of Psychiatry*, 134: 1211–21

McKeever, W. (1986), Tachistoscopic methods in neuropsychology. In H. J. Hannay (ed.), *Experimental Techniques in Human Neuropsychology*. Oxford: Oxford University Press, pp. 167–211

Merker, B. (2007), Consciousness without a cerebral cortex: a challenge for neuroscience and medicine. *Behavioral and Brain*

Sciences, 30: 63–81

Mesulam, M. M. (2000), Behavioral neuroanatomy: large-scale networks, association cortex, frontal syndromes, the limbic system, and hemispheric specializations. In *Principles of Behavioral and Cognitive Neurology*, 2nd ed. New York: Oxford University Press, pp. 1–120

Meynert, T. (1867), Der Bau der Gross-Hirnrinde und seine örtliche Verschiedenheiten, nebst einem pathologisch-anatomischen Corollarium. Vierteljahrsschrift für Psychiatrie in ihren Beziehungen zur Morphologie und Pathologie des Central-Nervensystems, die physiologischen Psychologie. *Statistik und gerichtlichen Medizin*, 1: 77–93, 119–24

Meynert, T. (1884), *Psychiatrie: Klinik der Erkrankungen des Vorderhirns*. Vienna: W. Braumiiller

Misanin, J., Miller, R. and Lewis, D. (1968), Retrograde amnesia produced by electroconvulsive shock after reactivation of a consolidated memory trace. *Science*, 160: 554–5

Mohr, M. von and Fotopoulou, A. (2017), The cutaneous borders of interoception: active and social inference of pain and pleasure on the skin. In M. Tsakiris and H. de Preester (eds.), *The Interoceptive Basis of the Mind*. Oxford: Oxford University Press

Mongillo, G. Barak, O. and Tsodyks, M. (2008), Synaptic theory of working memory. *Science*, 319: 1543–6

Montague, P., Dolan R., Friston, K. and Dayan P. (2012), Computational psychiatry. *Trends in Cognitive Sciences*, 16: 72–80

Moruzzi, G. and Magoun, H. (1949), Brain stem reticular formation and activation of the EEG. *Electroencephalography and Clinical Neurophysiology*, 1: 455–73

Motta, S., Carobrez, A. and Cameras, N. (2017), The periaqueductal gray and primal emotional processing critical to influence complex defensive responses, fear learning and reward seeking. *Neuroscience and Biobehavioral Reviews*, 76: 39–47

Moustafa, A., Sherman, S. and Frank, M. (2008), A dopaminergic basis for working memory, learning and attentional shifting in Parkinsonism. *Neuropsychologia*, 46: 3144–56

Mulert, C., Menzinger, E., Leicht, G. et al. (2005), Evidence for a close relationship between conscious effort and anterior cingulate cortex activity. *International Journal of Psychophysiology*, 56: 65–80

Munk, H. (1878), Weiteres zur Physiologie des Sehsphare der Grosshirnrinde. *Deutsche medizinische Wochenschrift*, 4: 533–6

Munk, H. (1881), *Über die Functionen der Grosshirnrinde: gesammelte Mittheilungen aus den Jahren 1877–80*. Berlin: Albrecht Hirschwald

Nader, K., Schafe, G. and LeDoux, J. (2000), Fear memories require protein synthesis in the amygdala for reconsolidation after retrieval. *Nature*, 406: 722–6

Nagel, T. (1974), What is it like to be a bat? *Philosophical Review*, 83: 435–50 「コウモリであるとはどのようなことか」『コウモリであるとはどのようなことか』（永井均訳、勁草書房、一九八九年、二五八―二八二頁）

Newman, J. and Baars, B. (1993), A neural attentional model for access to consciousness: a global workspace perspective. *Concepts in Neuroscience*, 4: 255–90

Niedenthal, P. (2007), Embodying emotion. *Science*, 316: 1002–5

Nishimoto, S., Vu, A., Naselaris, T. et al. (2011), Reconstructing visual experiences from brain activity evoked by natural movies. *Current Biology*, 21: 1641–6

Nour, M. and Carhart-Harris, R. (2017), Psychedelics and the science of selfexperience. *British Journal of Psychiatry*, 210: 177–9

Nummenmaa, L., Hari, R., Hietanen, J. and Glerean, E. (2018), Maps of subjective feelings. *Proceedings of the National Academy of Sciences*, 115: 9198–203

Oakley, D. and Halligan, P. (2017), Chasing the rainbow: the non-conscious nature of being. *Frontiers in Psychology*, 8: 1924, doi.org/10.3389/fpsyg.2017.01924

Oberauer, K., Souza, A., Druey, M. and Gade, M. (2013), Analogous mechanisms of selection and updating in declarative and procedural working memory: experiments and a computational model. *Cognitive Psychology*, 66: 157–211

Okuda J., Fujii, T., Ohtake, H., Tsukiura, T., Tanji, K., Suzuki, K., Kawashima, R., Fukuda, H., ltoh, M. and Yamadori A. (2003), Thinking of the future and past: the roles of the frontal pole and the medial temporal lobes. *Neuroimage*, 19: 1369–80

Pace-Schott, E. and Hobson, J. A. (1998), Review of 'The Neuropsychology of Dreams'. *Trends in Cognitive Sciences*, 2: 199–200

Paloyelis, Y., Krahé, C., Maltezos, S., Williams, S., Howard, M. and Fotopoulou, A. (2016), The analgesic effect of oxytocin in humans: a double-blind, placebo-controlled cross-over study using laser-evoked potentials. *Journal of Neuroendocrinology*, 28: 10.1111/jne.12347

Panksepp, J. (1974), Hypothalamic regulation of energy balance and feeding behavior. *Federation Proceedings*, 33: 1150–65

Panksepp, J. (1998), *Affective Neuroscience: The Foundations of Human and Animal Emotions*. New York: Oxford University Press

Panksepp, J. (2011), The basic emotional circuits of mammalian brains: do animals have affective lives? *Neuroscience and Biobehavioral Reviews*, 35: 1791–804

Panksepp, J. and Biven, L. (2012), *The Archaeology of Mind: Neuroevolutionary Origins of Human Emotions*. New York: Norton

Panksepp, J. and Burgdorf, J. (2003), 'Laughing' rats and the evolutionary antecedents of human joy. *Physiology and Behavior*, 79: 533–47

Panksepp, J. and Solms, M. (2012), What is neuropsychoanalysis? Clinically relevant studies of the minded brain. *Trends in Cognitive Sciences*, 16: 6–8

Parr, T. and Friston, K. (2018), The anatomy of inference: generative models and brain structure. *Frontiers in Computational Neuroscience*, 12: 90, doi.org/10.3389/fncom.2018.00090

Partridge, M. (1950), *Pre-Frontal Leucotomy: A Survey of 300 Cases Personally Followed for 1 ½–3 Years*. Oxford: Blackwell

Parvizi, J. and Damasio, A. (2003), Neuroanatomical correlates of brainstem coma. *Brain*, 126: 1524–36

Pasley, B., David, S., Mesgarani, N. et al. (2012.), Reconstructing speech from human auditory cortex. *PLoS*

Biology, 10(1): e1001251, doi.org/10.1371/journal.pbio.1001251

Pellis, S. and Pellis V. (2009), *The Playful Brain: Venturing to the Limits of Neuroscience*. Oxford: One World

Penfield, W. and Jasper, H. (1954), *Epilepsy and the Functional Anatomy of the Human Brain*. Little, Brown and Co.

Petkova, V. and Ehrsson, H. (2008), If I were you: perceptual illusion of body swapping. *PLoS One*, 3: e3832, doi.org/10.1371/journal.pone.0003832

Pezzulo, G. (2014), Why do you fear the bogeyman? An embodied predictive coding model of perceptual inference. *Cognitive Affective and Behavioral Neuroscience*, 14: 902–11

Pfaff, D. (2005), *Brain Arousal and Information Theory*. Cambridge, MA, Harvard University Press

Picard, F. and Friston K. (2014), Predictions, perception, and a sense of self. *Neurology*, 83: 1112–8

Popper, K. (1963), *Conjectures and Refutations*. London: Routledge 『推測と反駁』(藤本隆志ほか訳、放送大学出版局、二〇〇九年)

Qin, P., Di, H., Liu, Y. et al. (2010), Anterior cingulate activity and the self in disorders of consciousness. *Human Brain Mapping*, 31: 1993–2002

Ramachandran, V. S. (1992), Filling in the blind spot. *Nature*, 356: 115

Ramachandran, V. S. and Gregory, R. (1991), Perceptual filling in of artificially induced scotomas in human vision. *Nature*, 350: 699–702

Ramachandran, V. S., Gregory, R. and Aiken, W. (1993), Perceptual fading of visual texture borders. *Vision Research*, 33: 717–21

Reggia, J. (2013), The rise of machine consciousness: studying consciousness with computational models. *Neural Networks*, 44: 112–31

Riggs, L. and Ratliff, F. (1951), Visual acuity and the normal tremor of the eyes. *Science*, 114: 17–8

Roepstorff, A. and Frith, C. (2004), What's at the top in the top-down control of action? Script-sharing and 'top-top' control of action in cognitive experiments. *Psychological Research*, 68: 189–98

Rolls, E. (2014), *Emotion and Decision-Making Explained*. New York: Oxford University Press

Rolls, E. (2019), Emotion and reasoning in human decision-making. *Economics*, 13: 1–31

Rosenthal, D. (2005), *Consciousness and Mind*. Oxford: Oxford University Press

Rovelli, C. (2017), *Reality Is Not What It Seems: The Journey to Quantum Gravity*. London: Allen Lane 『すごい物理学講義』(竹内薫監訳、河出文庫、二〇一九年)

Runes, D. (1972), *Dictionary of Philosophy*. Totowa, NJ: Littlefield, Adams and Co.

Sacks, O. (1970), *Migraine*. London: Vintage 『サックス博士の片頭痛大全』(春日井晶子ほか訳、ハヤカワ文庫、二〇〇〇年)

Sacks, O. (1973), *Awakenings*. London: Duckworth 『レナードの朝』(春日井晶子訳、ハヤカワ文庫、二〇〇〇年)

Sacks, O. (1984), *A Leg to Stand On*. New York: Simon and Schuster 『左足をとりもどすまで』(金沢泰子訳、晶文社、一九九四年)

Sacks, O. (1985), *The Man Who Mistook His Wife for a Hat*. London: Duckworth 『妻を帽子とまちがえた男』(高見幸郎ほか訳、ハヤカワ文庫、二〇〇九年)

Schacter, D., Addis, D. and Buckner, R. (2007), The prospective brain: remembering the past to imagine the future. *Nature Reviews Neuroscience*, 8: 657–61

Schindler, R. (1953), Das Traumleben der Leukotomierten. *Wiener Zeitschrift für Nervenheilkunde*, 6: 330

Searle, J. (1980), Minds, brains, and programs. *Behavioral and Brain Sciences*, 3: 417–24

Searle, J. (1992), *The Rediscovery of the Mind*. Cambridge, MA: MIT Press 『ディスカバー・マインド!』(宮原勇訳、筑摩書房、二〇〇八年)

Searle, J. (1993), The problem of consciousness. *Social Research*, 60: 3–16

Searle, J. (1997), *The Mystery of Consciousness*. London: Granta 『意識の神秘』(笹倉明子ほか訳、新曜社、二〇一五年)

Seeley, W., Menon, V., Schatzberg, A. et al. (2007), Dissociable intrinsic connectivity networks for salience processing and executive control. *Journal of Neuroscience*, 27: 2349–56

Seth, A. (2013), Interoceptive inference, emotion, and the embodied self. *Trends in Cognitive Sciences*, 17: 565–73

Shallice, T. (1988), *From Neuropsychology to Mental Structure*. Cambridge: Cambridge University Press

Shannon, C. (1948), A mathematical theory of communication. *The Bell System Technical Journal*, 27: 379–423

Shapiro, L. (2007), *The Correspondence Between Princess Elisabeth of Bohemia and René Descartes: Princess Elisabeth of Bohemia and René Descartes*. Chicago: University of Chicago Press

Sharf, B., Moskovitz, C., Lupton, M. and Klawans, H. (1978), Dream phenomena induced by chronic levodopa therapy. *Journal of Neural Transmission*, 43: 143–51

Shewmon, D., Holmes, G. and Byrne, P. (1999), Consciousness in congenitally decorticate children: developmental vegetative state as self-fulfilling prophecy. *Developmental Medicine and Child Neurology*, 41: 364–74

Skinner, B. F. (1953), *Science and Human Behavior*. New York: Macmillan 『科学と人間行動』(河合伊六ほか訳、二瓶社、二〇〇三年)

Solms, M. (1991), Summary and discussion of the paper 'The neuropsychological organisation of dreaming: implications for psychoanalysis'. *Bulletin of the Anna Freud Centre*, 16: 149–65

Solms, M. (1995), New findings on the neurological organization of dreaming: implications for psychoanalysis. *Psychoanalytic Quarterly*, 64: 43–67

Solms, M. (1996), Was sind Affekte? *Psyche*, 50: 485–522

Solms, M. (1997a), *The Neuropsychology of Dreams: A Clinico-Anatomical Study*. Mahwah NJ: Lawrence Erlbaum Associates

Solms, M. (1997b), What is consciousness? *Journal of the American Psychoanalytic Association*, 45: 681–703

Solms, M. (1998), Before and after Freud's 'Project'. In R. Bilder and F. Lefever (eds.), *Neuroscience of the Mind on the Centennial of Freud's Project for a Scientific Psychology. Annals of the New York Academy of Sciences*, 843: 1–10

Solms M. (2000a), Dreaming and REM sleep are controlled by different brain mechanisms. *Behavioral and Brain Sciences*, 23:

843–50

Solms, M. (2000b), Freud, Luria and the clinical method. *Psychoanalysis and History*, 2: 76–109

Solms, M. (2000c), A psychoanalytic perspective on confabulation. *Neuropsychoanalysis*, 2: 133–8

Solms, M. (2001), The neurochemistry of dreaming: cholinergic and dopaminergic hypotheses. In E. Perry, H. Ashton and A. Young (eds.), *The Neurochemistry of Consciousness*. New York: John Benjamins, pp. 123–31

Solms, M. (2008), What is the 'mind'? A neuro-psychoanalytical approach. In D. Dietrich, G. Fodor, G. Zucker and D. Bruckner (eds.), *Simulating the Mind: A Technical Neuropsychoanalytical Approach*. Vienna: Springer Verlag, pp. 115–22

Solms, M. (2011), Neurobiology and the neurological basis of dreaming. In P. Montagna and S. Chokroverty (eds.), *Handbook of Clinical Neurology, Vol. 98* (3rd series), Sleep Disorders, Part 1. New York: Elsevier, pp. 519–44

Solms, M. (2013), The conscious id. *Neuropsychoanalysis*, 15: 5–19

Solms, M. (2015a), *The Feeling Brain: Selected Papers on Neuropsychoanalysis*. London: Karnac

Solms, M. (2015b), Reconsolidation: turning consciousness into memory. *Behavioral and Brain Sciences*, 38, 40–41

Solms, M. (2017a), Empathy and other minds – a neuropsychoanalytic perspective and a clinical vignette. In V. Lux and S. Weigl (eds.), *Empathy: Epistemic Problems and Cultural-Historical Perspectives of a Cross-Disciplinary Concept*. London: Palgrave Macmillan, pp. 93–114

Solms, M. (2017b), Consciousness by surprise: a neuropsychoanalytic approach to the hard problem. In R. Poznanski, J. Tuszynski and T. Feinberg (eds.), *Biophysics of Consciousness: A Foundational Approach*. New York: World Scientific, pp. 129–48

Solms, M. (2017c), What is 'the unconscious', and where is it located in the brain? A neuropsychoanalytic perspective. *Annals of the New York Academy of Sciences*, 1406: 90–7

Solms, M. (2018a), Review of A. Damasio, 'The Strange Order of Things'. *Journal of the American Psychoanalytic Association*, 66: 579–86

Solms, M. (2018b), The scientific standing of psychoanalysis. *British Journal of Psychiatry – International*, 15: 5–8

Solms, M. (2019a), The hard problem of consciousness and the Free Energy Principle. *Frontiers in Psychology*, 9: 2714, doi.org/10.3389/fpsyg.2018.02714

Solms, M. (2019b), Commentary on Edmund Rolls: 'Emotion and reason in human decision-making'. *Economics Discussion Papers*, No. 2019-45, Kiel: Institute for the World Economy

Solms, M. (2020a), Dreams and the hard problem of consciousness. In S. Della Salla (ed.), *Encyclopedia of Behavioral Neuroscience*. New York: Oxford University Press

Solms, M. (2020b), New project for a scientific psychology: general scheme. *Neuropsychoanalysis*, 21

Solms, M. (in press), Notes on some technical terms whose translation calls for comment. In M. Solms (ed.), *Revised Standard Edition of the Complete Psychological Works of Sigmund Freud, 24*. Lanham, MD: Rowman and Littlefield

Solms, M. and Friston, K. (2018), How and why consciousness arises: some considerations from physics and physiology. *Journal of Consciousness Studies*, 25: 202–38

Solms, M., Kaplan-Solms, K. and Brown, J. W. (1996), Wilbrand's case of 'mind-blindness'. In C. Code, C.-W. Walesch, A.-R. Lecours and Y. Joanette (eds.), *Classic Cases in Neuropsychology*. Hove: Erlbaum, pp. 89–110

Solms, M., Kaplan-Solms, K., Saling, M. and Miller, P. (1988), Inverted vision after frontal lobe disease. *Cortex*, 24: 499–509

Solms, M. and Panksepp, J. (2010), Why depression feels bad. In E. Perry, D. Collerton, F. LeBeau and H. Ashton (eds.), *New Horizons in the Neuroscience of Consciousness*. Amsterdam: John Benjamins, pp.169–79

Solms, M. and Saling, M. (1986), On psychoanalysis and neuroscience: Freud's attitude to the localizationist tradition. *International Journal of Psychoanalysis*, 67: 397–416

Solms, M. and Saling, M. (1990), *A Moment of Transition: Two Neuroscientific Articles by Sigmund Freud*. London: Karnac

Solms, M. and Turnbull, O. (2002), *The Brain and the Inner World: An Introduction to the Neuroscience of Subjective Experience*. London: Karnac 『脳と心的世界』（平尾和之訳、星和書店、二〇〇七年）

Solms, M. and Turnbull, O. (2011), What is neuropsychoanalysis? *Neuropsychoanalysis*, 13: 133–45

Solms, M. and Zellner, M. (2012), Freudian drive theory today. In A. Fotopoulou, D. Pfaff and M. Conway (eds.), *From the Couch to the Lab: Trends in Psychodynamic Neuroscience*. New York: Oxford University Press, pp. 49–63

Squire, L. (2009), The legacy of Patient HM for neuroscience. *Neuron*, 61: 6–9

Stein, T. and Sterzer, P. (2012), Not just another face in the crowd: detecting emotional schematic faces during continuous flash suppression. *Emotion*, 12: 988–96

Stoerig, P. and Barth, E. (2001), Low level phenomenal vision despite unilateral destruction of primary visual cortex. *Consciousness and Cognition*, 10: 574–87

Strawson, G. (2006), Realistic monism – why physicalism entails panpsychism. *Journal of Consciousness Studies*, 13: 3–31

Sulloway, E (1979), *Freud: Biologist of the Mind*. New York: Burnett

Szpunar, K. (2010), Episodic future thought: an emerging concept. *Perspectives on Psychological Science*, 5: 142–62

Szpunar, K., Watson, J. and McDermott, K. (2007), Neural substrates of envisioning the future. *Proceedings of the National Academy of Sciences*, 104: 642–7

The Public Voice Coalition (2018), *Universal Guidelines for Artificial Intelligence, Draft 9, 23 October*. Brussels: Electronic Privacy Information Center; https://thepublicvoice.org/ai-universal-guidelines

Thorndike, E. (1911), *Animal Intelligence*. New York: Macmillan

Tononi, G. (2012), Integrated information theory of consciousness: an updated account. *Archives of Italian Biology*, 150: 56–90

Tossani, E. (2013), The concept of mental pain. *Psychotherapy and Psychosomatics*, 82: 67–73

Tozzi, A., Zare, M. and Benasich, A. (2016), New perspectives on spontaneous brain activity: dynamic networks and energy matter. *Frontiers in Human Neuroscience*, 10: 247, doi.org/10.3389/fnhum.2016.00247

Tranel, D., Gullickson, G., Koch, M. and Adolphs, R. (2006), Altered experience of emotion following bilateral amygdala damage. *Cognitive Neuropsychiatry*, 11: 219–32

Turnbull, O. Berry, H. and Evans, C. (2004), A positive emotional bias in confabulatory false beliefs about place. *Brain and Cognition*, 55: 490–4

Turnbull, O., Bowman, C., Shanker, S. and Davies, J. (2014), Emotion-based learning: insights from the Iowa Gambling Task. *Frontiers in Psychology*, 5: 162, doi.org/10.3389/fpsyg.2014.00162

Turnbull, O., Fotopoulou, A. and Solms, M. (2014), Anosognosia as motivated unawareness: the 'defence' hypothesis revisited. *Cortex*, 61: 18–29

Turnbull, O., Jenkins, S. and Rowley, M. (2004), The pleasantness of false beliefs: an emotion-based account of confabulation. *Neuropsychoanalysis*, 6: 5–16

Turnbull, O. and Solms, M. (2007), Awareness, desire, and false beliefs. *Cortex*, 43: 1083–90

Uhlhaas, P. and Singer, W. (2010), Abnormal neural oscillations and synchrony in schizophrenia. *Nature Reviews Neuroscience*, 11: 100–113

van der Westhuizen, D., Moore, J., Solms, M., van Honk, J. (2017), Testosterone facilitates the sense of agency. *Consciousness and Cognition*, 56: 58–67

van der Westhuizen, D. and Solms, M. (2015), Social dominance and the Affective Neuroscience Personality Scales. *Consciousness and Cognition*, 33: 90–111

Varela, F., Thompson, E. and Rosch, E. (1991), *The Embodied Mind: Cognitive Science and Human Experience*. Cambridge, MA: MIT Press 『身体化された心』（田中靖夫訳、工作舎、二〇〇一年）

Venkatraman, A., Edlow, B. and Immordino-Yang, M. (2017), The brainstem in emotion: a review. *Frontiers in Neuroanatomy*, 11: 15, doi.org/10.3389/fnana.2017.00015

Vertes, R. and Kocsis, B. (1997), Brainstem-diencephalo-septohippocampal systems controlling the theta rhythm of the hippocampus. *Neuroscience*, 81: 893–926

Walker, M. (2017), *Why We Sleep*. London: Penguin 『睡眠こそ最強の解決策である』（桜田直美訳、ＳＢクリエイティブ、二〇一八年）

Wang, X. and Krystal, J. (2014), Computational psychiatry. *Neuron*, 84: 638–54

Weiskrantz, L. (2009), *Blindsight: A Case Study Spanning 35 Years and New Developments*. New York: Oxford University Press

Weizenbaum, J. (1976), *Computer Power and Human Reason: From Judgment to Calculation*. New York: W. H. Freeman 『コンピュータ・パワー』（秋葉忠利訳、サイマル出版会、一九七九年）

Wernicke, C. (1874), *Der aphasische Symptomencomplex: Eine psychologische Studie auf anatomischer Basis*. Breslau: M. Crohn and Weigert

Wheeler, J. A. (1990). Information, Physics, Quantum: The

Search for Links. In W. Zurek (Ed.), *Complexity, Entropy, and the Physics of Information*. Redwood City, CA: Addison-Wesley Publishing Company, pp. 310-1.

White, B., Berg, D., Kan, J. et al. (2017), Superior colliculus neurons encode a visual saliency map during free viewing of natural dynamic video. *Nature Communications*, 8: 14263, doi.org/10.1038/ncomms14263

Whitty, C. and Lewin, W. (1957), Vivid daydreaming; an unusual form of confusion following anterior cingulectomy. *Brain*, 80: 72–6

Wilbrand, H. (1887), *Die Seelenblindheit als Herderscheinung und ihre Beziehungen zur Homonymen Hemianopsie zur Alexie und Agraphie*. Wiesbaden: J. F. Bergmann

Wilbrand H. (1892), Ein Fall von Seelenblindheit und Hemianopsie mit Sectionsbefund. *Deutsche Zeitschrift für Nervenheilkunde*, 2: 361–87

Yang, E. Zald, D. and Blake, R. (2007), Fearful expressions gain preferential access to awareness during continuous flash suppression. *Emotion*, 7: 882–6

Yovell, Y., Bar, G., Mashiah, M. et al. (2016), Ultra-low-dose buprenorphine as a time-limited treatment for severe suicidal ideation: a randomized controlled trial. *American Journal of Psychiatry*, 173: 491–8

Yu, C. K.-C. (2007), Cessation of dreaming and ventromesial frontal-region infarcts. *Neuropsychoanalysis*, 9: 83–90

Zahavi, D. (2017), Brain, mind, world: predictive coding, neo-Kantianism, and transcendental idealism. *Husserl Studies*, 34: 47–61, doi.org/10.1007/s10743-017-9218-z

Zeki, S. (1993), *A Vision of the Brain*. Oxford: Blackwell 『脳のヴィジョン』（河内十郎訳、医学書院、一九九五年）

Zellner, M., Watt, D., Solms, M. and Panksepp, J. (2011), Affective neuroscientific and neuropsychoanalytic approaches to two intractable psychiatric problems: why depression feels so bad and what addicts really want. *Neuroscience and Biobehavioral Reviews*, 35: 2000–08

Zeman, A. (2001), Consciousness. *Brain*, 124: 1263-89

Zhou, T., Zhu, H., Fan, Z. et al. (2017), History of winning remodels thalamo-PFC circuit to reinforce social dominance. *Science*, 357: 162–8

事項索引

さ行

た行

な行

は行

ま行

や行

ら行

人名索引

【著者】

マーク・ソームズ（Mark Solms）

1961年生まれ。神経心理学者、精神分析家。夢の脳メカニズムについての研究成果はThe Neuropsychology of Dreams（1997年）にまとめられている。さらに精神分析と神経科学を統合するような臨床・研究手法を発展させ、2000年にClinical Studies in Psychoanalysisを発表。欧米の精神分析学会で脚光を浴び、その後、2002年に出版された『脳と心的世界』（星和書店）は国際的なベストセラーとなる。現在は、南アフリカ・ケープタウン大学心理学科教授、ロンドンの国際神経‐精神分析センター長、ニューヨーク精神分析協会神経‐精神分析センター長を勤めながら、フロイト全集英語版の全面改訂にも携わる。

【訳者】

岸本寛史（きしもと・のりふみ）

1991年京都大学医学部卒業。2004年富山大学保健管理センター助教授。2007年京都大学医学部附属病院准教授。現在静岡県立総合病院緩和医療科部長。
著書に『せん妄の緩和ケア』（誠信書房、2021年）、『ニューロサイコアナリシスへの招待』（誠信書房、2015年）などが、翻訳書にエディンジャー『ユングの『アイオーン』を読む』（2020年、青土社、共訳）などがある。

佐渡 忠洋（さど・ただひろ）

常葉大学准教授。共著に『心理アセスメント 〜心理検査のミニマム・エッセンス』（ナカニシヤ出版、2018年）、『心理療法の第一歩 〜こころの臨床ファンダメンタル〜』（創元社、2017年）などが、翻訳書に『悪における善』（青土社、2019年、共訳）などがある。

意識はどこから生まれてくるのか

2021 年 8 月 10 日　第一刷発行
2021 年 11 月 10 日　第二刷発行

著　者　マーク・ソームズ
訳　者　岸本 寛史・佐渡 忠洋

発行者　清水一人
発行所　青土社

〒 101-0051　東京都千代田区神田神保町 1-29 市瀬ビル
［電話］03-3291-9831（編集）　03-3294-7829（営業）
［振替］00190-7-192955

印刷・製本　ディグ
装丁　大倉真一郎

ISBN 978-4-7917-7396-1 Printed in Japan